Der Weltkrieg
und
das Völkerrecht

Eine Anklage gegen die Krieg=
führung des Dreiverbandes

von

Dr. Ernst Müller (Meiningen)
M. d. R. und der bayr. Abg.=K., Oberlandesgerichtsrat

Zweite unveränderte Auflage

Berlin 1915
Druck und Verlag von Georg Reimer

Motto:

Wir träumen nicht von raschem Sieg,
Von leichten Ruhmeszügen,
Ein Weltgericht ist dieser Krieg
Und stark der Geist der Lügen.
Doch der einst unsrer Väter Burg,
Getrost, er führt auch uns hindurch!
Vorwärts! Em. Geibel

„Wehe dem Staatsmanne, der sich in dieser Zeit nicht nach einem Grunde zum Kriege umsieht, der auch nach dem Kriege noch stichhaltig ist."

(Pol. Reden Bismarcks)

Inhaltsverzeichnis.

Politisches Vorwort.

Was ist uns dieser Krieg?

Motto: Den Neid ganz Europas haben wir auf uns gezogen und alle Nachbarn rührig gemacht. Wenn aber die Ehre des Staates Euch zwingt zum Degen zu greifen, dann falle er auf Eure Feinde als der Blitz und der Donner in Einem.
(Polit. Testament Friedrich des Großen.)

Mit der Tat eines Unreifen und Fanatikers begann das Völkermorden! Er gab den Auftakt! Allrussischer Fanatismus, gewissenlose Korruption benutzten serbischen Größenwahn zur Entfachung des Weltenbrands! Dem Anstifter und jahrelangen Schürer England kam der Ausbruch freilich etwas zu bald! So gab er sich bis zuletzt das Ansehen des Friedensförderers, denn er weiß, daß die russische Heeresreorganisation noch unvollkommen und Frankreich militärisch übel beraten ist. Der lauernde Konkurrent, der den blinden Revanchedurst des Franzosen und russischen Leichtsinn für gut genug hält, um ihm die Schlachten zu schlagen, mußte endlich Farbe bekennen.

Der Notwehreinzug deutscher Truppen in das tatsächlich längst nicht mehr neutrale Belgien, das englische Arglist zum Einfallstor für sich und den französischen Genossen erklügelt hatte, muß ihm die äußere Folie geben, längst gegebene, aber der eigenen Volksvertretung abgeleugnete und verheimlichte Versprechungen, die es nur einhält, da sie ihm Vorteile gegenüber der merkantilen Konkurrenz in Aussicht stellen, einzulösen. Auch Angst vor inneren Wirren trieb zum Kriege. Es ist eine Ironie der Weltgeschichte, daß der Staat, der am öftesten in der Geschichte vertragliche Gelöbnisse gebrochen und das Völkerrecht mißbraucht hat, sich auch hier wiederum als Vertreter des Völkerrechts ausspielt, das ihm nur da gilt, wo es seinen souverän herrschenden Vorteil in seiner Aufrechterhaltung erblickt, das anzuerkennen er sich aber selbst da weigert, wo es die Einlösung der fundamentalsten Menschlichkeitsregeln bedeutet.

So ist der ganze jetzige Weltkrieg von Anfang an auf praktische Völkerrechtsfragen abgestellt. Sein bisheriger Verlauf zeigt die Unvollkommenheit unseres geltenden Völkerrechts wie die dringliche Notwendigkeit seiner weiteren Ausgestaltung, sobald der Krieg sein Ende gefunden hat.

Die sogenannten „demokratischen Staaten" England und Frankreich, die in unnatürlichem Bunde mit der despotischsten aller Autokratien und dem falschen Japanertum stehen, scheuen sich nicht, unter Hochverrat an jedem Rassen- und Kulturgemeinschaftsgefühle die wilden Völker der ganzen Erde auf europäischem Boden wie in den Kolonien gegen Deutschland heranzuführen. Die Folge muß sein, daß solcher Barbarismus, der sich nicht schämt, mit Redewendungen von „Freiheit" und „Gerechtigkeit" zu operieren, in der Weltgeschichte noch nicht dagewesene Greuel der Kriegsführung hervorrufen wird.

Und sie sind da: im Osten und im Westen wird der Krieg mit geradezu bestialischen Mitteln, die an die grausamsten Negerkämpfe in Afrika erinnern und die eine ewige Schande für die sogenannten Kulturnationen bleiben werden, geführt. Noch mehr: um die eigenen Greuel zu beschönigen und abzuleugnen, hat ein unerhörter systematischer Lügenfeldzug eingesetzt, dem die völkerrechtswidrige Beseitigung der deutschen Kabel durch England von Anfang an galt: erzwungene Repressalien erhöhen die Mordgier. So droht der Krieg zum Grabe jeglicher Humanität und aller Gebräuche, die unter gesitteten Völkern bisher bestanden haben, zu werden. An Stelle des Gewissens tritt die Vernichtungsmanie!

Unsere Lage gleicht der des kleinen Preußens zu Beginn des Siebenjährigen Krieges! „Wahrlich besser wäre es, inmitten von Tigern und Leoparden zu leben, als in einem Zeitalter, das sich gesittet, inmitten von Heuchlern, Räubern und Treubrechern. . . . Schwer ist die Arznei; allein große Übel heischen harte Kuren." Dieses Wort des großen Königs, das er auch gegen Rußland und Frankreich aussprach, gilt gegen unsere heutigen Gegner!

Welche Tollheit, der Welt erzählen zu wollen, daß ein Volk, das die besten Maschinen baute, das Wissenschaften und Künsten ein

Hort war, das der inneren Kultivierung seines Landes die größte Aufmerksamkeit schenkte, deshalb, weil es auch die besten Offiziere und Kanonen besitzt, den Krieg suchen müßte.

Nein, vom Kaiser bis zum ärmsten Taglöhner dachte kein Mensch an Krieg, haßte alles einen ungerechten Kampf, für den sich einzusetzen niemand gewagt hätte. Sie haben uns überfallen wie die Hyänen bei Nacht und senden das Raub- und Söldnergesindel der ganzen Welt gegen unsere friedliche, durch Bürgerfleiß gesegneten Gaue! Das macht dieses schwerblütige Volk zu leidenschaftlichen Helden, vor denen die Welt zittern soll!

Dem „preußischen Militarismus", der „Unfreiheit" soll der Haß von dorther gelten! O, wie töricht, sich ein freiheitliches, „demokratisches" Mäntelchen geben zu wollen, um die Schmach als zarische Vasallen zu verhüllen! Es gibt kein Deutschland von München oder Stuttgart, von Berlin oder Potsdam! Es gibt nur ein einiges, kulturgleiches deutsches Volk! Hält man die 70 Millionen Deutsche, darunter ungezählte Millionen — vielleicht die Mehrheit —, die wahrhaft freiheitlich und „demokratisch" denken, für lauter Narren? Zu glauben, daß dies Volk sich jeder Freiheit des Denkens und eigener Meinung begäbe — ein Volk so kritischen Sinnes, von so wissenschaftlicher Gründlichkeit wie das deutsche? Nein, das ganze deutsche Volk weiß heute, daß es sich um Sein oder Nichtsein, um die Fortdauer deutscher Kultur und die Aufrechterhaltung all dessen handelt, was unsere Väter und Großväter seit 100 Jahren politisch und auf dem Schlachtfelde errungen und erkämpft. Darum gibt es heute keine Parteien, sondern nur Deutsche, und so lange schweigt jeder Gegensatz, so lange sind wir nur eine Seele und ein Körper, bis der letzte Feind zu Boden liegt! Das schwören wir alle Tage erneut in diesen gewaltig großen Tagen!

Und wahrhaftig, dieses Volk hält seinen Schwur!

Deutschland, das die große welthistorische Aufgabe hat, ein Bollwerk für die Kultur, die Freiheit und Selbstbestimmung der Nationen Westeuropas gegen die größte Gefahr Europas, das russische Tatarentum, zu bilden, wird trotz französischen Rachedurstes und englischer Gewissenlosigkeit, die in Ostasien, Südafrika, in Indien und Ägypten ihren verdienten Lohn finden wird, nicht unterliegen! Ein Volk von solch titanenhafter Kraft und Begeisterungsfähigkeit wird nicht nur siegen, sondern auch die ungeheuren Schädigungen an Kultur- und Völkerrechtswerten mit seiner Riesenorganisationsfähigkeit wieder gut machen! Dann sollen Völkerrecht und Völkerfreiheit an deutscher Kultur — an deutschem Wesen, voll genesen!

Leitende Grundsätze.

Das Tatsachenmaterial wurde bis Anfang Dezember verwertet. Der Verfasser hat sich vielfach nur auf Stichproben beschränkt, da das ganze veröffentlichte Material allein ein dickes Buch geben würde. Verlagstechnische Gründe beschränken den ursprünglich beabsichtigten Umfang der Arbeit wesentlich. Es muß zudem den beiden amtlichen Kommissionen für Belgien und Ostpreußen die Sammlung der einzelnen Fälle überlassen bleiben. Auch die gegnerischen Anwürfe gegen die deutsche Armee sind, wo diese in engem Zusammenhange mit den deutschen Anklagen stehen, widerlegt. So wurde denn diese Schrift nicht bloß zu einer völkerrechtlichen Anklage gegen die barbarische Kriegführung der Dreiverbandstaaten, sondern auch zu einer Ehrenrettung der deutschen Kriegführung gegen die Verleumdungen unserer Gegner.

Sachlich ist das Material und seine juristische Behandlung wesentlich umgrenzt von dem Verhalten der drei großen Mächte Rußland, Frankreich und England. Wegen des engen Zusammenhanges mußten natürlich die belgischen und japanischen Vorgänge in gleicher Weise mitbeleuchtet werden. Die Anklagen Österreich-Ungarns gegen Serbien und Montenegro mußten, da die Nachrichten darüber von hier aus zu schwer zu kontrollieren sind, ausgeschaltet werden. Österreichische Klagen gegen russische Greuel konnten aus denselben Gründen nur ausnahmsweise Berücksichtigung finden.

Was die Sammlung und Verwertung des Tatsachenmaterials anlangt, so mußte in erster Linie das in der In- und Auslandspresse veröffentlichte Material der juristischen, völkerrechtlichen Betrachtung zugrunde gelegt werden. Dabei hat der Verfasser durchaus nur das Material, für dessen Richtigkeit ein zuverlässiger

Zeuge oder Gewährsmann genannt ist, oder das nach Quellen und näheren Umständen als zuverlässig gelten konnte, verwendet. Sehr erschwert wurde selbstverständlich das Quellenstudium durch die militärisch notwendige Verschweigung des in Betracht kommenden Truppenteils bei den meisten veröffentlichten Mitteilungen. Vom Inhalt anonymer Soldatenbriefe usw. wurde Abstand genommen, dagegen wurden die amtlichen Darstellungen des W. T. B. und der Nordd. Allg. Ztg. vielfach als durchaus zuverlässig benutzt. Die Systematik mußte bei der Gruppierung des Tatsachenmaterials vorläufig praktischen Erwägungen weichen. Die Ergänzung durch eine amtliche Dokumentensammlung ist beabsichtigt. Eine etwaige Neubearbeitung würde die systematische Neuordnung zulassen. Möge das Buch eine Waffe der Aufklärung für deutsche Sitte, deutsche Waffenehre und deutsche Rechtsliebe sein!

München, 22. November 1914.

1. Kapitel.

Die völkerrechtliche Geltung der Abkommen der beiden Haager Friedenskonferenzen, insbesondere der sogenannten „Landkriegsordnung“ vom Jahre 1899 und 1907 für den jetzigen Krieg.

„Kultur ist nicht das Überfeine,
der Phrasenschwall der Grande nation,
— und nicht das krämersatte Lächeln,
des beutegier'gen Albion, —
Kultur ist Menschlichkeit im Kriege,
und Achtung vor dem Völkerrecht.“

I.

Über die Geltung der wichtigen Bestimmungen der Abkommen der ersten und sodann der zweiten Friedenskonferenz, insbesondere des wichtigsten IV. Abkommens betreffend die Gesetze und Gebräuche des Landkriegs vom 18. Oktober 1907 (Urtext französisch, mit Übersetzung abgedruckt im R.-G.-Bl. 1910 S. 107) mit Anhang „Ordnung der Gesetze und Gebräuche des Landkriegs“, kurzweg im folgenden „Landkriegsordnung“ genannt, ist in letzter Zeit in der Öffentlichkeit eine lebhafte Diskussion entstanden, die hier vorweg behandelt werden muß, obwohl sie, wie unter II und III nachgewiesen werden soll, materiell und praktisch für diese Erörterung weit weniger Bedeutung besitzt, als dies bei rein formaler Betrachtung erscheinen möchte. Und zwar, wie gleich hier festgestellt werden kann, wegen der materiellen Wichtigkeit des vorausgehenden Abkommens über den gleichen Gegenstand auf der ersten Haager Friedenskonferenz von 1899.

Die sogenannte Erste Friedenskonferenz trat bekanntlich am 18. Mai 1899 im Haag auf Veranlassung des Kaisers von Rußland zusammen. Sie war von 26 Staaten beschickt, darunter von sämtlichen neun jetzt kriegführenden Staaten. Auch Portugal und die Türkei als Kriegsteilnehmer der Folgezeit haben an der Konferenz teilgenommen. Der ursprünglich vorangestellte Abrüstungsgedanke trat während der Verhandlungen zurück und fand nur in einem „Wunsche“ Berücksichtigung. Das wichtige praktische Ergebnis aber war neben dem Abkommen zur friedlichen Beilegung internationaler Streitigkeiten und dem Abkommen über die Anwendung der Genfer Konvention auf den Seekrieg das ungemein bedeutsame Abkommen über die „Gesetze und Gebräuche des Landkriegs“, von dem vornehmlich in dem ersten Teile dieser Schrift die Rede sein wird. Das Abkommen ist von sämtlichen Konferenzstaaten unterzeichnet und ratifiziert worden. (Siehe für Deutschland R.-G.-Bl. Nr. 44 S. 393, insbesondere S. 423 ff.; dort ist unter dem 9. November 1901 das Abkommen publiziert.) Die Abkommen von 1899 haben ihre Gültigkeit selbst für diejenigen Staaten, die sie ratifiziert, dem Abkommen der zweiten Friedenskonferenz von 1907 aber nicht beigetreten sind, vollinhaltlich behalten. Wichtig ist die Frage der Geltung der Beschlüsse der zweiten Haager Konferenz vor allem für diejenigen Abkommen, die erstmals im Jahre 1907 mit der sogenannten „Solidaritätsklausel“ nach Art. 2 des IV. Abkommens, wie wir sie einmal, wenn auch nicht ganz genau juristisch, nennen möchten, abgeschlossen wurden. Das sind die Abkommen auf dem Gebiete des Seerechts. Die erste Haager Friedenskonferenz hat außer den oben genannten zwei Abkommen, wie erwähnt, auf dem Gebiete des Seerechts nur das Abkommen über die Anwendung der Genfer Konvention auf den Seekrieg zustande gebracht. Außerdem freilich noch drei wichtige Erklärungen über die Beschränkungen der Kriegsmittel (2. Erklärung betreffend das Verbot der Verwendung von Geschossen mit erstickenden oder giftigen Gasen, 3. Erklärung betreffend das Verbot von Geschossen, die sich leicht im menschlichen Körper ausdehnen oder plattdrücken: sogenannten Dum-Dum-Geschossen, und endlich ein Abkommen über das Abwerfen von Geschossen und Sprengstoffen aus Luftschiffen oder auf ähnlichen neueren Wegen, abgedruckt das erstere R.-G.-Bl. 1901 S. 474, das zweite R.-G.-Bl. 1901 S. 478; s. über das dritte und die andern Ullmann, Völkerrecht, 1908, S. 479; v. Liszt, Völkerrecht, 6. Aufl. S. 39, 298, Meurer, Haager Friedenskonferenz 1905, 1907 II S. 441 ff.; A. Zorn, Das Kriegsrecht zu Lande in seiner neuesten Gestalt, 1907, S. 133 ff.). Die letztere Erklärung, die befristet war, hat nach Ablauf von fünf Jahren ihre Gültigkeit verloren, während die beiden andern neben den Beschlüssen der zweiten Konferenz selbständig fortbestehen (s. Sartorius, Modernes Kriegsrecht, Sammlung, 1914, Beckscher Verlag S. X).

Erst der zweiten Haager Konferenz gelang es, in acht verschiedenen Abkommen die wichtigsten Materien des Seekriegsrechts einigermaßen zu ordnen (s. unten Kap. 28). Die Abkommen I über die friedliche Erledigung internationaler Streitfälle, II betreffend die Beschränkung der Anwendung von Gewalt bei der Eintreibung von Vertragsschulden interessieren hier wenig.

Die Bestimmungen des III. Abkommens über den Beginn der Feindseligkeiten behandeln wir unten in Kap. 4. Besondere Wichtigkeit für unsere Betrachtung hat das IV. Abkommen, das, wie das von 1899 sich nennt, das „Abkommen betreffend die Gesetze und Gebräuche des Landkriegs", dem sich das Abkommen betreffend die Rechte und Pflichten der neutralen Mächte und Personen im Falle eines Landkriegs unmittelbar anschließt.

Das Verhalten der 44 Konferenzstaaten zu den einzelnen Abkommen war erklärlicherweise kein gleichmäßiges. Das IV. Abkommen wurde von sämtlichen Konferenzmächten außer China, Nikaragua und Spanien, also auch von Serbien und Montenegro, unterzeichnet; ratifiziert wurde es aber von den jetzt im Kriege stehenden nur von Deutschland, Österreich-Ungarn, Großbritannien, Rußland, Belgien, Frankreich, Japan. Nicht ratifiziert wurde es also von Serbien und Montenegro, auch nicht von der Türkei.

Wiederholt sei aber festgestellt und daran erinnert, daß das Abkommen über den gleichen Gegenstand bei der ersten Konferenz wie auch die drei oben erwähnten „Erklärungen" von den sämtlichen neun Kriegsmächten, einschließlich Serbien und Montenegro, unterzeichnet und ratifiziert wurden.

Nun ist richtig, daß die meisten im Jahre 1907 im Haag geschlossenen Konventionen, darunter insbesondere das oft zitierte IV. Abkommen, die ausdrückliche Bestimmung enthalten: „Diese Bestimmungen (der im Art. 1 angeführten Ordnung sowie des vorliegenden Abkommens) finden nur zwischen den Vertragsmächten Anwendung und nur dann, wenn die Kriegführenden sämtlich Vertragsparteien sind" (kurz „Solidaritätsklausel" in folgendem genannt).

Allein aus dem Umstande, daß Montenegros und Serbiens Herrscher die Ratifikation all dieser hochwichtigen Abkommen, insbesondere über das Seekriegsrecht, nicht für gut hielten, nun ableiten zu wollen, daß jetzt auch im Kampfe zwischen all den Großmächten der Welt Deutschland, Österreich, Rußland, Frankreich, England und Japan (außerdem u. a. Vereinigte Staaten, Belgien und Portugal) die zwischen diesen Staaten ratifizierten Abkommen über eine menschlichere Kriegführung nicht gelten sollen, dagegen sträubt sich Moral und Vernunft zu gleicher Zeit. Die Bestimmung des Art. 2 des oben zitierten Abkommens kann nur den Sinn haben, daß, wenn eine kriegführende Macht, die das Abkommen unterzeichnet und ratifiziert hat (A), mit einer andern Macht, die das nicht getan hat (B), im Kriege, d. h. in kriegerischen Operationen, steht, auch die erstere (A) an diese Normen nicht gebunden ist. Man könnte höchstens annehmen, daß, wenn die Macht B im Bunde und in tatsächlicher Kooperation mit einer kriegführenden Macht der Klasse A gegen eine andere Macht dieser Kategorie steht, die Normen des Abkommens praktisch nicht eingehalten werden können. Es muß also jedenfalls eine tatsächliche Kriegführung zwischen den beiderseitigen Mächten vorliegen. Also praktisch gesprochen: die Normen der Landkriegsordnung gemäß dem Abkommen von 1907 werden für die Kriegführung zwischen Österreich-Ungarn einerseits und Serbien und Montenegro andrerseits nicht angesprochen werden können. Es gelten für ihre Kämpfe nur die Bestimmungen des Abkommens von 1899. Sie würden auch für Rußland im Kampfe gegen Österreich-Ungarn zwar gelten, aber schwerlich praktisch gehandhabt werden können, wenn Rußland mit serbischen und montenegrinischen Kräften gemeinsam gegen Deutschland und Österreich-Ungarn kämpfen würde. Aber die ganze völkerrechtliche Geltung aller Abkommen und insbesondere der Landkriegsordnung von 1907 für die Heere der Ratifikationsstaaten abhängig zu machen von Montenegro und Serbien, wäre geradezu eine Lächerlichmachung des ganzen Völkerrechts! Weil Montenegro nicht ratifizierte, sollen die teilweise auf dem ratifizierten Abkommen von 1899 basierenden, von den Großmächten unterzeichneten Humanitätssätze von 1907 im Kriege zu Land und zu Wasser zwischen Deutschland und England oder Frankreich und Deutschland keine Geltung haben? Daran hat sicherlich kein

Mensch gedacht. Jede Macht hätte diesen Gedanken als praktisch unmöglich zurückgewiesen. Solcher Formalismus würde zum Unsinn!

Für diese Auffassung spricht auch die Wortfassung: „Die Kriegführenden" sämtlich müssen Vertragsparteien sein. Deutschland, Serbien und Montenegro sind Kriegsparteien, aber sie führen faktisch keinen Krieg miteinander, da sie räumlich dazu nicht in die Lage kommen. Würden sie zur Kriegführung kommen, wie die Mannschaften von Durazzo, so würden natürlich auch zwischen ihnen die Normen des Abkommens von 1907 nicht bestehen, es könnte aber nicht dadurch zu einer Aufhebung der Normen des Abkommens für die anderweitige Kriegführung der Großmächte kommen.

Stellt man sich auf einen andern Standpunkt, so kommt man zu dem geradezu grotesken Schlusse, daß die sämtlichen 27 Ratifikationsstaaten, darunter sämtliche Großstaaten der Welt, ihre Kriegführung von Serbien und Montenegro abhängig machen. Will also ein Staat von den menschlicheren Sätzen der Kriegführung nach dem Abkommen von 1907 loskommen, so hat er, da die Kündigung des Abkommens nach Art. 8 Abs. 2 sehr erschwert ist (indem sie nur in Ansehung der Macht wirksam sein soll, die sie erklärt hat und erst ein Jahr, nachdem die Erklärung bei der Regierung der Niederlande eingegangen ist), nur dafür zu sorgen, daß einer der beiden das europäische Kriegsrecht wenigstens nach der negativen Seite souverän beherrschenden Staaten Serbien und Montenegro sich an dem Kriege beteilige. Das kann im Ernst nicht der Sinn jener Bestimmung sein. Wollte man das annehmen, so wären für alle Zukunft solche völkerrechtlichen Abmachungen diskreditiert. Auch die ganze Einleitung des Abkommens (s. unten) spricht für diese Auslegung.

Tatsächlich haben auch in ihren verschiedenen Protesten die kriegführenden Großmächte und ihre völkerrechtlichen Vertreter (s. die Telegramme des deutschen Kaisers an Präsident Wilson, die verschiedenen Äußerungen des deutschen Reichskanzlers, der Protest der französischen Regierung wegen der Beschießung der Kathedrale von Reims und die Antwort darauf, die verschiedenen Teildenkschriften der deutschen Regierung s. unten Kapitel 12, 13, 14, 23, 24, 29 und 30 usw.) an eine solche Auslegung offenbar nicht gedacht und sich direkt auf die Normen des Abkommens und der Anlage (Landkriegsordnung) von 1907, und nicht des Jahres 1899, bezogen.

Zu welchen merkwürdigen Konsequenzen die gegnerische Annahme führen würde, zeigt sich ganz besonders bei den verschiedenen Seekriegsabkommen; denn der Hauptfortschritt zwischen dem internationalen Abkommen von 1899 und demjenigen von 1907 liegt, wie erwähnt, auf dem Gebiete des Seekriegsrechts, auf dem also auch Serbien und Montenegro, die großen „Seestaaten", dominieren sollen! Diese Abkommen sind in der Mehrzahl trotz der sogenannten Solidaritätsklausel nicht von Montenegro ratifiziert, teilweise von Serbien und Montenegro nicht einmal unterzeichnet. Soll etwa bei Abkommen, die von allen seefahrenden Nationen unterzeichnet und ratifiziert wurden, wegen derselben unklaren Klausel, weil Montenegro nicht ratifizierte, der Zustand von 1856 erhalten bleiben?

Irgendeiner der kleinen Raubstaaten würde dann jederzeit alle diese Verbesserungen und Milderungen des modernen Krieges für die ganze Welt zu verhüten wissen. Montenegro ist übrigens bis heute auch der Pariser Seerechtsdeklaration von 1856 noch nicht beigetreten. Die Scheinlogik der Abkommen von 1907 auf die Deklaration von 1856 übertragen, würde also den alten Kaperkrieg mit all seinen Grausamkeiten wieder aufflammen lassen.

Daß die Deklaration von 1856 eine klarere Schlußbestimmung besitzt, wonach die Erklärung nur für diejenigen Mächte gilt, welche derselben beigetreten sind oder ihr beitreten werden, ist noch kein Beweis dafür, daß die unglückliche Fassung der neuen Abkommen von 1907 zu einer ebenso unglücklichen Auslegung zwingt. Dagegen findet sich die merkwürdige Klausel z. B. auch bei dem (10.) Abkommen (Art. 18) über die Anwendung der Grundsätze des Genfer Abkommens auf den Seekrieg. Ist es nicht eine Ungeheuerlichkeit, zu denken, daß unter Umständen auch diese humanen Bestimmungen von der Ratifikation eines einzelnen kleinen Staates für alle 28 Staaten, die sie unterzeichnet und ratifiziert haben, abhängig sein sollen? Wir werden unten sehen, daß sich sogar Staaten, die sie nicht ratifizierten, doch auf sie berufen.

Wir werden nachweisen können, daß, trotz des Mangels der Ratifizierung seitens einzelner kriegführender Staaten und trotz der sogenannten Solidaritätsklausel, Großmächte, auch insbesondere England, auf solche nicht ratifizierte Abkommen Bezug nehmen und ihre

Anwendung verlangen: Ja daß sogar in Fällen, in denen England selbst die Abkommen nicht ratifizierte, es sich auf sie beruft!

Auch die Erwägung ist wohl zu berücksichtigen, daß doch vernünftigerweise nur die Gegenpartei, d. h. in diesem Falle Deutschland und Österreich, die Nichtgeltung der völkerrechtlichen Normen von 1907 geltend zu machen hätte, da einer der ihnen feindlichen Staaten die Ratifikation unterlassen und auf die Rechte aus dem Abkommen verzichtet hat, nicht aber die mit Montenegro und Serbien verbündeten Staaten, die ihren Landheeren gemäß Art. 1 des IV. Abkommens Verhaltungsmaßregeln geben oder gegeben haben, die der „Landkriegsordnung" entsprechen und die ihrerseits von den gegnerischen Staaten Deutschland und Österreich die Wohltaten aus dem Abkommen von 1907 genießen. (Nach Fertigstellung der ganzen Arbeit ersehe ich, daß Kohler in der D. J.-Z. die hier vertretene Anschauung teilt: D. J.-Z. 1914 Nr. 21/22 S. 1226.)

II.

Für den Landkrieg kommt aber ein anderer materiell entscheidender Grund für die Geltung der Bestimmungen über die Gesetze und Gebräuche „des Landkriegs", wie sie in der Anlage der Abkommen von 1907 und 1899 niedergelegt sind, in Betracht. Er zeigt, daß tatsächlich den sub I erörterten schwierigen Auslegungsfragen bezüglich des Art. 2 des IV. Abkommens vom Jahre 1907 praktisch wenig Bedeutung für den Landkrieg zukommt.

Die Hauptbestimmungen der Landkriegsordnung, um die es sich im folgenden in erster Linie handelt, sind auch materiell bereits bei der sogenannten ersten Friedenskonferenz beschlossen worden. Die „Gesetze und Gebräuche des Landkriegs" sind neben den oben genannten drei Erklärungen über Beschränkungen der Kriegsmittel, wie erwähnt, von sämtlichen Staaten, die heute den Krieg führen, unterzeichnet und ratifiziert worden [1]) (R.-G.-Bl. 1899 S. 482). Die Abkommen von 1899 haben also, wie wiederholt betont sei, ihre Gültigkeit behalten selbst für diejenigen Staaten, die sie ratifizierten, dem Abkommen der zweiten Friedenskonferenz (1907) aber nicht beigetreten sind. Art. 4 des Abkommens von 1907 bestimmt, daß dieses nach seiner Ratifikation für die Beziehungen zwischen den Vertragsstaaten an die Stelle des Abkommens vom 29. Juli 1899 treten solle. „Dieses Abkommen bleibt aber in Kraft für die Beziehungen zwischen den Mächten, die es unterzeichnet haben, die aber das vorliegende Abkommen nicht ratifizieren sollten." Der Text von 1907 ist in der Hauptsache eine unwesentliche Abänderung des Textes von 1899. Sogar die Einleitung, die wir unten Kapitel 13 abdrucken, entspricht völlig dem Wortlaute der Fassung von 1899. Der maßgebende Art. 1 entspricht fast wörtlich dem Text von 1907. Die Unterschiede sind redaktioneller Art. Der wesentliche Unterschied besteht in Art. 3. Das Abkommen von 1899 bestimmte in Art. 2: „Die Vorschriften der im Art. 1 genannten Bestimmungen sind für die vertragschließenden Mächte nur bindend im Falle eines Krieges zwischen zwei oder mehreren von ihnen. Diese Bestimmungen hören mit dem Augenblick auf, verbindlich zu sein, wo in einem Kriege zwischen Vertragsmächten eine Nichtvertragsmacht sich einer der Kriegsparteien anschließt." Die Fassung unterscheidet sich also nicht wesentlich von der in Art. 2 des Abkommens von 1907 gewählten. Doch braucht auf die Unterschiede hier nicht näher eingegangen zu werden, da sich zunächst keine Nichtvertragsmacht von 1899 den kriegführenden Vertragsmächten angeschlossen hatte.

Da sämtliche ursprünglich kriegführenden Parteien, inklusive Serbien und Montenegro, das Abkommen von 1899 ratifiziert haben, gilt dasselbe einschließlich der Landkriegsordnung als Minimum nach der ausdrücklichen Weisung des Art. 4 des Abkommens von 1907 für den jetzigen Weltkrieg für sämtliche kriegführenden Staaten.

Ein Vergleich der andern beiderseitigen Bestimmungen von 1899 und 1907 zeigt die fast völlige Übereinstimmung des Abkommens wie insbesondere des „Anhangs" („Landkriegsordnung") in den Bestimmungen der Art. 1—23, litt. a—g. In der Textierung des Abkommens von 1899 selbst fehlt der Art. 3, der ausdrücklich die Schadensersatzpflicht für die Verletzung der Ordnung feststellt: Eine praktisch freilich meist recht problematische Bestimmung (s. auch unten sub III). Im „Anhange" ist die Bestimmung über das Verbot des Art. 23 sub litt. h neu (s. unten Kapitel 24 des näheren). Der Abs. 2 des Art. 23 ist etwas erweitert. Die Art. 24—56 stimmen wieder fast völlig in beiden Abkommen überein[1]). Nur Art. 54 über das Recht der Zerstörung unterseeischer Kabel ist neu. Die Übereinkunft von 1899 enthält endlich einen 4. Abschnitt, der im Jahre 1907 in das besondere (V.) Abkommen betreffend Rechte und Pflichten der Neutralen herübergenommen wurde.

An der völkerrechtlichen Geltung der materiellen Bestimmungen des Abkommens über die „Gesetze und Gebräuche des Landkrieges" mit deren Anhange, der sogenannten „Landkriegsordnung", ist nach alledem für den jetzigen Krieg für die sämtlichen ursprünglichen Kriegführenden nicht zu zweifeln. Die Weigerung der Ratifizierung Serbiens und Montenegros gegenüber dem Abkommen von 1907 — selbst wenn sie unrichtigerweise als allgemein vertragsvernichtend für die Abkommen von 1907 angesehen werden sollte — würde an der ausdrücklichen Gültigkeit des Abkommens von 1899 nichts ändern. Der nachträgliche Eintritt der Türkei in den Krieg kann die Geltung der Haager Abkommen in keiner Weise beeinflussen. Die gegenteilige Annahme würde zu den unsinnigsten Verwicklungen rechtlicher und tatsächlicher Art führen. Die Türkei, die die Abkommen unterzeichnete, wird sich sicherlich ebenfalls an ihre Normen gebunden erachten.

Würde man also im Gegensatze zu den Ausführungen sub I annehmen, daß auf Grund des Art. 2 das (IV.) Abkommen von 1907 nicht zustande gekommen und jetzt

[1]) Kleine sachliche Abweichungen, wie in Art. 2, dann 6, 15, 17 über die Gefangenenbehandlung usw., kommen hier zunächst nicht weiter in Betracht. Sie werden unten, soweit sie irgendwie wesentlich sind, berücksichtigt werden. Über Art. 44 (Zwang zu kriegerischen Handlungen gegenüber der Bevölkerung) haben sich Deutschland, Österreich-Ungarn, Rußland und Japan Vorbehalte ausbedungen (R.-G.-Bl. 1910, S. 377, 380 ff., 1912 S. 169). Art. 25 hat den Zusatz erhalten: „mit welchen Mitteln es auch sei", um auch die Beschießung von unverteidigten Städten durch Luftschiffe zu verbieten. Siehe auch das deutsche Weißbuch über die Ergebnisse der im Jahre 1907 im Haag abgehaltenen 2. internationalen Friedenskonferenz dort S. 6 und 7 u. ff. über die wesentlichen Änderungen der Bestimmungen von 1899 und 1907, die mit obigem übereinstimmen sowie Alfred Fried, 2. Haager Konferenz S. 132 und 133.

ungültig wäre, so müßte zum mindesten das für unsere Betrachtung im wesentlichen übereinstimmende Abkommen von 1899 als noch für alle ursprünglichen Kriegsmächte geltend angenommen werden [1]).

III.

Selbst wenn man aber jene unsinnigen Konsequenzen unter I nicht scheuen und an dem unglücklichen Wortlaut des Art. 2 kleben würde, ja selbst wenn das Abkommen von 1899 nicht vorhanden wäre, so würde doch zwischen den Vertragsstaaten, die die Abkommen von 1907 unterzeichnet oder ratifiziert haben, der Inhalt dieser Abkommen, insbesondere der Landkriegsordnung, als der Niederschlag der tatsächlich geltenden und von ihnen zu achtenden völkerrechtlichen Gewohnheiten, d. h. des Völkergewohnheitskriegsrechts, gelten müssen (s. über dieses Liszt, Völkerrecht S. 11; Holtzendorff, Handb. des Völkerrechts Bd. I, S. 93; Ullmann l. c. S. 41). Die so wichtige Anlage zu dem Abkommen vom Jahre 1907 nennt sich wie diejenige von 1899 eine Ordnung „der Gesetze und Gebräuche des Landkriegs". Sie will nach der Einleitung des ganzen IV. Abkommens nichts anderes sein als die „Feststellung und Regelung der bisherigen Gebräuche des Landkriegs", „damit die Bevölkerung und die Kriegführung unter dem Schutze und der Herrschaft der Grundsätze des Völkerrechts bleiben (!), wie sie sich ergeben aus den unter gesitteten Völkern feststehenden Gebräuchen, aus den Gesetzen der Menschlichkeit und aus den Forderungen des öffentlichen Gewissens". Die sämtlichen unterzeichneten Mächte erklären (unterzeichnet haben auch Serbien und Montenegro), „daß namentlich die Art. 1 und 2, um die es sich hier handelt, in diesem Sinne zu verstehen sind". Das kann nur heißen, daß alle Mächte zum mindesten, ob sie das Abkommen ratifizierten oder nicht, durch ihre Unterschrift deklarativ anerkennen, daß die vereinbarten Grundsätze Gesetze und Gebräuche des Kriegsrechts bereits sind, die als Ge-

[1]) Eine genaue Zusammenstellung der Unterzeichnungen der einzelnen Abkommen der 2. Haager Konferenz gibt Josef Kohler in der Zeitschrift für Völkerrecht und Bundesstaatsrecht III. Band (1909) S. 72.

wohnheitsrecht bisher schon gegolten haben und nunmehr nur ausdrücklich kodifiziert werden sollten. Sie zu halten, besteht auch bei dieser Auffassung nicht bloß eine moralische Verpflichtung aller „gesitteten Völker", sondern auch eine rechtliche. Die Rechtsfolgen, die bei der ersten Betrachtung unter I zur Anerkennung des Art. 3 des IV. Abkommens ohne weiteres führten, wonach die verletzende Kriegspartei gegebenenfalls zum Schadensersatz für alle Verletzungen der Kriegsordnung verpflichtet ist, sind nach der letzteren praktisch, wenn auch nicht rechtlich, ganz ähnliche. Die Verletzungen des Gewohnheitsrechts werden zum allermindesten bei der Friedensschließung von dem obsiegenden Teile in den Friedensbedingungen geltend gemacht werden. Auch im Wege des schiedsgerichtlichen Verfahrens sowie insbesondere im Wege der Repressalie und der Retorsion kann sich die verletzte Partei gegen den Rechtsbrecher wehren. Auch die Satzung, daß eine Kriegspartei für alle Handlungen verantwortlich ist, die von den zu ihrer bewaffneten Macht gehörenden Personen begangen werden, gehört längst der Übung und der Überzeugung der Völker an, da ohne sie überhaupt eine völkerrechtliche Verantwortlichkeit für Kriegshandlungen ausgeschlossen wäre.

Daß diese hier vertretene Anschauung auch von den Großmächten in praxi anerkannt ist, dafür ist unten vollgültiger Beweis zu erbringen, indem nachgewiesen wird, daß gerade England sich selbst auf alle Seeabkommen beruft und stützt, die es selbst nicht ratifiziert hat (!), die es freilich in echt englischer Logik an andern Stellen der Welt zu gleicher Zeit wieder verletzt, da bei ihm allein der Vorteil entscheidet, den es sich von solchen Normen verspricht (s. II. Teil über seekriegsrechtliche Fragen).

Zudem zwingt sie ja, wie immer wieder betont werden muß, wenigstens für den Landkrieg die Ratifikation des Abkommens von 1899, alle diese Grundsätze als verbindlich anzuerkennen: Auch die Türkei wird sicherlich den gewohnheitsrechtlichen Charakter der Kriegsordnung nicht bestreiten.

In voller Übereinstimmung mit vorstehenden Ausführungen steht auch z. B. das in der schwedischen Zeitung „Dagets Nyheter" am 30. September veröffentlichte amtliche Rundschreiben der französischen Gesandtschaft in Stockholm betreffend die deutschen Grausamkeiten. Es heißt an der maßgebenden Stelle dort:

„Die französische Regierung beehrt sich, die Mächte, welche die Haager Konvention unterzeichnet haben, von nachstehenden Tatsachen in Kenntnis zu setzen, die darauf hinweisen, daß die deutschen militärischen Behörden gegen die Bestimmungen verstoßen haben, welche am 18. Oktober 1907 von der kaiserlich deutschen Regierung unterzeichnet worden sind."

Hiermit ist vollgültiger Beweis dafür erbracht, daß auch Frankreich nicht bloß das Abkommen von 1899, sondern auch das von 1907 als gültig ansieht und darauf seine Rechte — und natürlich auch Pflichten — begründet [1]), obwohl Montenegro und Serbien das Abkommen nicht ratifiziert haben.

Auch Österreich-Ungarn hat in seiner amtlichen Verbalnote an die Regierungen der neutralen Staaten vom 2. Oktober 1914 betreffend die polnischen Legionen auf die Bedingungen als maßgebend Bezug genommen, „die im 1. Artikel des Reglements betreffend die Gesetze und Bräuche des Landkrieges vorgeschrieben sind". Es hat also allgemein wohl auf beide Abkommen von 1899/1907 seine Anschauung gestützt, daß diese polnischen Legionen einen Teil der österreichisch-ungarischen Armee, mit der sie durch ein organisches Band verknüpft sind, bilden. Das Gleiche tat General v. Beseler bei der Beschießung von Antwerpen wiederholt, wie das deutsche Hauptquartier vor allem bei der Behandlung der Frage der Beschießung der Kathedrale von Reims und bei zahlreichen sonstigen Gelegenheiten, die unten bei den einzelnen Kapiteln im einzelnen zu behandeln sind. Dasselbe tat insbesondere die deutsche Reichsregierung bei allen Spezialdenkschriften (z. B. über die Verletzung der Genfer Konvention s. unten Kap. 12, 13, ferner über Seeminen und die Neutralität Kap. 29 und 30 usw.).

So muß jeder Versuch, die völkerrechtlichen Errungenschaften der beiden Haager Friedenskonferenzen auszuschalten, als von Anfang an vergeblich und aussichtslos angesehen werden.

IV.

Gewiß, unsere Zeit ist nicht besonders geeignet, den Wert oder Unwert des Völkerrechts, insbesondere völkerrechtlicher Abkommen, d. h. der Gesamtheit der zwischen den Staaten geschlossenen, ausdrück-

[1]) Auf den materiellen Inhalt des Rundschreibens ist an dieser Stelle nicht näher einzugehen. S. unten Kapitel 14 und Kapitel 18.

lichen oder stillschweigenden Vereinbarungen richtig einzuschätzen. Oberflächliche Kritik ist heute gewillt, billigen Hohn und Spott auf das völkerrechtlich Erreichte auszugießen, ohne zu bedenken, daß bei einem Völkerkriege, bei dem fast die ganze Erde beteiligt ist, bei dem außerhalb Europa nur eine einzige wirkliche Großmacht, die nordamerikanische Union, bisher neutral geblieben ist, wie Triepel im „Neuen Deutschland" sehr richtig bemerkt, „ein ganzer Wall von Rücksichten, die bei einem bloßen Zweikampfe genommen werden würden, ohne weiteres in sich zusammenstürzt". Jeder Völkerrechtsbruch findet um so größere Verurteilung, je größer die Anzahl der Neutralen und vor allem der Gegner desjenigen sind, der ihn begeht. Sind die Gegner dessen, gegen den der Rechtsbruch sich richtet, d. h. die Rechtsverletzer, hier der Dreiverband und seine Bundesgenossen, in der numerischen Überlegenheit, beherrschen sie dabei in überlegener Weise das Hauptinstrument zur Bearbeitung der öffentlichen Meinung der Neutralen, die Presse des neutralen Auslands, so ist die Schwierigkeit um so größer, die objektive Anerkennung des Völkerrechts zu erhalten und zu garantieren. Jedenfalls hat Deutschland — und Österreich-Ungarn — keinerlei Anlaß, getroffenen völkerrechtlichen Abkommen durch kleinliche formalistische Hintertürchen, wie sie leider der oft zitierte Art. 2 des 4. Abkommens von 1907 zu bieten scheint, auszuweichen und ihre Gültigkeit abzuleugnen.

Das tiefe Rechtsgefühl des deutschen Volkes, das stets gegen Anmaßung einzelner für die Rechte der Neutralen eingetreten ist, wird heute nicht die große Arbeit, die auf völkerrechtlichem Gebiete unter wesentlicher Mitarbeit deutscher Gelehrter und Staatsmänner zustande kam, mißachten und ignorieren wollen: Im Gegenteil. Der bisherige Verlauf des ganzen Krieges zeigt, daß die deutsche Heeresleitung bereit und willens ist, die völkerrechtlichen Satzungen ohne jeden Hintergedanken — gleichviel, ob sie in concreto nützlich oder scheinbar schädlich sind — in loyalster Weise aufrechtzuerhalten und durchzuführen, selbst in Fällen, wo das Vorgehen der Gegner sie streng rechtlich von der Einhaltung solcher Satzungen entbinden würde.

Der Umstand allein, daß kein Staat es wagt, die Existenz des Völkerrechts und die Verpflichtung, es zu halten, an sich zu leugnen, sondern nur es für seine Zwecke auszulegen oder zu gebrauchen, vielleicht auch manchmal zu mißbrauchen, zeigte die eminente Bedeutung und Kraft des völkerrechtlichen Gedankens in so furchtbaren, umwälzenden Zeiten wie den jetzigen und gibt trotz alledem Hoffnung für die Zukunft!

Im übrigen entspricht, was die völkerrechtliche Haftung unserer Gegner anlangt, der von ihnen selbst gewählten und feierlich beschworenen Solidarität der Dreiverbandstaaten selbstverständlich auch ihre solidarische Haftung für die Folgen jeglichen Rechtsbruches. Mag England z. B. noch so formalistisch oder weitherzig — je nachdem ihm das nützt — das Recht deuteln, mag Rußland noch so brutal und tatarenhaft hausen, Frankreich wird uns zunächst als Faustpfand für alle Rechtsbrüche seiner Bundesgenossen zu dienen vermögen [1]).

---

[1]) Diese Solidaritätserklärung ist ausschließlich und allein das Werk Englands, das die Völker des Festlandes für englischen Kapitalismus, britischen Nationalismus und Egoismus verbluten lassen will. Einer der Hauptrufer im Streit ist jetzt der ehemalige französische Minister der auswärtigen Angelegenheiten Hanotaux. In seiner Geschichte des zeitgenössischen Frankreich aber lesen wir:

„In seiner Auflehnung gegen ganz Europa glaubte Napoleon III. in einer Verbindung mit England einen Stützpunkt zu finden. England, das ganz in seinen kommerziellen Interessen aufging, unterstützte ihn anfänglich in allen seinen Abenteuern, um ihn zu verlassen, wenn er einmal recht engagiert war. Es verstand sich im rechten Augenblick zurückzuziehen und ihm bei Gelegenheit die Frucht seines Sieges zu entreißen. So war es in der Krim, in China, in Italien, in Mexiko. Und als endlich der Deutsch-Französische Krieg das Geschick Europas in Frage stellte, ließ es ihn auch im Stiche."

Ob Herr Hanotaux nicht noch einmal durch traurige Erfahrungen mit der „Perfidie Albions", die früher die französische Presse und Geschichte so trefflich bewies und verfocht, zu seiner früheren Anschauung zurückkehren wird? Freilich, „die Franzosen sind unsere Söldlinge", hat in seinem bekannten Bericht von 1860 Lord Elgin an die chinesische Regierung geschrieben! Heute mehr als 1860!

I. Teil.

Landkriegsrecht.

2. Kapitel.

Die Neutralität Belgiens.

Motto: Wird man einen Wanderer anklagen, gegen den drei Straßenräuber sich mit ihren Helfershelfern verschworen haben und der im Winkel eines Forstes, durch den ihn sein Geschäft führte, hinterrücks überfallen wird?

Friedrich der Große in der „Apologie meines politischen Verhaltens".

Gestehen wir es heute offen: wir alle, wir deutschen Rechtsfanatiker, erschraken, im ersten Momente, als der Angriff auf Lüttich und damit die Verletzung der belgischen Neutralität publiziert wurde. Und heute nach dem Gange der Dinge gibt es keinen einzigen, insbesondere auch keinen deutschen Juristen, der nicht erfüllt wäre von der heiligen Überzeugung: Ja, wir konnten nicht anders! Wir mußten so handeln, wie es geschehen. Und wir hatten das Recht vor der Weltgeschichte und dem Völkergerichte, so zu handeln.

Ich kann mich wiederholter Verhandlungen der Budgetkommission des deutschen Reichstags über die Neutralität Belgiens erinnern, — insbesondere anläßlich der letzten großen Heeresvorlagen: das Resultat dieser Verhandlungen war stets die Erklärung der deutschen Reichsregierung, daß es ihr nicht einfallen werde, die belgische Neutralität zu verletzen, — wenn ein anderer Staat sie nicht seinerseits mißachten und das Reich zwingen werde, sie in Notwehr, aus militärischen Gründen seinerseits zu verletzen.

Das war in geheimen Sitzungen des Parlaments der Standpunkt des Auswärtigen Amts, wie jetzt wohl mitgeteilt werden darf, seit langen Jahren. Und danach hat die Reichsregierung auch gehandelt, als über Nacht zur völligen Überraschung des ganzen deutschen Volks — vom Kaiser bis zum ärmsten Taglöhner — der Krieg gegen uns vom Zaune gebrochen wurde. Wir haben es miterlebt, daß kein Mensch es für möglich halten wollte — (da niemand in Deutschland den Krieg wollte, geschweige denn suchte) —, daß man uns zu diesem furchtbaren Kampfe zwang.

Da England nunmehr seine Kriegserklärung an Deutschland wesentlich auf den Bruch der Neutralität Belgiens durch die deutschen Truppen gründete, soll diese völkerrechtliche Frage zunächst an dieser Stelle erörtert werden. —

I. Der Wiener Kongreß hatte durch die Vereinigung der belgischen Gebietsteile mit Holland in dem Königreich der Niederlande zwischen diesem und den alliierten vier Großmächten 1815 die Barriere gegen neue Expansionsbestrebungen des unruhigen Frankreich nach dem Norden geschaffen. Als sich Belgien infolge der Revolution von 1830 selbständig erklärte, wurde dieser Zustand von den Mächten anerkannt und das neu errichtete Königreich Belgien mit Rücksicht auf die gleichen politischen Zwecke, die für Holland maßgebend waren, durch die Verträge vom 15. November 1831 neutralisiert. Der Widerstand Hollands wurde durch die bewaffnete Intervention Frankreichs gebrochen und die neue Stellung Belgiens seitens Hollands durch den zu London am 19. April 1839 abgeschlossenen Vertrag anerkannt.

An diesem Tage kam zwischen beiden Ländern ein Abkommen zustande, in dessen Art. 7 bestimmt war:

„Belgien bildet ... einen unabhängigen und dauernd neutralen Staat. Es ist verpflichtet, die gleiche Neutralität gegen alle anderen Staaten zu beobachten."

An demselben Tage schlossen Frankreich, Österreich, Großbritannien, Preußen und Rußland sowohl mit Belgien wie mit den Niederlanden Verträge ab, in die sie das Abkommen zwischen diesen beiden Staaten als integrierenden Bestandteil aufnahmen. Diese Verträge sind es, auf denen die Neutralität Belgiens beruht.

Für Preußen ist das Deutsche Reich als Garantiestaat eingetreten.

Ursprünglich war, wie schon oben angedeutet, Belgien von den andern Großmächten gegen Frankreich gegründet worden. Durch verschiedene Momente (Sprache, Abstammung usw.) lag die allmähliche Annäherung der wallonischen Teile Belgiens an Frankreich nahe. Wir Älteren können uns erinnern, daß schon im Jahre 1870 über deutschenhasserische Demonstrationen auf belgischem Boden stark geklagt wurde; Bismarck mußte einmal sogar, wie wir aus den „Erinnerungen" wissen, einen „kalten Wasserstrahl" nach Brüssel senden, um der Französelei dort ein Paroli zu bieten, die in Beleidigungen deutscher Flüchtlinge während des Krieges sich äußerte. Seit dem Frankfurter Frieden setzten die Treibereien von Paris und London aus verstärkt ein, um die Belgier aus ihrer neutralen Stellung herauszubringen. Daß diese unausgesetzten Wühlereien Erfolg hatten und daß man allmählich sich in das französisch-englische Fahrwasser gegen Deutschland bringen ließ, dafür gibt es keinen klassischeren Beweis als die ganzen Brialmontschen Festungsanlagen, deren Niederwerfung jetzt der deutschen Armee so glorreich gelang. Ein Blick auf die Befestigungen von Lüttich, Namur, insbesondere aber von Antwerpen zeigt, daß der ganze Brialmontsche Plan in erster Linie sich gegen Deutschland richtete. Ein Vergleich mit Holland, das man gern in diese ganze Schein-Neutralitätspolitik hineingezogen hätte, wenn seine Staatsmänner nicht größere Klugheit als die belgischen besessen hätten, schlägt ganz zuungunsten Belgiens aus. Die Ausgestaltung der Festungen Vlissingen und Terneuzen am Scheldeausfluß zeigt, daß es Holland mit seiner Neutralität, die sich hier vor allem in der Sicherung der politisch überaus wichtigen Sperrung der Schelde ausdrückte, ernst war, während Belgien, wie wir jetzt wissen, seit Dezennien zum Bruche der Neutralität bereit und vorbereitet war.

Die Brialmontsche Festungspolitik war bereits der sichtbare Ausdruck derjenigen Politik Belgiens, die ihm nunmehr die Existenz kostet[1]). Natürlich mußte diese Annäherung an die zwei Weltgroßmächte nach Ausschaltung des althistorischen Gegensatzes zwischen Frankreich und England und nach Abschluß der Entente zwischen den beiden Mächten im Jahre 1902 sich progressiv verdichten. Die

---

[1]) In der Presse hat Frh. v. Mackay kürzlich darauf hingewiesen, daß in den Entwürfen zu Festungsplänen, die Moltke vor 1870/71 niederschrieb, er sich ausführlich über das Verhältnis Preußens zu den neutralen Staaten, insbesondere die Schweiz, Holland und Belgien ausspricht und erklärt, daß für die deutsche Heeresleitung keinerlei Grund vorhanden sei, die vertragliche Unverletzlichkeit dieser Staaten anzurühren und den Krieg über die Front vom Oberelsaß bis zur Mosel auszudehnen. Um so merkwürdiger sei es, daß Brialmont bei seinem System der Befestigung Belgiens offenbar fast ausschließlich das Schreckgespenst der deutschen Einbruchsgefahr im Auge gehabt, an Frankreich und England nur nebenher gedacht habe. ... „Die Einseitigkeit dieser Taktik sei offenbar strategisch wie politisch gleich unklug; denn sie müsse notwendig wie ein Magnet wirken, der Deutschlands Feinde anlocke, Belgiens Neutralität ihrerseits zu mißbrauchen und das Land zu einer Falle für uns zu machen." Die Ereignisse dieser Tage haben auch hier dem großen Strategen restlos recht gegeben.

„Einkreisungspolitik" König Eduards mußte mit Belgien als Operationsbasis rechnen. Der alte König Leopold, ein kluger Kopf, setzte all diesen Plänen freilich einen gewissen passiven Widerstand entgegen. Er war zu klug, um nicht zu wissen, daß Belgien, das er auch durch den Kongostaat zu großem Reichtum gebracht, durch eine betrügerische Neutralitätspolitik nicht weniger als alles riskierte. Und trotzdem konnte er dem Banne Englands nicht entrinnen. Noch weniger Widerstand setzte aber all diesen Treibereien und Umschmeichelungen der junge König Albert entgegen (s. auch unten). So trieb die Entwicklung der Dinge den Staat unaufhaltsam auf der schiefen Bahn einer einseitigen deutschfeindlichen Politik vorwärts.

II. Alles das war der deutschen Regierung seit langem bekannt [1]). Daher auch mit Recht obige von einem berechtigten Gefühle des Mißtrauens diktierte Formel: „Wir achten die Neutralität, wenn sie von anderer Seite geachtet wird." Sie hätte auch lauten können: „Wir achten sie, wenn sie von Belgien selbst geachtet wird."

Das alles muß man sich vergegenwärtigen, wenn man die Haltung Deutschlands in den ersten Augusttagen 1914 richtig beurteilen will.

Und um so größere Anerkennung verdient die deutsche Regierung, wenn sie trotz der Kenntnis all dieser wichtigen Momente, die gegen Belgien sprachen, keinen Zweifel darüber ließ, daß sie das Einrücken der deutschen Truppen in Belgien in der Nacht vom 3. auf 4. August nach dem damals bekannten Stande der Dinge objektiv als einen Bruch des zitierten Art. 7 des Abkommens von 1839 anerkannte und zugab,

---

[1]) Mit Recht wurde in der Presse auch auf den belgischen Gesetzentwurf von 1905 betreffend die Erweiterung der Hafenanlagen und betreffend die Verteidigung der Stadt Antwerpen und seine Motive hingewiesen, um darzutun, daß seit mindestens einem Jahrzehnt das Spiel zwischen England und Belgien gegen Deutschland völlig feststand. Dort heißt es wörtlich: „Antwerpen ist nicht nur die Metropole unseres Handels und unserer Schiffahrt, sondern sie ist auch ausersehen worden, die Rolle der wichtigsten Festung des Landes zu spielen, die sie niemals gefordert und um die keine andere Stadt des Landes sie beneidet hat. Antwerpen ist es, das im Falle eines Kriegs der letzte Schutzwall unserer Unabhängigkeit und die letzte Zufluchtsstätte unserer Nationalität sein muß." Die an der unteren Schelde geplanten Werke wurden nicht gebaut, da man „Antwerpen als englischen Brückenkopf ansah". England hat noch nach der Kriegserklärung alle Hebel in Bewegung gesetzt, um Holland zu einem Bruche seiner Neutralität zu bewegen, um der englischen Armee den Einbruch über Antwerpen bzw. den Rückzug aus dieser Stadt zu sichern.

daß sie ein „Unrecht" tue, für das sie völligen Schadensersatz, volle Genugtuung und Wiederherstellung des status quo ante versprach (s. unten auch das Kapitel 24 über die Beschießung und Einnahme von Antwerpen).

Die Anerkennung muß um so größer sein, als damals in Berlin die schändlichen Exzesse der belgischen Bevölkerung, vor allem in Antwerpen und Brüssel, gegen deutsche Flüchtlinge bereits bekannt waren, die sich dann — nach dem Bekanntwerden des Einzuges der deutschen Truppen auf belgisches Gebiet — freilich noch wesentlich verschärften.

Die von uns angedeutete Äußerung des Reichskanzlers v. Bethmann Hollweg in der Reichstagssitzung vom 4. August lautete in dieser Richtung nach dem Stenogramm wörtlich:

„Meine Herren, wir sind jetzt in der Notwehr; und Not kennt kein Gebot! Unsere Truppen haben Luxemburg besetzt, vielleicht schon belgisches Gebiet betreten. Meine Herren, das widerspricht den Geboten des Völkerrechts. Die französische Regierung hat zwar in Brüssel erklärt, die Neutralität Belgiens respektieren zu wollen, solange der Gegner sie respektiere. Wir wußten aber, daß Frankreich zum Einfall bereit stand. Frankreich konnte warten, wir aber nicht! Ein französischer Einfall in unsere Flanke am unteren Rhein hätte verhängnisvoll werden können. So waren wir gezwungen, uns über den berechtigten Protest der luxemburgischen und der belgischen Regierung hinwegzusetzen. Das Unrecht — ich spreche offen —, das Unrecht, das wir damit tun, werden wir wieder gutzumachen suchen, sobald unser militärisches Ziel erreicht ist. Wer so bedroht ist wie wir und um sein Höchstes kämpft, der darf nur daran denken, wie er sich durchhaut!"

Der anhaltende brausende Beifall des ganzen Hauses zeigte, daß hinter diesen Worten die Vertretung des gesamten deutschen Volks stand — ja das ganze deutsche Volk selbst!

In den Worten des Reichskanzlers findet sich streng juristisch scheinbar ein gewisser Widerspruch. Er sagt mit Recht: „Wir sind jetzt in der Notwehr", d. h. in der Verteidigung gegen einen gegenwärtigen rechtswidrigen Angriff auf unser Land, den wir nur durch den Gegenangriff parieren können, und erkennt trotzdem an, daß das Verhalten der Deutschen den Geboten des Völkerrechts widerspricht. Auch seine folgenden Ausführungen sind in sich nicht ganz folgerichtig. Er plädiert mit Recht bald auf „Notstand", bald auf „Notwehr" — und spricht offen von einem „Unrechte, das wir damit tun und das wir wieder gutzumachen suchen werden". Und der letzte Satz nimmt trotzdem wiederum die Einrede der Notwehr auf.

Psychologisch und aus der konkreten Situation ist der Vorgang, sind die juristischen und logischen Widersprüche wohl zu verstehen. Der Reichskanzler hat nicht als Jurist, nicht als Professor des Völkerrechts, sondern als Politiker, als Vertreter des Deutschen Reichs gesprochen. Seine Absicht war, dem Königreiche Belgien goldene Brücken zu bauen, ihm möglichst entgegenzukommen, um es von feindseligen Handlungen abzubringen oder abzuhalten. Der Reichskanzler wußte damals scheinbar noch nicht genau, welche böse Rolle der angeblich neutrale Staat schon lange vorher gespielt hatte, wie des näheren unten ausgeführt ist. Er schied daher genau zwischen der Notwehr gegen Frankreich und den notwendigen Abwehrhandlungen — wie er sie nannte, „unrechten" — gegen Belgien. Freilich deutete er durch die Worte: „Frankreich konnte warten, wir aber nicht" an, daß eine Kooperation anderer Mächte mit Frankreich unbedingt demnächst zu erwarten war. Er läßt aber offen, wer der Beteiligte, der Verbündete ist, ob Belgien selbst oder — England.

Die Äußerung des Reichskanzlers am 4. August war also unzweifelhaft diktiert von der diplomatischen Courtoisie, die durch die Einräumung des objektiven Tatbestandes des Bruches der Neutralität durch das Einrücken der deutschen Truppen die nach seiner Meinung noch zu beeinflussende gute Stimmung der belgischen Regierung und Bevölkerung besänftigen sollte und wollte: daher das Eingeständnis des „Unrechts, das wir damit tun und das wir wieder gutzumachen suchen werden". So sprach nicht der Jurist, sondern der verantwortliche Politiker, der Staatsmann.

Nur wenige Tage genügten freilich, um nachzuweisen, daß weder die bona fides noch der gute Wille der Neutralität, den der Reichskanzler voraussetzte, bei Belgien vorhanden war, noch die gute Wirkung, die der Reichskanzler durch sein Entgegenkommen beabsichtigte, eintrat. Eher das Gegenteil!

Die Entwicklung der Dinge in den nächsten Tagen (4.—7. August) zeigte aber auch, daß es reiner Wahnsinn gewesen wäre, von Deutschland zu verlangen, daß es erst den Einmarsch der französischen oder englischen Truppen in Belgien und damit einen nur mit Strömen deutschen Soldatenblutes wieder einzubringenden Vorsprung unserer Gegner hätte abwarten müssen, um dann auf Notstand oder Notwehr, etwa vor einem Gerichte, zu plädieren, das von Anfang an parteiisch und feindselig war, d. h. in praxi vor dem Forum der englischen Regierung, die wohlgefällig geschwiegen und kein Wort über Neutralitätsbruch gesprochen hätte, — wenn Frankreich die Neutralität noch offener gebrochen hätte, als es dies ohnedies bereits mit Billigung und nach Wunsch der englischen Regierung getan hatte. Oder vor welchem andern Gerichte sollte sich Deutschland beklagen? Etwa vor dem Haager? Wenn die Franzosen in Namur und Lüttich zu Hunderttausenden gestanden hätten, hätte solcher Spruch — in Monaten gefällt — nur noch die Luft erschüttert!

Deutschland handelte in bewußtem Notstande und, wie die weitere Entwicklung der kriegerischen Ereignisse zeigte, in bester Notwehr gegen Belgien, das die Neutralität selbst bereits gebrochen hatte, wie gegen Frankreich, das sich desselben Vertragsbruches schuldig machte.

Es ist von Miltner (Leipziger Zeitschrift für das deutsche Recht, Septemberheft 1914), Triepel in der Kölnischen Zeitung und von Liszt (Vossische Zeitung Nr. 407, 1914) und von der gesamten neueren völkerrechtlichen Doktrin und Praxis anerkannt, daß es im Völkerrechte Notstand in analoger Anwendung des kriminellen Begriffs (s. § 54 R.-Str.-G.-B.) und Notwehr gibt, und daß solcher Notstand die Verletzung der Bestimmungen des Völkerrechts zuläßt und ihre Rechtswidrigkeit ausschließt [1]). Wenn sich ein Staat in einer Lage befindet, in der die Erhaltung seiner Existenz und Selbständigkeit derart in Frage gestellt ist, daß er der Gefahr nur durch Übertretung von Normen des Völkerrechts bzw. durch Verletzung von Vertragspflichten beseitigen kann, so liegt eben der Fall des Notstandes vor, in welchem das Recht die Befolgung seiner Imperative nicht mehr fordern kann. Jedenfalls zessieren die mit solchen Handlungen sonst verknüpften rechtlichen Folgen. Dieses Selbsterhaltungsrecht ist die Aufgabe, ja die Pflicht des Staates gegenüber seinen Bürgern und gegenüber der rechtlichen

---

[1]) S. auch Frank, Münch. N. N. vom 20. August 1914 Nr. 424; Fleischmann, Völkerrechtsquellen 1905 S. 35; Niedner, Frankf. Ztg. vom 1. September 1914, Nr. 242; Vossische Ztg. vom 6. August Nr. 394, Morgenausgabe; ferner Ullmann, Völkerrecht S. 145, 461; Liszt, Das Völkerrecht, 6. Aufl. 1910, S. 169, 182; Fleischmann, Auslieferung nach deutschem Kolonialrecht, 1906, S. 52; Heilborn, System S. 289, 296 ff.; Strisower, in Grünhuts Ztschr. 16 S. 717; Holtzendorff, Handbuch des Völkerrechts S. II, S. 54 ff.

Gemeinschaft, mit der der Staat den Vertrag abgeschlossen hat, die wiederum seine Existenz und seine Erhaltung voraussetzt.

Die Erhaltung des Deutschen Reiches machte es angesichts der unten geschilderten Sachlage direkt notwendig, die Vertragsrechtpflichten über die Neutralität, die von Preußen auf das Deutsche Reich übergegangen waren, vorübergehend zu verletzen, selbst wenn Belgien nicht — (was unten des näheren dargelegt und bewiesen werden wird) — die vertragsmäßige Neutralität gegen das Deutsche Reich selbst gebrochen hätte. Die Erhaltung der eigenen Existenz, Selbständigkeit, Unabhängigkeit und bisherigen Weltmachtstellung des Reiches machte die Geltendmachung des „Notstandes" in concreto notwendig.

Es genügte auch bereits die bloße Duldung der Bedrohung der Existenz des Deutschen Reiches durch Frankreich seitens des neutralen Belgien oder die Unterlassung derjenigen Handlungen, die notwendig waren, die Bedrohung der Existenz des Reiches von Frankreich her zu beseitigen, um dem Reiche das Recht zu den entsprechenden Notstandshandlungen gegenüber Frankreich und Belgien selbst unter Verletzung der Vertragsrechte des letzteren zu gewähren.

Belgien war bei solchem Notstande des Deutschen Reiches wie Luxemburg lediglich berechtigt, den vollen Schadensersatz für die Vornahme dieser Notstandshandlungen auf seinem Gebiete zu verlangen: ein Recht, das ja auch von Deutschland ausdrücklich und wiederholt anerkannt wurde und das es gegen Luxemburg prompt erfüllte. Deutschland war bei Gefahr im Verzuge nicht verpflichtet, erst durch Verhandlungen diese völkerrechtliche Sachlage klarzustellen. Notstand und Notwehr erfordern Taten, nicht Worte. Sache späterer nachträglicher Verhandlungen war die Wiedergutmachung der veranlaßten Schäden tatsächlicher und rechtlicher Natur gegenüber dem verletzten Neutralitätslande.

Hätte Belgien nicht seit einer Generation sich in den Kampfgedanken mit Deutschland eingelebt und seine ganze Militär- und sonstige Politik diesem Gedanken gewidmet, so hätte es vollen Schadensersatz, eine Stärkung seiner finanziellen, wirtschaftlichen und politischen Stellung aus der vorübergehenden Störung seiner Neutralität ziehen können, statt der Vernichtung und des Ruins seiner Selbständigkeit.

III. Daß Belgien selbst wußte, daß ein solcher Notstand mit seiner vertragsmäßigen Neutralität unbedingt aufräumen werde, geht u. a. aus folgendem hervor:

Schon 1843 erschien in der Revue militaire belge ein Aufsatz, dessen Verfasser die Neutralität überhaupt nicht ernst nimmt und für ein leeres Wort erklärt (so Frank in den M. N. N. vom 20. August). Im Frieden könne man sie proklamieren, bei Ausbruch des Krieges aber falle sie von selbst weg, und Belgien stehe genau wie jeder andere Staat vor der Frage, für wen es Partei nehmen solle. Auch der belgische Schriftsteller Grandgagnage erklärt, daß die Verhältnisse mächtiger seien als die Menschen und daß aller Verträge ungeachtet im Kriegsfall Belgien das Gebiet sein werde, auf dem sich die europäischen Streitigkeiten entscheiden. Wollte dem Belgien entgegentreten, so würde es voraussichtlich nicht nur Niederlagen riskieren, sondern vielleicht auch seine Unabhängigkeit aufs Spiel setzen.

Die Pandectes belges (68. Band) treten an einzelnen Stellen derartigen Auffassungen zwar entgegen; sie erkennen aber zwei Fälle unbedingt an, bei denen die Neutralität Belgiens nicht beachtet zu werden brauche: **die Kriegserklärung sämtlicher fünf Garantiemächte und die Nichtbeachtung der Neutralität von seiten Belgiens selbst** (s. über die belgischen Rechtsanschauungen übrigens auch die Anmerkung am Schlusse dieses Kapitels, S. 50).

Diese belgische Anschauung muß unzweifelhaft als staats- und völkerrechtlich einwandfrei anerkannt werden.

Beide Fälle sind, wie wir zeigen werden, gegeben.

Zunächst sind die Verträge vom 15. November 1831 über die Neutralisierung des Königreichs Belgien zwischen England, Österreich, Frankreich, Preußen, Rußland und Belgien abgeschlossen. Für Preußen ist 1871 das Deutsche Reich eingetreten. Also jetzt ist jedenfalls der Fall 1 gegeben, daß sämtliche Garantiemächte im Kriege stehen; Anfang August stand lediglich England formal und scheinbar außerhalb der Konfliktssphäre.

Ganz besonders interessant ist aber, was der berühmte Brüsseler Professor Rivier in seinem Lehrbuche des Völkerrechts (2. Auflage, 1899 S. 184) über den Notstand sagt: „Ein Staat darf selbst dann die Souveränität eines dritten Staates verletzen, wenn dieser zu schwach ist, zu verhindern, daß sein Gebiet dem Angreifer zur Basis dient." Man möchte glauben, diese Worte seien im August 1914 niedergeschrieben! Also ein Staat darf dann einen Neutralitätsvertrag verletzen, wenn sein Kontrahent nicht die Kraft besitzt, um zu verhüten, daß der Feind des ersten Staates sein, d. h. des Neutralen, Land als Operationsbasis wählt. Dieser Fall liegt hier vor. Gibt es einen Menschen, der leugnen würde, daß Belgien zu schwach war, sein Gebiet einem französischen Angriffe zu verwehren? Selbst wenn Belgien den guten Willen gehabt hätte — (der ihm freilich fehlte!) —, seine Souveränität und Neutralität zu behaupten, würde Frankreich es einfach über den Haufen gerannt haben. Diese Tatsache bildet ja moralisch eigentlich auch den einzigen Entschuldigungsgrund für den Bruch der Neutralität durch Belgien selbst. Auf dieser Erwägung baute sich die Politik des Baron Lambermont auf, die unglückseligerweise König Albert verließ, Lambermont hielt es für nötig, daß die belgische Armee zur Wahrung der Neutralität die Grenzen bloß besetzte; er hiel. es für unsinnig, den Kampf mit viel stärkeren Gegnern aufzunehment Diese neue „Jungblutsche Taktik", einseitige Stellung zu nehmen, war König Alberts Ruin.

Also — selbst belgische maßgebende Rechtsschriftsteller haben anerkannt, daß Notstand die belgische Neutralität aufhebe, der auch dann gegeben ist, wenn Belgien in concreto zu schwach ist, um sie mit Erfolg zu verteidigen. Freilich hat man dort damit gerechnet, daß auf Notstand von seiten Frankreichs plädiert würde, und gegen diese Konsequenzen hätte weder England noch Belgien etwas einzuwenden gehabt, wie dies von einer Reihe einflußreicher englischer Politiker (Macdonald Ramsay, Ponsonby usw.). offen zugestanden und Sir Edward Grey und seinen Hintermännern Fr. Bertie und A. Nicolsen sogar direkt vorgeworfen wurde.

Was aber dem einen recht ist, ist selbstverständlich dem andern billig! Zumal wenn es sich, wie jetzt gegen Deutschland, um einen überraschenden, über Nacht gekommenen Angriff von zwei Fronten seitens der stärksten Weltmächte handelte. Ganz Deutschland hat — wir wiederholen dies aus bester Kenntnis der Verhältnisse auf das bestimmteste und verpfänden dafür, wie jeder Abgeordnete es tun kann, unser Wort — vor dem 31. Juli an keinen Krieg gedacht. Vor dem 1. August ist in Deutschland keinerlei Mobilisierungshandlung erfolgt. Während Rußland und Frankreich, wie jetzt erwiesen, seit Monaten sich auf den großen Krieg, den England seit Jahren vorbereitete, rüsteten, dachte in Deutschland niemand an die Möglichkeit solcher Verwicklungen, ja wiegte sich noch bis zum 1. August in der Hoffnung, daß ihm der Frieden erhalten bleibe.

Als Beweis dafür, wie schwer auf Deutschland der „Notstand"

lastete, der zum Bruche der Neutralität zwang, dient auch die erste Proklamation der deutschen Regierung, die ausdrücklich vollen Schadensersatz und Wiederherstellung der völligen Freiheit und Selbständigkeit Belgiens zusagte, wenn der momentane militärische Notstand vorüber sei.

Und auch der zweite Aufruf vom 12. August kann noch als wichtiges Beweismittel dafür angesprochen werden, indem er folgendes aussprach:

„... Die deutsche Regierung bedauert es aufs tiefste, daß es infolge der Stellungnahme der belgischen Regierung gegen Deutschland zu einem blutigen Zusammenstoß gekommen ist. Deutschland kommt nicht als Feind nach Belgien. Nur unter dem Zwang der Verhältnisse, angesichts der militärischen Maßnahmen Frankreichs hat es den schweren Entschluß fassen müssen, in Belgien einzurücken und Lüttich als Stützpunkt für die weiteren militärischen Operationen zu besetzen. Nachdem die belgische Armee in heldenmütigem Widerstand gegen unser großes und überlegenes Heer ihre Waffenehre gewahrt hat, bittet (sic!) die deutsche Regierung Seine Majestät den König von Belgien und die belgische Regierung, Belgien die weiteren Schrecken des Krieges zu ersparen. Die deutsche Regierung ist zu jedem Abkommen mit der belgischen bereit (!), das sich irgendwie mit den Rücksichten auf ihre Auseinandersetzung mit Frankreich vereinigen läßt. Deutschland versichert nochmals feierlichst, daß es nicht von der Absicht geleitet ist, sich belgisches Gebiet anzueignen, und daß ihm diese Absicht durchaus fern liegt. Deutschland ist noch immer bereit, das belgische Königreich unverzüglich zu räumen, sobald die Kriegslage es gestattet."

Die darauf am 13. August eingegangene belgische Antwort war schnöde Ablehnung [1]).

Ist das die Sprache eines beutegierigen, machtlüsternen „Militarismus"? Hier „bittet" die Regierung des siegreichen, militärgewaltigsten Staates der Welt die Regierung eines kleinen, ohn-

---

[1]) Es ist charakteristisch für die von Anfang an feindselige Haltung der belgischen Regierung, daß diese außerordentlich wichtige Kundgebung gegenüber der belgischen Bevölkerung völlig unterschlagen wurde — ja, daß man durch öffentliche Anschläge, in der Presse und sonstwie verbreitete, Deutschland habe Belgien zwingen wollen, unter preußischem Kommando gegen Frankreich und England zu marschieren! Auch diese unwahrhaftige Haltung zeigt, daß man von Anfang an darauf die ganze Politik eingerichtet hatte, mit dem Dreiverbande als dem scheinbar stärkeren Faktor durch Dick und Dünn zu gehen. Auch später versündigte man sich seitens der Regierung durch beispiellose Unwahrhaftigkeit gegenüber dem eigenen Volke.

mächtigen Staates, den weiteren Schrecken des Krieges Einhalt zu tun! Hat man in der Weltgeschichte einen analogen Fall solchen bis an die Grenzen der Selbstachtung gehenden Entgegenkommens? Und obwohl man bereits am 12. August ziemlich genau wußte, was Belgien in Verletzung seiner Neutralität sich geleistet hatte! So spricht einerseits der Drang, jegliches, auch scheinbares Unrecht wieder gutzumachen, und andrerseits der Notstand, in dem man Belgien gegenüber so handeln mußte.

Freilich, wenn die Enthüllungen der „Frankf. Ztg." von Anfang Oktober über die persönliche Haltung König Alberts zum Dreiverbande, die übrigens völlig übereinstimmen mit der hier vertretenen Anschauung und sie vollinhaltlich bestätigen, richtig sind, so ist jenes weitere schnöde und hochfahrende Verhalten der belgischen Regierung nur eine Konsequenz dieser Haltung des Königs, der nach diesen Nachrichten schon im Frühjahr 1914 mit Frankreich und England eine Art Militärkonvention abschloß und als Vertreter der Tripleentente einen Bund der neutralen Europastaaten zu gründen unternahm, um Deutschland vollständig zu isolieren. Am Widerstande Hollands ist dieser Plan gescheitert. Hinter dem Rücken des belgischen Ministeriums hat der König darauf eine vereinbarte Depesche an den englischen König mit der Bitte gesandt, die Neutralität Belgiens zu schützen. Die Zukunft wird wohl größere Klarheit über die persönliche Teilnahme König Alberts schaffen! Die unten behandelte Veröffentlichung der „Nordd. Allg. Ztg." vom 12. Oktober 1914 bahnt diese Klärung an.

Sei ihm, wie ihm wolle: jedenfalls ist soviel sicher: wenn jemals, so konnte hier von einem Garantiestaate der belgischen Neutralität der Anspruch auf „Notstand" erhoben werden!

Wie heuchlerisch das ganze Gebaren Englands und Belgiens in dieser Neutralitätsfrage war, geht z. B. aus folgender charakteristischen belgischen Äußerung hervor:

Im Brüsseler „XXe Siècle" vom 20. August 1914 wird an erster Stelle eine Vorlesung wiedergegeben, die Abbé de Lannoy im Oktober 1913, also zehn Monate vor Ausbruch des Krieges, in der Faculté de philosophie et lettres de l'Institut St. Louis gehalten hat. Die Vorlesung hatte zum Gegenstand die Neutralität Belgiens. Nach einem Überblick über die Entstehungsgeschichte des neutralen Staates setzt Abbé de Lannoy auseinander, daß die Neutralität heute nur noch von Deutschland bedroht wäre. Die Neutralität war 1830 als Schutzwehr gegen

Frankreich gedacht, dem England um keinen Preis Antwerpen überlassen hätte. Nunmehr seien die Rollen vertauscht. England würde Antwerpen gegen Deutschland verteidigen (!). Unter diesen veränderten Umständen habe Belgien selbst kein Interesse mehr, an seiner Neutralität festzuhalten. ... „In der Sprache der Diplomaten wird die belgische Neutralität noch lange eine Formel bleiben, auf die sich jeder nach seinen augenblicklichen Interessen berufen wird, die jeder nach Belieben ausdeuten wird bis zum Tage, an dem tragische Ereignisse dartun, daß sie nur noch eine Formel war.“...

... „Daraus geht hervor, daß England sich nicht mehr darauf beschränken könnte, die Beschützerin unserer Unabhängigkeit zu sein. Wenn England uns noch verteidigt, dann wird es nicht mehr als Garantiemacht, sondern als kriegführende Macht auftreten.“

De Lannoy sieht demnach prophetisch voraus, daß England auf alle Fälle in den Krieg eingreife und daß der Bruch der belgischen Neutralität nur noch einen Scheingrund zum Kriege abgebe.

Und so wie der bekannte Abbé, dachte ganz Belgien und handelte auch danach!

Ganz ähnlich drückt sich auf der andern Seite das Buch des Engländers Homer Lea, „The day of the season“ aus, in dem erklärt wird, daß die Neutralität kleiner Staaten, die zwischen großen liegen, eine Anomalie sei. Holland und Belgien müßten England militärisch angegliedert werden. Dann wäre England nur von der Elbmündung aus angreifbar und Deutschlands Ausdehnung an dem Meer unmöglich. Dazu bemerkt Silvio Pietro Rivetta sehr richtig: „Keine andere Nation habe neutralen Besitz so oft besetzt und seine Verpflichtungen so oft gebrochen wie England. Wenn ein kleiner neutraler Staat zwischen zwei großen liege, sei es höchst wichtig, sich schon zu Beginn des Krieges dieses Staates zu bemächtigen, damit er nicht in die Hände des Gegners fällt.“

IV. Wird die Frage der Ausschließung der Rechtswidrigkeit durch Notwehr und Notstand nach obigen Ausführungen theoretisch und im Prinzip für das Völkerrecht entschieden zu bejahen sein, so entscheidet für das konkrete Vorliegen desselben natürlich allein die verantwortliche Behörde desjenigen Staates, der sich auf den Notstand oder auf die Notwehr beruft, d. h. in dem vorliegenden Falle die deutsche Armeeleitung im Zusammenhange mit der Leitung der auswärtigen Politik des Deutschen Reiches. Eine andere Lösung ist undenkbar. Die Anrufung eines unparteiischen Gerichts war unmöglich — aus rechtlichen, insbesondere aus praktischen militärischen Gründen.

Für Deutschland war der Notstand darin begründet, daß nach Ansicht der deutschen Heeresleitung, die durch die Ereignisse vollkommen bestätigt wurde, ein Einbruch der französischen Truppen durch Belgien nach deutschem Gebiet unmittelbar drohte und daß dieser Einbruch für das in einen Weltkrieg verwickelte Deutschland verhängnisvoll gewesen wäre. Diese Tatsache ist von entscheidender Bedeutung. Reichskanzler v. Bethmann Hollweg erklärte wiederholt: „Wir wußten, daß der französische Kriegsplan den Durchmarsch durch Belgien zum Angriff auf die unbeschützten Rheinlande vorsah!" Diese Tatsache ist es, die den Notstand schuf, kraft dessen sich Deutschland über die Neutralitätsverträge von 1839 hinwegsetzen durfte; es kann sich Deutschland nicht nur gegenüber dem unmittelbar beteiligten Belgien, sondern auch den Garantiemächten gegenüber, von denen freilich die eine, Frankreich, als solche von vornherein nicht mehr gelten konnte, auf Notstand berufen. Wer nicht zugeben will, daß Deutschland unter diesen Umständen im Notstande gehandelt hat, dem bleibt, wie Miltner a. a. O. mit Recht meint, nichts anderes übrig, als den ungeheuerlichen Satz aufzustellen, daß Deutschland jenen Einbruch erst hätte abwarten sollen, um dann zu protestieren — oder was sonst zu tun?

Solche Naivität Deutschland zuzumuten, sollten nicht einmal die „Daily Mail" und der „Temps" den Mut haben [1])!

V. In den ersten Augusttagen hielt die deutsche Regierung nach außen noch, wie die oben zitierte Rede des Reichskanzlers vom 4. August anzeigt, an der Annahme fest, daß der belgischen Regierung ein

---

[1]) Die englische Auffassung über Notstand und Notwehr ergibt sich klassisch aus der berüchtigten Überrumpelung Kopenhagens im Jahre 1807. Diese geschah, weil man englischerseits besorgte (!), die dänische Macht könnte sich vielleicht (!) auf Napoleons Seite stellen. Wellington sprach damals die historischen Worte: „Great Britain had only put into exercise that law of selfpreservation, that needed no learned and intricate disquisitions to justify!" Das genügte für England, um mitten im Frieden die dänische Hauptstadt in Brand zu schießen, 300 Häuser einzuäschern und die ganze dänische Flotte wegzuschleppen! Nur weil Dänemark nicht die Neutralität brach! Und heute dieser englische Neutralitätsfanatismus, obwohl der Grund für Deutschland gegen Belgien ein hundertfach stärkerer war! S. unten auch den jetzigen Rechtsstandpunkt Englands.

französischer Durchbruch durch Belgien nach Deutschland unerwünscht sei. In der Anweisung, die der Reichskanzler dem deutschen Gesandten in Brüssel am 2. August erteilte, spricht er die Besorgnis aus, daß Belgien trotz besten Willens nicht imstande sein werde, ohne Hilfe den französischen Vormarsch mit Erfolg abzuwehren. Deutschland müsse deshalb dem französischen Angriffe zuvorkommen. **Nach dem jetzigen Stande der Dinge ist es offenbar, daß Belgien keineswegs „besten Willens" war. Der französische Durchbruch nach Deutschland war zwischen Frankreich und Belgien verabredet und durch beiderseitige militärische Maßregeln vorbereitet.**

Das Tatsachen-Beweismaterial in dieser Richtung wächst von Tag zu Tag. Es wird einem späteren Zeitpunkte vorbehalten sein, das ganze amtliche Material gesammelt vorzulegen [2]).

Nicht bloß vom Standpunkte des Notstandes aus, sondern auch von dem andern Gesichtspunkte aus, den oben die Pandectes belges vorsehen, ist das Vorgehen Deutschlands gegen Belgien völlig gerechtfertigt und völkerrechtlich einwandfrei.

Es ist in der oben zitierten Stelle der Pandectes belges ausgesprochen, daß die eigene Verletzung der Neutralität durch Belgien diese vernichten würde. Das ist völlig einwandfrei. **Belgien hat die von ihm nach Art VII. des 1839er Vertrages Satz 2 besonders übernommene Verpflichtung, die gleiche Neutralität gegen alle anderen Staaten zu beobachten, schnödestens verletzt.** Es hat gemeinschaftlich mit Frankreich und England kriegerische Unternehmungen gegen andere Garantiemächte der Verträge von 1839, gegen Preußen und damit gegen das Deutsche Reich und das verbündete Österreich, vorbereitet. Damit war die Neutralität Belgiens vernichtet. Es hatte keinen Anspruch mehr auf die Vorteile seiner Neutralität.

Militärische und politische Tatsachen bilden vollgültigen Beweis dafür. Belgien hat u. a. bereits vor dem 4. August als dem Tage des Einrückens der deutschen Truppen d. h. in der Zeit vom 1.—3. August zahlreiche französische Militärautomobile durch Belgien gegen die deutsche Grenze fahren, französische Militärflieger über Belgien fliegen lassen, ohne diese Brüche der Neutralität zu verhindern oder dies auch nur ernstlich

---

[2]) Hier findet das Material bis Ende November 1914 Verwertung.

zu versuchen. Es ist weiter durch eine große Anzahl von Zeugen bewiesen, daß bereits am 2. August nachmittags zahlreiche französische Offiziere dienstlich in Brüssel weilten. Das 45. französische Infanterieregiment wurde bereits am 30. Juli in Lastautos nach Namur gebracht, wie von einwandfreien französischen Zeugen bestätigt wird. Im belgischen Orte Erquelines standen bereits am 2. August französische Truppen. Nach eidlichen Aussagen zu Protokoll deutscher Gerichte waren in Charleroi bereits Ende Juli starke französische Abteilungen. Nach der „Nordd. Allg. Ztg." bestätigte ein Zeuge, ein deutscher Gasmeister, daß Kerdavain der Conseiller du département du Nord amtlich gestand, daß in Maubeuge am 1. August 150 000 Mann, in Givet ebensoviele waren, um durch Belgien in Deutschland einzufallen. (Onnaing am 1. August, abends 8 Uhr). Die sorgfältige Bewaffnung des ganzen belgischen Volks mit Militärgewehren zu Franktireurs, die Vorbereitungen zum Widerstande vom ersten Grenzdorfe an zeigen vor allem, daß von langer Hand der ganze Widerstand von oben herab gegen Deutschland organisiert und vorbereitet wurde, genau wie in Frankreich, wo er seit Jahren offiziell propagiert wurde (s. unten über Franktireurkrieg Kap. 13).

Es ist auch aus den Aussagen französischer Gefangener weiter bekannt geworden, daß schon Wochen vor Ausbruch des Krieges französische Offiziere in Lüttich und Brüssel amtlich tätig waren. An die belgischen Soldaten wurden vor der Kriegserklärung Bögen mit Abbildungen der einzelnen französischen und englischen Truppengattungen offiziell verteilt, um die Soldaten zur richtigen Unterscheidung ihrer zukünftigen Bundesgenossen anzulernen. In Maubeuge fand man ein Arsenal mit — englischer Munition, das längst vor der Kriegserklärung angelegt war! Die Ableugnungen von englischer Seite sind angesichts der letzten Enthüllungen über die „Konvention" (s. unten) durchaus unglaubwürdig und durch nichts bewiesen. Frankreich und Belgien hatten schon vor dem Tage, an dem Sir Edward Grey die Garantierung der belgischen Neutralität offiziell als Trumpf gegen Deutschland ausspielen zu können glaubte (1. August), selbst diese Neutralität in aller Form gebrochen.

Es hat Belgien durch alle diese Handlungen, von denen von Tag zu Tag mehr der Öffentlichkeit mitgeteilt werden (s. auch im folgenden), die Neutralität auf das schnödeste gebrochen und damit auch selbst den Vertrag von 1839 zunichte gemacht.

VI. Daß Belgien durch sein Verhalten die Stellung als neutrale Macht verwirkt hatte, folgt nicht nur aus dem wiederholt zitierten Art. VII, sondern auch aus dem ersten Kapitel des Haager Abkommens vom 18. Oktober 1907 über die Rechte und Pflichten der neutralen Mächte im Fall eines Landkrieges (Art. 2 und Art. 5 und 17) [1]), das Deutschland, Belgien und Frankreich ratifiziert haben und das nichts anderes ist als die Kodifikation eines der ältesten und unbestrittensten Grundsätze des Völkerrechts. Es kann sohin von Neutralitätsverletzung durch Deutschland überhaupt keine Rede sein, und infolgedessen tritt die Frage, ob ein Notstand gegeben war, überhaupt erst in zweite Linie. Vielmehr hat Deutschland in berechtigter Notwehr gehandelt. Um den unmittelbar bevorstehenden Einbruch feindlicher Truppen in deutsches Land abzuwenden, hatte es kein anderes Verteidigungsmittel als den Gegenstoß und die Besetzung von belgischem Gebiet.

Gegen diesen — nach der berechtigten Anschauung der deutschen Heeresverwaltung unzweifelhaft vorliegenden — drohenden Einbruch Frankreichs in das neutrale Belgien zumal nach der erfolgten eigenen Neutralitätsverletzung kann natürlich auch nicht die Einwendung erhoben werden, daß als eine feindselige Handlung an sich die Tatsache, daß eine neutrale Macht eine Verletzung ihrer Neutralität selbst mit Gewalt zurückweist, nicht angesehen werden kann (Art. 10 der Landkriegsordnung). Diese Bestimmung setzt voraus, daß der neutrale Staat nicht selbst vorher die ihm vertragsmäßig oder sonst obliegende Neutralität gebrochen hat; auf sie kann sich nur der Staat berufen, der streng an seinen Neutralitätspflichten bis zuletzt festgehalten hat, der auch mit Gewalt die Neutralitätsverletzung eines

[1]) Art. 2 lautet: „Es ist den Kriegführenden untersagt, Truppen ... durch das Gebiet einer neutralen Macht hindurchzuführen." Selbstverständlich fällt darunter auch das Durchlassen von Militärautos und Militärfliegern.

Art. 5: Eine neutrale Macht darf auf ihrem Gebiet keine der in den Art. 2—4 bezeichneten Handlungen dulden.

Art. 17: Ein Neutraler kann sich auf seine Neutralität nicht berufen: a) wenn er feindliche Handlungen gegen den Kriegführenden begeht, b) wenn er Handlungen zugunsten eines Kriegführenden begeht, ...

Die beiden Eventualitäten sind im vorliegenden Falle gegeben.

Dritten, also hier Frankreichs, gewehrt hat. Von alledem ist hier keine Rede. Im Gegenteil: hier hat die Neutralitätsverletzung in bewußtem und gewolltem Zusammenwirken mit Frankreich (und wohl auch mit England) stattgefunden, so daß von einer berechtigten Notwehr zugunsten der eigenen Neutralität seitens Belgiens nicht mehr die Rede sein kann. Oder hat Belgien bisher auch nur den Nachweis versucht, daß es mit der völkerrechtlich notwendigen Kriegsgewalt Frankreich von den feindseligen Handlungen gegen Deutschland, auf belgischem Boden abhielt? Davon wurde niemals etwas bekannt! Es wäre auch nur bei einer Scheinaktion geblieben.

Es ist dabei lehrreich, festzustellen, wie die englische Regierung selbst über die Frage der notwendigen Neutralitätsverletzung heute denkt. Die amtliche Ausgabe der Kriegsregeln, die im Auftrage der englischen Regierung (by order of His Majesty's Secretary of State for War) von Kolonel Edmonds und Professor Oppenheim als Führer für die englischen Offiziere (for the guidance of officers of His Majesty's Army) gearbeitet und amtlich verlegt ist, sagt in Art. 468 (S. 101) Satz 3: „Sollte aber ein Kriegführender neutrales Gebiet dadurch verletzen, daß er Truppen durch dieses hindurchführt (by marching troops across it) und die neutrale Macht nicht imstande oder nicht willens sein, die Verletzung abzuwehren, dann ist der andere Kriegführende berechtigt, den Feind auf diesem Gebiet anzugreifen." (S. v. Liszt in der „Voss. Ztg." l. c.)

Sobald also die Franzosen die belgische Grenze überschritten hatten, war nach englischer Ansicht das Deutsche Reich zweifellos berechtigt, auch seinerseits seine Truppen in Belgien einrücken zu lassen. Das geschah in concreto. Das Reich war gar nicht verpflichtet, diesen Augenblick abzuwarten. Es hat ihn aber trotzdem abgewartet. Als es in den ersten Augusttagen durch die Duldung der Neutralitätsverletzung durch Belgien selbst sah, daß den Fliegern, Automobilen, einzelnen Offizieren wie auch größeren Truppenabteilungen unmittelbar wohl die französischen Heere folgen würden, hat die deutsche Heeresleitung getan, wozu sie verpflichtet war. Sie hatte das Recht, die Verteidigung zu wählen, die nach ihrer Anschauung erforderlich war, um den unmittelbar bevorstehenden drohenden und bereits erfolgten rechtswidrigen Angriff Frankreichs abzuwenden. Sie hatte das Recht um so mehr, da die neutrale Macht Belgien erwiesenermaßen nicht „imstande und nicht willens war", den französischen Einfall und Neutralitätsbruch abzuwehren, sondern seine Neutralität selbst aufgab.

Es war also Deutschland auch nach Anschauung englischer, belgischer [1]) und französischer Autoritäten völkerrechtlicher und militärischer Richtung voll berechtigt, so zu handeln, wie die deutsche Heeresleitung dies tat.

VII. Für die hier vertretene Auffassung des längst vorbereiteten Angriffs sprechen noch gebieterisch eine ganze Reihe von Tatsachen, von denen wir außer den schon erwähnten nur diejenigen hier anführen, die von zuverlässigen Zeugen öffentlich und persönlich vertreten werden [2]).

[1]) In den bereits oben zitierten Pandectes Belges 68 finde ich S. 104 Nr. 34 auch folgende bemerkenswerte Stelle über die belgische Neutralitätsanschauung und über das jetzige deutsche Vorgehen: On peut se demander si dans ces deux hypothèses, la Belgique devrait attendre, l'arme au bras, l'attaque de son adversaire; s'il ne lui serait pas permis de prendre les devant et d'aller attaquer l'ennemi chez lui, alors qu eles préparatifs faits par ce dernier, ne laissent aucun doute sur son intention de nous envahir? Nous répondons, que cela lui serait permis, car dans le cas indiqué, l'attaque n'est qu'une forme de la légitime défense. Elle prévient l'aggression imminente. C'est la force employée pour éviter le préjudice irréparable que produirait l'attente. — Ferner über Neutralité de la Belgique ebendort Nr. 20: „Au premier signal de guerre tombe le neutralité" (S. 98); Nr. 23: „tous les engagements ne tarderaient"; Nr. 22: „conventions, qui ne deviennent définitement obligatoires"; s. auch S. 90 Nr. 137.

[2]) Dafür spricht u. a. auch die Mitteilung, die wir in der „Deutschen Tageszeitung" (Mitte September 1914) lesen, in der ein Theodor Eduard Zander, der seit 18 Jahren in Merxem ansässig war, ein Geflügelzüchter aus Bialla, außerordentlich interessante Mitteilungen über das Verlegen von Tausenden von Flatterminen — anfangs Juli 1914 — in den Befestigungen von Antwerpen aus eigener Wahrnehmung *mitteilt*. Aus ihnen geht hervor, daß man zu jener Zeit sich auf den Krieg dort *rüstete*.

Bestätigt wird dies auch durch das Schreiben des Direktors Dr. B. Gaster der deutschen Schule in Antwerpen, der mitteilt, daß schon Mitte Juni alle Vorkehrungen getroffen wurden, um die Antwerpener Schulen zu Kasernen umzuwandeln („Nordd. Allg. Ztg." vom 21. September).

Außerordentlich merkwürdig ist der Bericht des Abg. Jouhaux über die Zusammenkunft der Gewerkschaftler Frankreichs, Belgiens und Deutschlands am 25. Juli in Brüssel, wo Jouhaux die Frage stellte: „Was gedenkt Ihr zu tun, um den Krieg zu verhindern, der im Anzuge ist?" Am 25. Juli! Am 1. August

Dokumente von größter Wichtigkeit nicht bloß für die Unwahrheit der Behauptung, daß die Verletzung der Neutralität Belgiens durch Deutschland der Grund für die Kriegserklärung Englands sei, sondern auch für die Wahrheit der Behauptung, daß England von Anfang an und seit Jahren auf Kooperation mit Frankreich und Belgien bedacht war und mit dieser rechnete, ja zu dieser entweder vertragsmäßig oder durch persönliche Exponierung des maßgebenden englischen Leiters der Auslandspolitik bereits am 1. August verpflichtet war, sind folgende Tatsachen und Schriftstücke, die sich ergänzen und bestätigen. Zunächst enthüllte der Ministerpräsident in einer Ansprache zu Cardiff Anfang Oktober, daß England sich bereits 1912 geweigert hätte, seine Neutralität im Fall eines Krieges Deutschland gegenüber zu erklären. Dazu nehme man erstlich die Depesche Sir Edward Greys an Botschafter Goschen vom 1. August 1914. Sie sagt:

„Er (der deutsche Botschafter) fragte mich, ob wir uns verpflichten wollten, neutral zu bleiben, falls Deutschland die Zusage gebe, die Neutralität Belgiens zu respektieren. Ich antwortete, daß ich eine solche Zusage nicht geben könne. Wir wären noch frei und erwägten, was zu tun wäre. Unsere Haltung sei stark von der öffentlichen Meinung abhängig, und dieser läge die Neutralität Belgiens sehr am Herzen. Ich fügte hinzu, daß ich nicht glaubte, allein auf diese Zusage hin unsere Neutralität in Aussicht stellen zu können. Der Gesandte drang in mich, einen Vorschlag zu formulieren, auf

---

abends erfolgte die deutsche Mobilisierung; am 4. August erst das deutsche Einrücken in Belgien.

Ein höchst bemerkenswertes Eingeständnis der zwischen Belgien und dem Dreiverband bestehenden engen Beziehungen machte kurz vor Kriegsausbruch der belgische Sozialist L. de Brouckère in der sozialistischen Monatsschrift „Die Neue Zeit" vom 31. Juli 1914. Indem er über den Sieg der belgischen Klerikalen bei den Wahlen 1912 sich verbreitete und dessen Folgen erörterte fuhr er fort: „Unsere Feldarmee ist nach den Befehlen der Tripleentente, die sich zur Beschützerin unserer Befestigungen aufgeworfen hat, auf die Stärke von 150 000 Mann gebracht worden. Wenige Tage nach den Wahlen von 1912 gab man nämlich den dringenden Vorstellungen Frankreichs, Englands und zweifellos auch Rußlands nach und führte die allgemeine Wehrpflicht ein". Nachdem Brouckère dann darauf hinweist, daß die bisherige Dienstpflicht von 15 Monaten nach dem Urteil von Sachverständigen nicht genüge, schließt er vorahnend: „Morgen wird uns vielleicht England, das nur bei sich den Militärdienst als lästig ansieht, zur Erfüllung unserer Verpflichtungen auffordern."

Grund dessen wir neutral bleiben wollten, er gab sogar zu verstehen, daß die Integrität von Frankreich und seiner Kolonien garantiert werden könnte. Ich erwiderte, daß ich verpflichtet sei, jede Neutralitätsversicherung zu verweigern (!) und daß wir freie Hand behalten müssen."

Dazu nehme man die in der „Nordd. Allg. Ztg." vom 4. September 1914 wiedergegebene Darstellung des Botschafters Fürsten Lichnowsky über die Vorgänge vom 1. August, in der es u. a. heißt: „Auf meine Frage, ob er unter der Bedingung, daß wir die belgische Neutralität wahrten, mir eine bestimmte Erklärung über die Neutralität Großbritanniens abgeben könne, erwiderte der Minister, das sei ihm nicht möglich (!)."

Dazu kommt als drittes, daß Sir Grey am 3. August im englischen Unterhause erklärte, er habe dem französischen Botschafter bereits am Nachmittage des 2. August die vollste Unterstützung der englischen Flotte für den Fall zugesichert, daß die deutsche Flotte gegen die französische Küste oder die französische Schiffahrt vorgehe. Erst in der Nacht vom 3. auf 4. August erfolgte die Verletzung der belgischen Neutralität durch deutsche Truppen.

Die deutsche Regierung ging sohin bis zur äußersten Grenze des Zulässigen, wie die Andeutung Greys an Goschen ersehen läßt, um die Neutralität Englands förmlich zu erkaufen. Alles war umsonst! Der beste Beweis dafür, daß der Plan einer Kooperation zwischen den drei Staaten gegen Deutschland offenbar längst gefaßt und vorbereitet war! (s. die unten abgedruckten Enthüllungen der deutschen Regierung vom Oktober und November 1914).

VIII. Für die Richtigkeit dieser Auffassung sprechen aber noch weitere zahlreiche Momente, die zugleich die Anschauung begründen, daß innere politische Schwierigkerten, vor allem der drohende Bürgerkrieg wegen der Ulster-Frage, es wünschenswert erscheinen ließen, die innere englische Einigung durch Provokation eines großen äußeren Kriegs mit Gewalt herbeizuführen, wie dies in dem „Giornale d'Italia" in einem interessanten Interview mit dem Senator Grafen di San Martino offen bestätigt wurde. Sir Edward Grey handelte seinerseits so aus altem Hasse gegen Deutschland; denn seine Politik war stets der Ausfluß der fixen Idee, daß Deutschland das A und O aller Hindernisse für England sei. Lord Churchill war sein getreuer Helfer.

In der angesehenen amerikanischen, englandfreundlichen Wochenschrift „The Nation" finden wir einige interessante Mitteilungen ihres Londoner Berichterstatters J. Ranken Towse.

Towse erzählt, daß man seit dem 1. August, also drei Tage vor der Kriegserklärung, fieberhafte militärische Vorbereitungen bemerkte, unablässige Truppentransporte zur Küste, Einziehung von Reservisten und Territorialsoldaten, Aushebung von Pferden, Lastwagen und Automobilen. Er schreibt weiter u. a.:

„Nunmehr tritt aber zutage, daß die Vorbereitungen für den Krieg seit drei Monaten begonnen waren. Ich weiß bestimmt, daß mehrere Schiffsreserveoffiziere damals schon ihren Schiffen zugeteilt wurden, und es wird mir von einer Persönlichkeit, die ich als eine verantwortliche Autorität ansehe, versichert, daß Lord Kitchener vor einigen Wochen bereits heimlich nach Belgien gereist war, um mit dem belgischen Generalstab über unsere Expeditionsarmee zu verhandeln. Ein großer Teil dieser Macht war bereits vor mehr als einer Woche in Dover. Die alte Stadt war eine Nacht mit Soldaten überfüllt. Am nächsten Morgen waren sie alle verschwunden. Sie waren in der Nacht nach Folkestone gebracht und eingeschifft worden. Um dieselbe Zeit fuhr eine ganze Flotte großer Dampfer mit khakigekleideten Soldaten gefüllt von Southampton ab. Ich hörte gestern aus guter Quelle, daß am letzten Dienstag (das wäre also der 4. August) bereits 100 000 Soldaten in Belgien gelandet waren."

Die letztere Mitteilung erscheint kaum glaubwürdig. Es ist doch nicht anzunehmen, daß diese 100 000 Engländer mit Gewehr bei Fuß wochenlang hier standen, ohne daß man etwas von ihnen merkte. Dagegen erscheinen die Mitteilungen von den allgemeinen Kriegsvorbereitungen vor dem 4. August im Zusammenhange mit dem, was über das englisch-russische Marineabkommen usw. zuverlässig bekannt wurde, ganz glaubwürdig [1]).

---

[1]) Eine Bestätigung dieser jetzt massenhaft zutage kommenden Beweise für die von langer Hand vorbereitete englische Mobilisierung gibt auch die folgende Mitteilung der Nordd. Allg. Ztg. vom 28. September: „Das englische Bankhaus Royal Bank of Canada in Antilla auf Kuba hat unter dem 28. Juli (!) an einen seiner kubanischen Geschäftsfreunde ein Schreiben gerichtet, das folgende Stelle enthält: Bezüglich des Umwechselns in Markwährung, um welches Sie uns ersuchen, teilen wir Ihnen mit, daß es uns augenblicklich unmöglich ist, Ihnen Papiergeld in Markwährung zu geben, da wir heute telegraphisch eine Order erhalten haben, auf Grund deren uns die Ausgabe von Giros verboten wird, und zwar ist dies verursacht durch die ungünstige politische Lage in diesen Ländern."

IX. Wären die mit den Namen der Zeugen belegten Tatsachen richtig, so wäre das ganze schmähliche Spiel, das Sir Grey vom 1. bis 4. August mit den arglosen Vertretern der deutschen Regierung, dem Botschafter Lichnowsky und dem Reichskanzler Bethmann Hollweg, trieb, sonnenklar erwiesen: Ein Spiel mit Vertretern einer Großmacht, das wohl kaum in der Weltgeschichte ein Analogon in Mangel an Wahrhaftigkeit findet [1])!

Aber Herr Ssasonow und Herr Grey wollen uns ja lehren, daß die „Marinekonvention", die den allrussischen Kriegstreibern ganz den Kopf verdrehte, nur in der Idee des „Berliner Tageblatt und im Monde" vorhanden sei! Nicht leugnen können sie aber, was aus obigen Urkunden [1]) in Übereinstimmung mit dem englischen Blau-

---

Ähnlich eine Notiz des Abg. Erzberger über eine ihm von „absolut zuverlässiger Seite" zugegangene Mitteilung, daß am 2. August bereits unter den Augen der Polizei ein deutscher Dampfer in Antwerpen demoliert und belgische Truppen auf deutsches Gebiet bei Aachen übergetreten seien (im „Tag" vom 7. Oktober 1914).

Fast unglaublich erscheint die folgende Mitteilung: In der „Neuyorker Staatsztg." ist unter der Überschrift „Prompt zur Stelle! Engländer vor der Kriegserklärung in Belgien eingerückt!" zu lesen gewesen: „Ein Amerikaner sah am 3. August den Durchmarsch englischer Truppen durch Ostende, einen Tag vor der Kriegserklärung Englands an Deutschland. England hat bereits in der Nacht zum 4. August Truppen in Ostende gelandet und Infanterie sowie Kavallerie den in Belgien einrückenden Deutschen entgegengeschickt, ehe die Kriegserklärung an Deutschland erfolgt war. Das war die überraschende Mitteilung, die der vor wenigen Tagen aus Europa zurückgekehrte Importeur G. E. Meißner, Nr. 35, Unionsquare, einem Berichterstatter der „Staatsztg." machte. Meißner befand sich am 3. August in Ostende.

Bestätigt wird diese Nachricht freilich durch eine Mitteilung, die ein deutscher Offizier der „Tägl. Rundschau" Ende September machte. Er ließ die in Massen weggeworfenen englischen Tornister untersuchen. Dort fand er einen Brief, in dem ein englischer Soldat am 2. August mitteilt, daß sie mobilgemacht hätten und sofort nach Belgien transportiert werden sollten, also 48 Stunden vor der englischen Kriegserklärung!

[1]) Der letzte am 31. Juli in Antwerpen ausgegebene Wollbericht ist nach verschiedenen Seiten sehr interessant. Ihm ist der Bericht über die Wollbörse in Brisbane (Australien) angeschlossen mit Datum vom 21. und 22. Juli. Aus dem Bericht ist die eine Tatsache von besonderem Interesse: „Angesichts der beunruhigenden politischen Gestaltung fehlte es an Kauforders, während auf der andern Seite Verkäufer nicht zu größeren Konzessionen geneigt waren. Daher wurde die Hälfte des Angebotes zurückgezogen. Von ausgestellten 11 000 Ballen fanden nur 5500 Ballen Abnehmer."

buche hervorgeht, daß Sir Grey innerhalb weniger Tage das eine Mal die Frage der belgischen Neutralität als nicht entscheidend erklärte, das andere Mal gegen das deutsche Versprechen der Achtung dieser Neutralität die englische Neutralität zuzusichern sich weigerte, bis es dann geraten erschien, nach dem Einrücken der Deutschen endgültig die Rolle des Rechtsbeschützers zu wählen.

Wessen man den maßgebenden Leiter der englischen äußeren Politik übrigens in England selbst für fähig hält, geht ja aus dem Manifest der englischen Arbeiterschaft, der „Independent Labour Party", vom August 1914 hervor. Dort heißt es nach einer unwidersprochenen Pressemitteilung u. a.:

„Nicht die serbische Frage oder die belgische Neutralität hat England in diesen schrecklichen Krieg gestürzt. England kämpft nicht für unterdrückte Nationen oder für Belgiens Neutralität. Wenn Frankreich durch Belgien in Deutschland eingedrungen wäre, wer glaubt, daß England dafür an Frankreich den Krieg erklärt hätte?

Hinter dem Rücken von Parlament und Volk hat Sir Edward Grey Frankreich heimlich Zusagen gemacht. Aber er leugnete das Bestehen dieser Zusagen, als er danach gefragt wurde. Darum steht unser Land jetzt vor einem allgemeinen Ruin und vor der eisernen Notwendigkeit des Krieges.

Verträge und Abkommen haben Frankreich gezwungen, sich von dem despotischen Rußland ins Schlepptau nehmen zu lassen, und England wird von Frankreich mitgezogen. Jetzt kommt das alles ans Licht! Die Männer, die die Verantwortlichkeit tragen, müssen jetzt zur Verantwortung gezogen werden. England hat sich jetzt in den Dienst Rußlands gestellt, Rußlands, der reaktionärsten, der korrumpiertesten und der despotischsten Macht Europas. Wenn man Rußland seine territorialen Wünsche befriedigen und seine Kosakenmacht ausbreiten läßt, dann laufen Kultur und Demokratie die ernsteste Gefahr, und dafür hat England also das Schwert gezogen": Ähnlich Keir Hardie und Clifford Ellen in einer Flugschrift, in der er das Bekenntnis des deutschen Reichskanzlers: „Not kennt kein Gebot" für splendid erklärt und England alle Schuld zuweist („Daily litzen").

X. Auch das ganze fanatische Eingreifen der belgischen Bevölkerung in den Kampf, die wohl bewaffnet bis zu den Zähnen mit Militärgewehren und reichlich versehen mit Munition vom ersten Tage an, ja bereits vor der Kriegserklärung an Rußland und vor dem Kriegsbeginn mit Frankreich und 3—4 Tage vor dem Betreten belgischen

---

Aus diesem Bericht ist zu ersehen, daß man am 22. Juli in Australien bereits Wind von den kommenden Ereignissen hatte. England hatte also seine Handelswelt schon von dem bevorstehenden Kriege zu dieser Zeit in Kenntnis gesetzt.

Bodens durch deutsche Truppen, mit den feindseligsten Taten gegen deutsche Staatsangehörige begann (s. unten das Kapitel 13 über den Franktireurkrieg usw.), ist ein untrüglicher Beweis dafür, daß von langer Hand der Durchmarsch französischer und wohl auch englischer Truppen mit Belgien und damit die Preisgabe der Neutralität Belgiens vereinbart war.

Die unten berichteten schmählichen Greuel in Brüssel, Antwerpen und andern Städten Belgiens, vor allem auch die Demolierung der deutschen Schiffe, insbesondere des Lloyddampfers „Gneisenau" durch belgische Gendarmen usw. bereits am 3. August früh 9 Uhr, hätten allein genügt, um den Einmarsch deutscher Truppen in Belgien vor der ganzen Welt zu rechtfertigen. Bismarck hat bei verhältnismäßig viel geringfügigeren Unfreundlichkeiten im Jahre 1870 in einem geharnischten Schreiben mit dem Einmarsche deutscher Truppen in Belgien gedroht. Er würde bei Kenntnis der Antwerpener Greuel vom 3. und 4. August keinen Moment gezögert haben, die äußersten Konsequenzen zu ziehen. Von einem „Unrecht" auf deutscher Seite kann auch von diesem Gesichtspunkte der Selbstachtung des Deutschen Reichs keine Rede sein!

Heute, nach 4 Monaten Krieg und nach den unten angeschlossenen Enthüllungen der deutschen Regierung weiß alle Welt (s. die spanische Zeitung „El Debate" vom 4. Oktober, die Äußerungen des Bischofs Dr. Nuelsen-Zürich in der „Augsburger Abendztg.", die Ausführungen Houston Stewart Chamberlains in der „Internat. Monatsschr." Jahrg. 9 Heft 1, Dr. Harris Aal im Christianiaer „Dagbladet" usw.), daß nicht Vertrags- und Neutralitätstreue, sondern Eifersucht, Neid und Streben nach der Weltherrschaft das Motiv zur Kriegserklärung seitens der englischen Regierung ist. Für Freiheit und Recht einzutreten, dazu gäbe Ägypten, Indien, Südafrika, Irland und Persien dem britischen Volke viel Gelegenheit. Hier handelt es sich einfach um die beabsichtigte Zerstörung des deutschen Handels, der deutschen Industrie und der drohenden deutschen Seegeltung.

Und Belgien? Es verdankt seinen Ruin der englischen Politik, die es blendete. Als diese Versuchung herantrat, hätte es entweder auf der strengen Einhaltung seiner Neutralität bestehen oder vor aller Welt seine natürliche Bewegungsfreiheit zurückfordern oder erklären müssen, daß es außerstande sei, gegenüber großen Mächten seine Neutralität durchzusetzen, daß es daher vom Vertrage von 1839 zurückzutreten gezwungen sei. Auf die eine oder andere Art eine klare Sachlage zu schaffen, wäre es sich selbst und den Garantiemächten schuldig gewesen. Belgien hat aber den ersten Weg, auf dem es dem glänzenden Beispiel der ihre Neutralität mit Würde und ganz aus eigener Kraft wahrenden schweizerischen Eidgenossenschaft [1]) sowie Hollands, das sogar mit schweren Kriminalstrafen gegen jede Neutralitätsverletzung gegen seine Bürger vorging, hätte folgen können, nicht eingeschlagen, und es hat auch nicht versucht, von den Verträgen von 1839 sich freizumachen. „Es hat den schlimmsten Weg gewählt und unter der Maske der Neutralität mit dem Dreiverband gemeinsame Sache gemacht" (Miltner a. a. O.).

Es wird seine harte Strafe, soweit es dieselbe noch nicht erhalten hat, beim Friedensschlusse zu erwarten haben.

Nur Unwissenheit oder Verleumdung kann nach alledem das deutsche Volk des Völkerrechtsbruchs bezichtigen. Deutsche Staatsmänner und deutsche Heerführer hätten vor der Geschichte der größten Pflichtverletzung sich schuldig gemacht, wenn sie nicht den geschilderten Verhältnissen entsprechende Rechnung getragen hätten.

Deutschland war aber auch, wie im vorstehenden klar bewiesen ist, durch den Bruch des Neutralitätsvertrags durch Belgien selbst völkerrechtlich berechtigt, Belgien zur Basis seiner kriegerischen Operationen zu wählen und das Land bei Widerstand selbst mit Krieg zu überziehen.

Das Deutsche Reich hat endlich alles getan, um auch nach diesen völkerrechtlich gebotenen Zwangshandlungen die Unverletzlichkeit der belgischen Souveränität und des belgischen Territoriums zu garantieren und wiederherzustellen, sobald der „Notstand" zurücktrat.

Hätte Belgien, wenn auch gezwungen, dieselbe Haltung wie das Großherzogtum Luxemburg eingenommen, so wären ihm die Schrecknisse des modernen Krieges erspart geblieben, und es hätte sich so wenig wie dieses über irgendwelche ernstliche Schädigungen oder angebliche weitere Völkerrechtswidrigkeiten zu beklagen gehabt. Da

---

[1]) Jetzt eben hat England wiederum die schweizerische Neutralität bei dem Fliegerangriff auf Friedrichshafen gröblich verletzt.

es aber in völliger Verkennung seiner völkerrechtlichen Stellung wohlvorbereitet, einseitig und heimtückisch Partei zugunsten des Dreiverbands nahm, muß es alle Folgen seiner rechtswidrigen und törichten Stellungnahme tragen.

A. Die Enthüllungen der „Norddeutschen Allgemeinen Zeitung" vom 12. Oktober.

Diese Ausführungen waren Anfang Oktober bereits druckfertig, als sie in ihrer Gesamtheit eine für den Verfasser persönlich zwar nicht ganz unerwartete, aber immerhin geradezu klassische Bestätigung durch die Enthüllungen der deutschen Regierung über die Vorgeschichte des Bündnisses zwischen Belgien, Frankreich und England erhielten, die die „Nordd. Allg. Ztg." am 12. Oktober veröffentlichte. Sie lauten wörtlich:

Durch die eigenen Erklärungen Sir Edward Greys ist die Behauptung der englischen Regierung bereits als unhaltbar erwiesen, daß die Verletzung der belgischen Neutralität durch Deutschland das Eingreifen Englands in den gegenwärtigen Krieg veranlaßt hat. Das Pathos sittlicher Entrüstung, mit dem der deutsche Einmarsch in Belgien von englischer Seite zur Stimmungsmache gegen Deutschland bei den Neutralen verwertet worden ist, findet eine neue und eigenartige Beleuchtung durch gewisse Dokumente, die die deutsche Heeresverwaltung in den Archiven des belgischen Generalstabs in Brüssel aufgefunden hat.

Aus dem Inhalt einer Mappe, welche die Aufschrift trägt: „Intervention anglaise en Belgique", geht hervor, daß schon im Jahre 1906 die Entsendung eines englischen Expeditionskorps nach Belgien für den Fall eines deutsch-französischen Krieges in Aussicht genommen war. Nach einem vorgefundenen Schreiben an den belgischen Kriegsminister vom 10. April 1906 hat der Chef des belgischen Generalstabs mit dem damaligen englischen Militärattaché in Brüssel Oberstleutnant Barnardiston auf dessen Anregung in wiederholten Beratungen einen eingehenden Plan für gemeinsame Operationen eines englischen Expeditionskorps von 100 000 Mann mit der belgischen Armee gegen Deutschland ausgearbeitet Der Plan fand die Billigung des Chefs des englischen Generalstabs Generalmajors Grierson. Dem belgischen Generalstab wurden alle Angaben über Stärke und Gliederung der englischen Truppenteile, über die Zusammensetzung des Expeditionskorps, die Ausschiffungspunkte, eine genaue Zeitberechnung für den Abtransport und dergleichen geliefert. Auf Grund dieser Nachrichten hat der belgische Generalstab den Transport der englischen Truppen in das belgische Aufmarschgebiet, ihre Unterbringung und Ernährung dort eingehend vorbereitet. Bis in alle Einzelheiten ist das Zusammenwirken sorgfältig ausgearbeitet worden. So sollten der englischen Armee eine große Anzahl Dolmetscher und belgische Gendarmen zur Verfügung gestellt und die nötigen Karten geliefert werden. Selbst an die Versorgung englischer Verwundeter war bereits gedacht worden.

Dünkirchen, Calais und Boulogne waren als Ausschiffungspunkte für die englischen Truppen vorgesehen. Von hier aus sollten sie mit belgischem Eisenbahnmaterial in das Aufmarschgebiet gebracht werden. Die beabsichtigte Ausladung in französischen Häfen und der Transport durch französisches Gebiet beweist, daß den englisch-belgischen Vereinbarungen solche mit dem französischen Generalstab vorausgegangen waren. Die drei Mächte haben die Pläne für ein Zusammenarbeiten der „verbündeten Armeen", wie es im Schriftstück heißt, genau festgelegt. Dafür spricht auch, daß in den Geheimakten eine Karte des französischen Aufmarsches vorgefunden worden ist.

Das erwähnte Schreiben enthält einige Bemerkungen von besonderem Interesse. Es heißt dort an einer Stelle, Oberstleutnant Barnardiston habe bemerkt, daß man zurzeit auf die Unterstützung Hollands nicht rechnen könne. Er habe ferner vertraulich mitgeteilt, daß die englische Regierung die Absicht habe, die Basis für den englischen Verpflegungsnachschub nach Antwerpen zu verlegen, sobald die Nordsee von allen deutschen Kriegsschiffen gesäubert sei. Des weiteren regte der englische Militärattaché die Einrichtung eines belgischen Spionagedienstes in der Rheinprovinz an.

Das vorgefundene militärische Material erfährt eine wertvolle Ergänzung durch einen ebenfalls bei den Geheimpapieren befindlichen Bericht des langjährigen belgischen Gesandten in Berlin Baron Greindl an den belgischen Minister des Äußern, in dem mit großem Scharfsinn die dem englischen Angebot zugrunde liegenden Hintergedanken enthüllt werden und in dem der Gesandte auf das Bedenkliche der Situation hinweist, in die sich Belgien durch eine einseitige Parteinahme zugunsten der Ententemächte begeben habe. In dem sehr ausführlichen Bericht, der vom 23. Dezember 1911 datiert ist und dessen vollständige Veröffentlichung vorbehalten bleibt, führt Baron Greindl aus, der ihm mitgeteilte Plan des belgischen Generalstabs für die Verteidigung der belgischen Neutralität in einem deutsch-französischen Kriege beschäftige sich nur mit der Frage, was für militärische Maßnahmen für den Fall zu ergreifen seien, daß Deutschland die belgische Neutralität verletze. Die Hypothese eines französischen Angriffs auf Deutschland durch Belgien habe aber gerade so viel Wahrscheinlichkeit für sich. Der Gesandte führt dann wörtlich folgendes aus:

„Von der französischen Seite her droht die Gefahr nicht nur im Süden von Luxemburg. Sie bedroht uns auf unserer ganzen gemeinsamen Grenze. Für diese Behauptung sind wir nicht nur auf Mutmaßungen angewiesen. Wir haben dafür positive Anhaltspunkte.

Der Gedanke einer Umfassungsbewegung von Norden her gehört zweifellos zu den Kombinationen der Entente cordiale. Wenn das nicht der Fall wäre, so hätte der Plan, Vlissingen zu befestigen, nicht ein solches Geschrei in Paris und London hervorgerufen. Man hat dort den Grund gar nicht verheimlicht, aus dem man wünscht, daß die Schelde ohne Verteidigung bliebe. Man verfolgte dabei den Zweck, unbehindert eine englische Garnison nach Antwerpen überführen zu können, also den Zweck, sich bei uns eine Operationsbasis für eine Offensive in der Richtung auf den Niederrhein und Westfalen zu schaffen und uns dann mit fortzureißen, was nicht schwer gewesen wäre. Denn nach Preisgabe unseres nationalen Zufluchtsortes hätten wir durch unsere eigene Schuld uns jeder Möglichkeit begeben, den Forderungen unserer zweifelhaften Beschützer Widerstand zu leisten, nachdem wir so unklug gewesen wären, sie dort zuzulassen. Die ebenso perfiden wie naiven Eröffnungen des Obersten Barnardiston zur Zeit des Abschlusses der Entente cordiale haben uns deutlich gezeigt, um was es sich handelte. Als es sich herausstellte, daß wir uns durch die angeblich drohende Gefahr einer Schließung der Schelde nicht einschüchtern ließen, wurde der Plan zwar nicht aufgegeben, aber dahin abgeändert, daß die englische Hilfsarmee nicht an der belgischen Küste, sondern in den nächstliegenden französischen Häfen gelandet werden sollte. Hierfür zeugen auch die Enthüllungen des Kapitäns Faber, die ebensowenig dementiert worden sind wie die Nachrichten der Zeitungen, durch die sie bestätigt oder in einzelnen Punkten ergänzt worden sind. Diese in Calais und Dünkirchen gelandete englische Armee würde nicht an unserer Grenze entlang nach Longwy marschieren, um Deutschland zu erreichen. Sie würde sofort bei uns von Nordwesten her eindringen. Das würde ihr den Vorteil verschaffen, sofort in Aktion treten zu können, die belgische Armee in einer Gegend zu treffen, in der wir uns auf keine Festung stützen können, falls wir eine Schlacht riskieren wollen. Es würde ihr ermöglichen, an Ressourcen aller Art reiche Provinzen zu besetzen, auf alle Fälle aber unsere Mobilmachung zu behindern oder sie nur zuzulassen, nachdem wir uns formell verpflichtet hätten, die Mobilmachung nur zum Vorteil Englands und seines Bundesgenossen durchzuführen.

Es ist dringend geboten, im voraus einen Schlachtplan für die belgische Armee auch für diese Eventualität aufzustellen. Das gebietet sowohl das Interesse an unserer militärischen Verteidigung als auch die Führung unserer auswärtigen Politik im Falle eines Krieges zwischen Deutschland und Frankreich."

Diese Ausführungen von vorurteilsfreier Seite stellen in überzeugender Weise die Tatsache fest, daß dasselbe England, das sich jetzt als Schirmherr der belgischen Neutralität gebärdet, Belgien zu einer einseitigen Parteinahme zugunsten der Ententemächte bestimmt und daß es zu einem Zeitpunkte sogar an eine Verletzung der holländischen Neutralität gedacht hat. Des weiteren erhellt daraus, daß die belgische Regierung, indem sie den englischen Einflüsterungen Gehör schenkte, sich eine schwere Verletzung der ihr als neutraler Macht obliegenden Pflichten hat zuschulden kommen lassen. Die Erfüllung dieser Pflichten hätte es erheischt, daß die belgische Regierung in ihren Verteidigungsplänen auch die Verletzung der belgischen Neutralität durch Frankreich vorgesehen und daß sie für diesen Fall analoge Vereinbarungen mit Deutschland getroffen hätte, wie mit Frankreich und England. Die aufgefundenen Schriftstücke bilden einen dokumentarischen Beweis für die den maßgebenden deutschen Stellen lange vor Kriegsausbruch bekannte Tatsache der belgischen Konnivenz mit den Ententemächten. Sie dienen als eine Rechtfertigung für unser militärisches Vorgehen und als eine Bestätigung der der deutschen Heeresleitung zugegangenen Informationen über die französischen Absichten. Sie mögen dem belgischen Volke die Augen darüber öffnen, wem es die Katastrophe zu verdanken hat, die jetzt über das unglückliche Land hereingebrochen ist[1]).

Leider halfen die Warnungen des Baron Greindl nichts! Der junge König kam völlig in das Schlepptau des Dreiverbandes — und damit war sein und Belgiens Schicksal besiegelt!

Die Vorbereitungen dazu waren ja freilich, wie man aus diesen Enthüllungen ersieht, bereits zu Lebzeiten seines Vorgängers bis aufs Kleinste getroffen. Ob dieser mit seiner welterfahrenen Klugheit zuletzt nicht doch eine abwartende Neutralitätsstellung eingenommen hätte?

Und die Antwort Englands auf diese die ganze Welt verblüffenden Enthüllungen? Ein amtlicher englischer „Waschzettel" spricht außerordentlich verlegen von „akademischen Besprechungen über etwa erforderliche englische Hilfe für Belgien" [2]). Dieser klägliche Versuch der

[1]) Einen köstlich naiven Streich als Antwort auf die obige „große Enthüllung" leistete sich der „Temps", indem er entdeckte, daß Deutschland bereits den Feldzugsplan gegen die — Schweiz aufgestellt habe. Es ergab sich, daß es sich um einen beim Konflikt in der Neuenburger Frage im Jahre 1856 vom Prinzen Friedrich Karl ausgearbeiteten Operationsplan handelte, der längst im Anhange des I. Bandes von Wolfgang Försters Werk, betitelt „Prinz Friedrich Karl", im Jahre 1910 veröffentlicht worden war.

[2]) Die „Nordd. Allg. Ztg." brachte am 6. November 1914 ein Faksimile eines mit dem Stempel der englischen Gesandtschaft in Brüssel versehenen Formulars, das folgenden Text hatte:

E. M. de l'armes anglaises ... je soussigné Dale Long, Attaché à I E. M. réquisitionne ... 1914.

Die „Nordd. Allg. Ztg." bemerkt dazu: Von dem oben abgedruckten Formular wurde ein ganzes Paket in der Schreibstube der englischen Spionagezentrale in Brüssel aufgefunden. Schon lange vor dem Kriege war bekannt geworden, daß ein gewisser Dale Long in Brüssel wohnte und Spionage gegen Deutschland und für England trieb. Es war auch gelungen, eine ganze Reihe seiner Agenten dem Richter zuzuführen. Indessen konnte nicht sicher festgestellt werden, daß Dale Long zum englischen Generalstab gehörte. Aus dem aufgefundenen Formular geht aber hervor, daß Dale Long im Kriegsfalle zum englischen Generalstab treten sollte und daß er als Mitglied des englischen Heeres in Belgien berechtigt war, Requisitionen zu stellen, daß diese Berechtigung durch die englische Gesandtschaft in Brüssel bescheinigt worden ist, wie der Stempel beweist. — Das Vorhandensein eines ganzen Stoßes unausgefüllter Formulare dieser Art beweist ferner völlig zweifelsfrei, daß es sich hier um eine Mobilmachungsmaßregel handelt, die ohne Zustimmung der belgischen Regierung gar nicht denkbar ist.

Selbstverständlich stammen diese Formulare aus der Zeit vor Beginn der Feindseligkeiten und der Kriegserklärung Englands. Sie bilden also ein neues

Abschwächung der Wirkung der Enthüllungen vom 12. Oktober spricht für sich allein, um die unaufrichtige Politik Englands zu kennzeichnen [1]).

Akademische Rekriminationen kommen freilich jetzt zu spät. Sind gegenüber englischer Politik auch weniger als wertlos. Nur die Tat kann und soll hier sprechen. Sie allein imponiert den übermütigen Herren und macht sie in ihrer Politik des nackten Egoismus, zu jeder Handlung auch gegenüber ihren Bundesgenossen fähig.

Den „Times" aber kann man dankbar sein, daß sie bereits am 12. Oktober ausführten, daß die Neutralität „ein verhängnisvolles Geschenk an Belgien war", und daß die englischen und belgischen Stäbe (NB. nicht nur 1906 und 1911, sondern 1914) „militärische Vorbereitungen nur unter Verletzung der belgischen Neutralität verabreden konnten". Daß tatsächlich geheime Verhandlungen gepflogen und Verabredungen getroffen wurden, und diese allein entscheidend waren für die Begehung des schließlichen Neutralitätsbruchs Belgiens, glauben wir durch vorstehende Ausführungen ebenso bewiesen zu haben wie die Tatsache, daß Notstand und Notwehr zu gleicher Zeit das Deutsche Reich zwangen, so zu handeln, wie es vor Gott und seinem guten Rechte, auch gemäß dem internationalen Völkerrechte handeln konnte und handeln mußte [2]).

Beweisglied für die Behauptung, daß von langer Hand das Zusammenarbeiten der englischen und belgischen Truppen vorbereitet war.

[1]) Die Wirkung der Veröffentlichung der deutschen Regierung war nicht unbedeutend, wie Äußerungen der auswärtigen Presse bewiesen. Ich verweise hier u. a. auf einen Artikel des „Nieuwe Courant" von Ende Oktober und einen besonders interessanten Artikel der „Neuen Züricher Nachrichten" aus derselben Zeit, „Belgiens Abfall von der Neutralität", der ausspricht und beweist, daß „die Neutralität Belgiens 1906 von einem Komplott stranguliert worden sei" und von einem „Ekel vor englischer Staatskunst" spricht, „die sich zum Ritter der Neutralität aufgeworfen habe". Den Beweis erbrachte der Neutralitätsbruch englischer Flieger am 21. November 1914.

[2]) Wie England und seine große Presse über die Neutralität kleiner Staaten überhaupt denkt, d. h. mit welchem Mangel an Achtung die „perfida gens Britonum" diese Neutralität behandelt, dafür gab das holländische „Allgemeen Handelsblad" in diesen Tagen einen drastischen Beweis, indem es sich scharf gegen einen Artikel in der „Saturday Review" wandte, der vorschlägt, England solle Zeeland während des Krieges pachten oder kaufen und den Belgiern geben. Dies müsse die künftige Grenze Hollands sein, wenn wieder die Rede vom Frieden sei. Das Handelsblad lenkt die Aufmerksamkeit des britischen Gesandten im Haag

Und dieser Staat, dessen geachtetste Presseorgane so von dem Neutralitätsbruch als „Recht des Stärkeren" sprechen, wagt es, der Welt zu lehren, daß er um der Wahrung des Rechtes willen Deutschland den Krieg erklärt habe!

B. Die Enthüllungen der „Norddeutschen Allgemeinen Zeitung" vom 24. November 1914.

Noch viel drastischer als die Veröffentlichung vom 12. Oktober zeigt die gerade bei Abschluß dieser Arbeit von der deutschen Reichsregierung herausgegebene neue Enthüllung das ganze einseitige und falsche Spiel Englands und Belgiens, um das letztere als Operationsfeld gegen Deutschland zu verwenden.

Die „Nordd. Allg. Ztg." vom 24. November 1914 schreibt nach einer Polemik gegen die Antworten der belgischen und englischen Regierung auf die Veröffentlichung vom 12. Oktober und in näherer Ausführung dieser Erklärung u. a. folgendes:

„Wie die vorstehend skizzierten Erklärungen erkennen lassen, hat die englische Regierung von vornherein darauf verzichtet die Feststellungen der Kaiserlichen Regierung (vom 12. Oktober) zu bestreiten. Sie hat sich auf einen Versuch beschränkt, sie zu beschönigen. Sie mag sich wohl gesagt haben, daß bei der erdrückenden Fülle des vorhandenen Beweismaterials eine Ableugnung der Tatsachen zwecklos und bedenklich sein würde.

Die inzwischen erfolgte Aufdeckung eines englisch-belgischen militärischen Nachrichtendienstes und das Auffinden der von den amtlichen englischen Stellen hergestellten Kriegskarten von Belgien erweisen erneut, eine wie

eingehende militärische Vorbereitung

der englisch-belgische Kriegsplan gegen Deutschland erfahren hatte. Es folgt im Faksimile der Wortlaut des im Konzept aufgefundenen Berichts des Generals Ducarmé an den belgischen Kriegsminister vom 10. April 1906, der der belgischen Regierung schwerlich unbekannt sein kann, da der belgische Gesandte in Berlin, Baron Greindl, in seinem Berichte vom 23. Dezember 1911 auf seinen Inhalt

---

auf die schändliche Beleidigung eines neutralen Landes, das ehrlich bemüht sei, seine Pflicht gegen alle Nachbarn zu tun, an seiner Neutralität zu eigenen großen Verlusten mit aller Macht festhält und den britischen Schiffbrüchigen und Internierten sicher keinen Grund zu Klagen über Hollands Neutralität gibt.

Das Blatt wendet sich dann gegen die Stelle des Artikels der „Saturday Review", daß in Kriegszeiten das Recht dem Kriegsrecht weichen müsse, das das Recht des Stärkeren sei, und sagt: „Wenn Wochenschriften wie „Saturday Review" so als roheste Militaristen schreiben, entsteht die Besorgnis, daß die Achtung vor dem Völkerrecht bereits mehr als erschüttert ist."

ausdrücklich Bezug genommen hat. Sollte der belgischen Regierung aber die Erinnerung daran geschwunden sein, so dürften ihre Zweifel über die in den Unterhaltungen des Generals Ducarmé mit dem Oberstleutnant Barnardiston behandelten Themata durch den nachstehenden Wortlaut des Berichts gehoben werden, der in einem Umschlag mit der Aufschrift „Convention anglo-belge" im belgischen Kriegsministerium aufbewahrt wurde.

Der Bericht des Generals Ducarmé

lautet in deutscher Übersetzung: „Brief an den Herrn Minister über die vertraulichen Unterhaltungen."

Der Bericht enthält u. a. folgende Sätze:

Oberstleutnant Barnardiston machte mir Mitteilung von den Besorgnissen des Generalstabs seines Landes hinsichtlich der allgemeinen politischen Lage und wegen der Möglichkeit des alsbaldigen Kriegsausbruchs. Eine Truppensendung von im ganzen ungefähr 100 000 Mann sei für den Fall vorgesehen, daß Belgien angegriffen würde. Der Oberstleutnant fragte mich, wie eine solche Maßregel von uns ausgelegt werden würde. Ich antwortete, daß von militärischem Gesichtspunkt es nur günstig sein könne, aber daß diese Interventionsfrage ebenso sehr die politischen Behörden angehe und daß es meine Pflicht sei, davon alsbald dem Kriegsminister Mitteilung zu machen. Barnardiston fuhr fort: Die Landung der englischen Truppen würde an der französischen Küste stattfinden in der Gegend von Dünkirchen und Calais, und zwar würde die Truppenbewegung möglichst beschleunigt werden. Die Landung in Antwerpen würde viel mehr Zeit erfordern, weil man größere Transportschiffe brauche und anderseits die Sicherheit weniger groß sei.

Nachdem man über diesen Punkt einig sei, blieben noch verschiedene andere Fragen zu regeln, nämlich die Eisenbahntransporte, die Frage der Requisitionen, die die englische Armee machen könnte, die Frage des Oberbefehls der verbündeten Streitkräfte. Er erkundigte sich, ob unsere Vorkehrungen genügten, um die Verteidigung des Landes und während der Überfahrt die Transporte der englischen Truppen — eine Zeit, die er auf etwa 10 Tage schätzte — sicherzustellen. Ich antwortete, daß die Plätze Namur und Lüttich mit einem Handstreich nicht zu nehmen und unsere 100 000 Mann starke Feldarmee in 4 Tagen imstande sein würde, einzugreifen.

Nachdem Barnardiston seine volle Genugtuung über meine Erklärungen ausgesprochen hatte, betonte er:

1. daß unser Abkommen absolut vertraulich sein sollte;
2. daß es seine Regierung nicht binden sollte;
3. daß sein Gesandter, der englische Generalstab, er und ich allein über die Angelegenheit unterrichtet ist;
4. er nicht wisse, ob man die Meinung seines Souveräns vorher eingeholt hat.

In einer folgenden Unterredung kam Barnardiston auf die Frage der Effektivstärke unserer Feldarmee zurück und bestand darauf, daß man keine Detachements nach Namur und Lüttich abzweigen sollte, denn diese Plätze hätten genügende Garnisonen. Er bat mich, meine Aufmerksamkeit auf die Notwendigkeit zu richten, der englischen Armee zu gestatten, an den Vergünstigungen teilzuhaben, die das Reglement über die Kriegsleistungen vorsehe. Endlich bestand er auf der Frage des Oberbefehls.

Bei einer andern Unterhaltung prüften Oberstleutnant Barnardiston und ich die kombinierten Operationen für den Fall eines deutschen Angriffs auf Antwerpen und unter Annahme eines Durchmarsches durch unser Land, um die französischen Ardennen zu erreichen. In der Frage erklärte mir der Oberst sein Einverständnis mit dem Plane, den ich ihm vorlegte, und versicherte mich der Zustimmung des Generals Graerson, des Chefs des englischen Generalstabs. Andere Fragen von untergeordneter Bedeutung wurden ebenfalls geregelt, besonders hinsichtlich der Spezialoffiziere, der Dolmetscher, der Gendarmen, der Karten, der Uniformabbildungen, von ins Englische zu übersetzenden Sonderabzügen einiger belgischer Reglements, eines Reglements für Verzollungskosten und für englische Proviantsendungen, der Unterbringung der Verwundeten der verbündeten Heere usw. Es wurde nichts vereinbart über eine Einwirkung der Regierung oder der Militärbehörden auf die Presse.

Im Laufe der Unterhaltung hatte ich Gelegenheit, den englischen Militärattaché zu überzeugen, daß wir willens sind, soweit als möglich die Bewegungen des Feindes zu hemmen und uns nicht gleich von Anfang an nach Antwerpen zu flüchten. Seinerseits teilte mir Barnardiston mit, daß er zurzeit auf eine Unterstützung oder Intervention Hollands wenig Hoffnung setze. Er teilte zugleich mit, daß seine Regierung beabsichtige, die englische Verpflegungsbasis von der französischen Küste nach Antwerpen zu verlegen, sobald die Nordsee von allen deutschen Schiffen gesäubert sei.

Bei allen unseren Unterhaltungen setzte mich der Oberst regelmäßig von den vertraulichen Nachrichten in Kenntnis, die er über die militärischen Verhältnisse bei unseren östlichen Nachbarn erhalten hatte(!). Gleichzeitig betonte er, daß für Belgien gebieterisch die Notwendigkeit vorliege, sich dauernd darüber unterrichtet zu halten, was in dem uns benachbarten Rheinland vorgehe.

Diesem Bericht des belgischen Generalstabschefs ist folgende Notiz angehängt: Als ich den General Gierson während der Manöver 1906 traf, versicherte er mir, daß die Reorganisation der englischen Armee den Erfolg herbeiführe, daß nicht nur die Landung von 150 000 Mann gesichert sei, sondern daß hierdurch auch eine Aktion des Heeres in einer kürzeren Zeit gewährleistet werde, als im vorstehenden angenommen wurde.

Auf dem Schriftstück findet sich noch der folgende Randvermerk: „L'entrée des Anglais en Belgique ne se ferait qu'après la violation de notre neutralité par l'Allemagne.“ Welche Bewandtnis es hiermit hatte, erhellt aus einer im belgischen Ministerium des Äußern aufgefundenen Aufzeichnung über eine Unterredung des Nachfolgers des Oberstleutnants Barnardiston, des englischen Militärattachés in Brüssel, Oberstleutnants Bridge, mit dem belgischen Generalstabschef, General Jungbluth. Das Schriftstück, das vom 23. April datiert ist, und vermutlich aus dem Jahre 1912 stammt, ist von der Hand des Grafen van der Straaten, Direktor im belgischen Ministerium des Äußern, mit dem Vermerk „Confidentielle“

versehen und lautet in der Übersetzung folgendermaßen: „Vertraulich! Der englische Militärattaché hat den Wunsch ausgesprochen, den General Jungbluth zu sehen.

Die Herren haben sich am 23. April getroffen. Der Oberstleutnant hat dem General gesagt, daß England imstande sei, eine Armee auf den Kontinent zu schicken, die aus sechs Divisionen Infanterie und aus acht Brigaden Kavallerie, insgesamt aus 160000 Mann, bestehe. England habe außerdem alles Notwendige, um sein Inselreich zu verteidigen. Alles sei bereit. Die englische Regierung hätte während der letzten Ereignisse unmittelbar eine Landung bei uns vorgenommen, selbst wenn wir keine Hilfe verlangt hätten(!).

Der General hat eingewandt, daß dazu unsere Zustimmung notwendig sei. Der Militärattaché hat geantwortet, daß er das wisse, aber da wir nicht imstande seien, die Deutschen abzuhalten, durch unser Land zu marschieren, so hätte England seine Truppen in Belgien auf jeden Fall gelandet. Was den Ort der Landung anlangt, so hat sich der Militärattaché darüber nicht deutlich ausgesprochen, er hat gesagt, daß die Küste ziemlich lang sei, aber der General weiß, daß Herr Bridges während der Osterfeiertage von Ostende aus täglich Besuche in Zeebrügge gemacht hat. Der General hat hinzugefügt, daß wir übrigens vollkommen in der Lage seien, die Deutschen zu hindern, durch Belgien zu marschieren."

Die „Norddeutsche Allgemeine Zeitung" bemerkt hierzu:

„Hier ist es direkt ausgesprochen, daß die englische Regierung die Absicht hatte, im Falle eines deutsch-französischen Krieges sofort mit ihren Truppen in Belgien einzurücken, also die belgische Neutralität zu verletzen und gerade das zu tun, was sie – als ihr Deutschland in berechtigter Notwehr darin zuvorkam – als Vorwand benützt hat, um Deutschland den Krieg zu erklären.

Mit einem beispiellosen Zynismus hat ferner die englische Regierung die Verletzung der belgischen Neutralität durch Deutschland dazu verwertet, um in der ganzen Welt gegen uns Stimmung zu machen und sich als den Protektor der kleinen und schwachen Mächte aufzuspielen. Was aber die belgische Regierung betrifft, so wäre es ihre Pflicht gewesen, nicht nur mit der größten Entschiedenheit die englischen Insinuationen zurückzuweisen, sondern sie mußte auch die übrigen Signatarmächte des Londoner Protokolls von 1839, insbesondere aber die deutsche Regierung, auf die wiederholten englischen Versuche hinweisen, sie zu einer Verletzung der ihr als neutralen Macht obliegenden Pflichten zu verleiten. Die belgische Regierung hat das nicht getan. Sie hat sich zwar berechtigt und verpflichtet gehalten, gegen die ihr angeblich bekannte Absicht eines deutschen Einmarsches in Belgien militärische Abwehrmaßnahmen im Einvernehmen mit dem englischen Generalstab zu treffen. Sie hat aber niemals auch nur den geringsten Versuch gemacht, im Einvernehmen mit der deutschen Regierung oder mit den zuständigen militärischen Stellen in Deutschland Vorkehrungen auch gegen die Eventualität eines französisch-englischen Einmarsches in Belgien zu treffen, trotzdem sie von den in dieser Hinsicht bestehenden Absichten der Ententemächte, wie das aufgefundene Material beweist, genau unterrichtet war.

Die belgische Regierung war somit von vornherein entschlossen, sich den Feinden Deutschlands anzuschließen und mit ihnen gemeinsame Sache zu machen. Da es zu dem Verleumdungssystem unserer Gegner gehört, unbequeme Tatsachen einfach abzuleugnen, so hat die Kaiserliche Regierung die vorstehend erwähnten Schriftstücke faksimiliert der Öffentlichkeit übergeben und zur Kenntnis der Regierungen der neutralen Staaten bringen lassen."

„Convention anglo-belge" steht auf den Akten!

Feine „Neutralität", mit der zudem England wirklich „zynisch" verfuhr! Wie die Benutzung Antwerpens in dem feinen Plane zeigt, hätte auch die holländische Neutralität, wenn Deutschland nicht zuvorgekommen wäre, für England nichts bedeutet. Holland kann Deutschland dankbar sein, daß es nicht das Schicksal Belgiens teilte! Gründlicher wurde wohl die Politik eines Landes noch niemals entlarvt als hier die englische und die belgische. Vollständiges gemeinsames Spionagesystem gegen Deutschland! Ohne förmlichen Vertrag — englische Gewohnheit — eine „Konvention", wie sie intensiver nicht gedacht werden kann. Vor allem diese Publikation bestätigt alles, was über Notwehr und Notstand Deutschlands oben ausgeführt wurde, in geradezu klassischer Weise!

Will das neutrale Ausland auch an diesen Dokumenten zweifeln? (S. Nachtrag am Ende.)

---

3. Kapitel.

Die Mobilisierung und die Völkermoral.

Ich kann über die letzte Vorgeschichte des Kriegs auf das Weißbuch (Vorläufige Denkschrift und Aktenstücke zum Kriegsausbruch, Drucks. d. Reichstags, 13. Legislaturperiode, II. Session 1914, Nr. 19 vom 3. August 1914) sowie die weiteren Veröffentlichungen der „Nordd. Allg. Ztg." (insbesondere die Berichte vom 16. Oktober 1914) ohne weiteres verweisen.

Das Recht der Mobilisierung zu der Zeit, die dem Staat als die notwendige und nützliche erscheint, hat selbstverständlich jeder souveräne Staat. Natürlich hat der Nachbar das Recht, Mobilisierungshandlungen durch gleiche zu erwidern. Die politische und völkerrechtliche Verantwortung für die Folgen trägt derjenige, der mit den Mobilisierungshandlungen beginnt und den andern zur Verteidigung und zu Notwehrhandlungen zwingt. Jeder Staat hat natürlich auch das Recht, Aufklärung über die drohenden Mobilisierungshandlungen des andern zu verlangen. Erhält er diese nicht, so wird ihm nichts übrig bleiben als Kriegserklärung oder Zulassung einer demütigenden fortgesetzten Bedrohung des eigenen Landes, die zuletzt doch den Krieg bringt. Die Mobilisierung, die Rußland ohne jeden Rechtsgrund gegen Deutschland begann — über das Wann besteht Streit, da die einen schon von Mai, die andern von Ende Juli sprechen [1]) —, war durch die näheren Umstände völkerrechtlich und moralisch unanständig, heimtückisch und ehrlos. Am 27. Juli 1914 hat nach den unwiderleglichen Nachrichten des deutschen Weißbuchs der russische Kriegsminister dem deutschen Militärattaché das Ehrenwort gegeben, daß noch keine Mobilmachungsorder ergangen sei, „es ist noch kein Reservist eingezogen und kein Pferd ausgehoben".

Am 29. Juli gab der Generalstabschef der russischen Armee in der feierlichsten Form sein Ehrenwort, daß nirgends eine Mobilmachung bis zur Stunde erfolgt sei; alle entgegengesetzten Nachrichten seien falsch.

Am 30. Juli aber gab der Zar an den deutschen Kaiser zu, daß die in Kraft tretenden militärischen Maßnahmen schon vor 5 Tagen beschlossen worden seien. Der Zar stellte sich, als wenn er den Frieden wolle, und gab noch am 31. Juli mittags 12 Uhr sein feierliches Wort, daß, so lange die Verhandlungen mit Österreich dauern, die auf Vermittlung des deutschen Kaisers geschehen, die russischen Truppen keine herausfordernde Aktion unternehmen: Die Vermittlung war ja auch vom Zaren erbeten! Trotzdem ordnete derselbe Zar bereits Stunden vorher die Mobilisierung der ganzen russischen Armee an. Am 1. August, d. h. vor Ablauf des deutschen Ultimatums und vor der Kriegserklärung, beginnen die Russen bereits die Feindseligkeiten, nachdem sie bereits am 30. Juli teilweise ihre Grenzkasernen in Brand gesteckt hatten. Da hat Kohler (D. Jur.-Ztg. 1914 S. 1014) völlig recht, wenn er, an diese Tat-

[1]) Jetzt erscheint es vollbewiesen, daß bereits seit Frühjahr mobilisiert wurde.

sachen erinnernd, ausruft: „Diese Handlungsweise ist nicht die eines zivilisierten Volkes, sondern barbarische Niedertracht."

So handelte der „Friedenszar". Es gibt nicht bloß ein Völkerrecht, sondern auch eine Völkermoral, die die Grundlage des Völkerrechts ist. Alle jene schwülstigen Redewendungen über „Humanität", „Menschlichkeit", „öffentliches Gewissen" usw. sind leere Phrasen, wenn die primitivsten Sätze menschlicher Sittlichkeit, Redlichkeit, Ehrenhaftigkeit und Wahrhaftigkeit mit Füßen getreten werden, wie dies seitens des Zaren und seiner Regierung als den Entfachern dieses Weltkriegs, den Begünstigern des Serajewoer Mordes und völkerrechtlichen Frevels geschah.

Ein solcher Kriegsbeginn bedeutete an sich die Negation jeglicher zwischen gesitteten Völkern geltenden Moral und jeglichen Völkerrechts.

Der oberste Kriegsherr Deutschlands wartete seinerseits noch nach Ablauf der Frist des Ultimatums mit der Mobilisierung — immer in der Hoffnung auf eine beruhigende Erklärung über die russische Demobilisierung. Er wartete des Friedens wegen so lange, daß Rußland den Vorsprung, den es ohnedies seit Wochen, ja seit Monaten hatte, noch weiter zum Einfall in Ostpreußen mißbrauchen konnte. Er wartete bis zur äußersten Grenze der Pflichterfüllung gegen das eigene Land!

Diesem hinterlistigen, feigen Vorgehen entsprach die unehrliche Art des Verhaltens der französischen Regierung, die sich weigerte, dem deutschen Botschafter offen zu erklären, daß man sich als mit Deutschland im Kriegszustande befindlich betrachte und mit vagen Ausflüchten Zeit zu gewinnen trachtete, obwohl Frankreich längst in der Mobilisierung sich befand. Diesem Verhalten Frankreichs, das „tun wolle, was seine Interessen geböten", entsprach die hinterlistige Haltung Belgiens, das, wie vorstehend dargetan, alles vorbereitet hatte, um mit Frankreich und England ohne Ankündigung in kriegerische Aktionen gegen das Deutsche Reich einzutreten.

England allein von allen unseren Feinden hat am 4. August abends förmlich an Deutschland den Krieg erklärt. Ja es hat sogar an Österreich am 12. August, wie Kohler a. a. O. darlegt, mit rückwirkender Kraft (!) den Krieg erklärt: ein völkerrechtliches Unikum, das sich nur England leisten kann und das für die Zukunft als Präjudiz die köstlichsten Konsequenzen verspricht, um das Piratentum, insbesondere auch in zivilrechtlicher Richtung, auszuüben. Wahrhaftig eine „Selbstbankerotterklärung gegenüber dem Völkerrechte" und allen ehrlichen Bestrebungen desselben!

Diese Form der Kriegserklärung ist freilich zugleich die einzige offene und ehrliche Handlung Englands, das durch sein weiteres Benehmen in politischer Richtung seiner etwa zwölfjährigen Einkreisungspolitik gegenüber Deutschland den würdigen Abschluß gab. Wenn heute der Haß des deutschen Volkes in erster Linie dem stamm- und kulturverwandten Lande gilt, so haben Sir Edward Grey und Genossen durch ihr politisches und völkerrechtswidriges Verhalten, durch die unerhörten Kampfmittel und Kampfziele den Weg gefunden, Kulturwerte zu vernichten, die vielleicht in Generationen nicht wieder herzustellen sind. Die Würfel sind gefallen: statt nebeneinander zu arbeiten, wie wir es so sehnlich gerade mit England wünschten — (und Deutschland litt unter einer gewissen Anglomanie, insbesondere in den besseren und jüngeren Kreisen) —, wird nunmehr ein Kampf einsetzen, der nur mit der völligen Vernichtung der einen Macht zu enden und die Hoffnungen auf den großen westeuropäischen Kulturbund, der allein spätere Geschlechter vor dem Allrussentum bewahren kann, für unabsehbare Zeiten zu zertrümmern scheint [1]).

---

4. Kapitel.

Feindselige Handlungen der Dreiverbandsstaaten vor der Kriegserklärung.

Nach den Erklärungen des Reichskanzlers im Reichstage vom 4. August 1914 wie nach den jetzt in Händen der deutschen Heeresleitung befindlichen Beweisen haben Frankreich und Rußland

[1]) S. über das russisch-englische Vorspiel und seine verderbliche Wirkung auf Rußland und dessen Kriegserklärung u. a. auch den Artikel Brantschaninows vom 11. Juli 1914 in der „Nowoe Zweno" [„Wiener Allg. Ztg." vom 10. Oktober 1914] und die bekannte Äußerung des früheren Dumapräsidenten Gutschkow über die „Nähe des paneuropäischen Kriegs"; s. auch die Äußerung Macd. Ramsays: „Ein Krieg der Diplomaten, gemacht von einem halben Dutzend".

die Feindseligkeiten bereits vor der Kriegserklärung und vor Ablauf der in dem deutschen Ultimatum vom 31. Juli gestellten Frist tatsächlich begonnen. Die allgemeine letzte russische Mobilisierung gegen Deutschland geschah bereits am 29. und 30. Juli, gegen Österreich am 24. und 25. Juli. Am 31. verlangte Deutschland die Demobilisierung der russischen Armee. Antwort erfolgte nicht. Russische Truppen überschritten bereits am 1. August früh die ostpreußische Grenze und lieferten kleinere Gefechte. Die Feindseligkeiten sind also von den Russen eröffnet worden, ohne daß das deutsche Ultimatum vom 31. Juli beantwortet wurde. Erst abends 5—6 Uhr erfolgte darauf die Mobilisierung der deutschen Armee.

Die französischen Truppen überschritten bereits am 1. August bei Altmünsterol die deutsche Grenze; französische Flieger warfen Bomben, deutsche Posten wurden bereits am 1. August beim Schluchtpasse, wie amtlich festgestellt wurde, von französischer Seite beschossen. Während noch kein deutscher Soldat französischen Boden betrat, besetzten die Franzosen die Ortschaften Gottestal, Metzeral, Markirch und überschritten bei Reppe die elsässisch-deutsche Grenze. Dies alles geschah am 1. und 2. August.

Der Reichskanzler äußerte sich am 4. August über diesen Bruch des Völkerrechts wie folgt:

„Zugleich mußten wir uns versichern, wie sich Frankreich stellen würde. Auf unsere Frage, ob es bei einem deutsch-russischen Kriege neutral bleibe, hat es uns geantwortet, es werde tun, was ihm seine Interessen gebieten. Das war ein Ausweichen auf unsere Frage, wenn nicht ihre Verneinung. Trotzdem gab der Kaiser den Befehl, daß die französische Grenze unbedingt zu respektieren sei. Dieser Befehl wurde aufs strengste befolgt, bis auf eine winzige Ausnahme. Frankreich hat zu derselben Stunde wie wir mobil gemacht (?) und erklärt, es werde eine Zone von 10 km an der Grenze respektieren: und was geschah?

Bombenwerfende Flieger in Bayern, Kavalleriepatrouillen auf reichsländischem Gebiet, das Einbrechen einer Kompagnie, damit hat Frankreich, obwohl es in den Kriegszustand nicht eingetreten war, den Frieden gebrochen und uns tatsächlich angegriffen.

Was den einzigen Fall betrifft, so habe ich vom Generalstabschef erfahren: Von den französischen Beschwerden über Grenzverletzungen unsererseits ist nur eine einzige zugegeben. Gegen den ausdrücklichen Befehl hat eine anscheinend von einem Offizier geführte Patrouille des 14. Armeekorps am 2. die Grenze überschritten. Sie ist scheinbar abgeschossen worden, nur ein einziger Mann ist zurückgekehrt.

Während sich also das auf einen Fall beschränkt, überschritten französische Flieger die Grenzen und warfen Bomben und griffen französische Truppen unsere Grenzschutztruppen an." (NB. Dies war am 2. August.)

„Unsere Truppen haben sich dem Befehle gemäß auf die Abwehr beschränkt. Das ist die Wahrheit."

Franzosen und Russen haben sohin das Abkommen über den Beginn der Feindseligkeiten vom 18. Oktober 1907, das von fast sämtlichen Regierungen der ganzen Erde, darunter auch von Rußland, Frankreich und Großbritannien, unterzeichnet und ratifiziert wurde, in Art. 1 verletzt. Dieser sagt, daß die Vertragsmächte anerkennen, daß die Feindseligkeiten unter ihnen nicht beginnen dürfen, ohne eine vorausgehende unzweideutige Benachrichtigung, die entweder die Form einer mit Gründen versehenen Kriegserklärung oder die eines Ultimatums mit bedingter Kriegserklärung haben muß. Auch England hat vor der von ihm am Abende (7 Uhr) des 4. August erfolgten Kriegserklärung eine Reihe „feindseliger Akte" gegen deutsche Staatsangehörige begangen, die unzweifelhaft gegen das Abkommen vom 18. Oktober 1907 verstoßen (s. unten das Nähere II. Teil Seekriegsrecht) [1]).

---

[1]) Ja selbst bedenkliche Handlungen hat man anscheinend dort nicht gescheut, wie folgende unwidersprochene Mitteilung der „Köln. Ztg." vom 25. September anzeigt. Dort heißt es: „Aus den Kreisen der deutschen Geschäftswelt werden Tatsachen bekannt, wonach die den Verkehr zwischen Südamerika und Deutschland vermittelnde englische Kabelgesellschaft schon fünf Tage vor der Kriegserklärung Englands an Deutschland für den deutschen Handel wichtige Telegramme zwar angenommen und die Gebühr dafür eingestrichen, solche Telegramme aber absichtlich nicht befördert hat. In zwei Fällen ist erwiesen, daß telegraphische Zahlungsaufträge der argentinischen Nationalbank an Berliner Banken von diesen nicht ausgeführt werden konnten, weil die telegraphische Anweisung in Buenos Aires zwar aufgeliefert, von der englischen Kabelgesellschaft aber nicht befördert wurde."

Hierher gehört auch, was die „Nordd. Allg. Ztg." unterm 5. Oktober meldet: „Ein großes Hamburger Haus hat vor kurzem von ihrer Zweigniederlassung in

Nach Art. 2 des genannten Abkommens ist der Kriegszustand den neutralen Mächten unverzüglich anzuzeigen und wird für sie erst nach Eingang einer Anzeige wirksam, die auch auf telegraphischem Wege erfolgen kann. Jedoch können sich die neutralen Mächte auf das Ausbleiben der Anzeige nicht berufen, wenn unzweifelhaft feststeht, daß sie den Kriegszustand tatsächlich gekannt haben. Dieser Satz gilt unzweifelhaft auch für das Königreich Belgien, das bereits vor dem tatsächlichen Kriegsbeginn zwischen Frankreich und Deutschland, der nach der Proklamation des französischen Kriegsministers am 2. August eintrat, wie oben dargetan, seine Neutralität aufgegeben und für Frankreich tatsächlich Partei ergriffen hatte: Bereits am 2. August kommen bombenwerfende französische Flieger über belgisches Gebiet in die Rheinprovinz und versuchen die deutschen Bahnen zu zerstören, worauf in der Nacht vom 3. bis 4. August deutsche Truppen in Belgien einrücken. Da Belgien sofort die Kriegshandlungen begann, war natürlich eine weitere Benachrichtigung, ein Ultimatum oder eine besondere Kriegserklärung unnötig. Die spätere „Bitte" der deutschen Regierung auf Einstellung der Feindseligkeiten vom 17. August (s. oben den Wortlaut) wurde unter Berufung auf das angebliche Neutralitätsrecht abgelehnt (s. im übrigen das vorausgehende 3. Kapitel).

Auch gegenüber der Türkei handelte der Dreiverband gleich völkerrechtswidrig. . Rußland legte am Ausgang des Bosporus Minen, um die türkische Flotte zu vernichten. Die türkische Flotte trat in Notwehr gegen diesen krassen Bruch der Neutralität in Aktion ein. Die Pforte behandelte trotz dieses casus belli ausdrücklich die Vorgänge im Schwarzen Meer als „Grenzzwischenfälle" zwischen der Türkei und Rußland. Dieses begann unmittelbar an der türkisch-kaukasischen Grenze mit Angriffen (1. November). Im Mittelmeere eröffneten nach dem in der „Agence Ottomane" veröffentlichten Communiqué vom 2. November englische Kreuzer das Feuer ohne jegliche Kriegserklärung und ohne jedes Ultimatum, indem sie einen türkischen

Niederländisch-Indien die briefliche Mitteilung erhalten, daß die englische Kabelgesellschaft eine am 28. Juli nach Hamburg aufgegebene Depesche „Drahtet Zustand" nicht befördert habe, ein Beweis dafür, daß die Abschneidung vom Kabeldienst schon Ende Juli angewandt wurde, während die englische Kriegserklärung am 4. August erfolgte."

Handelsdampfer (Kinali Aga) und ein Kanonenboot (Beyruth) angriffen. Verschärft wird diese Völkerrechtswidrigkeit noch dadurch, daß sie ein Schiff angriffen, das ausdrücklich als neutral anerkannt war, da es im Roten Meer ausgesandt war, um im internationalen Interesse Bojen zu legen; es hat also wissenschaftlichen Zwecken gedient (s. Art. 4 des 11. Abkommens zur 2. Friedenskonferenz über gewisse Beschränkungen in der Ausübung des Beuterechts in Seekriegen vom 18. Oktober 1907, R.-G.-Bl. 1907 S. 316).

---

5. Kapitel.

Verletzung der Kongoakte.

Kap. III der Kongoakte vom 26. Februar 1885 (Generalakte der Berliner Konferenz), die u. a. von Deutschland, Österreich, Belgien, Frankreich, England und Rußland unterzeichnet wurde, spricht von der Neutralität der in dem konventionellen Kongobecken einbegriffenen Gebiete.

Diese sind in Art. 1 genau bestimmt: Zu ihnen gehört auch Ostafrika und andere Teile des deutschen Kolonialbesitzes (Teile von Kamerun, insbesondere von Neu-Kamerun).

Art. 10 sagt, daß, um dem Handel und der Industrie eine neue Bürgschaft der Sicherheit zu geben und durch Aufrechterhaltung des Friedens die Entwicklung der Zivilisation in den betreffenden Ländern zu sichern, sich die Vertragsmächte verpflichten, die Neutralität zu achten, „solange die Mächte, welche Souveränitäts- oder Protektoratsrechte über diese Gebiete ausüben, von dem Rechte, sich für neutral zu erklären, Gebrauch machen und den durch die Neutralität bedingten Pflichten nachkommen".

Dieser rein theoretischen Neutralitätserklärung folgt dann in Art. 11 und 12 die praktische Ausführung.

Falls eine Macht der in Art. 10 erwähnten Art in einen Krieg verwickelt werden sollte, verpflichten sich die Vertragsteile, ihre guten Dienste zu leihen, damit die dieser Macht gehörigen und in der konventionellen Freihandelszone einbegriffenen Gebiete im gemeinsamen Einverständnisse dieser Macht und des andern oder der andern der kriegführenden Teile, für die Dauer des Kriegs, den Gesetzen der Neutralität unterstellt und so betrachtet werden, als ob sie einem seekriegführenden Staate angehörten. Die kriegführenden Teile würden von dem Zeitpunkte an darauf Verzicht zu leisten haben, ihre Feindseligkeiten auf die also neutralisierten Gebiete zu erstrecken oder dieselben als Basis für kriegerische Operationen zu benutzen. Bei ernsten Meinungsverschiedenheiten verpflichten sich die Mächte, bevor sie zur Waffengewalt schreiten, die Vermittlung einer oder mehrerer der befreundeten Mächte in Anspruch zu nehmen. Schiedsrichterliches Verfahren ist vorgesehen.

Der Zweck dieser Bestimmungen der Kongoakte ist zweifellos, den eventuellen Krieg der Großmächte aus naheliegenden Gründen nicht auf das „Kongogebiet" i. S. der Kongoakte zu übertragen.

Als Mächte, die die guten Dienste zu leihen hatten, kamen natürlich die nicht in den Krieg verwickelten Vertragsstaaten, also Dänemark, Spanien, die Vereinigten Staaten von Nordamerika, Italien, Niederlande, Schweden und Norwegen in Betracht. Die Schuld, daß der Kongoakte nicht nachgekommen wurde, liegt nicht bei diesen neutralen Staaten, sondern bei denjenigen, die nach raschen Ruhmestaten auf afrikanischem Gebiete lechzten und unter Bruch der in der Kongoakte eingegangenen Verpflichtungen im neutralisierten Lande sofort die Feindseligkeiten begannen, d. h. England und Belgien, die „im Namen des Allmächtigen Gottes" die Akten unterzeichnet haben! England hat in Ostafrika den Kampf gegen Deutschland, wie bewiesen werden kann, sofort aggressiv geführt und trägt daher die furchtbare Verantwortung für all' die völkerrechtlichen Konsequenzen, die die unterjochten Völker aus dieser Handlung einer sogenannten zivilisierten Großmacht ziehen werden (s. auch die Ausführungen des Vertreters der Vereinigten Staaten von Nordamerika am 15. Dezember 1885 Kasson, der prophetisch die Folgen des Bruches der Neutralisierung des Kongos schildert, s. Kol. Rundschau 1914 S. 454, sowie die Äußerungen Dr. Morels, August-Nr. der „African Mail", in denen er vor den unseligen Folgen der Übertragung des Krieges warnt; abgedruckt im Schweizer „Katholik" Nr. 37).

Anfangs August, wenige Tage nach Kriegsbeginn am Kontinent und kurz nach der Kriegserklärung Englands, brachten Pariser Blätter eine aus London stammende Nachricht, deren ausdrucksvoller Stil den amtlichen Ursprung deutlich verriet. Die britische Regierung, so lautete die Londoner Mitteilung, werde durch die Art der erfolgten Verständigung mit Japan den Beweis erbringen, daß sie Deutschland auch in kolonialer Beziehung tödlich zu treffen entschlossen und imstande sei.

Diese Erklärungen verraten offen das Leitmotiv der englischen Politik, die Niederwerfung des wirtschaftlichen Konkurrenten und Rivalen zur See — um jeden Preis, auch den des Verrats an allen Rassen- und Kulturgefühlen. Und darnach handelte England und sein Nachahmer Frankreich. Beide senden die wildesten Horden der Welt nach Europa, überziehen trotz aller eigenen Gefahren unsere Kolonien in allen Weltgegenden mit Krieg, bewaffnen Basutos und Hereros — und sehen das Grab, das ihnen eigene Torheit gräbt, nicht.

Der Verrat an jeglicher Kultur- und Bildungsgemeinschaft, die Preisgabe jeglicher Rassenverantwortlichkeit läßt sie die bestehenden Gebräuche, Schwarze nicht gegen Weiße zu verwenden, völlig vergessen. Eine reine Völkerausstellung wird zurzeit in Frankreich veranstaltet:

Wer kennt die Völker, nennt die Namen,
Die mordend hier zusammenkamen?

Das jeder vernünftigen, staatsmännischen Erwägung hohnsprechende Verhalten der englischen Regierung gegenüber den deutschen Schutzgebieten bedeutet nach vorstehendem für Deutsch-Ostafrika und Teile von Kamerun zugleich einen schweren Verstoß gegen die internationale Generalakte, die Kongoakte.

Im Vertrauen auf Art. 11 der Kongoakte und um auch den Schein einer Bedrohung der angrenzenden fremdherrlichen Gebiete zu vermeiden, hat Deutschland seine militärischen Machtmittel in Deutsch-Ostafrika stets nur so hoch bemessen, als zur Aufrechterhaltung seiner Autorität in den Schutzgebieten notwendig erschien. Dieses Vertrauen ist getäuscht worden, indem England seine ungeheure Übermacht in den anliegenden britischen Protektoraten geltend macht und das in der Freihandelszone liegende Deutsch-Ostafrika zuerst mit Krieg überzog. Ich erinnere an den Überfall des Dampfers Hermann von Wißmann durch den englischen Regierungsdampfer Gwendolin auf dem Nyassa-See am 25. August und ähnliche Heldentaten! Eine Folge davon war natürlich, daß Deutschland die kriegerischen Operationen, zunächst defensiv, ebenfalls beginnen mußte.

Die Offensive gegen deutsche Kolonien seitens der Engländer ist, wie jeder Kenner der Verhältnisse weiß, politisch äußerst töricht und natürlich völlig überflüssig, da, wie die Engländer und Franzosen genau wissen, dieser Krieg nicht in Südwestafrika, in Kamerun oder Ostafrika, sondern auf den Schlachtfeldern in Frankreich und Rußland entschieden werden wird. Aus jenen gegen uns aufgehetzten Gurkhas, Basutos, Kaffern und Hereros werden aber, wie aus den Japanern, unsere einstigen Rächer erstehen, die die Prophezeiung nicht zu kühn erscheinen lassen, daß in wenigen Jahrzehnten das englische Weltreich der Vergangenheit angehört [1])!

Diese Prophezeiung wird durch den eben in Südafrika entstandenen, durch die in der Anmerkung hervorgehobenen englischen Umtriebe provozierten Aufstand der Buren, rascher als gedacht, erfüllt.

---

[1]) Außerordentlich interessant ist das Schreiben, womit die Abdankung des Oberstkommandierenden der englischen Streitkräfte in Südafrika, General Beyers, begründet ist. Er erklärt die Gründe, warum er sich weigere, die Feindseligkeiten gegen Deutschland zu eröffnen. Der entsprechende Passus des Schreibens lautet: „Die Behauptung, die im Parlament vorgebracht wurde, die Deutschen hätten bereits unser Gebiet verletzt, ist unbegründet. Man sehe den offiziellen Bericht des Informationsbureaus, bestätigt durch Oberstleutnant Maritz und seine Offiziere, die in der Nähe der Grenze stehen. Augenscheinlich verlangte die Regierung danach, daß die Deutschen aus Deutsch-Südwestafrika die Grenze überschreiten sollten, aber in dieser Hinsicht sind sie enttäuscht, da noch kein einziger deutscher Soldat unsere Grenze überschritten hat. Wie man sehr wohl weiß, ist der Bericht über ein unfreiwilliges Überschreiten der Grenze, das vor einiger Zeit stattgehabt hat, sehr genau, und damals wurde auch auseinandergesetzt, warum es geschehen ist."

Ebenso charakteristisch ist eine Stelle aus den interessanten Verhandlungen des südafrikanischen Parlaments über die Frage des Kriegs mit Deutschland. Dort wies ein Redner (Fichardt) näher auf diese englische Fälschung hin. Er sagte: „Die Deutschen sollen den Krieg eröffnet haben durch einen Angriff auf Nakob in der Kapkolonie. Dieser Punkt stand früher auf keiner englischen Karte. Jetzt liegt er nach der im Parlament vorgelegten neuen Eisenbahnkarte auf englischem Gebiet." Fichardt behauptete, wenn man die Karte gegen das Licht hebe, sehe man deutlich, daß der Name erst auf der deutschen Seite gestanden habe und dort ausradiert worden sei. Es wäre also erst aufzuklären, ob dieser Punkt wirklich zum Gebiet der Südafrikanischen Union gehört.

Auch die Vorgänge in Persien, Indien und Ägypten zeigen, daß die schwersten Zeiten über das englische Weltreich und seine kurzsichtigen, von Deutschenhaß verblendeten Lenker heraufziehen!

Mit solchen verächtlichen Mitteln erschlich man die Hilfe Südafrikas und des Herrn Botha, dessen überschwengliche Lobpreisungen auf Deutschland ich 1902 mit eigenen Ohren vernahm.

---

6. Kapitel.

Die Verwendung barbarischer Kriegsvölker im europäischen Kriege.

Über dieses Thema schreibt in Nr. 272 der „Münch.-Augsb. Ab.-Ztg." Universitätsprofessor Dr. Karl v. Stengel u. a. folgendes:

„Als im italienischen Kriege vom Jahre 1859 Frankreich „Turkos", eine aus algerischen Eingeborenen (Kabylen und Negern) bestehende Truppe verwendete, erregte dies allgemeines Aufsehen und gab zu vielen Erörterungen darüber Anlaß, ob die Verwendung derartiger barbarischer Kriegsvölker nicht als ein völkerrechtswidriges Mittel zu betrachten sei. Auch Robert v. Mohl hat unmittelbar nach dem Kriege in dem Werke „Staatsrecht, Völkerrecht und Politik" (1860) Bd. 1 S. 770 ff. die Frage untersucht. Er führt dabei aus, daß gegen die Verwendung von barbarischen Truppen nicht deshalb Einspruch erhoben werden könne, weil ihre Kampfesweise eine fremdartige und den Gewohnheiten europäischer Heere unangemessen sei, da der Feind kein Recht habe, nur in derjenigen Art angegriffen zu werden, auf welche er gefaßt war. ... Es könne auch von einer kriegführenden Macht nicht erwartet werden, daß sie Hilfsmittel unbenutzt lasse, bloß weil sie dem Gegner besonders unangenehm sind. . . [1]).

---

[1]) Mit Recht wurde in diesen Tagen in der deutschen Presse („K. Z.") an eine berühmte Rede Pitts im Unterhause erinnert, wo er u. a. sagte: „Ich weiß nicht, wer vom Regierungstisch die Hilfe dieser Barbaren gegen die uns stammverwandten Kolonisten angerufen hat. Ich klage ihn, oder waren es mehrere, sie an, Gewohnheit und Sitte, Recht und Gerechtigkeit verletzt, Englands reinen Wappenschild durch den Hilferuf und die Annahme der Indianerunterstützung besudelt zu haben. Ehre ist des Soldaten höchstes Gut, für das er kämpft, lebt und stirbt. **Gezwungen zu sein, mit Mördern, Räubern, Dieben zusammen zu kämpfen, ist für jeden die Ehre hochhaltenden Krieger eine Beleidigung, eine Schande, eine Beschmutzung seiner und unser aller Ehre. Ich fordere die Bestrafung des oder der Schuldigen**

Die Franzosen verwendeten in dem Kriege im Jahre 1870/71 wieder Turkosregimenter, ohne daß der kriegerische Erfolg, den die Franzosen von der Verwendung dieser Wilden hofften, den Erwartungen entsprochen hätte. (NB. wie heute wieder. Der Verf.) Es ist ziemlich allgemein anerkannt, daß die Turkos die ärgsten Grausamkeiten begangen und sich als für eine zivilisierte Kriegführung nicht geeignete Barbaren gezeigt haben. Namentlich ist in dem berühmten Zirkulare des Fürsten Bismarck vom 9. Januar 1871 das an Verwundeten vorgenommene Abschneiden von Köpfen, Ohren und Nasen usw. auf Rechnung der Turkos gesetzt [1]). (Vgl. Lueder in Holtzendorffs Handbuch des Völkerrechts Bd. 4 S. 396 ff.; s. auch unten.)

Unter diesen Umständen hätte man erwarten sollen, daß bei der im Jahre 1899 bzw. 1907 erfolgten Kodifikation des Kriegsrechts, die ja hauptsächlich den Zweck hatte, eine tunlichste Humanisierung der Kriegführung zu erzielen, auch die Frage der Verwendung barbarischer Völker bei Kriegen zivilisierter Staaten geregelt worden wäre. Das ist aber keineswegs der Fall. Das Übereinkommen betr. die Gesetze und Gebräuche des Landkrieges vom 18. Oktober 1907 sagt vielmehr in dem vom Begriffe der Kriegführenden handelnden Art. 1, daß die Gesetze, die Rechte und die Pflichten des Krieges nicht nur für das Heer, sondern auch für die Milizen und Freiwilligenkorps gelten, wenn diese gewisse Voraussetzungen, wie Tragen erkennbarer Abzeichen, offenes Führen von Waffen usw., erfüllen....

Einen strengeren Maßstab als bei Rußland muß man England und Frankreich gegenüber anlegen, da beide Völker bisher wenigstens zu den zivilisierten gerechnet wurden und sich sogar einbilden, die erste Stelle unter den zivilisierten Völkern einzunehmen. Wenn diese Völker es für notwendig halten, ihre regulären Truppen durch derartige wilde Völkerschaften zu verstärken, so liegt darin ein Zeichen erbärmlicher Schwäche. Sie geben damit zu erkennen, daß sie nicht in der Lage sind, durch lediglich aus Volksangehörigen gebildete Truppen ihre europäischen Kriege zu führen und den vaterländischen Boden zu verteidigen....

Es zeugt bei beiden Völkern von einem unglaublichen Tiefstand moralischen Empfindens, wenn Franzosen und Engländer Wollust bei dem Gedanken empfinden, welche Grausamkeiten diese Turkos, Marokkaner, Ghurkas usw. an denjenigen verüben würden, auf die sie losgelassen werden.

---

und die Wandlung des unsittlichen, ungerechten Vorgehens. Alle Bischöfe, alle christlich denkenden Männer werden, dessen bin ich sicher, meinen Antrag unterstützen."

Heute fechten die Epigonen mit Scharen zusammen, gegen die die alten Indianer Ehrenmänner waren!

[1]) Hier darf vielleicht an eine Äußerung Bismarcks vom 27. November 1870 erinnert werden: „Mit meinem Willen kommt jeder Soldat in Arrest, der einen solchen Burschen (gemeint sind die Turkos) gefangen nimmt und abliefert. Das ist Raubzeug, das muß abgeschossen werden. Der Fuchs hat doch die Entschuldigung, daß es ihm so zur Natur ist, aber die — es ist die scheußlichste Unnatur. Sie haben unsere Soldaten auf die schändlichste Weise zu Tode gequält."

Das also ist die an der Spitze der Zivilisation marschierende französische Nation, deren tigerartigen Charakter freilich schon Voltaire gekennzeichnet hat, das sind die frommen Engländer, die in der ganzen Welt Bibeln verteilen, fortwährend von Humanität sprechen und über die in Bulgarien und Armenien verübten Grausamkeiten und die „Kongogreuel" nicht laut genug ihren Abschen aussprechen konnten!"....

Soweit v. Stengel a. a. O. Leider findet sich kein ausdrückliches Verbot der Verwendung! Aber ein indirektes ist unzweifelhaft vorhanden. Es sind nicht bloß äußere Kennzeichen in Art. 1 l. c. für die Kriegführenden und ihre Freiwilligen gegeben, sondern auch innere Pflichten. Die wichtigste ist die Pflicht, bei ihren Unternehmungen die Gesetze und Gebräuche des Krieges zu beobachten. Jedermann weiß nach den Erfahrungen der letzten 100 Jahre, daß alle diese Völker, Turkos, Ghurkas, Neger aller Art, sich niemals an die Gesetze und Regeln der Genfer Konvention gehalten haben, noch viel weniger werden sie sich kümmern um die Beschlüsse der Haager Friedenskonferenz von 1899 und 1907! Schon jetzt ist durch unzählige Fälle bewiesen, daß alle Verbote des Art. 23 der Landkriegsordnung (meuchlerische Tötung oder Verwundung, Tötung wehrloser Feinde, Verweigerung des Pardons, Mißbrauch von militärischen Abzeichen, Uniformen, Plünderung, Diebstahl usw.) von dem Gesindel ignoriert werden (s. auch unten Kap. 14 Z. III). Hier liegt also nur eine scheinbare Lücke des Völkerrechts vor. In Wirklichkeit ist die Verwendung von wilden Hilfsvölkern, von denen man nach ihren Kulturbegriffen weiß, daß sie die ältesten Gebräuche und die auf Abkommen beruhenden Gesetze der Kriegführung zwischen zivilisierten Völkern ignorieren und verachten, ein roher Bruch der Abmachungen von 1899 und 1907! Aber was kümmern sich heute England, das Land der „Vertragstreue", und Frankreich, „die große Nation", um das Völkerrecht?

Freilich, die Ghurkas und Turkos, die Indier und Basutos, Marokkaner und Hereros und all die Hilfsvölker der französisch-englischen „Völkerschau" können die Schändlichkeiten der französischen und belgischen Franktireurs nicht viel übertreffen. Trotzdem ist abzusehen, daß diese stärkste Verwendung von exotischen Horden, die jemals in der Weltgeschichte Europa sah, noch die letzten Spuren völkerrechtlicher Moral und Gesittung beseitigen und vernichten wird.

Die Verantwortung der beiden sogenannten „Kulturnationen", die die Rassenverantwortlichkeit und den Rassenstolz so tödlich verletzen und um die Unterstützung dieser Horden buhlen, ist vor der Weltgeschichte eine riesengroße!

Und schon zeigen sich hübsche Symptome dieser Vertierung:

Einer der Reisegefährten des aus der französischen Kriegsgefangenschaft zurückgekehrten Grafen Michael Karolyi, der Ingenieur Friedrich, berichtet unterm 1. Oktober der Presse, daß die Gefangenen in einem engen Raum zusammengepfercht wurden. Eines Tages wurden auch verwundete Turkos dorthin gesteckt. Jeder Turko hatte an einer Schnur abgeschnittene Ohren, Nasen und beringte menschliche Finger, die sie mit bestialischem Triumphgeheul jedermann vorwiesen.

Soll das, was mit den beglaubigten Schilderungen aus dem Jahre 1870 und anderen jetzigen Zeugenaussagen übereinstimmt, wirklich „Kriegshysterie" sein? Wir sehen dabei von der Wiedergabe der grausigen Erzählungen Neutraler völlig ab (s. z. B. Sofiaer Zeitung „Utro" vom 29. September 1914).

(S. weitere Fälle unter Kap. 12, insbesondere aus der Kopenhagener „Politiken".)

Hoffentlich steckt man dieses Gesindel als Gefangene auch mit den Engländern und Franzosen zusammen! Als diese Forderung zur Abkühlung der englischen und französischen Begeisterung in Deutschland gestellt wurde, da entrüstete man sich von neuem über den „Barbarismus" der Deutschen. Man weiß nicht, ob man über diese Logik lachen — oder über eine andere menschliche Eigenschaft, an die hier appelliert ist, weinen soll! Diese Völkerschaften sind gut genug dazu, um für englische Herrschaften auf deutsche, ehrliche Truppen losgelassen zu werden und die furchtbarsten Grausamkeiten wie 1870 zu begehen. Die „Kampfgenossen", die die französischen Weiber verhätscheln und die englische und französische Presse als „furchtbar" umschmeicheln, aber zu Lagergenossen in der Gefangenschaft zu haben —, das ist den Kulturpionieren von der Themse wie von der Seine zu „barbarisch". Nein, sperrt sie alle zusammen: Mongolen und Ghurkas, Franzosen und Kosaken, Engländer und Marokkaner, Sudanneger und Australier! Wer den Kampfruhm gegen uns teilen will, soll auch die unfreiwillige Rast teilen! Gleiche Brüder, gleiche Kappen! [1])

Ein ziemlich franzosenfreundliches schweizerisches Blatt spricht von einem „Herzschuß gegen das Europäertum", ja einem „frevelhaften Selbstmordversuch", gegen das sich das „Menschheitsgewissen" der Schweiz aufbäume! Und die Herren Hodler und Jacques Dalcroze schweigen?

---

7. Kapitel.

Mißbrauch der Neutralität der Türkei.

Englands Politik lebt seit langer Zeit von der Gutmütigkeit und Schwäche des türkischen Reichs und der islamitischen Völker. Marokko verschenkte König Eduard, um Frankreichs Freundschaft zu erwerben. Persien gab das großmütige England, soweit es nicht selbst es okkupierte, an Rußland. In Reval wurde die Teilung der Türkei beschlossen. Die verteilten Länder bildeten die Morgengabe zu einer politischen Ehe früherer Todfeinde, die sich in dem nimmersatten Raube fremden Eigentums zusammenfanden; damit aber England nicht zu kurz kam, ließ es sich von den beiden Raubgenossen ein anderes mohammedanisches Land, nämlich Ägypten, zusprechen und zerriß damit die alte Freundschaft des englischen Volkes mit der Türkei.

Es war von jeher englische Sitte: je mehr es selbst die Rechte anderer Staaten wie die Normen des Völkerrechts brach, desto mehr über Vertragsuntreue und Völkerrechtsbruch anderer zu zetern. Diese den hervorstechendsten Charakter englischer Politik bildende Heuchelei durchzieht auch die Handlungsweise des modernen Großbritannien seit Ende Juli l. J. wie ein roter Faden. Obwohl es in dem von sämtlichen Kulturstaaten der Welt mit Ausnahme von England rati-

---

[1]) Die natürliche Grausamkeit der wilden Hilfsvölker genügt aber noch nicht, sie muß noch durch ein wahnsinniges Hetzen gereizt werden. So wurde den Indiern bei ihrer Ankunft in Frankreich mitgeteilt, daß die Deutschen den Frauen die Brüste abschnitten (Neue Züricher Ztg. vom 16. Oktober 1914).

fizierten 5. Abkommen der zweiten Friedenskonferenz betreffend die Rechte und Pflichten der neutralen Staaten im Falle eines Landkriegs (Art. 3) ausdrücklich heißt, daß es den Kriegführenden gleichermaßen untersagt ist, auf dem Gebiete einer neutralen Macht eine funkentelegraphische Station einzurichten oder sonst irgendeine Anlage, die bestimmt ist, einen Verkehr mit den kriegführenden Land- und Seestreitkräften zu vermitteln, und obwohl dieser Satz nichts anderes ist als die Modernisierung und Kodifizierung des längst bestehenden und anerkannten völkerrechtlichen allgemeinen Neutralitätsrechts, schlug es den entrüstetsten Lärm über die angebliche feindselige Haltung der Türkei, als diese die englische funkentelegraphische Station von der Botschaft in Konstantinopel zu beseitigen verlangte und in richtiger Auslegung ihrer Verpflichtungen als neutraler Staat schließlich selbst beseitigte.

England, das ohne weitere Skrupel der Türkei zwei ihr zu Eigentum gehörige Dreadnoughts Anfang August einfach stahl und ihr ein großes souzeränes Land wie Ägypten raubte, sohin die völkerrechtlich verwerflichsten Handlungen, die ein Staat gegenüber einem andern begehen kann, leichten Herzens beging, entrüstete sich deshalb, weil dieser selbe Staat ihm zuliebe nicht kurz darauf die Neutralität preisgibt und nicht duldet, daß er von Konstantinopel drahtlos seine Verrätereien nach London weitergibt! Oder sollte die Türkei die so fest von ihr behauptete und nirgends widerlegte Sabotage der englischen „Marine-Kommission“ auch noch belohnen?

England aber regte sich über die angebliche Nichteinhaltung des von ihm gar nicht ratifizierten Abkommens durch Ekuador und Kolumbien und durch einen amerikanischen Staatsangehörigen in einem andern Falle mächtig auf! Englische Logik!

Auch sonst hat sich England gegenüber der Türkei einer Reihe bemerkenswerter Neutralitätsverletzungen schuldig gemacht. Es hat unbefugt türkischen Torpedobooten ohne jede Kriegserklärung, sohin im Frieden, verboten, in türkischen Gewässern außerhalb der Dardanellen zu fahren, sich auch sonst bereits im September geriert, als wenn eine Blockade der türkischen Küste bestände. Es hat türkischen Schiffen ohne jede Berechtigung im Friedenszustande befohlen, ihre Einrichtungen zur drahtlosen Telegraphie zu beseitigen usw.

Besonders charakteristisch ist folgender Vorgang:

Der frühere „deutsche kleine Kreuzer", der an die Türkei verkauft wurde, „Breslau", jetzt „Midilli", hatte in Begleitung mehrerer Torpedoboote eine Kreuzfahrt in den türkischen Gewässern des Schwarzen Meeres unternommen und war wieder ins Marmarameer zurückgekehrt. Der englische Botschafter Mallet hat dies als feindselige Demonstration (!) erklärt und die Warnung ausgesprochen, daß die „Goeben" und „Breslau" auch jetzt noch von England als deutsche Kriegsschiffe betrachtet und beim Verlassen der Dardanellen von der englischen Flotte vernichtet werden würden. Darauf antwortete die Pforte mit der Sperrung der Dardanellen.

Über das Ungerechte und Völkerrechtswidrige dieses Vorgehens gegenüber den jetzigen türkischen Schiffen s. unten bei den seekriegsrechtlichen Erörterungen Kap. 30. (Im übrigen s. auch Kapitel 8.)

Diese festgestellten Schikanen gegen die Türkei, die Drohung der Engländer und Russen, daß sie die zwei rechtmäßig erworbenen, früher deutschen Kriegsschiffe ohne weiteres angreifen und wegnehmen würden, endlich die Legung von Minen durch russische Kreuzer am Ausgange des Bosporus, um die türkische Schwarzmeerflotte zu vernichten, führten endlich seitens der Türkei in den ersten Novembertagen 1914 zur Eröffnung der Feindseligkeiten, die monatelang der Dreiverband provoziert hatte (s. auch 4. Kapitel oben). —

Zu alledem wurde amtlich aus London unter dem 5. November (W. T. B.) mitgeteilt, daß England Zypern annektiert hat.

Die Annexion von Zypern, der großen, dem Suezkanal gegenüberliegenden Insel, die von England seit 36 Jahren auf Grund eines Vertrages mit der Pforte okkupiert ist, war natürlich im Falle des Kriegsausbruchs ebenso zu erwarten wie die Annexion Ägyptens. Aber diese Gewalttat stellt sich unter einem ganz besonders eigentümlichen Lichte dar, wenn man sich den Vertrag vom 4. Januar 1878 näher ansieht, auf Grund dessen die Pforte der Besetzung der Insel durch England zustimmte. Der Vertrag war ein englisch-türkischer Bündnisvertrag gegen Rußland! (S. auch von Liszt, Völkerrecht S. 172; Fleischmann S. 174; Ullmann, Völkerrecht S. 200 und 297.) Zypern war das Unterpfand dieses Bündnisses. Der Sultan gestattete England die Besetzung und Verwaltung der Insel gegen das Versprechen, daß

England ihm den Besitz seines asiatischen Gebiets gegen Rußland garantiere. „In dem Falle," heißt es wörtlich in dem ersten Artikel des Vertrags, „wo Batum, Ardahan, Kars (seither alle russisch!) von Rußland zurückbehalten werden sollten oder irgendwann von Rußland ein Versuch gemacht werden sollte, sich irgendeines andern Teiles der Gebiete des Sultans in Asien zu bemächtigen, wie sie der endgültige Friedensvertrag festsetzt, verpflichtet sich England, sich mit dem Sultan zur Verteidigung des in Rede stehenden Gebietes durch Waffengewalt zu vereinigen." Der Großwesir Safwet, der seinen Namen unter dieses Schriftstück setzte, hat gewiß nicht erwartet, daß England eines Tages im Bunde mit Rußland die Türkei bekriegen werde, um sie ihrer asiatischen und andern Besitzungen zu berauben, und daß an eben dem Tage, wo der Garantievertrag die seltsame Verkehrung ins Gegenteil erfährt, England sich des Unterpfandes Zypern durch einen Gewaltakt bemächtigen werde.

Der Vertrag war also abgeschlossen, unter der Resolutivbedingung, daß, wenn Rußland angreifen oder überhaupt türkischen Besitz gefährden würde, England beistehen müsse. Tut es dies, wie jetzt, nicht, verbündet es sich sogar mit dem Feinde der Türkei, so muß natürlich Zypern an die Türkei zurückfallen; der Vertrag kann nicht als eine bloße verschleierte Gebietszession betrachtet werden, um so weniger, als die Türkei nur die Verwaltung den Engländern übertrug.

Jedenfalls hat nach dem jetzigen Stande der Dinge England nicht den Schein eines Rechts an Zypern, auf das die Türkei vertrags- und völkerrechtsmäßig seine Rechtsansprüche geltend zu machen hat.

---

8. Kapitel.

Die ägyptische Frage.

„Ägypten ist das wichtigste Land der Erde.
Napoleon I.

a) Bruch der Neutralität Ägyptens.

Ganz besonders war es aber die Behandlung Ägyptens, die die Türkei zwang, der englischen Gewalttätigkeit mit der Tat entgegenzutreten.

Die Stellung Ägyptens zum türkischen Reiche bietet Doktorfragen en masse, die an dieser Stelle natürlich nicht behandelt werden können. Jedenfalls hat England im Jahre 1882 mit Gewalt und ohne den Schein eines Rechtstitels dieses Land eigenmächtig besetzt. Sein Ziel war, aus Ägypten ein britisches Protektionsland, aus diesem eine englische Kolonie zu machen.

Mit seinem Hauptgegner in Ägypten, Frankreich, hat sich England nach Abschluß der entente cordiale durch Vertrag vom 8. April 1904 geeinigt. Ägypten und Marokko wurden liebevoll gegeneinander abgeteilt, wogegen England dem Suezvertrag von 1888 unbedingt beitrat.

Jetzt macht England offen aus dem Provisorium der Okkupation ein Definitivum. Schon die Bestimmungen der höchst merkwürdigen Verordnung vom 5. August 1914, die offenbar der sogenannten ägyptischen Regierung vom englischen Gebieter in die Feder diktiert wurden (s. auch den interessanten Aufsatz von Geh. Rat Dr. Triepel in der „Köln. Ztg." vom 22. September 1914), zeigten dies deutlich genug.

Der Khedive ist nach wie vor Vasall des Sultans und kann als solcher nur dieselbe auswärtige Politik treiben, wie die hohe Pforte in Konstantinopel. Der Firman von 1892, der bei der Thronbesteigung des jetzigen Khediven erlassen wurde, also 10 Jahre nach der englischen Besetzung, verbietet diesem, bei internationalen Abmachungen den politischen Traktaten des türkischen Reichs und seiner Souveränität über Ägypten zu nahe zu treten, Teile des ägyptischen Gebiets oder seiner Privilegien an Dritte abzutreten, begrenzt ferner den Friedensstand der ägyptischen Armee und erklärt, daß die ägyptischen Streitkräfte zu Wasser und zu Lande auch zum Dienste der kaiserlichen Regierung bestimmt seien, folglich in einem Kriege der Türkei entsprechend vermehrt werden können.

Die ägyptische Regierung ist also in einem Kriege der Pforte zur Kriegshilfe für dieselbe verpflichtet. Sie ist zur Neutralität verpflichtet, wenn die Türkei neutral bleibt. Triepel weist a. a. O. nach, daß Ägypten diese Pflichten bis zum tripolitanischen Kriege erfüllt hat, also auch noch lange während der englischen Besetzung.

Damals wurde der englische Einfluß so groß, daß Ägypten zum ersten Male versagte (s. a. a. O.).

Vollkommen entsprechend ist nun das Verhalten der ägyptischen Regierung seit Ausbruch des gegenwärtigen Krieges. Der Ministerrat unter dem Vorsitze des Regenten, der den abwesenden Khedive vertritt, hat am 5. August eine „Dezision" erlassen, die, wie Triepel a. a. O. sagt, für alle Zeiten zu den merkwürdigsten Aktenstücken des internationalen Rechts gehören wird. Die ägyptische Behörde hat eine ihr vom englischen Kommissar zugegangene Vorlage in die Sprache des Landes und ins Französische übersetzt. „So genau, daß der geschraubte und schwülstige englische Urtext in jedem Satze durchschimmert." Die Einleitung stellt fest, daß zwischen England und Deutschland Krieg ausgebrochen sei, daß die Anwesenheit der britischen Truppen die Gefahr eines Angriffs durch die Feinde Sr. Britischen Majestät nahelege, und daß man dagegen Vorkehrungen treffen müsse. Und nun kommt eine Reihe von Bestimmungen in der Form, wie sie in England selbst und wahrscheinlich gleichzeitig in jeder britischen Kolonie in dem gleichen Wortlaute erlassen worden sind. Jedem Einwohner des Landes und jedem, der sich dort vorübergehend aufhält, wird der Abschluß von Verträgen mit der feindlichen Regierung, die Beteiligung an einer Anleihe des Feindes, das Eingehen von Versicherungsverträgen mit Bewohnern des Feindeslandes, die Leistung von Zahlungen auf Grund solcher Verträge für Kriegsverluste, der Abschluß aller Handels- oder sonstigen Geschäfte mit Personen im Feindesland, der Schiffsverkehr mit diesem verboten. Untersagt ist die Ausfuhr von Waren nach einer deutschen Bestimmung, die Einfuhr deutscher Waren in Ägypten usw. Kurz, ein Handelsverbot in der denkbar schärfsten Form, ein Verbot, das jeden trifft, der in Ägypten sich aufhält, also nicht etwa nur Ägypter und Engländer, sondern auch die zahlreichen Kaufleute neutraler Staaten. Jedes neutrale Handelsschiff, das nach englischer Auffassung Kriegskonterbande ist oder führt, darf in jedem ägyptischen Hafen zurückgehalten, jedes neutrale Schiff, das Konterbande in ägyptischen Häfen an Bord nimmt, beschlagnahmt werden. Und vor allem: die britischen Streitkräfte zu Wasser und zu Lande haben die Befugnis, jedes Kriegsrecht in ägyptischen Häfen und Gebietsteilen, also auch in ägyptischen Küstengewässern, auszuüben; die dort von ihnen gekaperten Schiffe und Waren werden von britischen Prisengerichten abgeurteilt.

Also mit andern Worten: hier wurde Ägypten vollständig als englische Provinz behandelt! Englische Rechtsgepflogenheiten aus früheren Jahrhunderten wurden hier mit einem Federstrich auf fremdem, neutralem, rechtlich trotzalledem „türkischem Boden" willkürlich und gewaltsam eingeführt. Brutaler hat man kaum noch die Freiheit eines Landes vergewaltigt, das jetzt einfach dem britischen Weltreiche einverleibt werden sollte, obwohl es ein vasallitischer, tributpflichtiger türkischer Staat ist mit weitgehenden Rechten in bezug auf Gesetzgebung, auf die Abschließung völkerrechtlicher Verträge, Fremdenrecht, innere Verwaltung laut dem Londoner Vertrage vom 15. Juli 1840.

Unter völliger Ignorierung aller völkerrechtlichen Bestimmungen (Art. 1, 2 ff., 9 des 5. Abkommens vom 18. Oktober 1907) hat England Ägypten mehr und mehr als sein eigenes Land behandelt. Es hat auf dem laut Art. 1 l. c. als unverletzlich geltenden, bis dahin neutralen Staatsgebiete, das einem andern Souverän unterstand, alle Rechte dieses Souveräns widerrechtlich okkupiert, dem Khedive Abbas Pascha wurde die Rückkehr nach Ägypten untersagt, ihm Vorschriften über seinen Aufenthalt gegeben, Anleihen ohne Zustimmung des Khedive erhoben, ein Betrag von 15 000 Pfund, der in ägyptischen Staatsschuldenkassen lag, von den Engländern weggenommen, die Gehälter der Beamten wurden herabgesetzt und Tausende von Beamten entlassen. Wichtige Dokumente wurden aus dem Palaste des Khedive einfach weggenommen, die Konake der ägyptischen Prinzen durchsucht und Eingriffe in ihre persönliche Freiheit unternommen. Der größte Teil der ägyptischen Offiziere und Truppen wurde nach dem Sudan gebracht und Ägypten mit englischen Kolonialtruppen besetzt. Viele eingeborene Offiziere wurden gefangen gesetzt; die deutschen und österreichischen Staatsangehörigen interniert oder ausgewiesen usw.

Nur eine Konsequenz dieser völkerrechtswidrigen Usurpierung des Landes war das Vorgehen gegen fremde diplomatische Vertreter durch England bei und nach Ausbruch des Krieges.

Eine halbamtliche Mitteilung berichtete darüber Mitte September 1914:

In Syrakus ist am Mittwoch, den 16. September, auf dem Dampfer „Catania" das gesamte seither in Ägypten fungierende deutsche und österreichische Konsularkorps eingetroffen, um teils über Neapel, teils über Genua die Heimreise fortzusetzen. Der deutsche Geschäftsträger v. Pannwitz und der österreichische Gesandte Graf Széchényi haben einem Berichterstatter in Syrakus folgende Einzelheiten mitgeteilt:

„Die Regierung des Khedive hat sofort beim Kriegsausbruch ihre Neutralität erklärt und die sofortige Räumung Ägyptens durch die englischen Okkupationstruppen verlangt. Doch hat der ägyptische Ministerrat trotzdem kurz darauf den Kriegszustand gegen Deutschland und Österreich-Ungarn erklärt. Nach der Beschlagnahme vieler deutscher, in ägyptischen Häfen liegender Schiffe wurden viele Deutsche als Spione verhaftet und ihre Wohnungen durchsucht. Die Gesandten haben natürlich sofort gegen den englischen Gewaltakt protestiert, weil Ägypten der Oberhoheit der Pforte untersteht. Weil ihnen aber die Benutzung jeder Post- und Telegraphenverbindung untersagt war und daher ihre Proteste unnütz waren, mußten sie sich unter amerikanischen Schutz begeben. Als sie General Byng am 2. September aufforderte, bis spätestens 10. September Ägypten zu verlassen, verweigerten sie die Annahme des Briefes des Generals unter dem Hinweis, daß sie die englische Okkupationsarmee nichts anginge und sie bei der Pforte allein beglaubigt seien. Sie beschwerten sich beim ägyptischen Minister des Äußern, der erwiderte, die ägyptische Regierung ignoriere die Ausweisungsbefehle."

Der Bericht des Grafen Széchényi beweist, daß sich auch hier England eines doppelten Völkerrechtsbruches schuldig gemacht hat, auf der einen Seite gegenüber der Türkei, auf der andern gegenüber Deutschland und Österreich-Ungarn. Einer wiegt so schwer wie der andere. Auch sonst benahm sich England (s. nächsten Abschnitt), als wenn Ägypten erobertes englisches Territorium wäre. Nicht bloß keine Rede von Rückgabe des freien Ägyptens, sondern Säbelregiment im fremden Lande; völlige Niederdrückung des einheimischen Volks, Versetzung der einheimischen Offiziere, Erteilung von 100 Stockhieben an ägyptische Studenten der Universität Kairo, die Deutschland ihre Sympathie ausdrückten, und ähnliche Heldentaten. Immer wieder erkennt man, daß keine Macht sündlicher mit der Freiheit der Völker und mit Verträgen umgeht als Großbritannien, dem Verträge nur heilig sind, wenn sie ihm das Sprungbrett zur Erweiterung der britischen Machtsphäre bilden können.

Es war nur die Konsequenz aus dieser ganzen völkerrechtswidrigen Behandlung des Landes, daß zu Beginn des Krieges mit der Türkei (am 3. November) die Engländer Ägypten auch der Form nach annektierten. Sie ernannten den Onkel des Khedive, den Prinzen Hussein Kiamil Pascha, zum Khedive und englischen Generalgouverneur, seinen Sohn, den Prinzen Kemal Eddin Pascha, zum Oberkommandierenden und Kriegsminister der neuen okkupierten englischen Kronkolonie. Der britische General Maxwell übernahm „die militärische Kontrolle" des Landes. Es wurde gleichzeitig das Kriegsrecht erklärt. An dem staatsrechtlichen Charakter und der völkerrechtlichen Beurteilung der Usurpation des Landes wird durch diese neuen völkerrechtswidrigen Handlungen selbstverständlich gar nichts geändert; im Gegenteil: England krönt durch diese Handlungen sein unerhörtes Beginnen.

Abbas II., der bisherige Khedive, hat als richtige Antwort auf diese englische Anmaßung seinerseits das Land als im Kriegszustand mit England erklärt. Es tritt also die völkerrechtlich hübsche, fast singuläre Situation ein, daß Ägypten gewissermaßen mit sich selbst Krieg führt, da es von zwei kriegführenden Staaten in den Kriegszustand versetzt wurde. Wo der rechtmäßige Herr des Landes, der allein über Krieg und Frieden zu entscheiden hat, sitzt, geht aus obigem von selbst hervor. Es war höchste Zeit, daß der türkische Oberherr durch die Kriegserklärung an England dem staatsrechtlich und völkerrechtlich unhaltbaren Zustande in Ägypten ein Ende machte. Hoffentlich siegt auch hier das Recht! Wie notwendig der Erfolg des Rechts über die Macht auch im internationalen und neutralen Interesse ist und wie sehr die Türkei als negotiorum gestor der ganzen neutralen Welt in Ägypten handelt, ergibt sich aus einer kurzen Behandlung der wichtigen Frage des Suezkanals.

Soeben kommt die Mitteilung („Frankf. Ztg."), daß im Oktober 1914 bereits die unter dem Drucke der englischen Okkupationsmacht stehende ägyptische Regierung die deutschen und österreichisch-ungarischen Mitglieder der internationalen Staatsschuldenkommission sowie der Internationalen Gerichtshöfe in Ägypten an der weiteren Ausübung ihrer Ämter gewaltsam verhindert. Zwei der fünf Herren des Gerichtshofes bekleideten überdies seit langem und bis zuletzt die durch die Wahl ihrer Kollegen ihnen übertragenen Vertrauensposten des Präsidenten des Appellhofes zu Alexandrien, der höchsten auch mit legislativen Kompetenzen ausgestatteten internationalen Instanz des Landes, und des Präsidenten des Tribunals erster Instanz zu Kairo. Es sind dies Deutsche. Alle erwähnten Herren befanden sich zur Zeit des Kriegs in Urlaub. Ein Herr wollte unter allen Umständen seinen Dienst im Oktober 1914 antreten. Es wurde ihm verboten — unter der Androhung von Gewalt (Verhaftung), ägyptischen Boden zu betreten.

Auch hierin liegt ein klarer völkerrechtlicher Bruch sämtlicher internationaler Abmachungen über die Staatsschuldenverwaltung und die internationalen Gerichtshöfe in Ägypten (s. das Nähere bei v. Liszt a. a. O.). Die englische Regierung hatte kein Recht, einseitig in die internationalen Pflichten und Rechte der betreffenden Rechtsbeamten, die zufällig Deutsche sind, einzugreifen — auch im Kriege nicht, der an diesen Rechten nichts änderte[1]).

b) Verletzung der Neutralität des Suezkanals insbesondere.

Aus Hamburger Schiffahrtskreisen wurde unterm 26. August mitgeteilt, daß der am Eingang des Suezkanals gelegene ägyptische Hafen Port Said sofort nach der ägyptischen Kriegserklärung von englischen Truppen besetzt wurde. Diese machten sich dann gleich daran, die in Port Said liegenden deutschen Dampfer durch Herausnehmen von Maschinenteilen fahrtunfähig zu machen. Besonders der Dampfer des Norddeutschen Lloyd „Derfflinger“ wurde von diesem Schicksal betroffen.

Hierzu bemerkt die „Nordd. Allg. Ztg.“: „Wundern tut uns dieses Verfahren natürlich nicht. Es ist echt englisch. Immerhin verdient es die Beachtung der ganzen Welt, daß Großbritannien die feierlich geschlossenen und unzähligemal bekräftigten internationalen Suezkanalverträge kaltlächelnd in den Papierkorb steckt, sobald sie ihm unbequem werden.“

Wir fügen dem hinzu, daß gleichzeitig das dem deutschen Kohlendepot in Hamburg gehörige Kohlenlager gesperrt wurde, damit deutsche Schiffe keine Kohle mehr einnehmen können: Kriegsakte, wie sie feindseliger nicht gedacht werden können!

Noch krasser, wenn auch freilich erst lange nach der Kriegserklärung, ist das Vorgehen gegen die beiden Hapagdampfer „Istria“ und „Südmark“. Von dem Rechtsvertreter der Hapag erfuhr ich darüber, Alexandrien, d. d. 22. Oktober 1914, u. a. folgendes:

„Ich habe inzwischen erfahren, daß die in Port Said und Suez

---

[1]) Über „Gemischte Gerichtshöfe in Ägypten“ s. v. Liszt, Völkerrecht, 9. Aufl. S. 132, 149, 151, auch Fleischmann, „Völkerrechtsquellen“ in Auswahl 1905 S. 138; ferner R.-G.-Bl. 1874 S. 23 und 1875 S. 381; Strupp (Urk. zur Geschichte des Völkerrechts, 2 Bände 1911 (mit Nachtrag 1912), Bd. I S. 385 Note 1.

gelegenen Dampfer auf folgende originelle Art „regelrecht" gekapert wodren sind. Am 13. d. sind an Bord aller deutschen und österreichischen Dampfer in Port Said und Suez Abteilungen ägyptischer Polizei unter dem Kommando eines Offiziers erschienen, der den Kapitänen erklärte, daß niemand die Schiffe verlassen dürfte und daß die Schiffe den Hafen zu verlassen haben. Die Kapitäne haben sich selbstredend geweigert, worauf die ägyptischen Hafenbehörden durch dazu herbeigeschafftes Personal die Maschinen instand setzen, neue Mannschaft an Bord bringen ließen, die Dampfer mit Kohlen und Proviant für 7 Tage versorgten, und so sind die Schiffe am 15. bzw. am 16. d. unter deutscher Flagge ausgelaufen.

Einige Meilen von Port Said entfernt wartete der englische Kreuzer „Warrior", und es ist selbstverständlich, daß der Kapitän, als er die Menge feindlicher Schiffe entdeckte, sich beeilt hat, sie „regelrecht zu kapern" und nach Alexandrien zu bringen. Alle Formalitäten sind mit der peinlichsten Genauigkeit von dem Kapitän des Kreuzers „Warrior" vorgenommen worden, der bei Ankunft in Alexandrien die Dampfer dem Marshal des Prisengerichts übergab. In berechtigtem Ingrimm über dieses völkerrechtliche Possenspiel fügt der Rechtsvertreter der Hapag hinzu: „Der oben angeführte Tatbestand würde wohl zum Kinderspiel genügen, meinetwegen auch zu einem Lustspiel frei nach Nestroy, zur Begründung von Rechten jedoch ist diese lachhafte Inszenierung durchaus ungenügend."

Es geht nichts über englische „Korrektheit", die Mücken seiht und Kamele verschluckt!

Hier handelt es sich um die Verletzung des Vertrages vom 29. Oktober 1888 für den im Jahre 1869 eröffneten Suezkanal (s. die Literatur in Liszts Völkerrecht S. 209 ff.). Der Vertrag wurde auf Grund der Verhandlungen der Konferenz zu Paris 1885 von den sämtlichen Großmächten, der Türkei, Spanien und den Niederlanden abgeschlossen. Darnach soll der maritime Suezkanal (ursprünglich eine private Aktienunternehmung) stets, im Kriege wie im Frieden, jedem Handels- und jedem Kriegsschiffe ohne Unterschied der Flagge offen- und freistehen. Die Mächte verpflichten sich darnach, die freie Benutzung des Kanals auch im Kriege nicht zu beeinträchtigen. Es darf also weder das Blockaderecht ausgeübt noch sonst eine feindselige Handlung gegen ein dort liegendes Schiff begangen werden (s. Art. 1 und 3, 4 des Vertrags; s. auch Liszt l. c. S. 210; Ullmann, Völkerrecht S. 342 ff.). In Kriegszeiten dürfen die Kriegführenden in dem Kanal und seinen Eingangshäfen weder Truppen noch Munition noch sonstiges Kriegsmaterial ausschiffen. Kriegführende dürfen in die Häfen von Suez und Port Said überhaupt keine Schiffe senden (Art. 7).

Aber nicht bloß das vorgeschilderte Vorgehen gegen deutsche Schiffe, sondern das ganze jetzige Vorgehen der englischen Truppen bedeutet, wie die „Nordd. Allg. Ztg." mit Recht sagt, einen „echt englischen Vertragsbruch"! England sieht trotz der klaren Bestimmungen der Art. 4 und 5 des Vertrags vom 29. Oktober 1888 den Suezkanal mit all seinen Einrichtungen jetzt einfach als englisches Dominium an, indem es ihn stark befestigte und als Basis seiner kriegerischen Operation ansieht.

Allerdings hat, wie Triepel a. a. O. feststellt, England den Vertrag zunächst nur mit dem höchst dehnbaren Vorbehalt unterzeichnet gehabt, es könne den Vertrag nur insoweit annehmen, als er mit dem „vorübergehenden Ausnahmezustand Ägyptens" (!) verträglich sei und die englische Aktionsfreiheit während der Okkupation Ägyptens durch britische Truppen nicht hindere. Indessen im Vertrage mit Frankreich vom 8. April 1904 hat England seinen Beitritt zur Suezkanal-Konvention in allen wesentlichen Punkten förmlich erklärt, hat also jenen Vorbehalt fallen lassen, und diese Erklärung gilt nicht nur etwa Frankreich, sondern auch den andern Mächten gegenüber, da diesen der anglo-französische Vertrag mitgeteilt worden ist. So nimmt denn auch die ägyptische Kriegsverordnung auf den Suezkanal ausdrücklich Bezug. Schiffe jeder Nationalität und Ladung sollen das Recht haben, die Zugangshäfen anzulaufen und zu verlassen und den Kanal zu durchfahren, ohne Beschlagnahme oder Zurückhaltung befürchten zu müssen, vorausgesetzt, daß sich die Fahrt in gewöhnlicher Weise und ohne ungerechtfertigten Aufenthalt vollzieht. Alle Schiffe dürfen Bunkerkohle und andern Schiffsbedarf, soweit es für ihre Reise notwendig ist, aufnehmen usw. Schließlich heißt es: Der Art. 13 (der den britischen Streitkräften Vornahme von Kriegshandlungen in ägyptischem Gebiete erlaubt) sei in Gemäßheit der Suezkanal-Konvention auszulegen. Wenn das einen Sinn haben soll, so kann es, wie Triepel a. a. O. mit Recht feststellt, nur bedeuten: es darf im Kanal und seinen Einfahrtshäfen sowie im Umkreise von drei Seemeilen vor diesen Häfen überhaupt kein Akt der Feindseligkeit ausgeübt werden, da eben dies in der Konvention ausdrücklich verboten ist.

Nicht einmal die „Times" werden leugnen können, daß die Handlungen, die das „vertragsheilige" England hier gegenüber den deutschen Dampfern begangen hat, feindselige sind; England hat durch die gegen feindliche Schiffe gewohnheitsmäßig angewendete Herausnahme von Maschinenteilen und durch die Sperrung der Kohlendepots die wichtigsten Bestimmungen der Suezakte tatsächlich gebrochen und muß alle Konsequenzen aus dieser Haltung ziehen lassen. Freilich ist die Internationale Kommission, welche die Ausführung des Suezkanalvertrags vom 29. Oktober 1888 zu überwachen hatte, durch Art. 6 des II. englisch-französischen Abkommens vom 8. April 1904 beseitigt worden, so daß England dort an Stelle des Rechts die Macht und Gewalt zu setzen vermochte. (S. im übrigen Liszt, Völkerrecht, 6. Aufl. 1910, S. 209 ff.). Aber an dem hier in Betracht kommenden Rechte der Staaten auf Schutz ihrer Schiffe im Suezkanal und den Eingangshäfen ist durch den Fortfall der Internationalen Kommission nichts geändert worden.

Zahlreiche Nachrichten zeigen, daß auch sonst England, das angeblich mehr als 50 000 Indier nach Ägypten bringen ließ, nicht bloß Ägypten, wo es wie ein souveräner Herr trotz des Protestes des Khedive die Mobilisierung anordnet, die ägyptischen Offiziere und Truppen beseitigt usw., als Dominium behandelt, sondern auch den neutralen Kanal von Suez als Basis seiner ganzen kriegerischen Unternehmungen benutzt und sämtliche Bestimmungen des Suezkanalvertrags einfach in den Papierkorb wirft.

Die britische Regierung hat alle von der sogenannten „ägyptischen Regierung" getroffenen Maßregeln ausdrücklich gebilligt, insbesondere auch, daß sie „feindlichen Schiffen, welche sich lange genug in den Häfen des Kanals aufhielten und zeigten, daß sie nicht abreisen wollten, um zu vermeiden, als Prise genommen zu werden", den Befehl erteilte, den Suezkanal sofort zu verlassen mit der Begründung, der Kanal sei nicht zu diesem Zwecke erbaut. Es ging soweit, daß es die deutsche Post auf einem italienischen Schiffe, die für Ostasien bestimmt war, beschlagnahmte und im Hafen von Suez verbrannte, um die Wahrheit über den Kriegszustand zu unterdrücken. Dieses ganze Vorgehen verletzt alle Normen der Suezakte von 1888 und vernichtet die Neutralität und Internationalität des Kanals: Und König Georg von England behauptet in einer Proklamation vom 10. September: „Großbritannien und mein ganzes Reich betrachten die absolute Respektierung des einmal gegebenen Wortes in Verträgen als ein gemeinsames Erbteil [1])!“ Selbstverständlich ist damit der ganze internationale Suezkanal-Vertrag in allen seinen Teilen für alle Mächte zerrissen. Keine Macht braucht sich nach diesem Vertragsbruche Englands an die nicht mehr bestehende Neutralitätserklärung des Suezkanals zu kümmern.

Wir hoffen, daß dieses Vorgehen dem englischen Reiche an seiner verwundbarsten Stelle noch recht teuer zu stehen kommt. Jedenfalls ist das Vorgehen Englands gegen die Suezakte geradezu ein Schulbeispiel für den Wert von internationalen Verträgen mit England, das für Deutschland beim Friedensschluß unter keinen Umständen vergessen werden darf. Sache der weiteren Kriegführung und der zukünftigen Entscheidung muß es für Deutschland, Österreich-Ungarn und die Türkei sein, für welch' letzteres die Bedingungen des Vertrags von 1888 überhaupt nicht gelten, wenn sie für die Verteidigung ihrer Besitzungen am Roten Meere einzutreten hat, des Urteiles des großen Bonaparte von der Wende des 19. Jahrhunderts über die Wichtigkeit des Landes zu gedenken, das für die englische Weltmacht auch heute noch gilt. England weiß genau, daß die heikelste Stelle seines Weltreiches in Ägypten liegt. Damit ist die Haltung aller Staaten, die der englischen Weltmacht ein Ende machen wollen und müssen, wenn anders der Weltfriede dauernd gesichert und Europa von den Intriguen dieses

[1]) Treffend hat der Reichskanzler in sarkastischen Worten gesagt, daß dasselbe England, welches durch brutale Gewalt und rücksichtslosen Egoismus sein ungeheures Kolonialreich errafft habe, die Freiheit der Welt gegen uns Deutsche zu schützen sich anstelle. „Im Namen der Freiheit hat Großbritannien die Selbständigkeit der Burenstaaten um die Jahrhundertwende erwürgt; im Namen der Freiheit wurde von ihm Ägypten hinterhaltig unter schnödestem Wortbruch in Ketten gelegt. Und im gleichen Namen raubt England den noch halbwegs selbständigen Malayenstaaten Hinterindiens einem nach dem andern das Recht auf Existenz um ihrer selbst willen; wie endlich auch der Freiheit der Welt zuliebe die Engländer die deutschen Kabel durchschnitten haben und so die Wahrheit über den Krieg dem größten Teile des Erdrunds unterschlagen.“

gefährlichsten Friedensstörers gewahrt werden soll, von selbst gegeben. Macht Ägypten frei von englischer Zwangsherrschaft und ihr habt den Schlüssel zum indischen Reiche! Eine der vielen Errungenschaften dieses Krieges muß die unbedingte Sicherung der Neutralität des Suezkanals sein. Da England im Völkerrechte nur eine unbequeme Handschelle sieht, die man sofort abstreifen müsse, kann man internationales wirksames Recht nur gegen England und nur nach Niederwerfung Englands schaffen!

---

9. Kapitel.

Der Bruch der chinesischen Neutralität durch Japans und Englands Angriff auf Kiautschau.

„Krieg, Handel und Piraterie,
dreieinig sind sie, nicht zu trennen."

Der japanische Geschäftsträger in Berlin hat am 19. August 1914 im Auftrage seiner Regierung dem Auswärtigen Amte eine Note übermittelt, worin unter Berufung auf das englisch-japanische Bündnis die sofortige Zurückziehung der deutschen Kriegsschiffe aus den japanischen und chinesischen Gewässern oder die Abrüstung dieser Schiffe, ferner bis zum 15. September die bedingungslose Übergabe des gesamten Pachtgebietes von Kiautschau an die japanischen Behörden und die unbedingte Annahme dieser Forderungen bis zum 23. August verlangt wird.

Deutschland gab auf diese völkerrechtlich einzig dastehende Keckheit die richtige — nämlich keine Antwort, worauf Japan und England die kriegerischen Operationen gegen das deutsche Pachtgebiet alsbald begannen.

Zu dieser „Politik des Aasgeiers" (denn Japan sah das kleine Kiautschau von Anfang an als verlorene Beute an [1])) hatte dies aus

[1]) Die japanische Zeitung „Yomiuri" u. a. bezeichneten es als „mit den Geboten des alten japanischen Ehrenkodex unvereinbar, daß Japan an das in Kriegsnot befindliche Deutschland solche Forderungen stelle, es widerspreche den Ehrbegriffen der japanischen Ritterschaft und sei doppelt unwürdig, da es sich um den

dem englisch-japanischen Bündnisse keinerlei Grund: im Gegenteil; die ganze Schmählichkeit des japanischen Verhaltens — der Schlange, die wir an unserem Busen so lange und unter Aufbietung einer unglaublichen Dosis von Leichtsinn genährt — geht aus dem Wortlaute des Vertrags hervor. In der Einleitung des englisch-japanischen Bündnisvertrags wird als Ziel des Bündnisses das folgende angegeben:

„1. Die Konsolidierung und Aufrechterhaltung des allgemeinen Friedens in den Gegenden Ostasiens und Indiens.

2. Die Wahrung der gemeinsamen Interessen aller Mächte in China durch Sicherung der Unabhängigkeit und der Integrität des chinesischen Reiches und des Prinzips der gleichen Zugänglichkeit zu Handel und Industrie für alle Nationen in China(!).

3. Die Aufrechterhaltung der territorialen Rechte der hohen kontrahierenden Parteien in den Gegenden von Ostasien und Indien und die Verteidigung ihrer speziellen Interessen in den besagten Regionen.

Die wichtigsten Artikel des Bündnisvertrages besagen im einzelnen:

Art. 1. Man kommt überein, daß, wann immer noch der Meinung Japans oder Großbritanniens eins der früher erwähnten Rechte und Interessen im Spiele stehe, die beiden Regierungen voll und frei einander Mitteilungen machen und gemeinsam die Maßregeln beraten werden, die zur Wahrung ihrer bedrohten Rechte oder Interessen zu unternehmen sind.

Art. 2. Wenn auf Grund eines nicht provozierten Angriffs oder einer nicht aggressiven Aktion, wo immer sie auftaucht, seitens irgendeiner Macht einer der hohen Kontrahenten in einen Krieg verwickelt wird, welcher der Verteidigung seiner territorialen Rechte oder seiner oben erwähnten speziellen Interessen dient, so muß der andere hohe Kontrahent sofort seinem Alliierten zu Hilfe kom-

---

eigenen Lehrer handle, dem man nach konfuzianischem Gesetz Ehrfurcht und Dankbarkeit schulde". Nur ein „Finanzbündnis" konnte die schweren Bedenken eines Teils der japanischen Minister gegen das bereits am 7. August gestellte Verlangen Englands überwinden.

men, den Krieg gemeinsam mit ihm führen und im gegenseitigen Einvernehmen mit ihm Frieden schließen."

Also der Bündnisfall war nur gegeben für den Fall der Gefährdung der territorialen Rechte, hier Englands infolge einer aggressiven Aktion Deutschlands oder im Fall der Gefährdung der Unabhängigkeit und Integrität des chinesischen Reiches und des Prinzips der offenen Tür in China. All dies ist natürlich in diesem Falle, in dem England aggressiv Deutschland den Krieg erklärte, nicht gegeben. Deutschland hat von Anfang an keinen Zweifel darüber gelassen, — und Japan konnte davon in feierlichster Weise in kurzer Zeit unterrichtet werden, wenn es eine solche Mitteilung gewünscht hätte, — daß Deutschland keinerlei aggressive Absicht hat, weder gegen China noch gegen England, am letzten natürlich gegen Japan selbst. Es wurde dem japanischen Geschäftsträger sofort erklärt, daß im Fall japanischer Neutralität das deutsche Geschwader in Ostasien sich feindseliger Handlungen in den dortigen Gewässern enthalten werde. Das Merkwürdigste war aber die Unterschiebung, daß Deutschland die Unabhängigkeit und Integrität des chinesischen Reiches und des Prinzips der offenen Tür, und damit die Aufrechterhaltung des allgemeinen Friedens Ostasiens und der territorialen Rechte in Ostasien bedrohe.

Man überlege und wäge die beiderseitigen Kräfteverhältnisse in Ostasien, um das — sagen wir ruhig — Schamlose dieses ganzen völkerrechtlichen Spiels seitens Japans richtig zu ermessen, das geradezu wie eine Verhöhnung Deutschlands und der ganzen Welt klingt. Und Deutschland hat nie daran gedacht — und hätte dies jederzeit erklärt, — die territorialen Rechte der Kontrahenten in den Gegenden von Ostasien oder Indien zu mißachten. Aber England hat Deutschland, wie es offiziös erklärte, „auch in kolonialer Beziehung tödlich" treffen wollen. Das ist allein die Wahrheit, nicht der erfundene Grund, daß Deutschland die Handelsbeziehungen in Ostasien zu bedrohen imstande sei.

Von Notwehr oder Notstand Japans, von Zwang zum Neutralitätsbruche keine Spur! Die reine Eroberungspolitik des Korsaren!

Kiautschau wurde wie Wei-Hai-Wei an England und Port Arthur an Rußland im Jahre 1898 seitens China an Deutschland verpachtet. Eine Anzahl von Konsequenzen, welche in dem Wesen des

Pachtvertrags enthalten sind, müssen auch für die Beurteilung des staats- und völkerrechtlichen Verhältnisses der beteiligten Mächte bezüglich dieses Territoriums zueinander berücksichtigt werden. Der von Deutschland verfolgte kolonisatorische Zweck und die konkurrierenden Machtinteressen der beteiligten Mächte dürfen dabei nicht aus dem Auge gelassen werden. Jedenfalls ist Kiautschau (s. auch Ullmann, Völkerrecht 298; Rehm, Staatslehre 82; Jellinek, D. J.-Ztg. 1898 S. 253 und 305) nicht in deutschen Eigenbesitz übergegangen. Nach Art. 2 des Vertrags vom 6. März 1898 überläßt China jene Gebietsteile an Deutschland „nur pachtweise, vorläufig auf 99 Jahre“, und nach Art. 3 „übt die chinesische Regierung während der Pachtdauer im verpachteten Gebiete nur die Hoheitsrechte nicht selbst aus, sondern überläßt sie an Deutschland“. Die Eingeborenen sind nicht deutsche Untertanen geworden. Sollte Deutschland einmal den Wunsch äußern, die Bucht von Kiautschau vor Ablauf der Pachtzeit an China zurückzugeben, so verpflichtet sich China, Deutschland einen besser geeigneten Platz zu gewähren. Es ist kein Abhängigkeitsverhältnis Chinas gegenüber dem Deutschen Reiche geschaffen, da China nur die Ausübung der deutschen Gewalt auf chinesischem Boden durch Einräumung einer allgemeinen Vertretungsbefugnis gestattete [1]).

China hat über die vertragsmäßige Ausübung seiner Rechte durch Deutschland niemals geklagt und weder direkt noch indirekt die Intervention einer andern Macht wegen Verletzung dieser Vertragsrechte verlangt. Im Gegenteil! Und nun kommt Japan und maßt sich fremdes, neutrales chinesisches Territorium an — angeblich nur, um das Gebiet China zurückzugeben!

Japan, das alle hier in Betracht kommenden Haager Abkommen, so z. B. das 3. über den Beginn der Feindseligkeiten, das 5. betreffend die Rechte und Pflichten der neutralen Mächte und Personen im Fall des Landkriegs und das 13. über dieselben Rechte im Seekrieg unterzeichnet und ratifiziert hat, setzt sich über alle diese Verträge mit einer Leichtfertigkeit hinweg, die nur zeigt, was die Zukunft von dieser

[1]) Liszt, Völkerrecht S. 99, nimmt an, daß zwar nicht in der 50 Kilometerzone, wohl aber in dem Gebiete der Bucht von Kiautschau selbst Deutschland die uneingeschränkte Souveränität erworben habe. Der „Übergang in deutschen Besitz“, wie es in dem Allerhöchsten Erlaß vom 27. April 1898 (Reichsges.-B. S. 171) heißt, ist dafür eigentlich kein vollgültiger Beweis.

ostasiatischen Großmacht zu erwarten hat. Daß England zu all diesen Vertragsbrüchen als Anstifter Japans auftritt, vollendet das Bild eines völligen moralischen Bankerotts der weißen Rasse gegenüber der gelben und der schwarzen, wie des scheinbaren Bankerotts des Völkerrechts überhaupt [1]).

Was weiterhin in Ostasien geschieht, ist ein ununterbrochener Völkerrechtsbruch, in gleicher Weise begangen von England wie von Japan nicht bloß gegen Deutschland, sondern auch gegenüber China, das heute noch Eigentümer des Landes und Inhaber aller jener souveränen Rechte ist, die es nicht vertragsmäßig auf Deutschland als seinen Mandatar übertragen hat und die es lediglich nach diesem Vertrage von Deutschland und gegen Deutschland anzusprechen hat.

---

[1]) Aus dem ausführlichen Parlamentsbericht der „Deutschen Japan-Post" geht hervor, daß Japan nur auf direkte Aufforderung Englands hin sich zum Kriegszuge gegen Kiautschau entschloß. Der Minister des Auswärtigen, Baron Kato, sagte darnach u. a.:

„Japan hatte weder den Wunsch noch die Neigung, in den gegenwärtigen Kampf verwickelt zu werden, es glaubte nur, es sich selbst schuldig zu sein, dem Bündnis treu zu bleiben und seine Grundlage noch zu festigen durch Sicherung dauernden Friedens in Ostasien und durch Beschützung der besonderen Interessen der beiden verbündeten Mächte."

Gegen diese Ausführungen des Ministers wandten sich, zum Teil in recht scharfer Form, mehrere Redner aus dem Hause. So äußerte sich der Abgeordnete Matsuda, nach dem Text des englisch-japanischen Bündnisses sei Japan in keiner Weise gezwungen, den Bündnisverpflichtungen nachzukommen, solange die territoriale Integrität und die speziellen Interessen Englands in Ostasien einen solchen Schutz nicht erforderten. Er wünschte genaue Auskunft darüber, ob Deutschland den dauernden Frieden in Ostasien gefährde oder die speziellen Interessen Englands daselbst verletzt habe. Dr. Tomizu richtete gar an den Minister die Frage, ob Japans Diplomatie so sehr unter dem Einflusse der englischen Regierung stehe, daß das Auswärtige Amt in Tokio geradezu als eine Zweigniederlassung der englischen Regierung erscheine. Die Antwort des Ministers erfolgte in geheimer Sitzung.

Von besonderer Bedeutung ist noch eine Erklärung, die der Minister Kato bei den Beratungen in der Budgetkommission abgab, da sie zu verstehen gibt, daß Japan gar nicht gesonnen ist, Kiautschau an China zurückzugeben. Diese Wendung lautet: in das Ultimatum an Deutschland habe er die Klausel von der eventuellen Rückgabe Kiautschaus an China eingefügt, weil er geglaubt habe, daß die Einfügung dieser Klausel für Japan vorteilhaft sei, doch hätte die Klausel nur dann zu Recht bestanden, wenn es nicht zum Kriege gekommen wäre. Echt japanisch; es hat gut „englische Art" gelernt und ist des Meisters würdig — in der diplomatischen Unwahrhaftigkeit!

Freilich hätte China nach Art. 5 des Haager V. Abkommens, dem auch China 1910 beigetreten ist, die Pflicht, Japan und England von dieser Neutralitätsverletzung gewaltsam abzuhalten [1]). Aber die beiden die

[1]) Nachrichten über diplomatische Einsprachen der chinesischen Regierung gegen die völkerrechtswidrige Besetzung der Schantungbahn, Bahnlinie Kiautschau—Tsinanfu vom 11. Oktober 1914 in Tokio zeigen nur, daß Japan unbekümmert um die Neutralität Chinas seine weitschauende Politik in diesem Reiche durchzusetzen beginnt.

Die interessante Zirkularnote Chinas gegen Japan ist in der „Polit. Korrespondenz" abgedruckt. Sie zeigt Chinas großes Mißtrauen, das Japan in seinem unerhört völkerrechtswidrigen Vorgehen gegen die Eisenbahn von Kiautschau nach Tsinanfu, einer deutsch-chinesischen Gesellschaft, voll verdient.

Auch in der Folge stieg die Erbitterung in China über das völkerrechtlich unerhörte Vorgehen Japans gegen einen friedlichen neutralen Staat. Die chinesische Kammer beschloß, nach der amerikanischen Presse, eine Interpellation an die Regierung wegen Chinas Neutralität zu erlassen. Die betreffende Sitzung ist so interessant, daß wir einige Stellen wiedergeben müssen. Der Interpellant Liang Chi Chao sprach u. a. folgendes:

„Als Japan Deutschland den Krieg erklärte, hat man uns gezwungen, eine Kriegszone zu bestimmen Aber trotzdem hat Japan unsere Neutralität nicht beachtet, indem es Weihsien einnahm und sich jetzt vorbereitet, unsere Bahn auf längere Strecken mit Beschlag zu belegen. Nun frage ich, stehen überhaupt deutsche Soldaten westlich von Weihsien? Nein! Dort befindet sich nicht ein deutscher Soldat, daher ist das Vorwärtsdringen der Japaner in unser Gebiet nach Westen einfach unverzeihlich. Hat die Regierung gegen diesen unerhörten Bruch Schritte unternommen? Nach den japanischen militärischen Maßnahmen zu urteilen, ist Tsingtau durchaus nicht ihr Ziel, sondern sie wollen einfach aus der gesamten Provinz Schantung eine zweite Mandschurei machen. England operiert gemeinschaftlich mit Japan, ist also an dem Bruch unserer Neutralität genau so schuld. Dasselbe England, das feierlich gegen Neutralitätsbrüche anderer Nationen protestiert, bricht uns gegenüber in aller Seelenruhe die Neutralität. Hat die Regierung bereits an Großbritannien protestiert? Die japanischen Greueltaten sind Tatsachen, und die Regierung hat kein Recht, die Leiden unseres Volkes, welche ihm durch japanisches Militär zugefügt werden, mit Gleichgültigkeit zu betrachten. Wir müssen die Regierung zwingen, sofort die nötigen Maßnahmen zu ergreifen." Die Interpellation wurde darauf von der ganzen Kammer unterzeichnet. Es wurde noch hinzugefügt, daß die Interpellation nicht nur von der Kammer, sondern von der ganzen chinesischen Nation verfochten werden solle.

Was Japan vorhat, zeigt die dem japanischen Auswärtigen Amt nahestehende Zeitung „Tokio Meiji" vom 14. September 1914:

„Wenn China unter dem Vorwande der Neutralität (!) Japans Truppenbewegungen hindert, so wird es Tsingtau nie zurückerhalten. China sollte den japanischen Truppen Bewegungsfreiheit in der ganzen Provinz Schantung gewähren

Unverletzlichkeit des chinesischen Gebiets verletzenden Großmächte kennen die jetzige Ohnmacht des chinesischen Reiches genau und setzen daher an die Stelle des Rechts die rohe Gewalt. Es ist dazu ein Hohn auf jegliches Recht und auf jeden völkerrechtlichen Verkehr überhaupt, daß eine Großmacht es wagt, der Welt vorzutäuschen, daß es gegen den Willen eines Landes dessen eigenes Territorium einem andern Staate, dem das Territorium vertragsmäßig überlassen ist, wegnimmt — angeblich um es diesem Vertragslande wiederzugeben —, in Wirklichkeit, um es ihm im Frieden wegzunehmen. Und das stärkste Stück ist es, daß eine andere zivilisierte Großmacht, der Verträge angeblich „heilig" sind und die angeblich nur wegen dieser Heiligkeit der Verträge den Krieg gegen Deutschland begann, wie dies König Georg von England Anfang August feierlich aussprach, in solcher Weise Völkerrecht und Vertragsrecht mit Füßen tritt.

Wir haben uns hier nur in zweiter Linie mit der politischen Wirkung dieses in der Weltgeschichte einzig dastehenden Verrats an jedem Rassen- und Kultur-Verantwortlichkeits-Bewußtsein seitens Großbritanniens zu beschäftigen.

Die politische Wirkung wird für England und vielleicht auch für die Vereinigten Staaten, die leider ihre Neutralität in dieser Richtung völlig verkennen und zur unbegreiflichen, gefährlichen Schwächlichkeit und verderblichen Passivität auswachsen lassen [1]), eine furcht-

---

und seine Truppen zurückziehen oder noch besser, sich an den Kämpfen gegen Tsingtau unter japanischer Führung beteiligen." Da China das nicht getan, sondern gegen die Verletzung seiner Neutralität — allerdings erfolglos — protestiert hat, verlangt jetzt Japan auch die Anschlußstrecke der Schantungbahn, die Tsinanfu mit dem Jngtse-Gebiet, also dem Innern Chinas, verbindet.

[1]) Interessant ist in dieser Richtung das Urteil des amerikanischen Richters A. H. Bode, niedergelegt in einem Schreiben an das Mitglied des Kongresses Bowdie, veröffentlicht in dem Cincinnati-Sonntagsblatt, in dem sich in getreuer Übersetzung folgende Stelle findet:

„. . . Man braucht kein — Staatsmann zu sein, um zu wissen, daß außer den . . . . . kein verräterischeres Volk existiert als die Japaner, daß die Japaner die Philippinen, Hawai und andere Inseln zu besitzen trachten und die Kontrolle über den Stillen Ozean erstreben. Daß ferner England den Handel des Ostens sich aneignen will, das muß jeder Blinde sehen, und ein Mensch, der Japans und Englands Versprechungen Vertrauen schenken kann, muß ein Hirn aus Sägespänen haben . . . . .

bare werden. Auch Rußland wird, wie England und die Vereinigten Staaten von Nordamerika, einstmals die „Staatsmänner“ verfluchen, die diesen sublimen Streich in unbegreiflicher Verblendung begangen und Japan zum Erben westeuropäischer Kultur eingesetzt haben.

Australien und andere englische Kolonien, die noch nicht The burden of the white man des Herrn Rudyard Kipling als eine der vielen konventionellen englischen Lügen betrachten, werden die Vergeltung für diesen Hochverrat seitens des Mutterreiches einstmals üben. Exoriare aliquis nostris ex ossibus ultor!

Und auch China wird sich darüber ganz im klaren sein müssen, daß es vor „einem Kampf auf Leben und Tod“, der für das große Reich nicht mehr länger aufzuschieben ist, gegen Japan, Rußland und England steht. Möge es den günstigen Zeitpunkt nicht versäumen!

---

10. Kapitel.

Die Verwendung von Dum-Dum-Geschossen und Ähnliches.

Ende August erschien folgende amtliche Mitteilung:

„Unsere Armeen nahmen gefangenen Franzosen und Engländern Tausende Infanteriepatronen mit vorn tief ausgehöhlten Geschoßspitzen ab. Die Patronen befinden sich zum Teil noch in der mit Fabrikstempel versehenen Packung. Die maschinenmäßige Anfertigung der Geschosse ist durch die Zahl und die Art unzweifelhaft festgestellt. Im Fort Longwy wurde eine derartige Maschine vorgefunden. Die Patronen wurden also von der Heeresverwaltung den Truppen in

---

Kein Amerikaner mit einem Körnchen Männlichkeit und einem Funken von Ehrgefühl kann ohne Schamröte die Vorgänge in Kiautschau mit ansehen!

Dort herrschen durchaus gerecht verwaltete, moderne Gesetze über Grundeigentum — geradezu ein Muster für die ganze Welt; Tsingtau hat eine Verwaltung, wie sie nirgendwo erreicht wird; es ist eine tadellose Stadt, „a spotless town“, ein Vorbild, das noch in vielen Jahren als nachahmenswert gelten muß....“ Über die Neutralitätsverletzung der Amerikaner zum Schaden der Deutschen s. unten Kap. 30 Anm.

dieser Form geliefert. Gefangene englische Offiziere versichern auf Ehrenwort, daß ihnen die Munition für die Pistolen ebenfalls in derartigen Geschossen geliefert worden sei. Die Verwundungen unserer Krieger zeigen die verheerende Wirkung dieser Dum-Dum-Geschosse. Während Frankreich und England in grober Verletzung der Genfer Konvention Geschosse zulassen, deren Verwendung ein Merkmal der barbarischen Kriegführung ist, beobachtet Deutschland die völkerrechtlichen Bestimmungen genau. Im ganzen deutschen Heere wird kein Dum-Dum-Geschoß verwendet."

Zu gleicher Zeit wurde auch festgestellt, daß sowohl die Russen wie die Serben fortgesetzt Dum-Dum-Geschosse benutzten. So wurden bei der Revision der am 30. August in einem Truppenübungsplatze in Schlesien eingetroffenen 62 russischen Offizieren und 6378 Mannschaften (nach der „Schlesischen Zeitung") noch zahlreiche derartige Geschosse abgenommen.

Die Österreicher meldeten am 26. September amtlich: „Unter der von den russischen Truppen auf dem Schlachtfelde von Krasnik zurückgelassenen Gewehrmunition befinden sich auch Geschosse, deren harter Mantel an der Spitze den Bleikern frei läßt (Dum-Dum-Geschosse). Das österreichisch-ungarische Ministerium des Äußern hat diese Verletzung der dritten Haager Deklaration von 1899 den Regierungen der Verbündeten und neutralen Mächte mit dem Beifügen bekanntgegeben, daß das österreichisch-ungarische Armeeoberkommando derzeit nicht daran denke, mit Repressalien vorzugehen."

Die Österreicher berichten ferner, daß die bei den Serben vorgefundenen Dum-Dum-Geschosse französisches Fabrikmaterial waren, versehen mit ähnlichen Stempeln wie die von unseren Truppen in Belgien und Frankreich vorgefundenen Geschosse.

Die Geschosse wurden in der französischen und englischen Originalverpackung in großen Mengen nach Deutschland gesandt und sind gegenwärtig (September) in den Auslagen der Redaktionen großer deutscher Zeitungen (z. B. der „Münch. N. N.") zu sehen. An der Echtheit und an der Verwendung ist daher vernünftigerweise nicht zu zweifeln [1]). Ärztliche Urteile geben die furchtbare barbarische Wirkung dieser Kampfart angeblicher „Kulturnationen" wieder (s. unten).

[1]) Über das Vorgehen der Belgier berichtet ausführlich der Kriegsberichterstatter der „Kölnischen Volkszeitung" Einzelheiten, aus denen hervorgeht, daß

Der Unfug nahm allmählich solche Dimensionen an, daß der Kaiser sich genötigt sah, in einem völkerrechtlich interessanten Telegramm vom 8. September an den Präsidenten der Vereinigten Staaten von Nordamerika Wilson sich mit einem Proteste zu wenden. Es heißt dort:

„Ich betrachte es als meine Pflicht, Herr Präsident, Sie, als den hervorragendsten Vertreter der Grundsätze der Menschlichkeit, zu benachrichtigen, daß nach der Einnahme der französischen Festung Longwy meine Truppen dort Tausende von Dum-Dum-Geschossen entdeckt haben, die durch eine besondere Regierungswerkstätte hergestellt waren. Ebensolche Geschosse wurden bei getöteten und verwundeten Gefangenen, auch britischer Truppen, gefunden. Sie wissen, welche schrecklichen Wunden und Leiden diese Kugeln verursachen, und daß ihre Anwendung durch die anerkannten Grundsätze des internationalen Rechts streng verboten ist. Ich richte daher an Sie einen feierlichen Protest gegen diese Art der Kriegführung, welche dank den Methoden unserer Gegner eine der barbarischsten geworden ist, die man in der Geschichte kennt [1].“

---

man bei den Gefangenen damals (Ende August) eine Menge Dum-Dum-Geschosse fand, „deren Arbeit die Merkmale des Großbetriebs an sich hatten“. „Wer sich geweigert habe, diese Geschosse anzunehmen und zu verwenden, sei entwaffnet oder standrechtlich von den Belgiern abgeurteilt worden. Es wurden technische Manipulationen verschiedener Art dort entwickelt und dargetan, daß die „Kerben in zahlreichen Fällen mittels Schweinfurter Grüns“ vergiftet wurden“ (!).

Übrigens hat Universitätsprofessor Geheimrat Payr vor kurzem in einer Rede vor deutschen Militärärzten im Felde (Nordfrankreich) auf Grund von Röntgenphotographien genau die Lage der einzelnen Teile des im Körper zersprungenen Geschosses angegeben und festgestellt, daß es sich dort um eine besondere Art englischer Dum-Dum-Geschosse handelt, mit denen die Engländer bei Lille schossen. Es sieht wie eine gewöhnliche Patrone aus. Das Geschoß hat wie die andern einen Mantel, unter diesem befindet sich eine Aluminiumspitze und dann kommt ein besonderer Bleikern; dieser zersplittert beim Anprall auf einen Knochen, zerreißt die Gefäße und erzeugt furchtbare Wunden (nach dem Kriegsberichterstatter Dr. Oskar Bongard).

[1]) Vom bayrischen Armee-Museum wurde über die Natur dieser Geschosse u. a. folgendes geschrieben:

„Das wirkliche Dum-Dum-Geschoß ist englischen Ursprungs; es erhielt seinen Namen nach der gleichnamigen Patronenfabrik bei Kalkutta und wurde in Indien zuerst verwendet. Der Mantel reichte nur bis zum Beginn der eiförmigen Spitze und ist zum Teil mit mehreren Längsschlitzen versehen. Diese erste Art befriedigte nicht; daher ging man zu dem Hohlspitzengeschoß über, das einen dünneren Mantel erhielt und nur am Boden der vorderen Höhlung mit Kupfernickelblech bekleidet war; Anwendung in der Schlacht bei Omdurman (Sudanfeldzug 1898). Das öfter auftretende Ausströmen des Bleikerns aus dem in den

Die volle Bestätigung des kaiserlichen Vorwurfs zeigt folgende Nachricht:

Zwei in deutscher Kriegsgefangenschaft weilende englische Offiziere haben sich bei einer amtlichen Vernehmung über Verwendung von Dum-Dum-Geschossen in der englischen Armee geäußert; die Vernommenen sind der Oberkommandierende Gordon der Gordon-Highlander-Regimenter, Adjutant des Königs von England, und Oberst Neish vom 1. Gordon-Highlander-Regiment[1]).

Zügen steckenbleibenden Mantel führte dann zur Annahme eines härteren Bleikernes (mit größerem Antimongehalt M/95).

Von diesem Dum-Dum-Geschoß weicht das in diesem Feldzuge von den Franzosen gebrauchte, nachträglich ausgehöhlte Geschoß wesentlich ab. Es wurden dazu die älteren Munitionen M/98 und M/03 mit Mantel aus Nickelkupferlegierung und Hartbleikern benutzt; von denselben wurden mittels Maschinen, und wie die rohe Arbeit einzelner vorliegender Stücke vermuten läßt, teilweise mit Handarbeit die Geschoßspitzen entfernt und das Geschoß in einer Tiefe von 6 mm und einer oberen Breite von 5 mm ausgebohrt. Diese Änderung führt natürlich eine bedeutende Herabminderung der ballistischen Leistung und der Durchschlagskraft herbei, erzielt jedoch im Gegensatz zu dem modernen französischen, schlanken und glatt durchschlagenden Kupferspitzgeschoß Verletzungen, die allen modernen Anschauungen Hohn sprechen. Daß dieses völkerrechtswidrige Verfahren vollkommen dienstlichen Charakter trägt, zeigt die in Händen des Münchener Armee-Museums befindliche Packung mit den Stempeln:

ETUIS MEL B^{so} MEL
POUDRE BF AM MEL

A. VIS 1914
8 CARTOUCHES
DE STAMP M^{LE} 1906
LOT 121

[1]) Die beiden Protokolle lauten in deutscher Übersetzung wörtlich:

I. „Was die Revolvermunition anbetrifft, so war das gelieferte Geschoß vorne abgeplattet. Ich habe zum ersten Male dieses Geschoß während dieses Sommers bei den jährlichen Gefechtsübungen gesehen. Auf Veranlassung des Frhrn. v. Lersner gebe ich obenstehende summarische Antwort schriftlich auf die mündliche Frage, welche er mir vorgelegt hat.

Torgau, 19. September 1914.

F. H. Neish Lt. Col.
1. Gordon Highlanders.

Mitte Oktober trat im „Berl. T." ein bekannter Kriegsberichterstatter den Beweis an, daß sogar die englischen Maschinengewehre mit Dum-Dum-Geschossen feuerten. Sie haben an Völkerrechtsbruch offenbar sogar die Russen in dieser Richtung überboten.

Diese Nachrichten machten natürlich in der ganzen Welt gewaltiges Aufsehen, zumal offenbar von Amts wegen die Ausstattung mit diesen völkerrechtlichen Geschossen geschah.

Herr Poincaré hat ohne den Schatten eines Beweises die Tatsachen einfach umgekehrt und behauptet, die Deutschen hätten Dum-Dum-Geschosse. Die alte Russenspionenpraxis! Der Umgang lehrt solche „Hunnenpraktiken" der „grande nation"!

In einer Reihe von Fällen wurde die Verwendung unter ganz naiven Erklärungen offen zugestanden.

Ein hoher französischer Offizier hat z. B. dem Pariser Korrespondenten der „Tijd", des holländischen Blattes, folgende Mitteilung gemacht. Er sagte, „das Gerede über die Verwendung von Dum-Dum-Kugeln sei vermutlich dadurch entstanden, daß ein Stabsoffizier in der Festung Longwy sich mit Studien über die Anfertigung neuer Patronen beschäftigte. Es hätten sich auch in einer Rumpelkammer

II. „Bei meiner Gefangennahme am 27. August in Bertrix (?) um 3 Uhr morgens hatte ich nur drei spitze Revolverpatronen im Besitz. Ich hatte mir dieselben von einem andern Offizier geborgt. Ich besaß keine anderen vorne abgeplatteten Patronen als die mir ausgehändigten, welche ich vergraben hatte. Ich kann mich nicht erinnern, wo ich die Patronen vergrub, aber es war sicherlich einige Tage vor dem Beginn der Schlacht bei Mons am 23. August.

Torgau, 19. September 1914.

F. H. Neish Lt. Col.
1. Gordon Highlanders.

III. „In Plymouth erhielt ich die Revolvermunition. Sie war vorne abgeplattet. Da ich im Zweifel war, ob die Munition völkerrechtlich einwandfrei war und keinen bestimmten Aufschluß von meiner vorgesetzten Behörde hierüber erhalten konnte, vergrub ich meine Revolvermunition. Vier Tage vor der Schlacht bei Mons, woselbst ich zum ersten Male mit der deutschen Armee zusammenstieß, verstaute ich meinen Revolver bei meiner schweren Bagage und habe ihn niemals wieder getragen. Die Revolvermunition war dieselbe, wie sie mir und den andern Offizieren des Gordon-Highländer-Regiments im letzten Juni zur Erledigung des jährlichen Revolver-Übungsschießens ausgehändigt worden war.

19. 9. 14.

W. E. Gordon, Colonel, Gordon Highlanders
A. D. C. to the King.

auf der Festung noch einige Kisten ausgehöhlter Kugeln befunden, die aus der Zeit stammten, als diese noch nicht durch die Haager Friedenskonferenz verboten waren (!) und die man später durch maschinelle Umfeilung brauchbar zu machen versucht habe." „Es sei möglich, daß einige Schachteln verbotener Patronen unabsichtlich (!) an die französischen Soldaten verteilt worden seien."

Und woher kommen die englischen Revolver-Dum-Dum-Geschosse? „Einige Schachteln!" Und sie sind gegenwärtig in amtlichen Verschlüssen in Massen in Deutschland zu sehen. Und nicht nur dort. Die „Kölnische Zeitung" meldet aus Zürich: „In der Kanzlei der deutschen Gesandtschaft in Bern sind gegenwärtig (Ende September) einige Dum-Dum-Geschosse, die bei französischen und englischen Soldaten gefunden wurden, ausgestellt. Einige davon wurden dem schweizerischen Bundesrat zur Einsicht übermittelt." Im Berner „Bund" stellt ein militärischer Sachverständiger, der die ausgestellten Patronen besichtigte, fest: Es handelt sich bei dem uns vorgelegten Geschoß offenbar um ein typisches Dum-Dum: Der Weichkern ist an der Spitze bloßgelegt und beim Aufschlagen auf einen harten Gegenstand müßte das weiche, erhitzte Blei aus der Spitzenöffnung heraustreten und sich deformieren, was die bekannten Rißwunden verursacht.

Reichstagskollegen von der Front legen mir Serien von englischen Dum-Dum-Geschossen vor, die zeigen, wie die Herstellung der Dum-Dum-Geschosse gewohnheitsmäßig im Massenbetriebe geschieht.

Das englische Infanteriegeschoß gleicht äußerlich dem deutschen Infanteriegeschoß, nur ist es um 4,5 mm länger. Das deutsche Geschoß besteht aus einer vernickelten Stahlhülse, in die ein Bleikern eingepreßt ist. Das englische Geschoß ist in der Spitze auf eine Länge von 10,5 mm mit Aluminium ausgefüllt und ein Bleikern aufgepreßt. Es ist 32,5 mm lang, der Aluminiumkern ist 10,5 mm, der Bleikern 22 mm lang. Durch diese Einrichtung ist der Schwerpunkt des Geschosses so weit nach hinten verlegt, daß es sich beim geringsten Auftreffen überschlagen muß, wodurch Dum-Dum-Wirkung erzielt wird. Damit ist der Beweis erbracht, daß jedes englische Infanteriegeschoß Dum-Dum-Wirkung hat.

Dazu kommt folgendes: Das englische Gewehr hat eine Feder, die, wie der englische Soldat höhnisch erklärt, als „Zigarrenabschneider" dient. Mit dieser, der Öffnung eines solchen ähnlichen Vorrichtung knipst er die Spitze des Geschosses so ab, daß der Bleikern nach vorn freiliegt. Eine Bekanntmachung des bayerischen Generals v. Hellingrath vom 30. Oktober 1914 schildert diese unerhörte Herstellung dieser grausamsten Geschosse sehr anschaulich. Er sagt: „Das ist die roheste Art der Kriegführung; dieses Geschoß ist gegen die Bestien Asiens und Afrikas geschaffen; die Anwendung zeigt, auf welcher tiefen Stufe das „Kulturvolk" der Engländer steht." Diese Herstellung geschieht seitens der Engländer in Massen.

Nicht ganz so kindlich und naiv wie die Erklärung in der „Tijd" lautet die Ausrede eines Engländers, die in der deutschen Presse halbamtlich am 17. September wiedergegeben wurde:

Unterm 17. September wurde mitgeteilt, daß einem gefangenen englischen Stabsoffizier — es war der englische Major Ch. Alice Yate, der später entfloh und sich selbst tötete — einige der bei einem englischen Soldaten gefundenen Dum-Dum-Geschosse gezeigt wurden. Er bestritt nicht, daß derartige Geschosse in der englischen Armee gebraucht würden. Er setzte aber hinzu: „Man müsse eben mit den Patronen schießen, die man von der Regierung erhalte"! Quod erat demonstrandum! (S. auch die interessanten Mitteilungen des Münchener Bürgermeisters Merkt, „Münchener N. N." vom 8. November 1914.)

In der Folge hat die französische und englische Infanterie noch grausamere Methoden angewendet. So wurden Geschosse gefunden, die an der Spitze eine Ausbohrung von 5 mm Tiefe und 2½ mm Durchmesser haben. Diese Vertiefung ist mit weißem Phosphor gefüllt und dann nach außen mit Paraffin abgeschlossen.

In andern Fällen sind am spitzen Ende der Geschosse zwei Drähte angelötet, die heruntergebogen sind. Die Verwundungen sind natürlich entsetzlich.

(S. die Schilderungen des Chefarztes Dr. W. Pöppelmann in der „Deutschen Mediz. Wochenschrift" über die Beobachtungen im Lazarett zu Coesfeld usw.)

II. Rechtliche Beurteilung.

Diese Anwendung von Hohl- und Bleispitzengeschossen und ähnlichen Geschossen ist nach der dritten Erklärung der Haager Friedenskonferenz, betreffend das Verbot von Geschossen, die sich leicht im menschlichen Körper ausdehnen oder plattdrücken, vom 29. Juli 1899 strengstens verboten.

Die Konvention, die von dem Gedanken geleitet war, der in der Deklaration von St. Petersburg vom $\frac{29.\ \text{November}}{11.\ \text{Dezember}}$ 1868 Ausdruck gefunden hat, besagt, daß die vertragschließenden Mächte sich gegenseitig dem Verbot unterwerfen, Geschosse zu verwenden, die sich leicht im menschlichen Körper ausdehnen oder plattdrücken derart, wie die Geschosse mit hartem Mantel, der den Kern nicht ganz umhüllt oder mit Einschnitten versehen ist.

Diese (3.) Erklärung der Haager Friedenskonferenz von 1894 ist zuerst unterzeichnet worden von allen Konferenzstaaten außer Großbritannien (!), Vereinigte Staaten und Portugal. Großbritannien und Portugal traten aber im Jahre 1907 bei und ratifizierten auch ihrerseits das Übereinkommen [1]), gegen das England jetzt freventlich und erwiesenermaßen offiziell sündigt. In Übereinstimmung mit dieser Erklärung sagt Art. 23 e des 4. Abkommens der Haager Konferenz vom 18. Oktober 1899/1907: „Untersagt ist der Gebrauch von Waffen, Geschossen oder Stoffen, die geeignet sind, unnötige Leiden zu verursachen". Es zeigt die ganze deutsche Gutmütigkeit, daß trotz der Schändlichkeit dieser Kriegsführung noch kein ernstlicher Vorschlag gemacht wurde, Repressalien durch gleiche Mittel zu nehmen oder die gefangenen Truppenführer solcher Abteilungen kriegsrechtlich zu erschießen, wozu die deutsche Heeresleitung unzweifelhaft berechtigt wäre.

Der Völkerrechtsbruch kann auch nicht etwa damit bekämpft

---

[1]) v. Liszt weist in der „Vossischen Zeitung" vom 20. September 1914 eingehend nach (was vernünftigerweise gar nicht bestritten werden kann und, soviel ich sehe, auch nicht von englischer Seite bestritten wird), daß England durch Ratifizierung des Abkommens und Benachrichtigung davon an die niederländische Regierung vom 20. August 1907 demselben rechtsgültig beigetreten und völkerrechtlich dadurch verbunden ist, obwohl es charakteristischerweise bei der ersten Haager Friedenskonferenz 1899 den lebhaftesten Widerspruch gegen das Verbot der (wie erwähnt nach dem englischen Arsenal bei Kalkutta benannten) Dum-Dum-Geschosse erhoben hatte.

Übrigens gilt Art. 23 e des Haager Abkommens von 1899/1907 auch für England, so daß Liszt mit Recht von einer „idealen Verbrechenskonkurrenz" auf Seiten Englands a. a. O. sprechen kann.

werden, was hier eingeschaltet sein möge, daß Deutschland seinerseits das Werfen von Geschossen und Sprengstoffen aus Luftschiffen oder auf ähnlichen Wegen treibe, wie das in der Auslandspresse angedeutet wurde.

Diese 1. Deklaration zur Haager Friedenskonferenz von 1899, die zunächst auf 5 Jahre abgeschlossen wurde, wurde zwar 1907 auf der Haager 2. Konferenz erneuert, allein Deutschland hat derselben nur unter der Bedingung zugestimmt, daß die andern großen Militärmächte denselben Standpunkt einnehmen. Da jedoch einige dieser Mächte, darunter auch Frankreich, die Erneuerung abgelehnt haben, konnte auch Deutschland ihr nicht von neuem beitreten. (S. auch Ullmann, Völkerrecht S. 479; Zorn, Das Kriegsrecht 1906 133 ff. und Meurer, Die Haager Friedenskonferenz 1907 II. S. 441 ff.)

Das Abwerfen von Sprengstoffen seitens Deutschlands geschah zudem erst, nachdem bereits am 1. und 2. August, d. h. am Tage nach der Kriegserklärung, von Seiten französischer Flieger mit Bomben geworfen worden war.

Ein Vorwurf aus der Haltung der deutschen Heeresleitung in dieser Frage kann daher vom völkerrechtlichen Standpunkte aus nicht gemacht werden. Der beste Beweis, daß keiner der großen Militärstaaten sich irgendwie gebunden hielt durch die Erklärung von 1899/1907 ist der Umstand, daß England wie Frankreich, Rußland und Japan in ihren Staatshaushaltsetats große Summen für den Ausbau ihrer Flugzeuge (Luftschiffe und Flieger) auswerfen, von welchen das Herabwerfen von Sprengstoffen seit Jahren offiziell geübt wurde. (S. unten das besondere Kapitel 23.)

Doch zurück zu dem Thema der Dum-Dum-Geschosse! Ich glaube, daß durch obiges Material, das durch die besten Zeugen noch ums Vielfache vermehrt werden kann (s. Gutachten des Prof. Dr. Feßler „M. N. N." 577/14, ferner das Zeugnis eines bayerischen Hauptmanns, daß bei der ersten Erstürmung von Wytschaete am 1. November bei den englischen Gefangenen Massen solcher Geschosse gefunden wurden (l. c. Nr. 601) vollgültiger Beweis für den klaren Völkerrechtsbruch durch Rußland, Frankreich und insbesondere England und Belgien gegen Deutschland erbracht wurde. [1])

[1]) Von hohem Werte ist der objektive Bericht, den der bekannte schwedische Arzt Engren über seine weitgehenden Beobachtungen in deutschen Lazaretten in

Das sind die Aussagen und Eindrücke eines Neutralen, eines Unparteiischen, dazu eines Sachverständigen. Gegen eine solche Beweisfülle kann man durch einfache, durch keinerlei Tatsachen begründete Ableugnung und Umkehrung des Tatbestandes nicht aufkommen. Verwundete, absolut glaubwürdige Freunde und ihr Wundbefund beweisen immer wieder die unerhörte Kampfweise unserer Gegner im Westen.

Warum hat Herr Poincaré den Vorschlag nicht angenommen, das Material einer unparteiischen internationalen Kommission zur Untersuchung zu übergeben? Das schlechte Gewissen läßt wohl allgemeine Redensarten zu, nicht aber eine objektive Prüfung der greifbaren Tatsachen durch ein objektives neutrales Gericht, das Deutschland angeboten, Frankreich aber abgelehnt hat.

Nachdem endlich sogar die englische („Times") und französische Presse („Journal" usw.) die Verwendung von Dum-Dum-Geschossen angesichts der Massen der gefundenen Vorräte zugestehen mußte, ließ sich die französische Regierung, die zuerst alles geleugnet und die deutschen Soldaten falsch angeschuldigt hatte, zu folgender amtlichen Erklärung unterm 26. September bewegen:

„Die in Longwy gefundenen Patronen seien ausschließlich für Scheibenschießübungen von Vereinigungen für militärische Vorbereitung bestimmt gewesen, wie schon aus der Aufschrift „Cartouche de Stand" hervorgehe. Da diese Vereinigungen zumeist nur notdürftig ausgebaute Schießstände besäßen, so hätten ihnen die an der Spitze ausgehöhlten Patronen zur Verfügung gestellt werden müssen, damit die Anfangsgeschwindigkeit gemindert und verhindert werde, daß das Geschoß am Ziel die allzu dünne Sicherung durchschlage.

Solche Patronen würden in der Armee nicht einmal zu Schießübungen verwandt. Man habe niemals daran gedacht, sie im Kriege

der Presse gemacht hat. Er sagt u. a.: Er sah eine Menge Wunden, von denen man sagen muß, „daß man mit einer an Sicherheit grenzenden Wahrscheinlichkeit annehmen kann, es seien in diesen Fällen stumpf gemachte und sogar ausgehöhlte Projektile oder sogenannte Dum-Dum-Geschosse verwendet worden". Er schildert die außerordentlich „unerschütterliche Ehrlichkeit" und „bestechende Glaubwürdigkeit" deutscher Verwundeter, die ihm die entsetzlichsten Greuel der Franzosen und Belgier als Augenzeugen mitteilten („ausgestochene Augen", „abgeschnittene äußere Genitalien" aus Neufchateau in Belgien usw.).

zu verwenden, da sie die Ausnutzung der ballistischen Eigenschaften des französischen Gewehrs unmöglich machten."

Soweit die amtliche Erklärung!

Es kann dahingestellt bleiben, ob diese Angaben richtig sind. Sie entbehren jedenfalls jeder inneren Logik und wirken in ihrer Abschiebung der Schuld auf Privatvereine unehrlich und verlegen. Freilich in einzelnen Fällen gab man die Dum-Dum-Geschosse an Franktireure ab. Aber selbst wenn sie zutreffen sollten, können sie die schweren Vorwürfe, die mit Recht gegen die französische Armee erhoben worden sind, in keiner Weise entkräften. Die Frage, ob die Dum-Dum-Patronen unserer Feinde etwa ursprünglich für einen harmlosen Zweck bestimmt waren, kommt gar nicht in Betracht gegenüber der erwiesenen Tatsache, daß sie zu vielen Tausenden auf den Schlachtfeldern gefunden und im Kampf gegen uns verwendet wurden. An diese Tatsache allein haben wir uns zu halten, und von ihr muß jedermann ausgehen, der sich in unbefangener Weise ein Urteil bilden will, ob die Kriegführung unserer Gegner den Geboten der Menschlichkeit und den ausdrücklichen Bestimmungen des Abkommens vom Jahre 1899 entspricht.

Die belgische Untersuchungskommission, deren Wert wir unten in besonderem Kapitel („Der Lügenfeldzug", Kap. 22) behandeln, hat geglaubt, die Sache nach dem beliebten Muster „Haltet den Dieb" behandeln zu dürfen. Da der volle Beweis durch die Aussagen der französischen und englischen Soldaten und Offiziere selbst erbracht ist, suchen sie den Spieß umzudrehen und auch die Deutschen des Bruches des genannten Abkommens zu bezichtigen.

Sie haben bisher nicht einmal den S c h a t t e n eines Beweises erbracht, daß auch nur e i n deutscher Soldat mit gleicher Münze die völkerrechtliche Schandtat erwidert hat, obwohl die deutsche Armee berechtigt gewesen wäre, gegenüber dieser klaren fortgesetzten Verletzung zweier wichtiger völkerrechtlicher Abkommen R e p r e s s a l i e n zu üben. Diese sind (außer dem Rechtsanspruch aus Art. 3 des Abkommens von 1907, der die Partei, welche die Bestimmungen der Landkriegsordnung verletzt, zum Schadensersatz verpflichtet) vor allem in scharfen Bestrafungen aller Soldaten, bei denen Dum-Dum-Geschosse gefunden werden und insbesondere ihrer gefangenen Vorgesetzten (Todesstrafe oder Zuchthaus) zu suchen.

Daß die Deutschen auf solche Repressalien bisher verzichtet, wie auch auf die Erwiderung mit denselben Geschossen, zeigt, wie wir wiederholt betonen, nur von neuem, wie human in Wirklichkeit trotz aller Grausamkeit der Gegner die deutsche Heeresleitung den Krieg führt.

Der beste Beweis für die Menschlichkeit der deutschen Kriegsführung ist ein Vergleich der Geschosse der drei Armeen, der deutschen, französischen und englischen. Die Untersuchung ergibt, daß das deutsche das kleinste und härteste, das bei weitem humanste ist. Das französische und englische ist viel größer und weicher. Das französische wie das englische reißt größere und gefährlichere Wunden als das deutsche — auch bei normaler Beschaffenheit (s. auch Nachtrag).

---

11. Kapitel.

Völkerrechtswidrige Behandlung diplomatischer Vertreter durch die Dreiverbandsstaaten.

I. Von Wien wurde unterm 14. August gemeldet:

„Durch die amerikanische Botschaft wurde dem Ministerium des Auswärtigen folgende Tatsache zur Kenntnis gebracht: Am 13. August wurde der österreichisch-ungarische Vizekonsul Hoffinger, der von dem österreichisch-ungarischen Botschafter zum Schutz des diplomatischen Archives in Petersburg zurückgelassen worden war und für dessen Sicherheit das russische Auswärtige Amt ausdrücklich garantiert hatte, als Kriegsgefangener verhaftet. Der Protest, den die amerikanische Botschaft, die bekanntlich in Rußland den Schutz der österreichisch-ungarischen Interessen für die Dauer des Krieges übernommen hat, gegen diesen eklatanten Bruch des Völkerrechts einlegte, blieb ohne Erfolg. Die österreichisch-ungarische Regierung sah sich veranlaßt, diesen russischen Gewaltakt, dem übrigens bereits die willkürliche Verhaftung des Botschaftskanzleibeamten Loster vorangegangen war, mit der völkerrechtlichen Waffe der Repressalie zu bekämpfen, und hat daher noch heute die Gefangennahme des russischen Kanzleibeamten Stolkowsky, dem die diplomatischen Archive der hiesigen Botschaft anvertraut waren und des russischen Botschaftsgeistlichen verfügt."

Vertragsbruch, Ehrenwortbruch, Völkerrechtsverletzung, Verletzungen des gemeinen Strafrechts: in lieblicher Abwechslung! Diese orientalischen — im schlechtesten Wortsinn — Waffen und Gepflogenheiten haben das bißchen Kulturfirnis vom ersten Tage des Krieges an und schon vor der Kriegserklärung weggewischt. Der reine mongolische oder tatarische Standpunkt, der ein halbes Jahrtausend verschlafen hat, hat die sämtlichen Verträge von Haag von 1899 und 1907, die auf Veranlassung des „Friedenszaren", d. h. auf eine plötzliche Laune dieses von unkontrollierbaren Faktoren abhängigen Monarchen, an einem Tage weggeweht! Und nicht nur das: die fundamentalen Grundsätze des ungeschriebenen, stets für heilig erachteten Völkerrechts, die Unverletzlichkeit der anerkannten Vertreter einer kriegführenden Macht hat Rußland mit Füßen getreten.

Ich spreche hier nicht von der Verhaftung des deutschen Konsuls und seiner Familie in Abo und zahlreichen ähnlichen kleineren Verletzungen dieser ungeschriebenen Satzungen, sondern von der völkerrechtlichen Schandtat, die unter den Augen der russischen Behörden erfolgte, der Zerstörung der deutschen Botschaft in Petersburg am 4. August, bei welcher der greise deutsche Dragoman Kattner vom Pöbel niedergestochen wurde!

Ich lasse ganz kurz zwei Augenzeugen sprechen, deren Aussagen nicht widerlegt werden können und auch nicht widerlegt wurden, die über die Vorbereitungen zu dieser Greueltat sich auslassen.

Ein Augenzeuge der Zerstörung der deutschen Botschaft in Petersburg sandte der „Kölnischen Zeitung" u. a. folgende Schilderung:

„Ich traf Donnerstag, 30. Juli, aus dem Innern Rußlands in Petersburg ein, konnte jedoch wegen der damals schon im Gange befindlichen Mobilmachung die Stadt nicht verlassen. Der deutsche Botschafter hatte am 2. August frühmorgens Petersburg verlassen, und ich stand in dieser Zeit in fortwährendem Kontakt mit der österreichisch-ungarischen und amerikanischen Botschaft.

Am Dienstag, 4. August, nahm die Zahl der Kundgeber eine bisher ungesehene Größe an. Als ich den Zug auf dem Platz vor der Isaak-Kirche, an dem die deutsche Botschaft liegt, ankommen sah, bemerkte ich, daß sich in seiner Mitte etwa 100 Leute befanden, von denen ein Teil mit Äxten, Brecheisen und andern Werkzeugen versehen war. Nach einer kurzen Ansprache wurde die Parole ausgegeben, die deutsche Botschaft zu zerstören. Ich hatte das Gefühl, daß alles vorher arrangiert und im Einverständnis mit der Polizei durchgeführt wurde. ....."

Es folgt dann die nähere Beschreibung des Vorgangs.

Und ein anderer Zeuge erzählt sachlich ganz übereinstimmend:

„Die Zerstörung der deutschen Botschaft sei ein planmäßig vorbereiteter Roheitsakt bestellter Banden und nicht das Augenblickswerk betrunkener Pöbelmassen gewesen. Während berittene Gendarmen und Polizei für die Ordnung au dem Platze, an dem die Botschaft gelegen ist, gesorgt hätten, seien ganze Kohorten Bewaffneter und mit dem erforderlichen Rüstzeug an Leitern, Beilen, Messern und Scheren versehene Trupps unbehindert in das Botschafterpalais eingedrungen und hätten vor den Augen von Militär und Volk ihr Zerstörungswerk vollendet. Und während in den Botschaftsräumen die Banden hausten, den greisen Dragoman Kattner niedermetzelten, Mobiliar, Kunstgegenstände, Archiv usw. demolierten, das Gebäude in Brand steckten — eine Arbeit, die eine Reihe von Stunden beanspruchte — hielten die Gendarmen des Zaren auf dem Platz Wache und sorgten für die Aufrechterhaltung des Verkehrs vor den Fenstern der Botschaft! Keinem von ihnen ist es in den Sinn gekommen, in das Gebäude selbst einzudringen und den Mordbuben, die nach Hunderten zählten, ihr blutiges Handwerk zu legen. Selbst auch dann nicht, als man das lebensgroße Bild unseres Kaisers auf die Straße schleppte und es der Zerstörungswut des hier harrenden Pöbels preisgab."

Diese im „Fränk. Kurier" und vielen andern Organen wiedergegebene Schilderung wird durch amtliche Erhebungen völlig bestätigt werden, sie wurde russischerseits auch gar nicht geleugnet. Alle herrlichen, unschätzbaren Kunstschätze der Botschaft wurden teils vernichtet, teils gestohlen. Warum rühren sich hier die Herren Ferdinand Hodler und Konsorten nicht?

Es bedarf keiner langen theoretischen Auseinandersetzung, daß hier ein den Völkern geheiligtes, jahrtausende altes Recht, das Recht der Unverletzlichkeit der völkerrechtlichen Vertretung eines Staates in der empörendsten Weise verletzt worden ist.

Die gesandtschaftlichen Privilegien und Exemptionen gelten nach allgemeiner Rechtsansicht (s. z. B. Ullmann, a. a. O. S. 191; Liszt u. a.) auch für die übrigen Mitglieder der Gesandtschaft, insbesondere für die Sekretäre, Dragomane usw. Die völkerrechtlich garantierte Unverletzlichkeit bezieht sich auch auf die Gebäude der Gesandtschaft, insbesondere auch auf das Archiv der betreffenden diplomatischen Mission — selbst für die Zeit des Krieges. Sind doch sogar Konsulatsgebäude und die Archive des Konsulats unverletzbar (s. Ullmann a. a. O. S. 225 und S. 223).

Die Zerstörung der Botschaft, die Ermordung des einen Beamten, die Verhaftung des andern sind also nicht nur schwere Verbrechen nach gemeinem Strafrecht, sondern völkerrechtliche Missetaten ärgster Art, deren Sühne geradezu zum Himmel schreit und die an jeder Möglichkeit der Wiederherstellung der Achtung vor dem Völkerrecht überhaupt beinahe verzweifeln lassen. Mit solchen Handlungen sinken

„zivilisierte" Großmächte, „allerchristlichste" Staaten unter das Niveau von Negerrepubliken und afrikanischen Negerstaaten herab.

Der Ausbruch des Kriegs zwischen dem Absendestaat und dem Empfangsstaat führt zwar zur Einstellung der diplomatischen Beziehungen, allein Eigentum und Person bleiben nach wie vor unverletzlich. Es braucht natürlich kein kriegführender Staat die Missionen des andern auf seinem Gebiete zu dulden, er kann die Abreise auch des Personals verlangen; aber eine sofortige Gefangennahme von Personen, die zum Schutze der völkerrechtlich garantierten Unverletzlichkeiten des Archivs aufgestellt sind, ist unerlaubt. Der Empfangsstaat hat für die Erhaltung der Gesandtschaftsräume inklusive des Archivs auch während des Krieges unbedingt zu haften und bei Plünderung und Verletzung des Eigentums der auswärtigen Vertretungen auf das strengste solche Frevel zu ahnden. Der völlige Schadensersatz und die Entschuldigung wegen solcher Verbrechen ist eine Selbstverständlichkeit.

Was geschah in Rußland gegen diese Frevel, die unter den Augen der Polizei und mit deren stillschweigender Genehmigung geschahen?

Wie die „Nowoje Wremja" unterm 20. September meldete, wurde das Gesindel, das bei der Plünderung der deutschen Botschaft verhaftet war, wieder auf freien Fuß gesetzt. Der Untersuchungsrichter hat nach dieser Quelle festgestellt, daß die Leute nicht aus Plünderungssucht, sondern aus „edlen patriotischen Beweggründen" gehandelt haben! Was man doch in Rußland alles an Verbrechen unter dem Deckmantel des Patriotismus leisten kann! Wahrscheinlich sind die Rädelsführer dieser echt russischen Heldentat noch mit hohen Orden ausgezeichnet worden! Wo bleibt die Entrüstung der wackeren Kulturschützlinge von jenseits des Kanals? Von Italien, von den Vereinigten Staaten?

Auch vom deutschen Konsulat in Moskau sollen nur noch die Mauern stehen. Das Konsulat wurde wie sämtliche deutsche Geschäfte zerstört. Schutzleute und Militärs sahen nach den Aussagen von Augenzeugen („Berliner Tagebl.") vergnügt zu und feuerten zu diesen gemeinen Verbrechen noch an! Nicht anders wird es wohl in andern russischen Städten mit den deutschen Konsulaten stehen, von denen uns zuverlässige Nachrichten fehlen. —

II. Und wie die Russen, so ihre Bundesgenossen und -Brüder.

Die Art der Ausweisung des deutschen und österreichischen Geschäftsträgers in Tanger ist nicht nur vom allgemeinen staatsrechtlichen Standpunkt aus überaus bedenklich, sondern bildet nach Ansicht der beiden Regierungen auch die Verletzung spezieller völkerrechtlicher Stipulationen.

Die marokkanische Regierung hat dem deutschen kaiserlichen Geschäftsträger in Tanger am 19. August nicht bloß die Pässe ohne jede vorherige Verständigung zugestellt, sondern ihn auch mit dem gesamten Personale der Gesandtschaft gewaltsam an Bord des französischen Kreuzers „Cassandre" geschafft, um ihn nach Palermo zu transportieren.

Ebenso erfolgte die Wegschaffung des österreichischen Geschäftsträgers Wagner ohne jede vorherige Verständigung. Ein Piquet französischer Soldaten erschien im Gesandtschaftsgebäude und eskortierte die Mitglieder der Gesandtschaft nach dem Hafen. Ja sogar das Ersuchen des Geschäftsträgers, seine Habseligkeiten abzuholen, wurde schroff abgelehnt. Erst nach der Abreise des Dampfers erfuhr das Personal der Gesandtschaft, daß Sizilien das Reiseziel sei. Also nicht mit der Achtung und den Rechten der diplomatischen Vertretung, sondern nach Art der Abschiebung von Verbrechern wurde gegen die diplomatischen Vertreter Deutschlands und Österreichs von der französischen Regierung und der marokkanischen Scheinregierung vorgegangen.

Dieser Überfall in der Hauptstadt der internationalen Zone Marokkos, in der die diplomatischen Vertreter der Signatarmächte der Algecirasakte noch jetzt eigentlich die Kontrolle der Regierung auszuüben haben, bedeutet unzweifelhaft einen unerhörten Bruch des Vertrags- wie des allgemeinen Völkerrechts. Daß ihn das Land der „Heiligkeit" des Vertrags, England, ausdrücklich billigte, kann wohl einem vernünftigen Zweifel nicht unterliegen.

In Art. 1 und 2 der Algecirasakte (s. RGBl. 1906 Nr. 46 S. 867 ff.) heißt es, daß die Polizei „unter der souveränen Gewalt Seiner Majestät des Sultans" stehe. Die marokkanische Kriegserklärung an Deutschland ist nur eine völkerrechtliche Posse; die Scherifische Majestät wäre froh, wenn ein deutsches Armeekorps sie von dem lieben Protektor so rasch als möglich befreien würde. Aber die Rechte der Großmächte sind durch einen allgemeinen internationalen Akt in der Algecirasakte von 1906 niedergelegt. Die Algecirasakte sieht in einer ganzen Reihe von Fällen ein gemeinsames Vorgehen des diplomatischen Korps in Tanger vor (s. z. B. Art. 9, 29, 45 betreffs des Sondergerichts für die marokkanischen Banken, Art. 65, 75 ff., 97 ff. über das Zollkomité, Art. 117 über die Wahl eines Schiedsrichters bei Enteignungen; auch die Liste für diese Schiedsrichter soll durch das diplomatische Korps aufgestellt werden usw.). Es ist klar, daß durch die einfache Beseitigung des deutschen und österreichischen Vertreters durch die Schein-Scherifische-Majestät — in Wirklichkeit durch Frankreich — alle diese vertragsmäßigen, auf der Neutralisierung und Internationalität Marokkos basierenden Rechte hier ohne jeden weiteren Grund gebrochen worden sind.

Selbstverständlich wird auch die ganze international garantierte deutsche Konsulargerichtsbarkeit in Tanger durch dieses unerhörte Vorgehen vernichtet, wie das in Art. 51 der Deutschen Reichsbank garantierte Recht der Ernennung eines Zensors bei der Staatsbank in Marokko, dem weitgehende Rechte in Art. 52 der Algecirasakte eingeräumt sind. Hier sind durch Frankreich die von 13 Staaten, darunter von den meisten der jetzt kriegführenden, unterzeichneten und ratifizierten internationalen Verträge ohne weiteres beseitigt worden [1]).

III. Wie in Rußland und in Marokko, ging es den diplomatischen Vertretern von Deutschland und Österreich in allen andern feindlichen Ländern. Besonders originell ist der Verlauf der Dinge in Persien.

Das W. T. B. meldete am 12. November 1914:

---

[1]) Die Literatur über die Algecirasakte s. „La Conférence d'Algeciras" (Bibliothèque d'histoire contemporaine) von Andrée Tardieu, Histoire diplomatique de la Crise Marocaine (15. Januar bis 7. April 1906), Paris 1907, insbesondere auch die Appendices. Diercks, Gustav, Die Marokkofrage und die Konferenz von Algeciras. Berlin, Georg Reimer, 1906; s. auch das deutsche Weißbuch über Marokko (September 1900 bis April 1908), insbesondere 119 ff.

Die völkerrechtswidrige Behandlung der Deutschen im allgemeinen fand ihren Höhepunkt in der Behandlung der deutschen Kaufleute in Casablanca, die man gefangen setzte und in unerhörtem Scheinverfahren wegen Spionage verurteilte; der Postassistent Seyffert wurde kriegsrechtlich erschossen (5. November). Aus englischen veröffentlichten Briefen geht hervor, daß jede Spur eines Beweises fehlte (s. auch Kap. 26).

„Die deutsche Kolonie in Täbris, die sich auf dem Wege nach Teheran befand, wurde von russischen Streitkräften angegriffen und mit Frauen und Kindern gefangen genommen, um nach Rußland in Gefangenschaft verschleppt zu werden." Russische Truppen haben zwar seit ein paar Jahren Täbris und andere wichtige Orte in Persiens bester Provinz Aserbeidschan unter dem Vorwand besetzt, dort Ruhe zu stiften. Persiens volle Souveränität über die Provinz besteht aber selbstverständlich noch heute, und die Gefangennahme der auf dem Wege nach Teheran befindlichen Täbriser deutschen Kolonie ist nichts anderes als ein räuberischer Überfall auf dem unbestrittenen Gebiete eines fremden Staates. Der deutsche Konsul wurde mit dem Archiv durch das rechtzeitige Eingreifen der amerikanischen Gesandtschaft vor den Russen gerettet.

Auch hier handelt es sich nicht bloß um einen allgemeine Völkerrechtsfrevel, sondern um den Bruch der Unverletzlichkeit eines neutralen Landes, das, wenn es auch dem Haager Abkommen nicht beigetreten ist, den allgemeinen Anspruch darauf hat, daß auf seinem friedlichen Gebiete nicht grobe völkerrechtliche Frevel zuungunsten eines dritten Staates begangen werden, mit dem jener Staat in friedlichen Beziehungen lebt.

Eine köstliche Illustrierung zu dem Vorgehen der russischen Gewalt ist die undementierte Mitteilung aus Konstantinopel vom 22. September, die folgendermaßen lautet:

Den Höhepunkt der Panik, die das Vordringen des türkischen Heeres in Aserbeidschan verursachte, bildete das Gesuch des russischen Generalkonsuls in Täbris an das deutsche Konsulat um Schutz und um die Überlassung einer deutschen Fahne.

Es geht doch wahrhaftig nichts über russische Naivität und — deutsche Gutmütigkeit!

---

12. Kapitel.

A. Nichtbeachtung und Verletzung des „Roten Kreuzes" seitens der Dreiverbandstaaten.

Auf beiden Kriegsschauplätzen ist eine Fülle von Freveltaten gegen das Völkerrecht, gegen deutsche Ärzte und Verwundete sowie gegen ganze Lazarette und das ganze Sanitätspersonal begangen worden, die gegen die Genfer Konvention verstoßen.

Aus der Masse von tatsächlichem Material, das mir zu Gebote

steht, greife ich zunächst nur einzelne, und zwar solche Fälle als Stichproben heraus, in denen die Zeugen genannt sind und eine Nachkontrolle leicht möglich ist, die durch die angestellten Recherchen zu einer Bestätigung der Behauptungen führte, oder Fälle, in denen mir persönlich die Zeugen als zuverlässig bekannt sind:

1. Westlich von Metz war in einem Orte ein großes Lazarett errichtet worden, auf dem die Flagge des Roten Kreuzes weithin sichtbar wehte. Der Leiter dieses Hospitals war der Chirurg und Professor Dr. Seiser, welcher von Erlangen seine wertvollen Instrumente mitgebracht hatte. In dem Lazarett waren Hunderte von Verwundeten, darunter sehr viele Schwerverwundete, untergebracht. Als die Franzosen gegen den Ort vorrückten, eröffneten sie auch ein erbarmungsloses Feuer gegen das Hospital, trotz der Roten Kreuzflagge (28. August 1914). ... Die Franzosen nahmen von dem Ort Besitz, und als sie nach einigen Tagen zurückgedrängt wurden, bot sich den Ärzten und dem Pflegepersonal ein grauenhafter Anblick. Das ganze Hospital war ein Schutt- und Trümmerhaufen, in welchem alle Schwerverwundeten hilflos ihren Tod fanden und die gesamte Einrichtung vernichtet war. („Fränk. K.")

2. Das „Berliner Tageblatt" meldet aus Straßburg i. Els. vom 25. August: Im Metzer Krankenhause gaben die Landwehrleute Christoft, Gefreiter Hain und Bruno Lehmann zu Protokoll, daß am 25. August abends französische Soldaten in ein deutsches Feldlazarett eindrangen und den Stabsarzt niederstachen. Viele Verwundete suchten mit Hilfe des Sanitätspersonals zu entfliehen, wurden aber von den Franzosen verfolgt und zusammen mit den Sanitätsleuten niedergemacht. Das Lazarett ging in Flammen auf.

3. Amtlich wurde folgendes veröffentlicht: Bethencourt, 10. September. Am 8. September wurden zwei Automobile mit Verwundeten, die die Genfer Flagge führten, im Forst Domaniale von einer französischen Radfahrerabteilung unter der Führung eines Offiziers überfallen. Verwundete und Führer wurden ermordet und beraubt. Nur zwei Mann entkamen verwundet. Sie machten diese Angaben dem Stabsarzt ihres Bataillons, der sie der Sanitätskompagnie in Condreville am 9. September übergab.

4. In der Sitzung des badischen Roten Kreuzes vom 5. Oktober teilte der Vorsitzende General Limburger mit, daß es sich bei dem in der Nähe von Valenciennes im September überfallenen Krankentransport um eine siebenköpfige badische Depottruppe des Roten Kreuzes handelte. Die Samariter seien nicht nur getötet, sondern in der fürchterlichsten Weise mißhandelt worden.

5. Aus dem Tagebuch eines Greifswalder Sanitätssergeanten, der zu einem pommerschen Kriegslazarett gehörte, werden Tatsachen der „Frankf. Ztg." (Nr. 314) mitgeteilt, die ganz den amtlichen Darstellungen in anderen Fällen entsprechen, doch begnügen wir uns hier mit einigen bestätigten Stichproben.

6. Auf Grund der Berichte eines Landwehr-Infanterie-Regiments an seine vorgesetzte Behörde wurde über den Überfall des Hospitals in Aelbecke, 8 km nordöstlich von Tourcoing folgendes amtlich bekannt:

Am Sonntag, den 11. Oktober, zwischen 1—2 Uhr nachmittags, erschienen in Aelbecke 18 bis 20 belgische Radfahrer unter Führung eines Offiziers. Sie drangen in das als Feldlazarett eingerichtete Hospital ein, welches durch eine Genfer Fahne gekennzeichnet war. In die beiden Säle, in welchen gegen 40 Schwerverwundete, darunter auch einige Leichtverwundete lagen, wurden von ihnen mehrere Schüsse, etwa 5—6, abgegeben, ohne zu treffen. Den in einem Saale befindlichen Sanitätsfeldwebel zogen sie aus dem Fenster und erschossen ihn auf der Straße, obwohl er eine Genfer Armbinde trug. Mit den Radfahrern war ein Panzer-Automobil angekommen. Einwohner haben sich an dem Überfall nicht beteiligt. Diese Angaben sind mir soeben durch die Vizewachtmeister Grallinger und Engel vom 2. schweren Reiter-Regiment, sowie durch die Ulanen Pfeiffer und Schneider vom 2. bayrischen Ulanen-Regiment gemacht worden, welche leichtverwundet sind und nach Dunkelwerden aus dem Lazarett aufbrachen, um die Hilfe deutscher Truppen herbeizuholen.

7. Anfang September erschien in der Presse folgende Mitteilung: „Bei den Kämpfen im Oberelsaß ist in der Nacht vom 27. auf 28. August in der Nähe von Markirch im Anschluß an eine Munitionskolonne ein 50 Mann starker Lazarettzug, dem fast ausschließlich Münchener angehörten, überfallen und eingeschlossen worden."

Es gelang, nach Mitteilung einiger Sanitätsbeamten, die sich zu retten vermochten, der nachrückenden Infanterie, einen oder zwei Wagen des Zuges freizubekommen. Die Mehrzahl der Sanitätssoldaten und Ärzte wurde von den Franzosen gefangen genommen (s. weitere Fälle unten).

Über diesen Fall des gefangen genommenen Münchener Lazarettpersonals habe ich spezielle, absolut zuverlässige Privatnachrichten aus Mitteilungen und Briefen der Meistbeteiligten, vor allem des praktischen Arztes Dr. Dax, die so typisch und charakteristisch für den Fanatismus des französischen Volkes wie von dem Benehmen der Behörden sind, daß ich von den ungemein ruhig und objektiv gehaltenen Schilderungen wenigstens einiges hier wiedergeben möchte. Nach der Gefangennahme des Lazarettzuges, den sein Rotes Kreuz nicht schützte, hatten die Ärzte und das Personal überall die schändlichsten Beleidigungen durch den Pöbel zu erdulden.

Über Gérardmer schreibt Dr. Dax: „Die Fahrt war gräßlich. Die Bevölkerung war rasend, namentlich die Weiber. Was sie alles schrien: „Hunde", „Schweine", „Mörder" und andere Liebkosungen betäubten unsere Ohren"... An anderer Stelle: „Die Eisenbahnfahrt war wieder entsetzlich. Auf allen Bahnhöfen drängte sich der Pöbel an unsere Wagen und schrie und beschimpfte uns wie die gemeinsten Verbrecher. Wir mußten überall die Fenster schließen, da diese Bestien uns in den Wagen spuckten und allen möglichen Schmutz hereinwarfen. Zum Glück hatten wir starke Bedeckung, sonst wären wir zerrissen worden. Auch bessere Leute scheuten sich nicht, uns zu beschimpfen und vor allem unseren Kaiser als alleinigen Urheber des Krieges und als Mörder zu bezeichnen. — Nur mit Mühe gelang es uns während der Fahrt, außer verschimmeltem Brot etwas Lebensmittel zu erhalten. Unsere Ration, die wir von Gérardmer mitnahmen, bestand ja nur in einem Schinkenbrot und etwas Wein. — Der Einzug in Montbrisont war entsetzlich. Man kann es kaum glauben, daß es solche Bestien in Menschengestalt gibt. Wir waren (8 Herren) in einen Krankenwagen gesetzt, während die übrigen zu Fuß gehen mußten. Wiederum fürchterliches Gejohle, Flüche, Steinwürfe, ein altes Weib verletzte einen Soldaten mit einem langen Messer am Auge. Helme und Mützen wurden vom Kopfe gerissen usw. Vor einem Schulhause machten wir Halt, als plötzlich unter einem lauten Krach hinter uns ein Stein durch das Fenster des Wagens flog und Dr. May die Scherben ins Genick flogen. Ich saß neben ihm. Den begleitenden französischen Mannschaften war es kaum möglich, Ordnung zu machen, auch hatten sie gar nicht recht Lust dazu, was man deutlich merkte, denn sie freuten sich, wenn wieder ein Geschoß sein Ziel erreichte. ...Unsere Vorstellungen, daß wir Ärzte nach Vereinbarung der Genfer Konvention nicht als Kriegsgefangene behandelt werden dürften, wurde mit einem Achselzucken und dem ewigen Spruch: „C'est la guerre!" beantwortet. Man zwang uns sogar, unsere Armbinden abzunehmen. Wir machten nun eine Eingabe an das XIII. französische Armeekorps und legten Protest gegen unsere Gefangennahme ein unter Hinweis auf die Bestimmungen der Genfer Konvention. Wir hörten lange nichts mehr. Man glaubte uns nicht, daß wir Ärzte seien, da wir mit der Munitionskolonne zusammen ergriffen wurden, und sagte uns, daß die deutschen Offiziere alle solche Binden bei sich trügen und vor ihrer Gefangennahme schnell anziehen würden, um dadurch heimzukommen (!!). Trotzdem mußten wir aber unsere deutschen Kranken behandeln. Es war furchtbar; wir bekamen fast nichts zur Behandlung. Wir hatten mehrere schwere Darmblutungen, für die wir nicht einmal gegen Bezahlung eigene Kost erhielten. Der französische Arzt, ein ebenso eingebildeter wie unwissender Kerl, fand es nicht für nötig. Einen Mann mit schwerer Lungenentzündung hielt er für unbedeutend krank und sagte, daß das keine Lungenentzündung sei, sondern nur ein Katarrh. Binden zu Verbänden waren unmöglich zu erhalten usw." — Oberarzt Dr. Dax war bis 19. September in französischer Gefangenschaft, bis er dann wieder, gemäß der Genfer Konvention, entlassen wurde. Die erschütternde Szene, die ein anderes Mitglied des Lazaretts mitteilt, bringen wir an anderer Stelle (s. 14. Kapitel unten; s. auch die Schilderung des ganzen Vorgangs und der nachfolgenden Gefangenschaft seitens des Gefährten des Oberarztes Dr. Dax, des Stabsarztes Dr. May, in den „Münchener N. N." vom 13. Oktober 1914, Morgenblatt).

9. Auch aus dem Interview („Augsb.-Münch. A. Z." vom 13. Oktober) des verwundeten Prinzen Franz von Bayern, der in seinen Erzählungen fast ängstlich objektiv ist, geht hervor, daß am 29. August bei Saarburg **schwere französische Artillerie den Verbandsplatz der Bayern in einem Schlosse, das sie als Lazarett kannten, da sie es am Tage vorher schonten, beschossen und völlig vernichteten.** Die betreffende Stelle der Erzählung des Prinzen ist für die gegenseitige Auffassung so interessant und widerlegt die Schauermärchen der Franzosen von dem Barbarismus der Deutschen so gründlich, daß ich hier die betreffende Stelle des Interviews des Prinzen Franz folgen lasse:

„Ich ritt zur Brandstätte. Ununterbrochen zogen die Gruppen der Verwundeten an mir vorüber, Bilder des Jammers und menschlichen Elends. Ich sah, wie Männer mit Beinschüssen zu dritt und zu viert sich gegenseitig festhielten und stützten und sich unter Aufbietung ihrer letzten Kräfte vorwärts schleppten. Manche krochen buchstäblich auf allen vieren. Zum Lobe meiner Sanitätsoffiziere muß ich ausdrücklich erwähnen, daß sie trotz des ununterbrochenen schweren feindlichen Artilleriefeuers alle Verwundeten aus den rauchenden, brennenden Trümmern gerettet haben, unterstützt von Freiwilligen des nebenan ruhenden Bataillons. Alle, auch die verwundeten Franzosen. **Als ich dann zu den verwundeten Feinden ritt, da fand ich sie überwältigt von Dankbarkeit gegen die deutschen hilfsbereiten Sanitäter.** Ein verwundeter französischer Leutnant hat aus freien Stücken eine Bescheinigung ausgestellt, daß die Franzosen das Schloß mit den Verwundeten trotz des Genfer Kreuzes zusammengeschossen haben. Wie die Sanitätsoffiziere, so hat auch die Sanitätskolonne den Abtransport der Verwundeten mitten im feindlichen Granatfeuer heldenhaft bewerkstelligt."

Das war bei Chateauville am 29. August.

Uns ist trotz aller Nachforschung ein ähnliches edles Rettungswerk unserer Feinde gegenüber verwundeten Deutschen nicht bekannt — doch wir sind und bleiben „Barbaren", die Kinder und Greise morden, Verwundete ins Feuer werfen usw., wie uns die bombastischen Phrasenproteste der sogenannten Untersuchungskommissionen vorwerfen.

Wie zahlreich die Fälle der Nichtachtung der Genfer Konvention waren, insbesondere der Gefangennahme deutscher Ärzte und des ganzen Sanitätspersonals, das zeigen die stereotypen Mitteilungen der schweizer Blätter über das Eintreffen deutscher Ärzte auf der Rückkehr aus der französischen Gefangenschaft. So heißt es vom 13. Oktober, daß in Basel eine aus 70 Personen bestehende Sanitätskolonne, darunter 18 Militärärzte, aus französischer Gefangenschaft zurückkehrten, einige Tage darauf 160 Mann [1]). Also es handelt sich nicht um Einzelerscheinungen, sondern um eine auffallende und gefährliche Häufung der Fälle. Daß man später das Sanitätspersonal wieder freiläßt, ist kein besonderes Verdienst, da man natürlich Repressalien auf deutscher Seite zu gewärtigen hätte. Aber die früher so geheiligten Grundsätze der Genfer Konvention gegenüber den Ärzten werden, jedenfalls mindestens in einer so fahrlässigen Weise, daß sie an dolus streifen, systematisch von französischer Seite mißachtet (s. auch unten Kapitel XIV, Ziff. II).

---

[1]) Wenige Tage darauf berichtet aus Basel ein schweizerischer Arzt:

„Ein böses Kapitel bilden die in den letzten Tagen hier durchkommenden Transporte von deutschen und französischen Sanitätssoldaten und Offizieren. Ich habe soeben in dieser Minute wieder einen Trupp deutscher Unteroffiziere gesprochen, alle beklagten sich bitter über die miserabel schlechte Behandlung in Frankreich.

Sie wurden in allen Städten Frankreichs herumspediert und durch alle Straßen geführt und dem Publikum zur Schau gestellt. So kamen sie auf ihren Irrfahrten zunächst nach Paris, dann Orleans, Bordeaux, Marseille, Lyon. In allen Städten insultiert, von Weibern angespuckt, Helme heruntergeschlagen, mit Füßen getreten, die Helme wurden Hunden aufgesetzt, alles Gepäck bzw. Tornister wurden ihnen genommen, viele waren ganz ohne Kopfbedeckung. Mantel hatte niemand mehr, zu essen haben sie in der Zeit nur Brot und Wasser bekommen, nie einen Schluck warmen Kaffee oder Suppe. Sie sahen alle sehr elend aus."

Als diese Arbeit fast fertiggestellt war, sah sich die deutsche Reichsregierung veranlaßt, infolge der vorbezeichneten von Tag zu Tag sich steigernden völkerrechtswidrigen Schändlichkeiten eine förmliche Denkschrift über die Verletzung der Genfer Konvention durch französische Truppen und Freischärler unterm 20. Oktober zu veröffentlichen, die wir, obwohl einige Fälle bereits kurz an anderer Stelle in diesem Kapitel oder in Kapitel 13 erwähnt wurden, doch als wichtiges zeitgenössisches Dokument ihrem ganzen Wortlaut nach, soweit er im „Reichsanzeiger" erschien, an dieser Stelle wiedergeben müssen. Es heißt dort:

„Die kaiserliche Regierung ließ nachstehende Denkschrift über die Verletzung der Genfer Konvention vom 6. Juli 1906 durch französische Truppen und Freischärler, worin gegen deren völkerrechtswidriges Verhalten scharfer Protest erhoben wird, der französischen Regierung sowie den Regierungen der neutralen Mächte zugehen.

In dem gegenwärtigen Kriege haben französische Truppen und Freischärler die zur Verbesserung des Loses der Verwundeten und Kranken bei im Felde stehenden Heeren getroffenen Bestimmungen der Genfer Konvention vom 6. Juli 1906, die von Deutschland und Frankreich ratifiziert worden ist, in flagranter Weise verletzt.

Aus der großen Zahl bekannt gewordener Fälle werden in den Anlagen diejenigen aufgeführt, die bereits durch gerichtliche Vernehmungen oder dienstliche Meldungen einwandfrei festgestellt wurden.

An der Spitze der Genfer Konvention steht einer der ersten Grundsätze der Kriegsrechte, daß nämlich die Verwundeten und Kranken des feindlichen Heeres ebenso wie die Verwundeten und Kranken des eigenen Heeres geachtet und versorgt werden sollen (Art. 1 Abs. 1). Diesem Grundsatz haben die französischen Truppen und Freischärler ins Gesicht geschlagen, indem sie deutsche Verwundete, die in ihre Hände gefallen sind, nicht nur roh behandelt haben, sondern auch beraubt, ja sogar teilweise in bestialischer Weise verstümmelt und ermordet haben (Anlage 1 bis 8).

Für die beweglichen Sanitätsformationen sehen Art. 6 und 14 der Genfer Konvention einen besonderen Schutz vor.

Diesen Bestimmungen zuwider haben französische Truppen deutsche Automobile mit Verwundeten angegriffen (Anlage 6) und Sanitätswagen beschossen (Anlage 11 und 14), obwohl das Rote Kreuz deutlich erkennbar war. Auch wurden deutsche Lazarette überfallen und Personal und Ausrüstung beraubt (Anlage 7).

In der Anlage 1 sagt der Grenadier Hänseler der 2. Kompagnie des 3. Bataillons der Garde-Ersatzbrigade über die Vorgänge am 5. September 1914 an der Eisenbahnbrücke über die Meurthe nördlich Rehainviller aus:

Die Franzosen traten die liegen gebliebenen Leute unseres Zuges mit den Füßen, und als sie Lebenszeichen durch Schreien oder Stöhnen gaben, hörte ich Schüsse. Auch ich erhielt einen Fußtritt, verhielt mich aber völlig ruhig. Bei eintretender Dunkelheit sah ich mich nach den verwundeten Kameraden um und stellte fest, daß sie nach ihrer Lage tot sein mußten, während sie am Morgen nur leicht verwundet waren.

Anlage 2. Franz Mevisen der 4. Eskadron des Jägerregiments z. Pf. Nr. 7 sah am 7. September südwestlich von Arlons auf belgischem Gebiet aus dem Versteck, wie Franzosen in einer hellen Nacht auf dem Gefechtsfelde umhergingen und verwundete deutsche Jäger mit Lanzen erstachen.

Anlage 3. Der Musketier Theodor Mündel der 9. Kompagnie des Inf.-Reg. Nr. 138 wurde am 25. August bei Luneville verwundet. Ein Franzose, der einen Revolver und einen Degen trug, fragte einen neben Mündel liegenden Gefreiten in gebrochenem Deutsch, wo er verwundet sei. Der Gefreite antwortete: am Fuß. Darauf schoß der Franzose den Gefreiten mit dem Revolver durch den Kopf. Bei der Rückkehr des Franzosen erhielt Mündel selbst mit dem Bajonettkolben einen Schlag gegen die rechte Schläfe und über die linke Schulter, obwohl bereits die erlittene Verwundung an dem starken Austritt des Blutes durch die Uniform deutlich bemerkbar war.

Anlage 4. Der Musketier Kampen der 8. Kompagnie des Inf.-Reg. Nr. 78 sah am 29. August in der Nähe von Guise bei St. Quentin, wie ungefähr 50 französische Soldaten unter der Führung mehrerer Offiziere im Zickzack über das Schlachtfeld gingen und mit dem Bajonett auf Verwundete einstachen, so auf einen Verwundeten, der 10 Schritt von Kampen entfernt lag. Als er um Hilfe rief, schoß ihm ein französischer Offizier mit der Pistole in den Mund. Kampen selbst, der sich tot stellte, erhielt neun leichte Verletzungen mit dem Bajonett.

Anlage 5 enthält den Bericht der Oberärzte Neumann und Grünfelder eines bayerischen Pionierregiments über die Beraubung und Verstümmelung deutscher Soldaten des 35. Landwehrregiments bei Orchies. Aufgefundene Leichname waren der Schuhe und Strümpfe und sämtlicher Erkennungszeichen beraubt.

Ein Mann war rückwärts niedergeschossen. Er lag auf dem Rücken. Mund und Nasenlöcher waren mit Sägemehl vollgepfropft. Einem andern war das linke Ohr glatt abgeschnitten, das Gesicht blaurot infolge des Erstickungstodes. Mund, Nase und Augen waren mit Sägespänen vollgestopft. Am Halse waren Würgezeichen. Einem andern war der Goldfinger glatt am Knöchel abgeschnitten. In der Bauchwand saßen vier Schußlöcher von Pulverrauch eingefaßt, ein Zeichen, daß die Schüsse aus unmittelbarer Nähe abgegeben worden waren. Fünf andere Erschlagene zeigten nur Verletzungen durch stumpfe Gewalt. Einem waren die Augen ausgestochen. Aus den festgestellten Tatsachen ergab sich, daß ein großer Teil der Leute unverwundet in die Hände der Feinde gefallen war.

Anlage 6 betrifft den Überfall von Verwundeten-Automobilen, die die Genfer Flagge führten, bei Bethencourt am 8. September. Verwundete und Führer wurden ermordet und beraubt.

Anlage 7 enthält Meldungen des Armeearztes der 2. Armee, wonach das Kriegslazarett des 2. Armeekorps in Peronne von Franzosen allen Personals und des Materials beraubt worden war.

In der Anlage 8 berichtet der katholische Feldgeistliche, der Redemptoristenpater Bernh. Brinkmann, der am 7. September nach dem Gefecht bei Esternay bei Trefols von Gendarmen abgeführt, in ein schmutziges Gefängnis ohne Fenster gebracht und ohne Nahrung gelassen wurde. Am andern Tage wurde er durch eine Kette mit gefesselten französischen Zivilverbrechern zusammengeschlossen und mit diesen mehrere Tage unter dem Hohn und dem Spott der Bevölkerung durch viele Dörfer transportiert. Auf der Gendarmerie wurden ihm Uhr, Geld, Hosenträger und die Rote Kreuz-Binde abgenommen, obwohl er Papiere besaß.

Am 11. September erfolgte die Vernehmung durch das Kriegsgericht in Chateau-Thierry. Obgleich am andern Morgen die schriftliche Freilassung verfügt wurde, wurde ihm das betreffende Schreiben verheimlicht und er noch volle drei Tage auf dem Bahnhof zurückgehalten. Dort waren Gefangene — fast nur Verwundete oder Kranke. Einrückende Franzosen untersuchten die Kleider der Verwundeten und nahmen für sich, was ihnen beliebte, insbesondere Geld und Uhren.

Verwundete lagen Tag und Nacht auf dem Steinboden in einem offenen Schuppen bei Regen und Sturm. Die Wundpflege der Gefangenen wurde vollständig vernachlässigt. Brinkmann erzählt noch einige Fälle empörender Roheit in der Behandlung der hungernden Gefangenen.

Die Anlage 9 berichtet, daß an dem Postamte der Stadt Wic eine gerade gebildete Sanitätskolonne mit der Genfer Binde stand, als französische Truppen die Stadt besetzten. Der Major wollte die Sanitätskolonne als Befreite begrüßen, was der Gerichtsassessor Eyles als deren Führer scharf ablehnte. Eyles wurde verhaftet und später von den Franzosen mitgenommen.

Nach der Anlage 10 wurde der Oberarzt Dr. Stahmer von dem Ulanenregiment Nr. 19 bei Villers la Montagne von französischen Schützen aus nächster Nähe erschossen, obwohl sie die Rote Kreuz-Binde unbedingt sehen mußten.

Nach der Anlage 11 erhielt am 19. August bei Günzbach ein mit einer großen Roten Kreuz-Flagge versehener Sanitätswagen des 2. Bataillons des Landwehr-Inf.-Reg. Nr. 123 bei der Abfahrt Schnellfeuer, obwohl das Rote Kreuz bei dem klaren Wetter weithin kenntlich sein mußte und der Feind in etwa 400 Meter Entfernung lag.

In Anlage 12 berichtet die 6. Infanterie-Division an das Generalkommando des 3. bayrischen Armeekorps, daß am 26. August bei Maixe Krankenträgerpatrouillen der Sanitätskompagnie bei dem Absuchen des Gefechtsfeldes nach Verwundeten von französischer Infanterie ohne Rücksicht auf das Rote Kreuz beschossen wurden.

In der Anlage 13 berichtete Etappendelegierter Graf Reichenbach aus Valenciennes, daß er in sonst sicherer Gegend mit einer Krankentransportabteilung und auch 13 Mann Freiwilligen der Krankenpflege beim Heranschaffen von Verwundeten trotz deutlicher Rote Kreuz-Abzeichen durch die Bevölkerung überfallen wurde. 6 Mann wurden getötet und einer verletzt.

Nach der Anlage 14 wurden am 2. September Krankenträger und Krankenwagen der 2. Sanitätskompagnie der 10. Infanterie-Division bei St. Remy von den Franzosen auf etwa 50 m unter heftiges Feuer genommen. Einige Franzosen liefen direkt auf die Krankenwagen zu, erschossen in einem derselben drei bereits eingelieferte Verwundete, den Wagen-Gefreiten, den Fahrer und die beiden Pferde. Die Kompagnie hatte 8 Tote und 9 Schwerverletzte.

Nach der Anlage 15 wurden 5 Krankenträger, die in Baccarat zur Pflege der deutschen und französischen Schwerverwundeten zurückgelassen worden waren, am 14. September von französischen Militärbehörden nach Rambervillers gebracht und dort gleich Gefangenen behandelt. Ein französischer Gendarm nahm ihnen die Neutralitätsbinde weg. Der meldende Oberarzt Dr. Stark wurde am 18. September von Rambervillers nach der Schweiz geführt, die 5 Krankenträger jedoch trotz der Bitten des Arztes zurückgehalten mit der Bemerkung: Ce ne sont plus vos hommes.

Die kaiserliche Regierung bringt mit Entrüstung diese dem Völkerrecht und der Menschlichkeit hohnsprechende Behandlung deutscher Verwundeter, deutscher Sanitätsformationen und des deutschen Sanitätspersonals zur öffentlichen Kenntnis und legt hiermit feierlich Verwahrung gegen die unerhörten Verletzungen des von allen Kulturstaaten geschlossenen Weltvertrages ein.

Wie an anderer Stelle, so wiederholen wir hier: Wir wollen nicht verallgemeinern. Es gibt natürlich auch bei unsern Gegnern — teils mehr, teils weniger — ritterliche Männer, die hoffentlich ebenso wie wir dieses Vorgehen bedauern und verwünschen. Aber diese Greuelfälle sind doch so zahlreich, daß man von bloßen Ausnahmen auch nicht mehr zu sprechen vermag, daß vielmehr konstatiert werden muß, daß eine unglaubliche Verrohung weiter Schichten in der Bevölkerung und bei den Truppen des Dreiverbands besteht, die die schärfsten Gegenmaßregeln zur gebieterischen Pflicht macht. Sie beweist vor allem, daß die hohen Stellen ihre Pflicht vollständig versäumen.

Gewiß, Krieg ist Krieg!

In den voraufgeführten Fällen handelt es sich aber nicht um unabsichtliche, vielleicht nicht einmal immer fahrlässige Beschießungen von Lazaretten, Krankenhäusern, Sanitätspersonal, Ärzten usw., die im Kriege aus Zwang oder aus Versehen vorkommen können, sondern um absichtliche und geflissentliche, wissentliche Vergehen gegen die Fundamentalsätze moderner Kriegführung und Humanität und um eine niederträchtige Behandlung der deutschen Ärzte, die zuletzt zum Systeme wurde und ihren Höhepunkt in den schmachvollen Urteilen gegen deutsche Ärzte und das deutsche Sanitätspersonal wegen Plünderung usw. erreichte (s. unten).

Die Hauptschuld trägt die gewissenlose Verhetzung und Verleumdung der deutschen Kriegführung. Man hatte ausgesprengt, daß die Deutschen die Verwundeten und Gefangenen allgemein grausam umbringen. Der Fluch trifft daher nicht diese armen Fanatiker, sondern jene skrupellosen Hetzer.

Grausamkeit gegen das Rote Kreuz und gegen Gefangene steht freilich auf demselben Konto. So sind folgende Nachrichten in diesem Zusammenhange charakteristisch:

1. Der Bezirksarzt Dr. Stengel in Lahr in Baden, der am 19. August bei dem Gefecht von Mülhausen während der Ausübung seiner ärztlichen Tätigkeit gefangen genommen und trotz der Berufung auf die Genfer Konvention erst am 7. September wieder freigelassen worden ist, ist Mitte September über die Schweiz heimgekehrt. Er schildert empört die unwürdige Behandlung der gefangenen deutschen Offiziere und Mannschaften. Die fanatisierte Bevölkerung verübte die wüstesten Beschimpfungen gegen die schutzlosen deutschen Soldaten.

2. Der als Kriegsgefangener in Toul internierte österreichische Oberingenieur Christen erzählt u. a.:

„Die Krankenwagen brachten Verwundete in großer Menge, darunter 16 schwerverletzte Deutsche. Die Bevölkerung und die Soldaten benahmen sich gegen diese armen Schwerverletzten in der schmachvollsten Weise, überschütteten sie mit Schmähungen und ließen sie 3 Stunden in der heißesten Sonnenglut liegen. Als ich den Armen mit dem Taschentuch Kühlung verschaffen wollte, wurde ich von einem Offizier mit dem Säbel zurückgestoßen (!)".

Wie kann das alles anders sein, wenn die folgende Nachricht richtig ist, deren Inhalt den Gipfel der Gefühlsroheit bildet und ahnen läßt, wie weniger sublime Personen als der alte „Tiger" Clemenceau darüber denken! Danach wirft Clemenceau (Mitte September) im „Homme Libre" die Frage auf, ob die in Frankreich gefangen gehaltenen deutschen Verwundeten dieselbe Pflege erhalten sollen wie die französischen Verwundeten. Er wirft dem Kommandeur des 18. Armeekorps in Bordeaux Oulart vor, Damen des Roten Kreuzes, welche sich weigerten, deutsche Verletzte zu pflegen, gesagt zu haben, daß sie sich durch ein solches Verhalten entehrten. Um den Beweis antreten zu können, daß die deutschen Verwundeten nicht desselben Mitgefühls würdig seien wie die andern, führt Clemenceau eine Reihe angeblicher deutscher Grausamkeiten an, ohne jedoch irgendeine Beglaubigung dafür beizubringen. Die Ableugnung Clemenceaus bildete die außerordentlich ungenügende Ausrede, daß er mißverstanden worden sei.

Dieser niedrigen Auffassung von Humanität entspricht auch die Nachricht, daß in Bordeaux angelangte Verwundete nach Algier und Marokko gebracht worden sein sollen, um jede Kontrolle der Behandlung zu vermeiden oder sie wenigstens sehr zu erschweren.

Selbstverständlich haben so schändlich nicht alle französischen Truppen gehaust, wie dies in vorstehenden Beispielen geschildert wurde! Aber auch von „Einzelfällen" kann man bei aller Objektivität und aller Vermeidung von Verallgemeinerung leider, wie oben betont, nicht sprechen. Der Klagen über schlechte Behandlung der Verwundeten sind Legion; die über Vergehen gegen das Sanitätspersonal immerhin noch zahlreich genug, um behaupten zu können, daß die französischen Oberbefehlshaber ihre moralische und völkerrechtliche humanitäre Pflicht auf Grund der Genfer Konvention von 1864/1906 (Art. 25) im allgemeinen ungenügend und schlecht ausgeübt haben und sich einer schweren Schuld durch mangelnde Aufklärung, Fürsorge und Anweisung an die Untergebenen zeihen lassen müssen. Das bestätigt auch ein außerordentlich objektiver Beobachter, der französische Mitarbeiter des Kopenhagener „Politiken" aus eigener Anschauung, da er selbst wiederholt französische Militärlazarette besuchte. Er erzählt u. a. (wiedergegeben nach der „Fries. Ztg."):

... „Die Franzosen werden beschuldigt, die Verwundeten zu töten und, was die Pflege verwundeter Gefangener betrifft, die gröbste Nachlässigkeit zu zeigen. Weshalb wäre sonst auch die Regierung genötigt gewesen, eine Kundgebung zu erlassen, die daran erinnert, daß man den verwundeten Feinden dieselbe menschliche Behandlung schulde wie den Söhnen des eigenen Landes? ...Nach einem der erbitterten Kämpfe zwischen der deutschen Garde und den berüchtigten Turkos hatte einer der letzteren den Befehl erhalten, das Zelt zu bewachen, wohin die verwundeten deutschen Soldaten gebracht wurden. Als die Ärzte ihre Runde machten und zu dem von dem Turko bewachten Zelt kamen, winkte er ab und sagte beruhigend in seiner halbfranzösischen Sprache: „Pe-malad-icil" („Keine Kranken hier!") Ein französischer Arzt stellte fest, daß der Turko in seiner blinden Wut mit kaltem Blut allen deutschen Verwundeten, die seiner Obhut anvertraut waren, — die Kehle durchgeschnitten hatte! Oder glaubt etwa jemand im Ernst, daß ein Neger die internationalen Abkommen des Roten Kreuzes achtete? Während eines meiner Besuche in den Militärlazaretten sprach ich selbst mit einem farbigen

Soldaten, der am Eingang einer Baracke stand, wo verwundete Deutsche untergebracht waren. Es war ein Mann aus Senegal mit breiter, tierischer Nase. „Es wäre viel besser, sie alle totzuschlagen", sagte er, indem er eine bezeichnende Geste am eigenen Hals machte, „anstatt sie hier zu pflegen und ihnen Essen zu geben. Sie sind ja Barbaren!" Unleugbar war dies eine überraschende Bemerkung von einem Halbwilden! ... Sogar angesehene französische Preßorgane haben allen Ernstes die Regierung aufgefordert, deutsche Gefangene inhuman zu behandeln. ... Dieser furchtbare Zustand und das Außerachtlassen allgemeiner menschlicher Rücksichten gegenüber Verwundeten sowie die großen Mängel, worunter die Organisation des Roten Kreuzes in Frankreich leidet, sind unter anderem von angesehenen Franzosen, wie Albert de Mun, Gustave Hervé und Clemenceau bestätigt worden, die in ihren Zeitungen eine auf unwiderlegliche Beweise aufgebaute heftige Kritik veröffentlicht haben."

Dieser Bericht eines völlig Unparteiischen ist deshalb besonders wertvoll, weil er zeigt, welcher dolus eventualis bei der Verwendung des schwarzen Turkogesindels von Anfang an bei der französischen Regierung besteht. Sie weiß, daß alle diese wilden Horden sich den Teufel um Genfer Konventionen und „Landkriegsordnung" kümmern, sondern morden und brennen — je feiger und hinterlistiger, desto lieber. Aus dem obigen Bericht würde andrerseits erhellen, was wir zu seiner Ehrenrettung hier konstatieren wollen, daß Herr Clemenceau sich infolge der gegen ihn gerichteten Vorwürfe bemüßigt gesehen hat, etwas Wasser in seinen Wein zu gießen.

Aber nicht bloß die Turkos benehmen sich so unmenschlich, sondern weite Kreise in Volk und Heer. Eine der erschütterndsten Szenen findet sich aus der „Daily Mail" (!) im „Chicago Evening", wo ein dem Roten Kreuze dienender französischer Abbé, also gewiß ein unverdächtiger Zeuge, unter anderem über die Behandlung der deutschen Gefangenen bei der Beschießung der Reimser Kathedrale folgendes erzählt:

„Faust- und Stockschläge hagelten auf die verwundeten Deutschen. Der rasende Haufen wogte um uns her wie eine empörte See, ich habe niemals etwas Schrecklicheres gesehen. Wutverzerrte Gesichter starrten in meines. Ein Verwundeter, den die Kraft verließ, wurde weggezerrt und aufs Pflaster geworfen. Gleich fiel der wahnsinnige Pöbel mit Fußtritten über ihn her; einige sprangen ihm auf den Leib. Ich drängte mich durch die Menge, und es gelang mir, den Deutschen herauszureißen. Er konnte nicht mehr sprechen, er dankte mir nur mit den Augen. „Können Sie mir nicht beistehen?" schrie ich einem französischen Offizier zu. Er blickte mich kalt an. Dann überschaute er den wimmelnden Pöbelhaufen und sagte achselzuckend: „Sie werden nie das Stadthaus erreichen." Unter Lebensgefahr rettete der wackere Priester die Verwundeten.

Rechtliche Betrachtung.

Die Berührung der beiderseitigen Sanitätspersonale und insbesondere der Ärzte ist eine sehr nahe, die ganz besondere Aufmerksamkeit der Heeresleitungen unbedingt notwendig macht. Die Genfer Konvention schreibt in Abs. 2 des Art. 1 ausdrücklich vor, daß die Kriegspartei, die gezwungen ist, Kranke oder Verwundete dem Gegner zu überlassen, soweit es die Kriegslage gestattet, einen Teil ihres Sanitätspersonals und ihrer Sanitätsausrüstung zurücklassen soll, um zu deren Versorgung beizutragen. Natürlich dürfen diese Sanitätspersonen nicht als Gefangene behandelt werden. Sie müssen Hand in Hand mit dem jenseitigen Sanitätspersonal die eigenen, nunmehr gefangenen Verwundeten und Kranken pflegen; diese Pflicht ist zugleich ein **Recht**, das gewährt werden muß, wenn nicht ganz besondere Gründe der Kriegführung ein solches Zusammenarbeiten unmöglich machen. Natürlich würde ein Arzt, der dabei Spionage treibt, seine Immunität verlieren. Solche Handlungen sind in concreto völlig ausgeschlossen. Ganz abgesehen von allen andern Gründen, bürgt der Geist unseres deutschen Ärztekorps dafür, daß er keinen Mißbrauch seiner hohen neutralen Stellung zuläßt. Gegenteilige Beweise sind in keinem einzigen Falle erbracht. Trotzdem sind, wie aus den obigen Darstellungen und vielen Mitteilungen erhellt, in vielen Fällen deutsche Ärzte gefangen genommen und schmählich als Spione mißhandelt worden. Um eine Ausrede für diese Mißachtung der Genfer Konvention zu haben, beschuldigte man die deutschen Ärzte ganz allgemein, daß sie verkappte Offiziere seien, daß sie das „Rote Kreuz" nur zu Spionagezwecken anzögen und ähnlichen Unsinn. Hier würde eine **neutrale, objektive Untersuchungskommission** seitens der Genfer Zentrale dringend notwendig sein, um diesem schmählichsten internationalen Vertragsbruch seitens der französisch-englischen und russischen Soldateska für alle Zukunft ein Ende zu machen. Die wissenschaftliche, ärztliche Solidarität, die im besten Sinne des Wortes international und allgemein menschlich sein muß und auch ist, müßte hier Wandel schaffen, um die Ehre der deutschen Ärzte zu sichern.

Die Bestimmungen des Genfer Abkommens zur Verbesserung des Loses der Verwundeten und Kranken bei den im Felde stehenden Heeren, das die ursprünglichen Bestimmungen der Genfer Konvention vom 22. August 1864 vervollkommnen und ergänzen soll und dem sämtliche kriegführenden Staaten mit einer Ausnahme in dem neuen Abkommen vom 6. Juli 1906 beitraten, sagt in seinen maßgebenden, hier fortgesetzt gröblich verletzten Bestimmungen (Art. 1 ff., 6 und 9) u. a. folgendes [1]):

„Militärpersonen und andere den Heeren dienstlich beigegebene Personen, die verwundet oder krank sind, sollen ohne Unterschied der Staatsangehörigkeit von der Kriegspartei, in deren Händen sie sich befinden, geachtet und versorgt werden", obwohl sie nach der Bestimmung des Art. 2, wenn sie in die Hände des andern Kriegsteils gefallen sind, als Kriegsgefangene anzusehen sind.

Nach jedem Kampfe soll die das Schlachtfeld behauptende Partei Maßnahmen treffen, um die Verwundeten aufzusuchen und sie wie die Gefallenen gegen Beraubung und schlechte Behandlung zu schützen. Die beweglichen Sanitätsformationen (d. h. solche, die zur Begleitung des Heeres im Felde bestimmt sind) und stehenden Anstalten des Sanitätsdienstes sollen von den Kriegsparteien geachtet und geschützt werden.

Art. 8 sichert den Ärzten und dem sonstigen Ärztepersonal auch den genügenden Selbstschutz durch den Besitz von Waffen und Munition.

Art. 9 bestimmt: „Das ausschließlich zur Bergung, zur Beförderung und zur Behandlung von Verwundeten und Kranken sowie zur Verwaltung von Sanitätsformationen und -anstalten bestimmte Personal und

---

[1]) Charakteristisch ist, daß unter 44 Konferenzstaaten nur Montenegro bis heute dieses 2. Genfer Abkommen noch nicht ratifizierte! Montenegro, der Bundesgenosse des „Staates der höchsten Humanität und Edelsinns": England!

Obwohl Montenegro das 1. Genfer Abkommen unterzeichnet hatte, mißachtete es jede Humanität, es beschoß systematisch die Sanitätsambulanzen und Verbandplätze, so daß die österreichische Regierung am 12. Oktober einen feierlichen Protest gegen diese Mißachtung der Genfer Konvention seitens Montenegros erheben mußte.

die den Heeren beigegebenen Feldprediger sollen unter allen Umständen geachtet und geschützt werden; wenn sie in die Hände des Feindes fallen, dürfen sie nicht als Kriegsgefangene behandelt werden."

Gegen diese Bestimmung des Art. 9 haben die Truppen des Dreiverbands in unzähligen Fällen auf das schwerste verstoßen. Immer und immer wieder kommt der schwere Vorwurf, daß man den deutschen Ärzten das Rote Kreuz heruntergerissen und sie fälschlich beschuldigt habe, daß es sich gar nicht um Ärzte handle, daß die Ärzte deutsche Offiziere seien, die das Rote Kreuz nur zum Scheine anlegen! Eine solche schmachvolle Verdächtigung, die in den Augen jedes Deutschen als untilgbare Schande erscheinen würde, wenn sie wahr wäre, kann nur ein Mensch erheben, der deutsche Denkart niemals kennen lernte und der solche Dinge selbst tut. Ich behaupte, daß jener Vorwurf, der zu Mißhandlungen und zur Gefangennahme vieler deutscher Ärzte führte, nicht in einem einzigen Fall bewiesen werden kann. Wohl aber wurde das Rote Kreuz in zahlreichen Fällen von unseren Gegnern geschändet und mißachtet durch eine derartige Mißhandlung der deutschen Ärzte! Aus solcher allgemeinen Mißachtung quillt jene Gesinnung, die die deutsche Ärzteschaft des Diebstahls und der Plünderung bezichtigt.

Alle diese Staaten, die jetzt das internationale Humanitätsrecht mit Füßen treten lassen, ohne ernstlich oder wirksam dagegen zu protestieren — wo bleiben die Herren Sembat und Guesde? —, haben feierlich die Unterdrückung von Mißbräuchen und Zuwiderhandlungen gelobt (s. Art. 27 ff. des Abkommens). Jene politische Kliquen und ihre demagogischen Führer, die diesen Weltbrand entzündet, haften auch für die Äußerungen dieses teilweise tierischen Hasses, der gegen die Hand, die ihm Heilung und Hilfe bringt, heimtückisch den Mordstahl schwingt.

Die Bestätigung der vorstehenden Ausführungen finde ich in der Note des französischen Kriegsministers von Mitte September, in der er anordnet, der Pflege der deutschen Verwundeten Sorgfalt angedeihen zu lassen. „Es sei dies eine gebieterische Pflicht, die durch die internationale Gesetzgebung, die Bestimmungen der Genfer Konvention und insbesondere durch das Gefühl der Menschlichkeit festgesetzt sei. Man müsse im Interesse der in Deutschland gefangenen Franzosen wünschen, daß dieses Gefühl auf Gegenseitigkeit beruhe. Der Minister erklärt, überzeugt zu sein, daß Ärzte und Sanitätspersonal den deutschen Verwundeten gegenüber ihre Pflicht mit wünschenswerter Hingebung erfüllen, und er werde unverzüglich diejenigen ihres Dienstes entheben, die Verwundeten und Gefangenen gegenüber gegen die von der Genfer Konvention festgesetzten Regeln der Menschlichkeit verstießen."

Mit Recht hat die ganze deutsche Presse in diesem eigentlich selbstverständlichen Erlasse des französischen Kriegsministers das Eingeständnis erblickt, daß bis dorthin das nicht geschah, was hier als Ausfluß der Menschlichkeit bezeichnet ist, daß vielmehr in der oben beschriebenen Weise gegen die Genfer Konvention auch von den französischen Soldaten und Offizieren gesündigt wurde. Die deutsche Heeresverwaltung hatte es nicht notwendig, die Satzungen der Konvention, noch dazu in so drohender Form, in die Erinnerung zurückzurufen!

Wenn sich daher das österreichische Rote Kreuz an das Internationale Genfer Komitee mit der dringlichen Bitte wandte, diesem Treiben entgegenzutreten und dieses sich an alle Regierungen der kriegführenden Mächte mit der Bitte wandte, vor allem den Art. 25 nicht zu vergessen, der den Oberbefehlshabern die Pflicht auferlegt, die Ausführung des Genfer Abkommens zu überwachen, so war dies für die deutsche Heeresverwaltung völlig überflüssig, da sie schon bisher mit einem Riesenaufgebot von Ärzten alles tat, was ihr die Konvention auferlegt. Dem deutschen Soldaten ist die Achtung vor dem Genfer Roten Kreuz in Fleisch und Blut übergegangen, so daß jeder Exzeß gegen dasselbe fast undenkbar ist. —

Wir erkennen gern an, da wir uns möglichster Objektivität befleißigen möchten, daß uns beweisbare Mitteilungen über Pflichtverletzungen französischer Ärzte nicht in erheblicher Anzahl zugegangen sind, daß vielmehr, soweit bisher bekannt, die französischen Ärzte im allgemeinen mit den deutschen in Pflichttreue und Humanität zu wetteifern schienen. Ausnahmen davon machen auch hier die Regel. Die Aufnahme in den Lazaretten ist ganz verschieden; das persönliche Moment und der lokale Geist spielen hier natürlich eine große Rolle.

Dagegen muß mit aller Energie der Verleumdung entgegengetreten werden, als wenn deutsche Ärzte, Soldaten und die deutsche Heeresführung die Genfer Konvention verletzten [1]).

Ein Rechtsgutachten über die Führung des Roten-Kreuz-Zeichens bei Transporten, insbesondere von „Liebesgaben".

Der stellvertretende Militärinspekteur der freiwilligen Krankenpflege in Berlin hat dem Bayerischen Landeskomitee für freiwillige Krankenpflege im Kriege nachstehendes Gutachten des Geheimrats Dr. Kahl am 26. Oktober 1914 mitgeteilt:

„Es sind Zweifel über die Frage entstanden, ob und inwieweit Transporte und Begleiter der für das Heer bestimmten Liebesgaben berechtigt sind, sich des Wahrzeichens des Roten Kreuzes zu bedienen. Praktische Bedeutung hat die Frage vor allem in jüngster Zeit durch die Einrichtung von Automobilkolonnen erlangt,

---

[1]) Wie solche Verleumdung entsteht und wie sie endet, zeigt drastisch folgende Geschichte, die die „M.A.-A.Z." meldet:

Die „Gazette de Lausanne" des Obersten und Nationalrates Secretan hatte kürzlich eine Korrespondenz veröffentlicht, in der über den Transport einer Gruppe französischer Sanitätssoldaten an die französische Grenze berichtet wurde. Diese Soldaten, die mit den Kriegsgefangenen nach Deutschland gebracht wurden, von Deutschland aber, dem internationalen Gesetze entsprechend, wieder freigelassen worden waren, wurden in Leopoldshöhe bei Basel den schweizerischen Grenzbesetzungstruppen zum Weitertransport nach ihrer Heimat übergeben. In der „Gazette de Lausanne" hieß es: „Die Ärzte dieser französischen Rote Kreuz-Abteilung erklärten, die Deutschen hätten ihnen alles abgenommen, ihre Instrumente, ihre Uhren, ihre Ringe und die Barschaft."

Gegenüber dieser von einem schweizerischen Blatte verbreiteten schweren Verleumdung veröffentlicht der schweizerische Generalstabschef den amtlichen Bericht des Platzkommandos Basel über den Durchmarsch dieser französischen Ambulanzgruppe. Der Bericht lautet: „Die Offiziere trugen ihre Dekorationen, das Kreuz der Ehrenlegion, ihre Uhren, ihre Portefeuilles und waren reichlich mit Geld versehen. Ich sah welche, die ganze Bündel von 100 Fr.-Noten bei sich trugen, und ich selber habe mehreren von ihnen aus Gefälligkeit 50 Fr.-Noten gewechselt. Auch die Dienste des Wechselbureaus am Bahnhof wurden in Anspruch genommen. Der beste Beweis, daß die französischen Offiziere nicht, wie man behauptet hat, von den Deutschen ausgeplündert wurden, liegt darin, daß verschiedene von ihnen Champagner von hervorragenden Marken zu ihrem persönlichen Imbiß im Bahnhofsrestaurant bestellten, wie ich persönlich habe konstatieren können." Also genau das Gegenteil von dem, was zuerst behauptet wurde. So ungefähr enden alle Beschuldigungen, die aus dem Kreise allgemeiner Phrase heraustreten, gegen unsere deutschen Soldaten. Jedenfalls wahrte die deutsche Heeresleitung die Normen der Genfer Konvention auf das gewissenhafteste (s. auch Kapitel 22 unten).

die die Bestimmung haben, warme Unterkleidung und Verwandtes so rasch und nahe wie möglich an die in der Front stehenden Truppenteile zu bringen.

Eine sorgfältige Prüfung der Rechtslage ergibt, daß in diesem Falle die Verwendung der Genfer Schutzzeichen nur in beschränktem Umfange und unter eng bestimmten Voraussetzungen stattfinden darf. Art. 23 des Genfer Abkommens von 1906 läßt das Rote Kreuz und Flaggenabzeichen ausdrücklich nur für Sanitätsformationen und Anstalten sowie für Personal und Ausrüstung derselben zu. In grundsätzlicher Übereinstimmung damit hat Nr. 102 Absatz 2 der Dienstanweisung bestimmt, daß bis zur Abnahmestelle, von der an sie Militärgut werden, nur Sendungen, welche Gegenstände der Sanitätsausrüstung enthalten, außerdem, d. h. abgesehen von den sonstigen Erfordernissen ihrer Verpackung, „äußerlich durch das Genfer Kreuz kenntlich zu machen sind".

Hiernach unterliegt seine Führung in dem vom Feinde nicht besetzten Heimats- und innerhalb dieses gelegenen Etappengebietes allerdings nur den allgemeinen Vorschriften und Beschränkungen für die Führung des Roten Kreuzes überhaupt. Unzweifelhaft dagegen kann die Verwendung des Genfer Abzeichens in einem Etappengebiet, das sich ins feindliche Land erstreckt, und vollends im Operationsgebiet des Kriegsschauplatzes selbst, nur unter der Voraussetzung zulässig und völkerrechtlich zu verantworten sein, daß die Sendungen „Gegenstände der Sanitätsausrüstung" im Sinne der Kriegssanitätsordnung vom 27. Januar 1907 enthalten. (Vgl. Dienstanweisung S. 4.) Winterkleidung jeder Art gehört dahin so wenig wie Tabak oder irgendein Nahrungsmittel. Sie dienen der Gesundheit, aber nicht der Kranken- und Verwundetenpflege. Sie sind im Sinne des Kriegsrechts Konterbande. In jedem Falle sind sie daher dann nicht unter dem Genfer Zeichen transportfähig, wenn sie den alleinigen Inhalt einer Liebesgabensendung bilden.

Nur in zwei Fällen wird solchen Transporten auch im feindlichen Etappen- oder Operationsgebiet der Schutz des Roten Kreuzes nicht zu versagen sein. Einmal dann, wenn sie neben sonstigen Liebesgaben Gegenstände der Sanitätsausrüstung, als Verbandzeug oder Arzneimittel, in einem Umfange mit sich führen, daß die letzteren nicht als bloße Verschleierung für einen in der Hauptsache unzulässigen Transport erscheinen. Dies zu beurteilen, bleibt Maß- und Tatfrage im einzelnen Fall. Zum zweiten treten die genannten Transportmittel und ihre Begleiter wieder unter die volle Berechtigung der Führung des Roten Kreuzes, wenn sie etwa auf dem Rückwege Kranke oder Verwundete der Heimat zuführen oder sonst irgendwie einem ausgesprochenen Sanitätszweck dienen. . . ."

Dieses Rechtsgutachten des bekannten Juristen ist in seinem ganzen Inhalt wie in seiner Schlußmahnung außerordentlich zeitgemäß und rechtlich unanfechtbar. Es verdient die größte Beachtung derjenigen Kreise, die es angeht. Die französische Heeresleitung lauert geradezu darauf, Mißbräuche des Roten-Kreuz-Zeichens von deutscher Seite festzustellen, um damit das System des Mißbrauchs auf seiten Frankreichs zu entschuldigen.

B. Einige neutrale Urteile über das Verhalten der Deutschen gegen verwundete und gefangene Feinde.

Wie sich die Deutschen gegenüber feindlichen Verwundeten benehmen, ergibt sich aus unzähligen Berichten auf den Kriegsschauplatz geeilter Ärzte aus neutralen Staaten. Nur einige Beispiele für viele:

1. Von zwei norwegischen Ärzten, die die deutschen Militärlazarette besuchten, schildert unterm 30. September der eine — Mathiesen — in norwegischen Blättern seine Eindrücke. Man empfing ihn in Deutschland überaus freundlich, die Reise ging ohne Schwierigkeiten glatt vonstatten, die Stimmung in Berlin sei vortrefflich. Es gebe nur die eine Ansicht: Deutschland müsse siegen. Er besuchte drei Lazarette, er sah in einem 150 Franzosen und 150 Russen sowie mehrere hundert Deutsche. Jede Nation für sich abgesondert. Es sei ein Vergnügen, diese Sauberkeit und Ordnung im ganzen zu beobachten. „Es ist mir eine Freude, aussprechen zu können, daß den verwundeten Feinden genau die gleiche sorgsame Behandlung wie den verwundeten Deutschen zuteil wird."

2. In der norwegischen „Aftenposten" schreibt Mitte Oktober ein norwegischer Arzt Namens Holmboe, der 25 Militärlazarette gesehen hat: „Die Gefangenen, gleichviel ob Franzosen, Belgier, Russen oder Engländer, werden in der gleichen Weise wie die Deutschen wie Prinzen behandelt. Alle erhalten die gleiche Behandlung. Die Liebesgaben, die den Hospitälern zuströmen, würden gleichmäßig zwischen den Deutschen und ihren Feinden verteilt. Kein modernes Krankenhaus sei besser eingerichtet. Instrumente, Essen und Zubehör seien von bester Beschaffenheit."

3. Zahllose französische, englische und russische völlig unbeeinflußte Soldatenbriefe, von denen z. B. in einer recht interessanten Zusammenstellung des „Fränk. K." (Anfang Oktober) berichtet wurde, haben die stereotype Wendung: „Wir werden so glänzend verpflegt und behandelt, als wenn wir zu Hause wären; alles, was man uns dort sagte, war falsch.... Wir hoffen, daß auch die Deutschen bei uns so behandelt werden wie wir."

4. Das Mitglied des schweizerischen Nationalrates, Regierungsrat Walther, hat an das stellvertretende Generalkommando des 14. Armeekorps in Freiburg im Breisgau, z. H. des Generals v. Gaede einen Brief am 18. Oktober gerichtet, in dem es u. a. heißt:

„Wir haben reiche Erfahrungen gesammelt, standen staunend vor den Ergebnissen deutscher Kraft und deutscher Einigkeit.

Die Klugheit und die Ordnung, die überall herrschen, sind großartig, und die Freudigkeit und die Hingabe, mit der jedes Opfer gebracht wird, sind geradezu bewunderungswürdig. Mit ganz besonderer Freude haben wir gesehen, wie ausgezeichnet die zahlreichen verwundeten Franzosen verpflegt und behandelt werden. Alle Franzosen, mit denen wir sprachen, haben freudig und dankbar anerkannt, daß sie in jeder Richtung ganz gleich wie die deutschen Verwundeten behandelt würden. Was der Deutsche erhalte, das komme auch ihnen zugute. Die Ärzte und das Pflegepersonal erweisen ihnen stets nur Gutes und Freundliches.

Alle diese Äußerungen, die mit unseren eigenen Wahrnehmungen übereinstimmen, haben uns speziell als Angehörige eines neutralen Staates ungemein sympathisch berührt, und es drängt mich, Exzellenz, auch Ihnen gegenüber der Hochachtung vor diesem wahren Edelmute, der auch vor dem verwundeten Feinde nicht Halt macht, Ausdruck zu geben.

Ich habe heute meinem Kollegen, Nationalrat Ador in Genf, dem Präsidenten des Internationalen Bureaus des Roten Kreuzes, meine Eindrücke beim Besuche der Freiburger Lazarette geschildert. Ich bin überzeugt, daß Ador alles tun wird, um falsche Ansichten zu korrigieren und auf eine gute Behandlung der in Feindesland geratenen deutschen Verwundeten hinzuwirken [1]."

5. Der dänische Oberarzt Thorson sagt in der „Berlingske Tidende":

„Jeder Verwundete, Freund oder Feind, wird vollständig gleich behandelt, transportiert und verbunden zu den verschiedenen Lazaretten in dazu eingerichteten Zügen gebracht. Es wird durchaus kein Unterschied gemacht. Dies ist die Wahrheit. Das deutsche Rote Kreuz, das Sanitätspersonal, sowohl Ärzte wie Soldaten, Transportmaterial, Lazarettpersonal, Ambulanzen, Verbandsstationen und Sanitätszüge sind geradezu ideal. Ich besuchte mit Genehmigung der deutschen Behörden alle größeren Lazarette in Köln, Aachen und Berlin mit russischen, französischen, belgischen und englischen Verwundeten." ... „Wenn die Behandlung", so schließt er, „bei den Gegnern eine nur annähernd gleiche ist, kann die Menschheit stolz sein, eine solche Höhe der Zivilisation erreicht zu haben."

---

[1]) S. auch die Schilderung des Schweizers Pierre Maurice im deutschfeindlichen „Journal de Genève" über die Münchener Lazarette und die glänzende Aufnahme der französischen Verwundeten „M. N. N." Nr. 596 Morgenbl.

Eine Reihe norwegischer und schwedischer Ärzte äußerte sich ganz ähnlich begeistert. Öffentliche zahlreiche Briefe von amerikanischen Pflegerinnen könnten angefügt werden.

Mit dieser Anerkennung der Behandlung unserer Feinde vergleiche man das Material in der amtlichen Denkschrift über die Verletzung der Genfer Konvention durch französische Truppen, und man hat damit den ganzen gewaltigen Unterschied zwischen deutschen Taten und französischen bzw. englischen Redewendungen von Humanität und Zivilisation! [1]) (Über den Fall des Lazarettschiffs „Ophelia" s. unten bei der Darstellung der seekriegsrechtlichen Verhältnisse.)

Über die Behandlung der Gefangenen und Verwundeten in Deutschland unter Kapitel 14 Ziff. I das Weitere, insbesondere über deutsche und englische Gefangenenlager.

---

13. Kapitel.

Franktireurkrieg und Mißhandlung Wehrloser vor und nach der Kriegserklärung (auch Gefangennahme von Zivilisten).

A. Franktireurkrieg.

I. In Belgien und in Frankreich wurde vom ersten Tage der Feindseligkeiten an der sogenannte „Franktireurkrieg", d. h. nicht

[1]) Am 23. Oktober wurde aus Darmstadt gemeldet: Die im Reservelazarett des Darmstädter Städtischen Saalbaues untergebrachten französischen Verwundeten wollen die Dankbarkeit für die gute Behandlung und Pflege, die sie gefunden haben, eigenartig betätigen. Sie wünschen, daß jedem deutschen Krieger, der aus dem Lazarett wieder als geheilt entlassen wird, ein von den Franzosen eigenhändig geschriebener, von den Lazarettdelegierten abgestempelter Schein mitgegeben werde, den er im Falle der Gefangennahme vorzeigen solle, damit ihm in Frankreich eine gleich gute Behandlung zuteil werde wie den Franzosen bei uns. Der Wortlaut des Scheines ist: „Wenn der Inhaber dieser Karte verwundet oder gefangen wird, wünschen wir, daß er ebenso gut behandelt und verpflegt wird wie wir im Städtischen Saalbau Darmstadt." (Unterschriften.) Die französische Presse wird sich leicht von der Wahrheit dieser Mitteilung überzeugen können, die aus einer ganzen Reihe von anderen deutschen Städten bestätigt wird. (S. das Schreiben der französischen Gefangenen zu Münster i. W. vom 26. Oktober 1914 an den Kriegsminister, sowie der in Weimar Untergebrachten: Frkf. Z. Nr. 319/14.)

bloß der Kampf der sogenannten irregulären Truppen, sondern der Kampf der ganzen einheimischen Bevölkerung in Mann, Weib und Kind gegen die deutsche Armee auf das blutigste und fanatischste begonnen. Auch nur annähernd alle Einzelheiten, die allein ein großes Buch füllen würden, hier aufzuführen, ist überflüssig. Tausende, ja Zehntausende unserer deutschen Truppen sind Zeugen zur Bestätigung dieses Frevels gegen die völkerrechtlichen Bestimmungen über den Landkrieg, wie sie vor allem in Art. 1 und 2 der „Ordnung der Gesetze und Gebräuche des Landkrieges" vom 18. Oktober 1907 niedergelegt sind. Jeder Brief an die deutschen Angehörigen ist erfüllt von empörten Klagen. Gewiß, die „Kriegshysterie" mag hier wie beim „Schützengrabenklatsch" stark mitspielen. Der objektive Beurteiler wird hier starken Skeptizismus manchen Einzelheiten entgegenbringen müssen. Trotz alledem bleibt Grausiges in Masse! Hier auch nur wieder kurze Stichproben zur Basis unserer Erörterungen!

Schon vor der Erklärung des Krieges begannen die Greuel. Wenn diese auch rechtlich von der völkerrechtswidrigen Führung des „Franktireurkrieges" geschieden werden müssen, so fließen ihre Tatbestände in vielen Fällen völlig ineinander über. In der Hauptsache versuchen wir trotzdem den Tatbestand zu trennen.

Ein Arzt schreibt über die ersten Tage des August in der „Köln. Ztg." folgendes:

„Hier haben wir von seiten der belgischen Bevölkerung, von Männern, Frauen und halbwüchsigen Burschen an unseren Truppen alles das erlebt, was wir sonst nur in Negerkämpfen erlebt haben. Die belgische Zivilbevölkerung schießt aus jedem Haus, aus jedem dichten Busch mit völlig blindem Haß auf alles, was deutsch ist. Wir haben schon in den ersten Tagen eine Menge Verwundete und Tote durch die Zivilbevölkerung gehabt. Daran beteiligten sich Frauen ebenso wie Männer."

Hier folgen zahlreiche grausige Einzelheiten, für die der Beweis mir aber nicht erbracht ist, weshalb ich nur die durch unsere Regimenter und Bataillone leicht zu beweisenden allgemeinen Sätze zugrunde lege.

Infolge der ununterbrochenen schweren Klagen der Armee erließ die deutsche Regierung daher Mitte August nachdrückliche amtliche Warnungen an Belgien und Frankreich unter Hinweis auf die Behandlung der ausgewiesenen Deutschen und auf die Tatsache, daß die Zivilbevölkerung auf Soldaten und Sanitätspersonal schießt und Grausamkeiten an Verwundeten begeht. „In Anwerpen habe der Pöbel deutsches Eigentum barbarisch verwüstet, Frauen und Kinder in bestialischer Weise niedergemetzelt." „**Deutschland fordert vor der ganzen gesitteten Welt Rechenschaft für das Blut dieser Unschuldigen, für die jeder Zivilisation hohnsprechende Art der Kriegsführung Belgiens. Wenn der Krieg von nun an einen besonders schroffen und grausamen Charakter annehme, so trügen Frankreich und Belgien die Schuld.**"

Dem völkerrechtswidrigen Verhalten der belgischen Bevölkerung gegen die deutschen Truppen hat sich natürlich die Haltung der Russen würdig an die Seite gestellt. In der Nacht vom 14. auf den 15. August wurde z. B. in Kalisch wieder auf die einrückenden deutschen Truppen aus dem Hinterhalte geschossen. „Es ist dies nunmehr auf unserer Ostfront der dritte derartige Überfall. Auch hier ist der Verlust braver deutscher Krieger zu beklagen; es wurden zwei Mann getötet und 20 bis 30 Mann verwundet. **Es unterliegt keinem Zweifel, daß es sich um einen planmäßigen Angriff der nichtmilitärischen Bevölkerung handelt, und der Verdacht besteht, daß, wie in Frankreich und Belgien, so auch in Rußland diese Banden mit der Regierung in Verbindung stehen.**" (Amtliche Mitteilung.)

Als die Bestialitäten, vor allem in Belgien und Frankreich, sich immer mehrten, erhob in demselben Telegramm an Präsident Wilson, in dem er gegen die Anwendung der Dum-Dum-Geschosse protestierte, der Kaiser (am 8. September) feierlichen Protest gegen diesen belgischen Franktireurkampf. Er schrieb dort:

„Nicht nur haben sie diese grausamen Waffen angewendet, sondern die belgische Regierung hat die Teilnahme der belgischen Zivilbevölkerung an dem Kampfe offen ermutigt und seit langem sorgfältig vorbereitet. Die selbst von Frauen und Geistlichen in diesem Guerillakriege begangenen Grausamkeiten, auch an verwundeten Soldaten, Ärztepersonal und Pflegerinnen (Ärzte wurden getötet, Lazarette durch Gewehrfeuer angegriffen), waren derartig, daß Meine Generale endlich gezwungen waren, die schärfsten Mittel zu ergreifen, um die Schuldigen zu bestrafen und die blutdürstige Bevölkerung von der Fortsetzung ihrer schimpflichen Mord- und Schandtaten abzuschrecken. Einige Dörfer, und selbst die alte Stadt Löwen, mit Ausnahme des schönen Stadthauses, mußten in Selbstverteidigung und zum Schutze Meiner Truppen zerstört werden. Mein Herz blutet, wenn Ich sehe, daß solche

Maßnahmen unvermeidlich geworden sind, und wenn Ich an die zahllosen unschuldigen Leute denke, die ihr Heim und Eigentum verloren haben, infolge des barbarischen Betragens jener Verbrecher.

Wilhelm I. R."

Auch der Reichskanzler verweist in seinem Schreiben an die Vertreter der amerikanischen „United Press" und der „Associated Press" auf diese Folgen des systematischen Franktireurkampfes in Belgien. Er sagt dort u. a.:

„Man verschweigt Ihnen, daß belgische Mädchen Verwundeten auf dem Schlachtfelde die Augen ausgestochen haben. Beamte belgischer Städte haben unsere Offiziere zum Essen geladen und über den Tisch hinüber erschossen (!). Gegen alles Völkerrecht wurde die ganze Zivilbevölkerung Belgiens aufgeboten, die im Rücken unserer Truppen nach anfänglich freundlichem Empfang mit versteckten Waffen sich in grausamster Weise erhob. Belgische Frauen durchschnitten Soldaten, die sie im Quartier aufgenommen hatten und die sich zur Ruhe gelegt hatten, den Hals."

Und wie in Belgien, so wurde dieser unmenschliche, jedem Völkerrecht hohnsprechende Kampf beim Betreten des französischen Bodens durch deutsche Truppen von Ort zu Ort fortgeführt. Es war offenbar eine zentralisierte, vom Staate selbst sorgfältig, nicht offen, sondern geheim organisierte und vorbereitete Aktion in beiden Ländern. Nirgends trat dies freilich schärfer und offenbarer hervor, als in dem erwähnten Überfall in der belgischen Universitätsstadt Löwen, der in einem schändlichen, international organisierten Lügenfeldzug dazu verwendet wurde, um neben unzähligen andern erdichteten Räuber- und Mordgeschichten die Erbitterung der ganzen Welt gegen Deutschland zu erregen. Auch über ihn hier nur einige kurze Bemerkungen, da die eingehende amtliche Untersuchung den Fall genauestens behandeln wird. Man konnte solchen Feldzug um so leichter unternehmen, als man in völkerrechtlich unerhörter Weise ohne jede Not, lediglich zur Durchführung dieses Lügenplanes die deutsch-amerikanischen Kabel durchschnitt, um die öffentliche Meinung des Auslands gegen Deutschland und seine Kriegsführung voreinzunehmen.

Ein Augenzeuge, dessen Wahrnehmungen u. a. auch von dem als Geisel verwendeten Vizerektor der Universität Löwen in der

Hauptsache bestätigt wurden, berichtet über diese Löwener Affaire u. a. folgendes:

„Die Vorbereitungen, die pünktliche Ausführung des Überfalls in der Zeit vollkommenster Ruhe und das Zusammengehen mit dem Ausfall aus Antwerpen erweisen zweifellos, daß es sich um eine lang und gut vorbereitete Verschwörung der Bürgerschaft, nicht um den Putsch eines erregten Mobs handelt. Wie weit der Kreis der Verschwörung gezogen war, dafür nur zwei bezeichnende Tatsachen: auf dem Rathaus, im großen Saal, wurde eine Menge bereitgestellter Munition gefunden; in der Kathedrale wurden Priester abgefaßt, die 500 Gewehre mit Munition verteilten; die Sachen wurden eben erst aus Kisten ausgepackt, in denen sie eigens für den Überfall bezogen worden waren." (Frk. K.)

Der vorläufige amtliche Bericht lautet kurz dahin:

„Aus den eidlichen Aussagen der bisher vernommenen 40 Augenzeugen kann schon als unzweifelhaft erwiesen mitgeteilt werden, daß an dem Abend des 25. August von den am Bahnhof von Löwen an der Bahnstraße rechts und links gegenüberliegenden Häusern zuerst eine rote Rakete aufstieg, die das Zeichen zu einer unmittelbar darauf aufsteigenden grünen Rakete gab. Als die Leuchtkugeln beide weithin sichtbar über dem Bahnhof aufleuchteten, brach im gleichen Augenblick ein Kugelregen aus den oberen Fenstern der Häuser in der Bahnhofstraße und teilweise von den Dächern derselben auf die ahnungslos vor dem Bahnhof und in der Straße befindlichen deutschen Truppen aus, der ein Dutzend Unteroffiziere und Mannschaften sowie einen Teil Pferde teils schwer, teils leicht verwundete, noch ehe die Deutschen das Feuer zu erwidern Zeit gefunden hatten." —

Die Annahme, daß es sich bei den ganzen Franktireurkämpfen in Frankreich und Belgien nicht etwa um die Sünden einzelner Fanatiker, sondern um eine großzügige Organisation und Aktion der französischen und belgischen Regierung handelte, die von langer Hand vorgesehen war, wird nicht bloß durch die Massen der vorhandenen Militärgewehre und sonstigen Waffen mit bester Munition bestätigt, sondern durch die systematische Verherrlichung dieser völkerrechtswidrigen Kampfführung durch die Presse Belgiens und Frankreichs vor und nach Kriegsbeginn.

Ein bekannter französischer Militärschriftsteller hat u. a. in einer

Broschüre schon vor Jahren den Franktireurkrieg für Frankreich und Belgien publizistisch mit aller Offenheit vertreten. Das Familienblatt „La vie illustrée“ vom November 1905 hatte dasselbe getan. Er ist ja auch eine alte Einrichtung, die unsere Truppen im Jahre 1870 reichlich kennen gelernt haben. Auch jetzt waren insbesondere Lothringen und die ganzen Vogesengrenzländer der Schauplatz dieser Kämpfe.

In einer Verhandlung vor dem Straßburger Kriegsgericht gegen einen des Franktireurtums beschuldigten Lehrer eines französischen Grenzorts wurden von Zeugen — ausnahmslos Franzosen — folgende interessante Angaben gemacht (Anfang September 1914):

Zwei Monate vor der Mobilmachung versandte der Spezialkommissar von Französisch-Avricourt in seinem Bezirk an die Bürgermeister ein Zirkular, durch das die Gemeinden aufgefordert wurden, eine Bürgerwehr zu bilden und dieselbe mit Schußwaffen auszurüsten. Die Gemeinde Neufviller lehnte in der Gemeinderatssitzung die Forderung des Spezialkommissars, also eines Regierungsvertreters, ab mit der Begründung, die Gemeinde sei arm und habe keine Mittel. Der Bürgermeister bestätigte in der Hauptverhandlung diese Angaben.

Dieses Zirkular war natürlich keine Privatleistung des Spezialkommissars. Was in Avricourt geschah, wird sicherlich in ganz Französisch-Lothringen ausgeführt sein. Das zeigten unsere Erfahrungen im August l. J., wo eine Ortschaft nach der andern in der oft heimtückischsten Weise diesen völkerrechtswidrigen Kampf betrieb [1]).

---

[1]) Eine treffende Illustration, welche Beurteilung und Würdigung der belgische Franktireurkrieg in England und Frankreich findet, liefern noch im September und Oktober eine Reihe Zeitschriften durch ihre Bilder. Der Franktireurkrieg wird dort nicht nur ohne weiteres zugegeben, sondern sogar als heldenhaft gepriesen. So findet sich beispielsweise in „The Sphere“ in London vom 22. August 1914 ein Bild, das eine Frau darstellt, die, umringt von ihren Kindern, aus einer Türöffnung auf Ulanen schießt. Eine ausführliche Unterschrift klärt die Leser dieser „Familienzeitschrift“ über die Tätigkeit der Franktireurfrau auf. Am bezeichnendsten ist die Unterschrift, die einem in „The Graphic“ erschienenen Bilde beigegeben ist: „Belgische Frauen knien an der Bahre eines sterbenden belgischen Soldaten.“ Bei der Besprechung der „Verdienste“ belgischer Frauen heißt es dann: Sie trieben manchen Angriff von Ulanen zurück und machten bei Herstal 2000 Deutsche durch kochendes Wasser kampfunfähig.

Die französische Zeitung „L'Avenir Reims“ bestätigt diese Scheußlichkeiten in einem Artikel über die heldenmütige Verteidigung der Frauen von Herstal.

Klassischer als durch die in der Anmerkung mitgeteilten Tatsachen kann der Beweis wohl nicht erbracht werden, daß hier ein systematischer, von oben längst vorbereiteter Völkerrechtsbruch vorliegt, der die deutschen Truppen zu den härtesten Repressalien berechtigt, der den Beteiligten jedes Recht nimmt, auf die Gebräuche des Landkriegs und die Regeln der Menschlichkeit Anspruch zu erheben.

In dem Thersiteischen Redefeldzuge, den die Apostel der „heiligen Alliance" Lloyd George und Winston Churchill gegen Deutschland im September abhielten, um die Kitchenersche „Million" und die nötigen „Silberkugeln" zusammenzubringen, sprach der erstere noch davon, daß man es den französischen und belgischen Bauern nicht übelnehmen könne, wenn sie mit der Waffe in der Hand ihr Haus gegen „Mordbrenner" verteidigen. Dies sagt ein Mann, der sich leicht davon überzeugen könnte, daß er hier eine große Nation beschmutzt — ein Mann, der die größte Kulturschande des Jahrhunderts mitverschuldete, Ghurkas und Neger, Basutos und Hereros gegen das deutsche Kulturvolk zu hetzen, — der engste Bundesgenosse des Kosakismus!

Sie schreibt: „Die Stadt war natürlich beim Einzug der Deutschen leer von allen waffenfähigen Männern, aber die Frauen, meist Arbeiterinnen der großen Waffenfabriken, hatten geschworen, die deutschen Truppen an der Besitzergreifung der Fabrik zu hindern. Sie bewaffneten sich daher mit Revolvern und mit allem, was als Waffe dienen konnte. Sie trieben mehrmals die Angriffe der Ulanen zurück, und als ihre Munition erschöpft war, verbarrikadierten sie sich in ihren Häusern und gossen von dort kochendes Wasser auf die eindringenden Deutschen. Man sagt, daß 3000 Deutsche durch Verbrennungen außer Gefecht gesetzt wurden. Greise und Kinder (!) nahmen an dieser Verteidigung teil."

Und wenn diesen in Notwehr etwas geschah? Dann bewarfen D'Annuncio, Verhaeren uns mit Kot!

Rechtsrat Dr. Müller von Ludwigshafen fand, wie der Ludwigshafener „General-Anzeiger" mitteilt, im Keller der Schule und des Gemeindehauses eines etwa 2000 Einwohner zählenden Dorfes bei Lüttich, in dem er einquartiert ist, neben zahlreichen belgischen Uniformstücken 370 000 belgische Gewehrpatronen in Kisten verpackt. Beim weiteren Nachforschen ergab sich, daß der Schreibtisch des Bürgermeisters über eine Falltür gerückt war, die in einen anderen Keller führte; hier lagen 33 Gewehre, sämtlich geladen. Die Schule war also planmäßig für den Straßenkampf hergerichtet. Im Garten der Schule fand man 40 geladene belgische Feldartilleriegeschosse vergraben und einige Meter davon unter Sträuchern 5800 belgische Browning-Revolverpatronen.

Freilich, im Burenkriege handelten die Engländer arders. Dort verbrannten sie „aus strategischen Gründen“ Farm um Farm der Buren. Da waren sie „Mordbrenner“, was der Oberkommandierende der südafrikanischen Truppen Beyers wohl bestätigen kann. Natürlich haben diese Herren, die so das wackere deutsche Heer so schwer beleidigen, keine Idee davon, was es heißt, das beste Blut, die edelsten Reiser eines großen Völkerstammes von belgischen und französischen Franktireurbanden hinterlistig vernichten zu lassen. Sie kannten ja zunächst nur ein käufliches Söldnerheer als Militär. Bald werden sie vielleicht besseres Verständnis für solche Fragen bekommen! Aber existiert für jene Herren, denen angeblich „Verträge“ heilig sind, das Völkerrecht, das sie selbst 1899 und 1907 mitunterzeichnet haben, nicht mehr? Haben sie jemals z. B. die Art. 1 und 23 der Landkriegsordnung gelesen, wo all die „Heldentaten“, die sie jetzt preisen, streng untersagt sind?

Und wenn sich die deutsche Armee gegen solche Verletzungen aller Kriegsgebräuche, wie sie unter gesitteten Völkern bestehen, wehren, sind sie dann „Mordbrenner“? Welche Umwertung aller Begriffe von Vernunft, Moral — und Recht!

Wer auf unsere Truppen schießen, mit ihnen kämpfen will, der möge es machen wie die zwei Millionen deutscher Kriegsfreiwilligen, die nicht feige wie jene Mordbrenner aus dem Hinterhalt schießen, arme Verwundete abwürgen und ihnen die Augen ausstechen, Ohren und Nasen abschneiden, sondern in offener Feldschlacht, in ehrlichem Kampfe gegen uns eintreten![1])

Darum, Herr Lloyd George und Genossen, Sie können Siege für sich, Niederlagen für uns erdichten so viel Sie wollen, das sind nun einmal Ihre Waffen in jetziger großer Zeit. **Durch Verleum-**

[1]) Weder im Elsaß noch in Ostpreußen, wo unsere Feinde den deutschen Boden betraten, hat das deutsche Volk den Franktireurkampf begonnen. Es hat durchweg die ernste Warnung der deutschen Regierung befolgt und der Armee den Krieg nach völkerrechtlichen Grundsätzen überlassen. Daß das im deutschen Volkscharakter liegt, geht wohl auch aus dem berühmten Briefe hervor, den Napoleon I. am 2. Dezember 1811 an Marschall Davout geschrieben hat (s. Dr. Tim Klein, Die Befreiung 1813/1815). Die Stellen, die man den französischen und belgischen Gefangenen vorlesen sollte, lauten: „Urteilen Sie doch selbst, was zu befürchten ist von einem so braven und vernünftigen Volke, das von jeder Ausschreitung entfernt ist, daß während des ganzen Krieges kein einziger französischer Soldat in Deutschland ermordet wurde.“ (!)

dungen aber dem ehrlichen Feinde die Ehre abzuschneiden, ist auch im Dienste der englischen Politik eine Tat, die Sie und Ihre Kollegen schändet und in ihren Wirkungen für kommende Generationen ein Verbrechen bedeutet!

II. Das Wesen des Franktireurkrieges in rechtlicher Beziehung.

Über das Wesen der Franktireurs sind bereits 1870 heftige Kontroversen zwischen der deutschen und französischen Regierung entstanden; völkerrechtlich hat man seitdem zu dieser Frage verschiedentlich Stellung genommen; es ist interessant zu erfahren, was unser Großer Generalstab unter Franktireurs versteht. In einer seiner „Kriegsgeschichtlichen Einzelschriften", die sich mit dem „Kriegsgebrauch im Landkriege" beschäftigt, hat er dazu Stellung genommen. „Es ist eine uralte Streitfrage, inwieweit irreguläre Truppen die Rechte der aktiven Soldaten für sich in Anspruch nehmen dürfen. Gewiß werden reguläre Armeen solche unregelmäßigen Kämpfer stets mit Mißtrauen betrachten, denn der Mangel an militärischer Erziehung und straffer Disziplin verleitet sie häufig zu Ausschreitungen, Gewalttaten und Räubereien; anderseits ist aber kein Staat gezwungen, nur mit seinem stehenden Heer Krieg zu führen, sondern kann nach Gutdünken alle waffenfähigen Bewohner heranziehen.

... In den Kriegen nach 1870 hat man für die Anerkennung irregulärer Truppen nicht mehr wie vorher (Listeneintragung) das entscheidende Gewicht auf die Autorisation des Staates gelegt; man wollte dadurch die Gefahren und Leiden des Krieges vermindern, verlangt aber wenigstens, daß diese unregelmäßigen Kämpfer „an der Spitze eine Persönlichkeit haben, die für das Verhalten ihrer Untergebenen der eigenen Regierung verantwortlich ist". Der Große Generalstab steht auf dem Standpunkt, daß organisierte Truppenabteilungen anerkannt werden sollen, auch wenn sie keine staatliche Autorisation haben; einzeln auftretende Feinde müssen aber, wenn sie nicht als Verbrecher behandelt werden wollen, die Zugehörigkeit zu einem organisierten Verbande nachweisen. Noch wichtiger aber als die Organisation der Irregulären ist ihre äußere Erkennbarkeit als Kämpfer. Unregelmäßige Truppen müssen mit deutlich sichtbaren, auf weite Entfernungen erkennbaren Abzeichen versehen sein, um den aktiven Soldaten gegen heimtückische Tötung und gegen eine verwerfliche Kriegsführung zu schützen. Außerdem dürfen die Irregulären nicht aus dem Hinterhalt schießen, sondern sie müssen „die Waffen offen führen".

Soweit die Anschauungen des deutschen Generalstabs, denen im wesentlichen die Bestimmungen des Art. 1 der Landkriegsordnung von 1899/1907 entsprechen.

Es ist interessant, daran zu erinnern (s. „D. J.-Z." 1914 Nr. 18), daß an die Vorschriften über die Teilnahme der nicht zum Heere gehörenden Bevölkerung am Kampf sich im Haag ein lebhafter Streit geknüpft hat, und es ist bemerkenswert, daß schon damals der Vertreter Belgiens, der an den Verhandlungen hervorragend beteiligt gewesene Staatsminister Beernaert, im Interesse der kleineren Staaten, die nur ein relativ schwaches Heer aufbringen können, für die schrankenlose Zulässigkeit der Teilnahme des ganzen Volkes am Kampf eingetreten ist. Charakteristisch ist seine Sentenz.

„Il n'y a donc de réglé que ce point qu'il faut tenir comme belligérants les armées, les milices, les corps organisés et aussi la population, qui, même sans organisation, prend spontanément, les armes dans le territoire non-occupé." (Haager Prot. III S. 153.)

Die Annahme dieses Standpunktes scheiterte besonders an dem Widerspruch des deutschen Vertreters, Oberst v. Schwarzhoff, der die Kampfesteilnahme von Einwohnern des angegriffenen Gebietes ohne die — später tatsächlich angenommenen — Beschränkungen für unannehmbar erklärte und mit Recht darauf hinwies, daß diese Beschränkungen jedem berechtigten Trieb des Widerstandes genügend freies Feld zur Betätigung ließen. Man kann ohne weiteres annehmen, daß jede andere Regelung in der Wirklichkeit an dem tatsächlichen Widerstande der kriegführenden Heere scheitern würde. Es sei in dieser Beziehung nur auf eine von Albert Zorn angeführte Äußerung Moltkes verwiesen:

„Kein auswendig gelernter Paragraph wird den Soldaten überzeugen, daß er in der nicht organisierten Bevölkerung, welche spontan die Waffen ergreift und durch welche er bei Tag wie bei Nacht nicht einen Augenblick seines Lebens sicher ist, einen regelrechten Feind zu erblicken hat."

Mit diesen Gründen drangen die deutschen Vertreter durch. Auch Belgien erkannte durch Ratifizierung der Abkommen, wie England, Frankreich und Rußland (übrigens auch wie Serbien und Montenegro durch Ratifizierung des Abkommens von 1899, das gleichlautend in dieser Richtung mit dem von 1907 ist), an, daß freiwillige Korps als kriegführende Truppen nur anerkannt werden, wenn sie 1. einen verantwortlichen Vorgesetzten haben, 2. wenn sie ein bestimmtes, aus der Ferne erkennbares Zeichen, 3. wenn sie die Waffen offen tragen[1]), und 4. wenn sie die Gesetze und Gebräuche des Krieges, wie sie vor allem in jenem Abkommen niedergelegt sind, beobachten.

Es ist interessant, daß bereits in diesen Tagen, Ende Oktober 1914, in England, das vor einer Landung der deutschen Truppen auf englischem Boden zittert, alle Anstrengungen gemacht werden, um den Franktireurkrieg auch auf englischem Boden zu befürworten und als völkerrechtlich zulässig darzutun (s. die Ausführungen des militärischen Mitarbeiters des Londoner „Standard"). Professor Holland vertritt wiederholt in der „Times" den — wahrhaft klaren — Standpunkt der völkerrechtlichen Unzulässigkeit einer Teilnahme der bürgerlichen Bevölkerung Englands am Kampfe. Oberst Lloyd erinnert dagegen daran, „daß von den militärischen Delegierten Englands auf der 1. Friedenskonferenz (1899) Asdagh für das Recht der Bevölkerung, bei einem feindlichen Einbruch in das Land mit allen Mitteln (?) Widerstand zu leisten, eingetreten ist. Damals sei es nicht zur Abstimmung gekommen, aber Asdagh habe erklärt, daß England Ge-

---

[1]) Ein besonderer Trick der belgischen und teilweise der französischen Soldaten ist das Ausziehen der Uniform und Anziehen von Zivilkleidung. Der Kriegsberichterstatter Dr. Oskar Bongard erzählt wie andere Berichterstatter unwidersprochen, daß aus beschlagnahmten Briefen hervorgeht, daß die Mitglieder der Garde civique Anweisung haben, in den Tornister einen Zivilanzug einzulegen. Leute, die so verfahren, haben natürlich nicht als kriegführende Soldaten nach Art. 1 der Landkriegsordnung zu gelten, können auch nicht den Art. 2 l. c. für sich geltend machen, sondern können nur als Franktireure angesehen werden.

Aus Holland wurde unmittelbar nach der Einnahme Antwerpens mit aller Bestimmtheit und unwidersprochen gemeldet, daß sich Tausende von belgischen Soldaten (man sprach von 13 000) durch diese Metamorphose in „harmlose" Zivilisten verwandelten. Und dann wundert man sich, wenn gegen „feindliche Bewohner" scharf vorgegangen wird (s. unten unter „Kriegslist" Kap. 20).

wicht darauf lege, auszusprechen, daß es das Recht des Schwachen auf Widerstand anerkenne [1]). Das mag alles richtig sein, ändert aber an den schließlichen Abstimmungen und Anerkennungen des ebenso klaren wie einleuchtenden Wortlauts der unten zitierten Art. 1 und 2 gar nichts! Dieser allein ist maßgebend, zumal die Bestimmungen von 1899 und 1907, wo sie von neuem bestätigt wurden, völlig übereinstimmen. Auch Lord Haldane hat in diesen Tagen diese Verpflichtung Englands im Parlament ausdrücklich bestätigt.

Gegen alle diese Voraussetzungen der Landkriegsordnung haben die beiden Regierungen in einer Weise gesündigt, daß man von einer Verhöhnung aller Abkommen und Versprechungen sprechen kann.

Um diese Schwere des völkerrechtlichen Vorgehens der beiden Regierungen richtig einzuschätzen, ist es notwendig, auf die Motive der Regierungen bei dem Abschlusse des 4. Abkommens der 2. Friedenskonferenz vom 18. Oktober 1907 näher einzugehen. Dieses Abkommen über die Gesetze und Gebräuche des Landkrieges vom 18. Oktober 1907 (R.G.Bl. 1910 S. 107) ist, wie wiederholt betont, abgeschlossen und ratifiziert von fast sämtlichen (44) Regierungen der Erde, natürlich darunter auch von allen jetzt kriegführenden Mächten. Die kleinen Vorbehalte einzelner fallen bezüglich der hier in Frage kommenden Bestimmungen nicht ins Gewicht: Montenegro und Serbien haben durch die Ratifizierung der entsprechenden Beschlüsse der 1. Haager Friedenskonferenz dieselben Grundsätze anerkannt.

In der Einleitung dieser beiden wichtigen internationalen Übereinkommen heißt es:

„Nach der Auffassung der hohen vertragschließenden Teile sollen diese Bestimmungen, deren Abfassung durch den Wunsch angeregt wurde, die Leiden des Krieges zu mildern, soweit es die militärischen Interessen gestatten, den Kriegführenden als allgemeine Richtschnur für ihr Verhalten in den Beziehungen untereinander und mit der Bevölkerung dienen."

„Es war indessen nicht möglich, sich schon jetzt über Bestimmungen

---

[1]) Wells, der Hauptagitator der „Times" für den englischen Franktireurkrieg, sagt ganz offen: „Deutsche, die in England einfallen, sollen nicht bekämpft, sondern gelyncht werden", — „Offiziere aufhängen, Mannschaften totschießen".

zu einigen, die sich auf alle in der Praxis vorkommenden Fälle erstrecken.

Andererseits konnte es nicht in der Absicht der vertragschließenden Teile liegen, daß die nicht vorgesehenen Fälle in Ermangelung einer schriftlichen Abrede der willkürlichen Beurteilung der militärischen Befehlshaber überlassen bleiben.

Solange, bis ein vollständigeres Kriegsgesetzbuch festgestellt werden kann, halten es die vertragschließenden Teile für zweckmäßig, festzusetzen, daß in den Fällen, die in den Bestimmungen der von ihnen angenommenen Ordnung nicht einbegriffen sind, die Bevölkerung und die Kriegführenden unter dem Schutze und der Herrschaft der Grundsätze des Völkerrechts bleiben, wie sie sich ergeben aus den unter gesitteten Völkern feststehenden Gebräuchen, aus den Gesetzen der Menschlichkeit und aus den Forderungen des öffentlichen Gewissens.

Sie erklären, daß namentlich die Artikel 1 und 2 der angenommenen Ordnung in diesem Sinne zu verstehen sind."

Die „Ordnung der Gesetze und Gebräuche des Landkrieges" ist als Anlage zum Abkommen beschlossen. Der erste Abschnitt behandelt die „Kriegführenden" und setzt im 1. Kapitel den Begriff fest.

In diesen Art. 1 bis 3 heißt es also wörtlich:

„Die Gesetze, die Rechte und die Pflichten des Krieges gelten nicht nur für das Heer, sondern auch für die Milizen und Freiwilligen-Korps, wenn sie folgende Bedingungen in sich vereinigen:

1. daß jemand an ihrer Spitze steht, der für seine Untergebenen verantwortlich ist;

2. daß sie ein bestimmtes, aus der Ferne erkennbares Abzeichen tragen;

3. daß sie die Waffen offen führen und

4. daß sie bei ihren Unternehmungen die Gesetze und Gebräuche des Krieges beobachten.

In den Ländern, in denen Milizen oder Freiwilligen-Korps das Heer oder einen Bestandteil des Heeres bilden, sind diese unter der Bezeichnung „Heer" einbegriffen.

Einen neuen Gedanken brachte im Jahre 1907 der Art. 2, der lautet, wie folgt: „Die Bevölkerung eines nicht besetzten Gebiets, die beim Herannahen des Feindes aus eigenem Antriebe zu den Waffen greift, um die eindringenden Truppen zu bekämpfen, ohne Zeit gehabt zu

haben, sich nach Artikel 1 zu organisieren, wird als kriegführend betrachtet, wenn sie die Waffen offen führt und die Gesetze und Gebräuche des Krieges beobachtet."

Art. 3 fügt hinzu: „Die bewaffnete Macht der Kriegsparteien kann sich zusammensetzen aus Kombattanten und Nichtkombattanten. Im Falle der Gefangennahme durch den Feind haben die einen wie die anderen Anspruch auf Behandlung als Kriegsgefangene."

Was den Art. 3 anlangt, so kann er hier zunächst außer Betracht bleiben. Zu den Nichtkombattanten gehören die Beamten, das Sanitätspersonal usw. Für unsere Betrachtung kommen hier nur die Art. 1 und 2 in Betracht. Das Resultat ist folgendes:

Die französischen und die belgischen Franktireure und ihre Helfershelfer hatten niemanden „an ihrer Spitze, der für seine Untergebenen verantwortlich ist". Die Regierung hat ihnen einfach wie Räuberbanden die Waffen zum Morden in die Hand gedrückt. Eine „Bürgerwehr" mit verantwortlichen Vorgesetzten ist für diese Franktireure und ihre Kriegführung niemals nachgewiesen. Auch die Garde civique, die wir an anderer Stelle besprechen, hatte weder eine solche Spitze, noch erfüllte sie die anderen Bedingungen des Art. 1 l. c., zumal sie das Anziehen von Zivilkleidern bei Gefahr zum System erhob.

Die hier in Frage kommenden Franktireure tragen auch keinerlei „bestimmtes, aus der Ferne erkennbares Abzeichen". Im Gegenteil: sie suchen in jeder Richtung als harmlose Zivilpersonen zu erscheinen, um mit Vorliebe von hinten einzelne von der Truppe infolge Verwundung oder sonstwie Abgeirrte niederzuschießen oder sonst zu morden — bis zum heimtückischen Giftmord im Kaffee, den man nach einer unwidersprochenen halbamtlichen Meldung gegen einen preußischen Generalmajor versucht hat. Sie führen die Waffen selten offen und beobachten bei ihrem Treiben niemals die Gesetze und Gebräuche des Krieges (s. unten).

Aber auch der Art. 2 des Abkommens lag bei diesen Kämpfern niemals vor — weder an der französischen Grenze noch in Belgien, da sie eben die beiden Voraussetzungen nicht erfüllten, unter denen die Erhebung des Volkes als eine völkerrechtlich zulässige anerkannt wird. Diese beiden Voraussetzungen sind 1. die offene Waffenführung (diese wurde ausdrücklich auf Deutschlands Wunsch in

Art. 2 eingesetzt; Weißbuch S. 6) und 2. die Beobachtung der Gesetze und Gebräuche des Krieges durch diese Freischärler.

Zunächst trifft der Art. 2 schon deshalb nicht zu, weil man in Frankreich wie in Belgien lange Zeit hatte, sich nach Art. 1 zu organisieren. Man hat vielleicht, wie die oben erwähnte Gerichtssitzung ersehen läßt, eine gewisse heimliche Organisation einzurichten versucht, man hat sich aber schließlich anscheinend auf die Waffenverteilung beschränkt und sohin wissentlich und mit Vorbedacht gegen die Landkriegsordnung gefrevelt. Die Vorbereitungen waren im allgemeinen, insbesondere an der französischen Ostgrenze, so sorgfältige (s. die Aussagen einer Reihe von Zeugen, die bereits im Mai und Juni über große militärische Vorbereitungen in Frankreich Mitteilung machten), daß von einer „Überraschung" im Sinne des Art. 2 nicht die Rede sein kann. In Belgien aber wurden die meisten Grausamkeiten und völkerrechtswidrigen Handlungen nach der Besetzung des Gebiets durch deutsche Truppen (s. den Schulfall Löwen!) verübt, so daß von vornherein der Art. 2 keine Anwendung finden kann. Die Hauptsache aber ist, daß die Waffenführung in den meisten Fällen weder in Belgien noch in Frankreich eine offene im Sinne dieser Bestimmungen war, sondern eine versteckte, heimtückische. Kein Mittel war nach den amtlichen Mitteilungen schlecht geaug — Mißbrauch der weißen Fahne, Emporheben der Hände, um dann plötzlich zu feuern, Meuchelmord von hinten, Abschlachten von Gefangenen und Verwundeten —, das nicht Anwendung fand. Sämtliche Bestimmungen der 7 Tatbestände des Art. 23 der Landkriegsordnung von 1899/1907 wurden verletzt. Von einer Beobachtung der Gesetze und Gebräuche des Krieges, die eine verantwortliche Kommandoführung erheischen, die die Kriegsgefangenen und Verwundeten schonen, die die meuchlerische Tötung oder Verwundung von Angehörigen des feindlichen Heeres (Art. 23 b) verbieten, ist hier überhaupt keine Rede. Hier gab es meistens keinen Pardon, hier wurden wehrlose Feinde niedergemetzelt, hier wurden die grausigsten Verstümmelungen hilfloser Verwundeter vorgenommen, hier wurden teilweise Waffen benutzt, die die gräßlichsten Schmerzen verursachen sollten usw. usw. Kurzum: es gibt keine der wichtigsten Bestimmungen des Abkommens der Art. 23, 46, 47, die nicht in jeder Richtung unzählige Male verletzt worden wären [1]).

[1]) Es wurde bekannt, daß die belgischen Franktireure Stockgewehre und

Nur noch einige kurze Stichproben zu den obigen amtlichen Mitteilungen, um die hier aufgestellten Behauptungen zu beweisen!

Die Berliner „Klin. Wochenschrift" macht Mitte September Mitteilung von drei Niederträchtigkeiten, die an deutschen Ärzten in Frankreich und Belgien verübt worden sind. Danach wurden Dr. Max Stamer durch einen Franktireur erschossen; der Sanitätsrat Dr. Gottschalk fiel einem tückischen Überfall belgischer Einwohner zum Opfer, und Stabsarzt Dr. D. Xylander wurde, wie ausdrücklich bemerkt wird, in seiner Funktion als konsultierender Hygieniker heimtückisch erschossen (!).

Von dem Etappendelegierten Grafen Reichenbach wurde aus einem Etappenhauptort im nördlichen Frankreich telegraphisch gemeldet, daß am Mittwoch den 23. September in der Umgegend des Etappenhauptortes in einer sonst sicheren Gegend eine Krankentransportabteilung mit 13 Mann der freiwilligen Krankenpflege trotz deutlich sichtbarer Abzeichen des Roten Kreuzes beim Heranschaffen von Verwundeten durch französische Einwohner überfallen wurde. Sechs Mann der freiwilligen Krankenpflege sind dabei niedergemacht worden.

„Mordbrenner" —, ja Bundesgenossen, Herr Lloyd George, und Freunde!

Das deutsche Sanitätspersonal hat unter dem Gesindel, für das natürlich auch die ganze Genfer Konvention nicht vorhanden ist, furchtbar zu leiden gehabt (s. oben Kap. 12)! Dieses Morden hat mit Patriotismus nicht das Mindeste zu tun. Wir wissen die Gefühle der Belgier und Franzosen, die ihr Vaterland verteidigen, vollkommen zu würdigen! Es heißt, das Heiligste schänden, wenn man solche Schandtaten gegen jedes Menschlichkeitsgefühl auch nur im Zusammenhang mit „Vaterlandsliebe" und Tapferkeit bringt. Die Landkriegsordnung zeigt, wie ein Volk, das seinen heimischen Boden

---

Stockschirmgewehre gegen die deutschen Truppen benutzen. Diese Stockgewehre stammten nach Aussage eines sachverständigen österreichischen Ingenieurs aus Frankreich, die Firma Dumonier in St. Etienne und Paris habe ein Privilegium zu ihrer Herstellung und verkaufe sie nur en gros. Das Stockgewehr besteht aus einem mit Holz verkleideten Lauf; durch Zurückziehen des Griffs wird das Patronenlager frei, das gewöhnlich 3 Kugelpatronen enthält. Ein Druck auf einen kleinen, kaum sichtbaren Knopf unterhalb des Griffs führt die Entladung herbei.

gegen einen überfallenden Feind mit den Waffen in der Hand verteidigen will, sich verhalten muß. Es muß die Waffen **offen** führen und die Menschlichkeitsregeln, vor allem gegen Wehrlose, unbedingt beobachten. Tut es das Gegenteil, dann gibt es — wir wiederholen dies absichtlich — **keine Strafe, die streng genug ist, um einer solchen Vertierung der Kriegführung im Menschheitsinteresse entgegenzutreten.**

Mit welcher Scheußlichkeit diese Banden hausten und in welchem Rufe sie standen, geht aus einem besonders tragischen Falle hervor, der den 23jährigen Kunstmaler Paul Hain aus München betraf. Er war Mitglied des freiwilligen Autokorps und als solcher oft Zeuge der grauenhaften Folgen der Kampfführung dieser Bluthunde. Als er in einer Nacht im September eine schwere Motorpanne erlitt und eine Franktireurbande nahte, erschoß sich Hain selbst, um nicht in ihre Hände zu fallen, vor den Augen derselben. Daß die deutschen Soldaten für solche Fälle oftmals Gift bei sich tragen, um diesen Scheusalen zu entgehen, ist eine bekannte Tatsache, nicht etwa „Schützengrabengerede".

Am 30. September erschien die amtliche Mitteilung der grausigen Verstümmelungsschandtat bei Orchies, von der bereits oben in Kapitel 12 die amtliche Denkschrift über die Verletzung der Genfer Konvention berichtet (s. dort Fall 5). Der Bericht läßt nicht ersehen, ob es sich um Bestialitäten der Franktireure oder der Soldaten handelt. Die ganze Blutschuld fällt jedenfalls auf das ganze **Volk** und insbesondere auf die Regierung, die eine solche Grausamkeit durch ihre Verleumdungen der deutschen Armee herangezüchtet hat.

Anfang Oktober meldete der Redemptoristenpater Brinkmann in der „Kölnischen Volkszeitung":

„In St. Quentin habe ich einen deutschen schwer kranken Soldaten gefunden, der mir folgendes wahrheitsgetreu erzählte: Er war in der Nähe von Zivilpersonen überwältigt worden. Man fesselte ihn derart an einen Baum, daß er sich nicht mehr bewegen konnte. Dann gab man ihm mit Gewalt ein kleines Fläschchen Gift ein und ließ ihn so sitzen. Zum Glück war das Gift nicht tödlich. Soldaten brachten ihn zum Lazarett. Er war schwer krank. Ich selbst habe dies alles aus seinem eigenen Munde erfahren."

Selbst wenn diese und ähnliche Erzählungen unwahr oder übertrieben wären, Schandtaten wie die von Orchies, die voll bewiesen sind, berechtigen zu der Frage:

Wo sind die Dichter, Dramatiker und Mitglieder der Académie française, die pathologische Entrüstungsartikel über die Deutschen, „die schweren Miststiefel“ usw. schreiben? Findet sich im französischen Volke kein Mund mehr, der gegen solche Grausamkeiten öffentlichen Protest erhebt? Eine Regierung, die zu solchen Taten sogar Mitglieder der regulären Armee fanatisiert, trägt die ganze Blutschuld, die wiederum aus ganz selbstverständlichen Repressalien innerhalb der völkerrechtlichen Kriegführung (d. h. Niederbrennung von Ortschaften usw.) und zuletzt auch außerhalb derselben resultieren muß.

Sogenannte Kulturstaaten, die so verfahren und eine solche Kampfart organisieren, ja auch nur dulden, ohne auf das drakonischste dagegen einzuschreiten, begeben sich des Rechts, anders behandelt zu werden als irgendwelche Räuberhorden in Albanien oder in Mexiko! Die Herren Villa und Carranza mit ihren Mörderbanden haben vor diesen belgischen und französischen Freischärlern nichts voraus. Die Staaten, die diesen Franktireurkrieg geduldet haben, ja ihn offen begünstigen und unterstützen, haften nach Art. 1 des Abkommens vom 29. Juli 1899 und Art. 3 des Abkommens vom 18. Oktober 1907 für allen Schaden, der den Deutschen — gleichviel ob Militär- oder Zivilpersonen — aus dieser Handlungsweise der Franktireure zustößt (s. auch den Aufsatz von Hamm in der „D. J.-Z.“ 1914 S. 1285).

Repressalien werden hier wie sonst zur Voraussetzung haben:

1. Die sichere Festsetzung des Unrechts des Feindes.
2. Eine Vermeidung des Hinausgehens über dieses Unrecht.
3. Die Vermeidung barbarischer Maßregeln.

Diese ganze unmenschliche, systematische Kampfart muß man sich aber auch vergegenwärtigen, um die Heuchelei zu ermessen, mit der man jetzt dem Auslande gegenüber über deutschen „Barbarismus“, „deutsche Grausamkeit“ zetert [1]). Die Herren Kitchener und French, Millerand

---

[1]) Das strafrechtliche Vorgehen gegen die Franktireurs (s. „D. J.-Ztg.“ 1914 S. 1098) stützt sich auf § 91 Str.-G.-B. mit § 5 Z. 4 M.-Str.-G.-B. (Todesstrafe bei Mord). Bei Verwundungen oder vergeblichen Angriffen nach § 160 M.-Str.-G.-B. und § 58 Z. 8 ebenfalls Todesstrafe.

Nötig ist, außer bei Notwehr, ein wenn auch noch so summarisches, feldgerichtliches Verfahren und Urteil (§ 3 Einf.-Ges. z. M.-Str.-G.-B.).

und Delcassé hätten, wenn sich das alles in Deutschland abgespielt hätte, als Sieger anders gehandelt. Sie hätten nicht, wie die deutsche Heeresleitung, sich bei den Personen, bei denen die Schuld nicht voll bewiesen war, auf Gefangennahme beschränkt, sondern nach berühmten Mustern mit Kugel und Hanf gearbeitet, so daß nicht ein Verdächtiger übrig geblieben wäre. Zeugen? Das Burenvolk, die Indier, die Marokkaner, die Ägypter usw.!

Auch ohne die ausdrückliche Bestätigung des Lord Beresford weiß in der deutschen, französischen, belgischen, englischen und russischen Armee jeder, selbst der einfachste Mann, daß die Teilnahme der Bürger am Kriege strengstens verboten ist und mit Füsilierung und Niederbrennung des Eigentums bestraft wird.

B. Mißhandlung Wehrloser vor und nach der Kriegserklärung.

Keine der Voraussetzungen des Art. 1 und 2 der Landkriegsordnung liegt nach obigem auch für die Mörderbanden vor, die zu den unmenschlichen Mißhandlungen von Verwundeten und Wehrlosen geschritten sind, vor denen bereits vor der Kriegserklärung weder Weib noch Kind noch Greis sicher waren.

Es handelt sich hier teilweise um dieselben Elemente, die ihre Heldentaten noch vor dem Einmarsch der deutschen Truppen in Belgien begingen.

Das Wort des früheren französischen Kriegsministers Messimy: „Alle Franzosen müssen sich vereinigen ... im Hasse gegen den Gegner", ist von Anfang an das Leitmotiv des belgischen und französischen Pöbels gewesen. Die Polizei hat in vielen Fällen nicht einmal den Versuch eines Einschreitens gemacht.

Das Tatsachenmaterial über diese Greuel — sowohl gegen Frankreich und Belgien wie gegen Rußland — wird, wie erwähnt, in

Nach Art. 50 des Haager Abkommens darf zwar wegen der Handlungen einzelner eine Strafe in Geld oder anderer Art über eine ganze Bevölkerung nicht verhängt werden, wenn für die Handlung die Bevölkerung nicht als mitverantwortlich angesehen werden kann. Allein jede Verheimlichung der Person des Täters, ja schon die Unterlassung der Anzeige eines verbrecherischen Planes oder die Unterlassung einer ernstlichen Verhinderung sowie die Nichtbefolgung angeordneter Sicherungsmaßregeln enthält unzweifelhaft eine solche Mitverantwortlichkeit der Bevölkerung.

Fülle durch die von der Reichsregierung beim Reichsamte des Innern eingesetzten zwei Sonderkommissionen untersucht und wohl später auch der Öffentlichkeit unterbreitet werden. Es kann also hier auf eine Aufzählung dieser völkerrechtswidrigen Greuel verzichtet werden, mit denen die Bevölkerung der genannten Länder sich eigentlich von Anfang an des Rechtes beraubt hat, über Völkerrechtsbruch auf deutscher Seite zu klagen, ja sich überhaupt noch auf das Völkerrecht berufen zu können.

Wir bringen hier als typische Beispiele nur noch einige Schilderungen von Augenzeugen.

Es ist zu bedauern, daß die amtliche Publikation über die Fälle, die vor allem in den großen belgischen Städten in den ersten Augusttagen sich ereigneten, bisher nicht im Zusammenhange geschah, sondern nur in einzelnen Auszügen ohne Nennung der Namen. Da die Aussagen aber alle beeidigt sind, kann ihnen voller Glaube zugemessen werden, um so mehr, als diese Aussagen mit denjenigen harmonisieren, die unter dem ersten Eindruck großen deutschen Zeitungen von Augenzeugen mitgeteilt wurden, wobei ich aber auch hier zugebe, daß die Angst, der Schrecken, die „Kriegshysterie" erklärlicherweise Wahrheit und Dichtung oft vermengten. Aber auch bei dieser Voraussetzung bleibt genug des Schrecklichen!

Vorausgeschickt sei die Bemerkung, daß der Staat, in dessen Gebiete sich fremde Staatsangehörige befinden, wie zu Friedenszeiten, so erst recht zu Kriegszeiten das Recht hat, diese Fremdlinge auszuweisen. Ein Fundamentalsatz des Völkerrechts aber gibt den Fremden, so lange sie sich nicht gegen die Gesetze des Staates, auf dessen Territorium sie weilen, verfehlen, unbedingten Schutz von Person und Eigentum gegen rechtswidrige, den Strafgesetzen des betreffenden Staates unterliegende Handlungen seitens seiner Staatsangehörigen. Eine solche Gleichstellung des Schutzes von Fremden und Einheimischen bildet geradezu die Grundlage des ganzen Verkehrs zivilisierter Völker und Staaten. Mord, Körperverletzung, Raub, Diebstahl, Gräberschändung, Sachbeschädigung usw. sind Delikte, die in jedem modernen, zivilisierten Staate mit schwerer Strafe bedroht sind, ob sich die Handlung gegen Ausländer oder Inländer wendet, — vor allem, wenn sie im Inlande begangen ist. Solche Normen haben selbstverständlich auch Belgien, Frankreich, Rußland und England.

Auch für den Fall des Krieges bleibt dieser Schutz der Person und des Eigentums des Ausländers unbedingt bestehen, gleichviel, ob die betreffende verletzte Person vielleicht später noch Mitglied eines kämpfenden feindlichen Heeres wird oder nicht!

Jedenfalls stehen Frauen und Kinder sowie Wehrunfähige unbedingt und unbestritten unter diesem Schutz. Aber auch Wehrpflichtige, die der feindlichen Armee noch nicht angehören, dürfen nicht außerhalb des Kriegsbereichs und außerhalb der kriegerischen Unternehmungen, insbesondere nicht vor Beginn des Krieges (infolge Kriegserklärung, bedingten Ultimatums oder tatsächlichen Kriegszustandes) an Leben, Gesundheit oder Freiheit weder von der Wehrmacht noch von Privaten, d. h. der feindlichen Armee nicht angehörigen Personen verletzt werden.

Völkerrechtlicher Hauptgrundsatz bleibt, daß der Krieg von den regulären Heeren, nicht von Zivilpersonen ausgefochten wird. Der Krieg hebt die Anwendung der kriminellen Schutzgesetze nur in ganz beschränktem Maße auf. Diese allgemeinen völkerrechtlichen Grundregeln sind noch ausdrücklich durch die oben betrachteten Art. 1 bis 3 der Anlage zu dem Haager Abkommen von 1899 und 1907 bestätigt (s. oben).

Alle diese Schutzpflichten haben Frankreich, England, Belgien und Rußland schmählich in den ersten Tagen des August, sowohl vor als nach Kriegsbeginn, verletzt bzw. verletzen lassen, indem die unteren Behörden in ihrer Schutzpflicht versagten und die staatlichen oberen Stellen nicht die nötige Energie anwandten, um solche völkerrechtswidrigen Greuel in Petersburg, in Antwerpen, Brüssel, Lyon usw. zu verhindern. Die Staaten haften für alle Verletzungen von Leben, Gesundheit und Eigentum der Deutschen, gleichviel ob diese ausgewiesen waren oder nicht. (Art. 1 des Abkommens v. 29. Juli 1899), ob sie von Militär oder Zivilpersonen oder gegen solche verübt worden sind. (S. über den Umfang des Schadenersatzes aus den belgischen Greueln auch den Aufsatz Hamms in der „D. J.-Z." 1914 S. 1285 ff.)

I. Um den Aussagen über belgische Gewalttaten gegen Deutsche eine unbedingte Glaubwürdigkeit und Gewähr zu geben, läßt der mit der Untersuchung beauftragte Reichskommissar, soweit urkundliche Beweise nicht vorgelegt werden können, alle behaupteten Tatsachen durch eidliche Vernehmung feststellen. Eine große Anzahl derartiger Protokolle ist, wie der mir als zuverlässig persönlich bekannte Berliner Vertreter der „M. N. N." am 21. Oktober meldet, bereits in Berlin eingetroffen.

Ich gebe aus den amtlichen Berichten hier nur eine kurze Auslese, da ich mir die Sammlung und Herausgabe des gesamten Dokumentenmaterials vorbehalte. Allein als Grundlage der Darstellung ist die Wiedergabe der amtlichen Berichte, soweit sie bis zum 1. Dezember 1914 veröffentlicht wurden, unbedingt nötig.

Besonders schwer belastet ist Antwerpen. Die folgenden Fälle stammen von dort.

1. Eugen Sch. glaubt die Hauptschuld an der Erbitterung gegen die Deutschen und an deren Belästigung dem Bürgermeister de Vos beimessen zu müssen. Dieser erließ, als noch alles ruhig war, am 3. August eine öffentliche Bekanntmachung, die Deutschen hätten ihr Wort gebrochen und seien in Limburg einmarschiert. Gleichzeitig ließ er Sturm blasen, um die Bürgerwache zu alarmieren. Die Bekanntmachung enthielt zwar keine direkte Aufforderung zu Gewalttaten gegen die Deutschen, aber einige Redewendungen wie: „Die Vaterstadt ist in Gefahr" usw., verursachten doch große Erregung gegen die Deutschen. Als Direktor Sch. am 3. August vormittags sich in sein Bureau begab, sah er, wie 6 bis 8 Flamländer einen deutschen Matrosen mit Gummiknütteln und Eisenstücken halb tot schlugen und liegen ließen. Kurz darauf sah er, wie ein deutscher Hafenarbeiter von einem Belgier in einer Wirtschaft zusammengestochen wurde. Dicht daneben befand sich eine Polizeiwache. Die Polizisten ließen sich aber nicht sehen. Der deutsche Konsul riet, schleunigst zu flüchten und sich vor allem nicht vor dem Konsulatsgebäude aufzuhalten, da die Haltung des Pöbels immer gefährlicher werde. Tatsächlich wurde auch einige Stunden später ein Angriff auf das Konsulatsgebäude gemacht und Fahnen und Wappen heruntergerissen.

2. Katharina H., beheimatet in Anzing, sagt aus: Am 2. August (!) d. J. wurde abends in den deutschen Wirtschaften „Hamburger Buffet", „Adlershof", „Kaiserhof", „Deutscher Kaiser", „Berliner Rangen", „Stadt Dortmund", „Bremer Küche" und „Imperial" alles kurz und klein geschlagen. Die in der Nähe des Bahnhofs gelegenen deutschen Hotels Braun, Weber und Germania wurden kurz darauf vom Pöbel gestürmt und ausgeplündert. Aus den oberen Stockwerken wurden alle möglichen Einrichtungsgegenstände zum Fenster hinausgeworfen. In der folgenden Nacht wurde in gleicher Weise die deutsche Wirtschaft „Artistenheim" ausgeplündert. Auf dem Wege zum Bahnhof bemerkte die Zeugin, daß ein Mädchen im Alter von 10 bis 12 Jahren von einem oberen Stockwerk eines Hauses an der Hauptstraße, die vom Bahnhof in die Stadt hineinführt, auf die Straße

heruntergeworfen wurde. Das Kind fiel in nächster Nähe von ihr auf den Gehsteig. Die Polizei und das Militär schritten gegen die Ausschreitungen des Pöbels nicht ein.

3. Schier unglaublich scheint der Bericht eines jungen Mädchens über die entsetzlichen Leiden ihres Vaters. Fräulein B. bekundet: Mein Vater, Otto B., über 25 Jahre lang Mitarbeiter im „Berliner Tageblatt" und ein nicht nur in Deutschland, sondern auch am Auslande bekannter Schriftsteller, war seit 2 Jahren in Brüssel domiziliert. Auf Grund des Spionageverdachts und seiner Beziehungen zum „Berliner Tageblatt" wurden beide im Gefängnis interniert. Hier wurden ihnen sämtliche Wertsachen abgenommen: „Was mit meinem Vater angestellt wurde, weiß ich nicht. Aber meine Schwester wurde vollständig entkleidet und selbst ihr Haar wurde aufgelöst, um nach Papieren zu forschen. Zwei Wochen lang wurden Vater und Schwester in Einzelhaft gelassen. Als dann die Brüsseler Regierung nach Antwerpen flüchtete, wurden beide in größter Eile mitgeschleppt und in Antwerpen sofort wieder in Einzelhaft gebracht. Mein Vater bekam Zuchthäuslertracht. (Sie schildert ergreifend das Wiedersehen.) ...

Nach unzähligen Gesprächen mit den verschiedensten Offizieren brachte man mir endlich meinen armen Vater. Er war unkenntlich, hager, in dünnen leinenen Hosen ohne Socken, mit nur Schlappen an den Füßen, schlotternd vor Kälte. Sein Gesicht zeigte deutliche Spuren erst kürzlich erhaltener grausamster Mißhandlungen. Die ganze linke Seite, Gesicht und Nase waren grün und blau unterlaufen von Schlägen oder Stößen. Über dem Auge und auf der Stirn waren große Hautabschürfungen. Er war ungewaschen, im Zustande entsetzlicher Vernachlässigung und Erschöpfung. Er erkannte mich, fragte nach Verwandten und fing bitterlich zu weinen an. Er klagte wie ein kleines Kind über Schläge, die er bekommen, wie er gefroren, so daß er sich nachts auf das Blechgestell des aufgeklappten Tisches, welches als Bett diente, gelegt und mit dem Strohsack zugedeckt habe, wie man ihm unreines Essen vorgesetzt und ihn, den alten Mann, in dem dünnen Leinenkittel auf den Hof geschickt habe, wie ein Wärter immer das Gewehr auf ihn angelegt habe, um ihn einzuschüchtern.

Ich teilte dem amerikanischen Konsul das Resultat meines Besuches mit. Er antwortete, es sei das schon der 4. oder 5. Fall. Es schiene, als ob sie die Gefangenen absichtlich durch Mißhandlungen irrsinnig machen wollten. (!) Trotz des schwerkranken Zustandes meines Vaters wurde mein Vater aber weiter in der Zelle behalten, und ich erfuhr noch von der Behörde, daß er wohl schon seit acht Tagen nichts gegessen habe und auch, daß man ihn schon in eine wattierte Zelle gesperrt habe. Der Alienist teilte mir mit, daß mein Vater infolge des Choks der Einsperrung und Folgen der Aufregung schwer an Verfolgungswahnsinn leide und stellte für die Behörde einen Rapport demgemäß aus. Mit diesem Rapport gelang es mir endlich, meinen alten Vater zu befreien.

Vor 6 Wochen noch ein gesunder, geistig frischer Mann, ist mein Vater heute gebrochen an Leib und Seele, schwer geistig gestört, mit nur wenigen und kurzen lichten Augenblicken. Bei der Unterzeichnung der Befreiungspapiere wurde mir mitgeteilt, daß der Verdacht der Spionage nach gründlicher Untersuchung als grundlos befunden wurde. Inzwischen hat aber mein Vater auf Grund der erfahrenen Mißhandlungen, Entbehrungen und Verzweiflung den Verstand eingebüßt.

4. Kaufmann Wilhelm K. erzählt: In Antwerpen habe ich gesehen, daß 2 oder 3 Kinder aus einem Hause im Hafenviertel aus dem Fenster auf die Straße geworfen wurden. Sie waren 4 bis 5 Jahre alt und wurden dann noch auf der Straße mißhandelt. Am 5. August sah er weiter, daß einer zum Bahnhof eilenden Frau ein etwa 3 bis 4 Jahre altes Kind von einem Belgier aus dem Arm gerissen und ihm mit einem messerartigen Instrument ein Auge ausgestochen wurde. Die Behörden und Militärs waren untätig. Das Militär sah sogar den Gewalttätigkeiten zu und machte auf den Zeugen den Eindruck, daß es den Pöbel noch dazu aufreizte.

5. Kaufmann Joseph G., zuletzt in Antwerpen, bekundet: Eine mir unbekannte Frau mit einem, wie mir später von den Leuten auf der Straße erzählt wurde, erst vor einigen Stunden geborenen Kinde wurde im Hemd von Gendarmen zum Gefängnis geschleppt. Die Frau soll, wie ich eine halbe Stunde später hörte, auf dem Wege zum Gefängnis gestorben sein. Eine andere Frau wurde nachts aus dem Bett heraus, nur mit dem Hemd und dem Rocke ihres Mannes bekleidet, in das Gefängnis geführt. Ich habe sie dann später noch in derselben Kleidung im Zuge gesehen, der uns nach Holland brachte. In dem Zuge befanden sich auch 3 kleine Kinder im Alter von etwa 2 Jahren, die unterwegs gestorben waren, offenbar infolge der erfahrenen Mißhandlung.

6. Frau Elise G., zuletzt in Antwerpen, sagte aus: Auf dem Wege zum Bahnhof stieß ich auf eine flüchtende deutsche Frau mit 3 Kindern. Im Gedränge kam ihr ein Junge abhanden. Als sie sich umwandte, um ihn zu suchen, wurden ihr die beiden andern Kinder weggerissen und beiden die Finger abgeschnitten. Es gab ein furchtbares Geschrei. Dann kam ich auf den Handschuhmarkt. Hier rief eine Frau aus: „Meinen Kindern sind die Ohren abgeschnitten!" In der Nähe des Grand Hotels Weber rief wieder eine Frau deutsch aus: „Meinen Kindern sind die Finger abgeschnitten." Dann kam ich auf den Bahnhof.

Soviel nur vorläufig hier! [1])

Aus all den unzähligen Berichten der deutschen Zeitungen geht in völliger Übereinstimmung mit den amtlichen Berichten hervor, daß die Polizei in Antwerpen sich höchstens — passiv verhielt. Zeugen erwähnen, daß in nächster Nähe Polizeibeamte standen, die „eine vergnügte Miene zeigten, ohne einzugreifen". Bei dem Greuel auf der „Gneisenau" im Hafen war eine Anzahl von belgischen Gendarmen direkt beteiligt.

---

[1]) Am 11. Dezember wurde eine große Anzahl ähnlicher neuer Zeugenaussagen in den „M. N. N." veröffentlicht.

Der juristische Berater einer großen deutschen Firma in Antwerpen, dessen Person und Name der „Kölnischen Zeitung" bekannt ist, schildert dort Gräberschändungen, daß man ihm glauben kann, wenn er sagt, „das Herz krampfte sich zusammen". Und auch hier schreibt er über die Greuel, Mißhandlungen, Plünderungen, Morde: „Und die Polizei, die Bürgergarde, die zum Schutz bestimmt war? Die beteiligte sich zum Teil selbst an den Räubereien; die Wachtleute sahen wir oben auf den Wandelgängen, wie sie interessiert, als ob ihnen das ganz und gar unbekannt wäre, das Treiben und Spielen der Möwen beobachteten. Hier wollte man nichts sehen."

Damals schrieb der Rotterdamer „Maasbote" u. a.: „Läßt man es so wie bisher weitergehen, dann ist binnen 2 Tagen kein Bürger in Antwerpen mehr sicher in seinem Haus. Gestern und heute Nacht wurden rund um die Stadt die Villen von vertriebenen Deutschen geplündert und in Brand gesteckt. Morgen werden es die Villen von Belgiern sein, die nach der Stadt geflüchtet oder zum Heere gestoßen sind."

Ich habe hier speziell zahlreichere Fälle aus Antwerpens Schandtagen aufgeführt, um zum Vergleich mit dem Verhalten der Deutschen nach der Eroberung Antwerpens anzuregen. (S. unten: Die Beschießung und Eroberung von Antwerpen; s. über die belgischen Greuel auch die Broschüre „Die Wahrheit über den Krieg", insbesondere S. 91 die Erzählungen des Kaplans Drossert und des dänischen Arztes Dr. Hindhede S. 92.)

II. In Frankreich ging es nicht besser zu.

Der Münchener Schausteller Max Stehbeck, der die Städte-Ausstellung in Lyon beschickt hatte, erzählt in den „M. N. N." u. a. folgendes; er erklärt, daß er dies alles als Zeuge beeidigen könne:

„... Die Ausgewiesenen nahmen im Hotel Bordeaux Wohnung, sie konnten aber nicht an Ruhe denken, da vor dem Hause eine wütende Volksmenge fortgesetzt nach den Deutschen schrie. Andern Tags drang der Hotelbesitzer darauf, daß die Deutschen sofort sein Haus verlassen, weil er fürchtete, daß man es in Brand setze. ...

Der Hippodrombesitzer Eder wurde, als er den deutschen Hilfsverein verließ, blutig geschlagen. Noch schlimmer kam ein junger Tanzmeister davon, der zu Boden geworfen und mit Füßen getreten wurde, so daß ihm der Brustkorb eingedrückt wurde; er ist vermutlich tot. ... Die Fahrt ging im Viehwagen nach

Thiers in der Nähe von Clermont Ferrand. ... Am ärgsten ging es in St. Etienne zu, wo Weiber mit Besenstielen und Messern auf die Wagen losstürzten.

In Thiers sperrte man die Gefangenen, unter denen sich auch Österreicher befanden, in eine große Markthalle, in der sich vorher Schweine befunden hatten; dort waren etwa 800 Deutsche und Österreicher zusammengepfercht. ... Da man die Abgabe von Milch für die kleinen Kinder verweigerte, starben mehrere während der elftägigen Haft im Gymnasium. Einen neuen Erdenbürger begrüßte der gefühlsrohe Arzt mit den Worten: „Noch so ein Dreckdeutscher mehr!" Das Kind starb am nächsten Tage."

So geht es von einer Stadt zur andern unter unglaublichen Grausamkeiten.

Noch entsetzlichere Leiden als Stehbeck schildert in einem Protokoll, das der Verein für das Deutschtum im Auslande aufnahm und am 21. September 1914 in den „M. N. N." veröffentlichte, eine Frau Gertrud Serito, eine Oberkellnersfrau, über Roheiten auf der Fahrt von Paris nach Brüssel, dortselbst und auf der Fahrt von Brüssel zur deutschen Grenze.

Nicht bloß ihre und ihres Kindes Leiden, sondern auch die anderer mit Namen genannter Deutschen sind geradezu erschütternd. Nur ein Intermezzo für viele erzählte Fälle:

„Einige Stunden nach diesem Vorfall trafen wir wieder eine Patrouille, von welcher eine Frau, die ihre Papiere vorzeigte, von einem Soldaten ins Gesicht geschlagen und in den Leib getreten wurde, worauf sie mit einem französischen Schimpfwort, hervorgerufen durch ihre Schmerzen, antwortete. Daraufhin faßten zwei Soldaten den Kolben eines Gewehres, stachen der Frau das Bajonett in den Rücken und spießten sie vollständig auf! Sodann hoben die Unmenschen unter dem Rufe: „Vive la France!" den zuckenden Körper der Unglücklichen, die entsetzliche Schreie ausstieß, zwei- bis dreimal auf dem Bajonett hoch in die Luft. Die arme Frau, welche mir vorher erzählt hatte, daß sie eine Badenerin sei, ungefähr 34 Jahre alt, hinterließ 4 Kinder im Alter von etwa 4 bis 12 Jahren. Die Frau hatte mir erzählt, daß ihr Mann, welcher Hotelangestellter in Brüssel war, dort von dem Pöbel schwer verletzt wurde und infolgedessen zurückbleiben mußte."

Man sträubt sich, solche Bestialitäten, wie die letzterzählten, zu glauben! Aber die Aussagen bestehen! Die amtliche Untersuchung wird ihre Glaubwürdigkeit prüfen.

Zur Ergänzung verweise ich auch auf die übereinstimmenden Schilderungen über die Mißhandlungen und Beschimpfungen Verwundeter (Kapitel 12 oben) und über die Gefangenenbehandlung unten Kapitel 14, insbesondere auch über die Behandlung der Zivilgefangenen.

Die Verantwortung und Haftung für alle diese Greuel und Schäden trifft die **französischen und belgischen Behörden**; sie geschahen großenteils mit **Wissen** und oft mit **Willen** der Polizei. Zum allermindesten hat diese durch **Unterlassung** jeglicher genügenden Schutzmaßregeln gegenüber den wehrlosen Deutschen die volle Verantwortung für alle Nachteile derselben zu tragen. Es wird bei der Friedensschließung und bei Festsetzung der Bedingungen voller Schadenersatz für alle diese Schandtaten in den ersten 8 bis 10 Tagen und in der Zeit nachher gefordert werden müssen.

Mit solchen bestialischen Freveln vergleiche man einmal die kleinen lächerlichen Lärmszenen vor der Kriegserklärung in Berlin und München, bei welch letzteren z. B., was ich bedaure, in einem Café einige Fenster eingeworfen wurden und einige Ausländer unter polizeilichen Schutz sich begeben mußten, ohne die geringste Verletzung erhalten zu haben. Diese Ausschreitungen der Menge, **die die ganze deutsche Presse scharf mißbilligte**, sind **Kindereien harmlosester Art** im Vergleiche zu vorstehenden Greueln, während sie die ausländische Presse zu großen grausamen Exzessen stempelte. Wir haben sie teilweise miterlebt und können das eben Gesagte auf das Gewissenhafteste aufrechterhalten. Zahlreiche Zeugen stehen dafür zu Gebote.

Da die ganze öffentliche Meinung in Deutschland gegen diese leidenschaftliche Erregung der Menge sich wandte, war vom Tage der Kriegserklärung an in Deutschland **jeder Exzeß** verschwunden. Der ganze würdige Ernst der Bevölkerung Deutschlands sicherte auch die Angehörigen gegnerischer Staaten vor jeder Beleidigung.

Ich erinnere als Beweis nur daran, daß eine größere Anzahl (45) britischer Staatsangehöriger Berlin erst Ende September verließ. Sie senden der „Voss. Ztg." folgendes Schreiben:

„Erlauben Sie uns hiermit den Stations- und Polizeibeamten den herzlichsten Dank auszusprechen für die Mühe, der sie sich unseretwegen unterziehen mußten, und für die freundliche und ritterliche Behandlung, die sie uns zuteil werden ließen. Wir möchten noch hinzufügen, daß die Freude, heimzukehren, einigermaßen durch den Gedanken an die vielen lieben und guten Freunde getrübt wird, die wir verlassen müssen. Lassen Sie uns ferner versichern, daß wir unser Äußerstes tun werden, um die Wahrheit über den Stand der Dinge in England zu verbreiten [1]).

---

[1]) Wie die „Frankfurter Zeitung" schreibt, veröffentlichte das Komitee der

Von allen Neutralen, Skandinaviern, Rumänen, Amerikanern wie von den Pressevertretern der ganzen Welt in Berlin usw. liegen zahlreiche feierliche Bekundungen vor, die die Lügen der Pariser und Londoner Presse und ihrer Gehilfen in Rom, Turin, New York usw. über angebliche Greuel aufdeckten und bloßstellten — freilich erst, nachdem Stimmung gegen Deutschland gemacht war.

Wir erkennen gern an, daß nach den ersten Exzessen in England die Deutschen dort anscheinend bis Oktober ziemlich unbehelligt blieben, soweit die wahnsinnige Zeppelin- und Spionagefurcht der Engländer dies zuließ. Mitte Oktober begannen dort freilich „Pogrome" gegen arme deutsche Kellner und sonstige Deutsche, die sogar nach der Darstellung der anständigen englischen Presse eine Schande für die ganze Nation sind. (S. Kapitel „Spionage" und „Verschwörung" über diese Ereignisse und Kapitel 14 über die englische Gefangenenbehandlung.)

Immer wieder aber sage ich: Wo sind bei all jenen oben geschilderten Greueln, deren sich der Durchschnittsneger wohl schämen würde, bei den Verletzungen der Genfer Konvention usw., die internationalen Sittlichkeits- und Tugendprediger? Hier könnten sie in wilden Flüchen die Kleider zerreißen! Nichts von alledem! Es sind ja „nur deutsche Kinder, Greise und Frauen"! Wäre es zu verwundern, wenn solchem Gesindel kein Pardon mehr gegeben würde?

---

entlassenen 600 russischen Staatsangehörigen, die erst im Oktober aus Leipzig in ihre Heimat zurückkehrten, eine Danksagung, in der es heißt: Sämtliche Behörden sind uns jederzeit mit dem feinsten Verständnis für unsere Lage entgegengekommen, so daß wir aufs neue den entschiedensten Eindruck von der Höhe deutscher Kultur empfangen haben. Wir werden es uns angelegen sein lassen, dem Ausland davon Kenntnis zu geben, in wie großherziger Weise wir auf deutschem Boden behandelt und befördert worden sind.

14. Kapitel.

Völkerrechtswidrige, unmenschliche Kriegsführung durch die feindlichen Armeen und Regierungen des Dreiverbands und Belgiens.

Motto: „Und mit solchem Gesindel muß ich mich herumschlagen."
Friedrich der Große am 25. August 1758.

Es ist nicht zu verwundern, daß die Freischärler und die Bevölkerung solche völkerrechtswidrige Handlungen in Massen gegen die deutsche Armee begingen, wenn man sieht, daß die kriegführenden Armeen selbst Völkerrechtsfrevel in jeder Richtung begingen. Auch hier kann es sich nur um Stichproben aus dem ungeheuren Tatsachenmaterial handeln, das zur Verfügung steht — zumal auch dieses Material durch die Spezialkommissionen des Reiches und eine besondere Kommission des Kriegsministeriums in einwandfreier Weise noch geschafft werden soll.

Wir greifen daher auch hier nur einige besonders krasse Fälle heraus, da die Anhäufung des Tatsachenmaterials allein einen Folianten füllen würde.

I. Gefangenenbehandlung: Völkerrechtswidrige Behandlung der Deutschen. Musterhafte Behandlung der Gefangenen in Deutschland.

A. Die Behandlung der Gefangenen durch Belgier und Franzosen ist schon im vorstehenden Kapitel gestreift worden. Nach Art. 4 des oft zitierten Abkommens vom Jahre 1907, mit dem das Abkommen von 1899 völlig übereinstimmt, das also für alle Staaten, die am Kriege beteiligt sind, rechtsgültig ist, unterstehen die Kriegsgefangenen der Gewalt der feindlichen Regierung, aber nicht der Gewalt der Personen oder der Abteilungen, die sie gefangen genommen haben. „Sie sollen mit Menschlichkeit behandelt werden." Alles, was ihnen persönlich gehört, verbleibt ihr Eigentum mit Ausnahme von Waffen, Pferden und Schriftstücken militärischen Inhalts. Ihre Einschließung ist nur statthaft aus unerläßlichen Sicherungsmaßregeln und nur während der Dauer der diese Maßregel notwendig machenden Umstände (Art. 4) — also nur vorübergehend.

Die Gefangenen sollen nach Art. 7 in Beziehung auf Nahrung, Unterkunft und Kleidung so behandelt werden wie die eigenen Truppen. (!) Der Staat ist befugt, die Kriegsgefangenen mit Ausnahme der Offiziere nach ihren Fähigkeiten und nach ihrem Dienstgrade entsprechend als Arbeiter zu verwenden. Die Arbeiten der Gefangenen dürfen nicht übermäßig sein und in keiner Beziehung zu den Kriegsunternehmungen stehen. Auch dürfen sie bei besonderer Genehmigung für eigene Rechnung oder für Private Arbeiten gegen entsprechenden Lohn ausführen (s. Art. 6 ff.). Die Regierung hat auch für entsprechenden Unterhalt zu sorgen.

Alle diese humanen Bestimmungen, die, wie wir aus einiger Kenntnis der Dinge wissen, auf das gewissenhafteste in Deutschland beobachtet werden, wurden in Frankreich mißachtet und ignoriert.

Nach den übereinstimmenden Mitteilungen aus Belgien, England, Frankreich und Rußland werden die Gefangenen, ja sogar die völkerrechtswidrig gefangengenommenen, nicht wehrfähigen Deutschen inklusive der Frauen und Kinder vielfach außerordentlich schlecht behandelt. Ausnahmen bestätigen auch hier nur die Regel.

So berichtet der bereits oben erwähnte Arzt Dr. Stengel, der in Clermont-Ferrand mit 19 deutschen Offizieren und 500 Soldaten untergebracht war: „Die Verpflegung war schlecht, und es wurde den Gefangenen nur ein kurzer Aufenthalt in der frischen Luft, und zwar nur nach Einbruch der Dunkelheit, erlaubt. Die Uniformen wurden zerschnitten und die Gefangenen unerhört gedemütigt. Die Frauen seien von Haß gegen die Deutschen erfüllt. Die in Clermont-Ferrand gefangenen Offiziere protestieren gegen die französische Behandlung."

Der Ende September aus der Kriegsgefangenschaft zurückgekehrte österreichische Oberingenieur Kristen hat sehr interessante Schilderungen entworfen. Er erzählt u. a.:

„Erst als ich am 18. Juli auf meinen Dienstreisen bemerkte, daß in den Vogesen größere Truppenmassen zusammengezogen wurden, erinnerte ich mich der Weissagungen Jaurès, daß der Krieg bald komme. Am 21. Juli wurde bereits plötzlich der Kriegszustand verkündet. (!) Am 27. Juli bekam ich vormittags meine Papiere mit der Aufforderung, Frankreich zu verlassen. Der Bahnverkehr war aber bereits für die Zivilpersonen gesperrt. Nachmittags wurde ich verhaftet und zusammen mit 179 Deutschen, Österreichern und Ungarn in einen Keller gesperrt. Am nächsten Morgen ging es unter Bewachung nach Toul. Auf dem Wege durch die Stadt wurden wir vom Publikum mit Steinen, Kies und Kot beworfen und abends in einem Eiskeller auf Stroh untergebracht. Vom 2. August an wurden wir unter Kolbenstößen und Ohrfeigen gezwungen, um Toul Schanzen, Gräben und Stacheldrähte zu ziehen. (!) Die Schanzgräben, die eine Breite von 1,30 m hatten, wurden mit Stacheldraht überspannt.

Unter uns befand sich auch ein gewisser Paul Schambach, Prokurist der deutschen Wollfabrik Schlumberger in Belfort, der 80 000 Franks Gelder seiner Firma bei sich hatte. Als er sich gegen die Wegnahme des Geldes wehrte, wurde er hinter eine Zitadelle geführt und mußte dort sein Grab selber schaufeln. Dann wurde er kurzerhand niedergeschossen. Am 10. August hörten wir Kanonendonner, und Schrapnellkugeln prasselten auf das Dach. Am nächsten Tage wurden wir besonders roh behandelt und schlecht beköstigt. Alles Geld mußten wir hergeben, ich allein 800 Franks Arbeitsgelder und 28 000 Franks Obligationen."

Die „Berliner Morgenpost" veröffentlicht folgenden Hilferuf deutscher Kriegsgefangener in Frankreich am 14. September:

Bekundungen eines deutschen Arztes.

„Ich bitte Sie, öffentlich auf die unglaubliche Roheit hinzuweisen, mit der deutsche Kriegsgefangene in Frankreich behandelt werden. Ich erkläre Ihnen als Arzt, daß kein noch so gesunder Mensch diese Art der Behandlung länger als 8 Tage ertragen kann, ohne daran zugrunde zu gehen. Ich kann diese Tatsache so bestimmt aussprechen, weil ich selbst Kriegsgefangener in Brest gewesen bin."
Dr. med. Armin H. Strobel in Berlin.

Erschütternd wirkt die Klage, die ein wahrhaftig objektiver Zeuge, der bekannte Kriegsberichterstatter Barzini, angeblich dem deutschfeindlichen „Corriere della Sera" am 8. Oktober telegraphiert. Er teilt mit, daß die deutschen Gefangenen nach seinen eigenen Wahrnehmungen

„zwei und zwei aneinander gefesselt und in das Gefängnis gebracht und dort von französischen Generalstabsoffizieren vernommen und peinlichst ausgeforscht wurden. Dann wurden die armen Soldaten — immer gefesselt — weitertransportiert. Alle deutschen Gefangenen, bei denen angeblich „geraubte" Gegenstände gefunden wurden, werden unbarmherzig erschossen. Sie gehen alle mutig und ohne mit der Wimper zu zucken in den Tod. Nur einer ruft klagend aus: Ich habe vier Kinder! Sie hätten früher daran denken sollen, rief kühl der Profoß, jetzt ist es zu spät! usw."

Wenn der Inhalt dieses Berichtes wahr ist — ich habe ein Dementi nirgends gefunden —, ist kein Wort gegen solche grausame Behandlung zu scharf, die Repressalien geradezu provoziert. Aber immer wieder müssen wir die gleiche Frage stellen: Hat das fanatisierte Ausland für all diese gemeinen Verbrechen, die meistens an Wehrlosen verübt sind, keinen Protest? Ist das Gefühl für Recht und Sittlichkeit in den Dreiverbandsstaaten völlig untergegangen?

Alle diese Schilderungen sind ja durch die einwandfreien Mitteilungen in Kapitel 12 über die Verwundetenbehandlung sowie durch die Schilderungen in Kap. 13 bestätigt. Wer die Verwundeten des Feindes inhuman und völkerrechtswidrig behandelt, wird dies selbstverständlich in erhöhtem Maße mit den Gefangenen tun.

In einer Nummer des „Petit Marseillais", die Ende September erschien, wird geschildert, wie die ersten deutschen Gefangenen nachts nach Marseille gebracht wurden. In Transportwagen, die mit Fenstern verschließbar waren, werden die Gefangenen, wenig an der Zahl, vom Bahnhof zu ihrem Haftort gebracht. Es heißt dort:

„Die Menge wächst an; laute Rufe, meist von Frauen ausgestoßen, ertönen und steigern sich allmählich zum Tumult. Jetzt fliegen Steine; immer mehr, ein Hagel von Steinen überschüttet die Transportwagen. Das schwache Begleitaufgebot ist nicht mehr in der Lage, die Deutschen zu schützen. Die Menge dringt auf sie ein und bearbeitet sie mit Stöcken usw."

So der „Petit Marseillais". Ein nüchterner Bericht, der durch seinen lakonischen sachlichen Inhalt um so wahrheitsgetreuer wirkt, zumal er doch die denkbar beste Quelle vom französischen Standpunkt aus ist.

Er entspricht ganz den Schilderungen, die wir in Kapitel 13 gebracht haben und die inhaltlich auch hierher gehören: Immer das gleiche Bild eines roh fanatisierten Pöbels, der verwundete und unverwundete Gefangene zum Gegenstande seines Hasses und völkerrechtswidriger Demütigungen macht.

Der Sanitätsunteroffizier Frank aus Köln, der aus der Gefangenschaft zurückkehrte und sich im Oktober in Freiburg i. B. befand, gab am 18. Oktober folgendes zu Protokoll, was er jederzeit eidlich zu erhärten vermag: Frank wurde als Gefangener nach Clermont-Ferrand auf den Artillerieübungsplatz gebracht. Mit ihm waren etwa 20 Offiziere. Er schreibt über die Zustände nach eingehender Schilderung der Einzelheiten:

... „Was die Gefangenen selbst besaßen, wurde ihnen weggenommen. Die Not und die Leiden der Gefangenen sind geradezu himmelschreiend.

Den Befehl über die Gefangenen führt ein Feldwebel. Er ist ein Unmensch. Nur ein Beispiel:

Ein Unteroffizier Dr. B. war krank und hatte von einem französischen Arzt Tee verschrieben bekommen, den er sich kaufen durfte. Der Feldwebel bemerkte es, als der Posten dem Unteroffizier den Tee übergeben wollte.

Er nahm dem Posten den Tee weg und schlug dem Unteroffizier B. derart mit der Faust auf den Bauch, daß er rücklings hintenüber fiel. Außerdem bestrafte er ihn mit 5 Tagen Einzelhaft (Wasser und ein Stück Brot täglich). Der Unteroffizier fragte den Feldwebel, weshalb er ihn so hart bestrafte. Er hätte die Erlaubnis vom Arzt bekommen. Die Strafe wäre unerhört. Hierauf faßte der französische Feldwebel den Unteroffizier an und schlug ihn mit dem Kopf auf eine Steintreppe. Ein Posten hieb ebenfalls mit dem Kolben drein, bis B. herzzerreißende Schmerzensrufe von sich gab und die Besinnung verlor. ...

Hierauf wurde der Unteroffizier ohne Verhör zu 15 Tagen Einzelhaft verurteilt und ins Gefängnis abgeführt. Acht Tage später teilte der französische Feldwebel mit, daß der Unteroffizier tot sei. Es ist zweifelhaft, ob er erschossen oder infolge der Mißhandlungen gestorben ist."

Das Protokoll über die Aussagen dieses Sanitätsunteroffiziers ist von einem Oberleutnant a. D. aufgenommen und unterzeichnet worden. Wie weit diese Darstellung richtig, entzieht sich der Kontrolle; hier sollte aber die amtliche Untersuchung einsetzen, um so wichtige Zeugenaussagen entweder zu widerlegen oder zu bestätigen.

Wir haben bereits im 12. Kapitel bei Gelegenheit der Mitteilung über den Münchener Lazarettzug auf die brutale Behandlung der deutschen Gefangenen in allen Orten durch den Pöbel hingewiesen. Als jener Transport gefangen genommen wurde, wurde gleichzeitig ein Teil einer bayerischen Munitionskolonne von französischen Alpenjägern, also einer Elitetruppe, in einem Hohlwege gefangen.

Nachdem die Verhandlungen der Übergabe zwischen den Franzosen und den deutschen gefangenen Offizieren stattgefunden hatte, wurden die Offiziere und Offizierstellvertreter mit etwa 20 bis 30 deutschen Gefangenen in einen Schuppen eingesperrt. Als bei Gelegenheit der Wasserreichung nachts in dem Schuppen Licht angezündet wurde, wurde von den Franzosen ohne weiteres in den Schuppen hineingeschossen und hierbei ein ebenfalls gefangener bayerischer Hauptmann schwer getroffen; er schrie laut auf: „Meine Frau und Kinder, lebt wohl!" und verschied. Zwei andere Gefangene wurden verwundet. Die ganze Nacht mußten die Gefangenen, ohne sich rühren zu dürfen, mit dem toten Hauptmann und den zwei Verwundeten, um die sich natürlich kein Mensch kümmerte, in der finstern Scheune eingeschlossen bleiben. So behandelt die grande nation ihre Gefangenen und die Verwundeten des Feindes! Diese Aussagen stammen von dem einen der zwei Verwundeten.

Aus den oben erwähnten Mitteilungen des am 7. September

völkerrechtswidrig gefangenen Ordensgeistlichen Br. (s. Art. 9 des zweiten Genfer Abkommens) in der „Köln. Volksztg." nur einige Zitate, die für die allgemeine Behandlung deutscher Gefangener charakteristisch sind [1]):

Ich fand noch etwa 38 gefangene Deutsche vor. Endlich (nach 2 Tagen) erhielt jeder von uns ein Stück französischen Biskuit, natürlich steinhart und ohne Wasser. Die Gefangenen baten um Wasser. Der gestrenge Herr Kommandant erklärte kurz und bündig: nein. Welch eine harte Lage. Hier an der Mauer des Gefängnisses sitzen am Boden die armen Gefangenen; sie verschmachten bei der heißen Witterung und den gewaltigen Märschen, die sie gemacht, vor Durst. Ihnen gegenüber, höchstens 4 m entfernt, ein Brunnen mit Wasser. Französische Soldaten kommen und schöpfen nach Belieben für sich und ihre Pferde. Der Deutsche bittet um einen Schluck, und dann die barsche Antwort des Chefs. Als ein Soldat es wagt, aufzustehen und sich dem gefüllten Eimer zu nähern, stieß man ihn zurück. Auf meine Bitte, heute vernommen und entlassen zu werden, erhielt ich mit freundlicher Miene die bejahende Antwort. Ich sollte bald erfahren, wie es gemeint gewesen. Gegen 10 Uhr mußten alle antreten, 4 und 4, ich als katholischer Geistlicher im katholischen Frankreich an der Spitze. Gendarmen umringen uns, und „vorwärts marsch". Es geht an den französischen Truppen zu Fuß vorüber unter Hohn und Spott. ...

Im weiteren schildert der Geistliche wie Dr. Dax die bestialische Aufführung der Bevölkerung allüberall: Verhöhnung, wörtliche und tätliche Beleidigung!

„Am 9. September ging es auf die Bahn. Fast so viele Wachen mit aufgepflanzten Bajonetten um uns, wie wehrlose Gefangene. Für 6 deutsche Gefangene im Zuge 4 französische Gewehre. So geht es vorwärts, nachdem der Befehl erteilt, nicht zu sprechen und nicht zum Fenster hinauszuschauen. Vier Mann mit Gewehr und Bajonett umringten mich, einer vor mir, einer hinter mir, je einer an jeder Seite. Es geht los unter endlosem Toben der Bevölkerung. Dann zurück zur Bahn in einen andern Zug. Dort treffe ich 3 französische Zivilisten an der Kette. Man löste dem einen, dem schlimmsten unter ihnen, die Kette von der linken Hand und forderte meine Linke. Ein leises „Ach" von meiner Seite, ein Fluch, eine Drohung des gestrengen Herrn und die Kette ist geschlossen. An meiner Seite ein echter französischer Stromer von etwa 60 Jahren mit struppigem Napoleonbart, in zerlumpter Kleidung. Wir sind also an derselben Kette und sind es geblieben 3 Tage und eine Nacht hindurch. Als ich am Abend bat, die Kette für einen Augenblick lösen zu wollen, um meinen Mantel anzuziehen als Schutz gegen den feuchten Boden, dem wir in einem Schuppen die müden Glieder anvertrauen sollten, da hieß es: „Das ist nicht nötig."

---

[1]) Der Fall ist auch in der Denkschrift der deutschen Regierung gegen die Verletzung der Genfer Konvention vom 20. Oktober 1914 im „Reichsanzeiger" kurz zitiert (s. oben Kapitel 12).

Der Geistliche wurde also (in voller Übereinstimmung mit vielen andern Mitteilungen über ähnliche Fälle) wie ein Zuchthäusler behandelt. Am 5. Tage nach der Gefangennahme bequemte man sich endlich zu einem Verhör. Alle Sachen, Messer, Papiere, Wäsche, Geld, Rosenkranz und Kruzifix wurden weggenommen, sogar die Hosenträger wurden abgerissen. Das amtlich abgestempelte Rote Kreuz wurde vom Arm gerissen! Eine Fülle völkerrechtswidriger Freveltaten! Keine Spur von all den Bestimmungen der Genfer Konvention und der beiden Haager Abkommen Art. 1 bis 7, auf die wir oben Bezug genommen, die alle Kulturnationen strengstens einzuhalten sich verpflichtet haben.

Die Nachrichten von Rußland (s. auch unten) lauten natürlich teilweise noch schlechter.

Doch genug der einzelnen Greuel!

Es handelt sich hier nicht etwa nur um Einzelfälle, sondern die Fülle der in der Öffentlichkeit angezogenen Fälle zeigt, daß hier die systematische lügenhafte Aufpeitschung der niedersten Volksinstinkte, die nicht davor zurückschreckte zu behaupten, daß die Deutschen alle Gefangenen und Verwundeten ermorden würden, bei dem Pöbel wie bei den französischen Truppen diese unmenschliche Stimmung zeitigte, in welcher fast durchweg unsere Gefangenen und teilweise die Verwundeten in Frankreich unter völliger Mißachtung der zwei Haager Abkommen über den Landkrieg und der Genfer Konvention in solcher Weise mißhandelt wurden. Daß diese Auffassung richtig ist, bestätigt der Vertreter des italienischen Sozialistenblattes „Avanti" in Bordeaux, der den Pariser „Matin" beschuldigt, daß er offen zur Ermordung der deutschen Gefangenen aufforderte, während die Zensur den Tadel der „Humanité" über solche Roheiten gestrichen hat. Der betreffende Satz des „Matin" lautet nach dem „Avanti": „Kein Mitleid in den nächsten Kämpfen, wenn wir diese nichtswürdigen Verbrecher wider das gemeine Recht in unserer Gewalt haben werden, aus denen Wilhelm II. vielleicht seine Leibwache gebildet hat, die aber wert sind, abgeschlachtet zu werden wie die Schweine (!). Ganz Frankreich würde einen unwiderstehlichen Protest einlegen, wenn es glauben oder fürchten könnte, daß man es mit derartigen Gefangenen belästigen möchte. Sie sind keinen Pardon wert, sie müssen niedergeschlachtet werden wie wilde Tiere." Kann bei einer solchen bestialischen Roheit der Sprache etwas anderes herauskommen als systematischer, unmenschlicher Völkerrechtsbruch? Und wo sind die Pioniere der Humanität im neutralen Auslande, die gegen eine solche Sprache protestieren?

Eine anscheinend halb offiziöse Zusammenstellung in der deutschen Presse berichtet am 10. Oktober 1914 in Übereinstimmung mit dieser Auffassung folgendes:

„Unsere Feinde scheinen sich verabredet zu haben, die in ihren Ländern seit dem Ausbruch des Krieges festgehaltenen Deutschen so schlecht wie irgend denkbar zu behandeln. Von entflohenen Deutschen liegen nun Berichte darüber vor, aus denen sich folgendes Bild ergibt:

In Rußland hat das Los der Verschickung nach dem Osten nicht nur die Wehrpflichtigen, sondern auch zahlreiche ältere Personen, Frauen und Kinder getroffen. Man nahm ihnen die Pässe weg, beschränkte ihr Gepäck auf das Allernotwendigste und zeigte vor allem eine besondere Virtuosität, Geld aus ihnen herauszupressen. Selbst unter dem Hinweis auf das Rote Kreuz werden Gelder erpreßt. Das Privatvermögen der Deutschen auf den Banken wird mit Beschlag belegt. Die Gefangenen müssen für die Bauern unentgeltlich die schwersten Arbeiten verrichten. Ein nach Westsibirien verschickter Deutscher mußte die letzten 150 km zu Fuß zurücklegen. Er wird am Ort seiner Verbannung wie ein Sträfling mit Wegebauten beschäftigt.

Überhaupt werden die festgenommenen Deutschen wie Verbrecher behandelt. So hat man die Militärpflichtigen, Offiziere und Mannschaften, eines beschlagnahmten Dampfers ins Gefängnis gebracht und sie tagelang hungern lassen, nachdem man sie bis aufs Hemd entkleidet und ihnen alles nur irgend Wertvolle abgenommen hatte. Erst nach 3 Wochen wurden sie mit andern Gefangenen nach Orenburg, teils mit der Bahn, teils zu Fuß, geschickt. Ein hochangesehener deutscher Konsul im Alter von 72 Jahren wurde mit seiner Familie nach dem nördlichen Ural verschickt und, obwohl er den Antrag stellte, ihn gegen Zahlung II. Klasse fahren zu lassen, erbarmungslos den Strapazen einer langen Gefangenenreise unterworfen.

Nicht besser geht es den Gefangenen in Frankreich.

In einem Gefangenenlager sind die Geiseln untergebracht, die von den Franzosen aus Sennheim, Altmünsterol und Thann fortgeschleppt wurden. Es befinden sich darunter u. a. ein Amtsrichter, ein Schulinspektor, Frauen und Kinder. Die Verhafteten wurden zu zweien gefesselt und unterwegs beschimpft und mit Steinen beworfen. Man brachte sie in einem Artillerieschuppen unter, ohne daß man ihnen Schlafdecken gab. Kleider und Schuhe wurden ihnen am Leibe zerrissen und nach verborgenen Schriftstücken durchsucht. Zwei Frauen haben die Franzosen völlig entkleidet und visitiert. Die Nahrung war ganz unzureichend. Gegenwärtig befinden sich in dem erwähnten Lager noch 300 Reichsangehörige, darunter etwa 40 Frauen[1]).

Über England s. unten.

Auch diese Zusammenstellung der Behandlung deutscher Gefangener zeigt, daß alle Bestimmungen der Genfer Konvention und der beiden Haager Übereinkommen über die Kriegsgefangenen im 2. Kapitel (Art. 4 bis 7 insbesondere) auf dem Papier stehen, daß Wehrlose gequält, daß ihr Eigentum gestohlen und geraubt, daß die Bestimmungen der Landkriegsordnung über die Spione (Art. 29 bis 31) vielfach mißachtet, daß Ehre und Leben der gefangenen Deutschen für nichts geachtet werden.

B. Über die Gefangennahme von Zivilisten.

Die Spezialität dieses Krieges ist die Nichtachtung des bisherigen Hauptgrundsatzes des Völkerrechts, die Nichtkombattanten, d. h. die friedlichen Bürger, streng von dem Heere und seinen Annexen zu trennen. Darauf beruhen auch die Beschlüsse der beiden Haager Konferenzen (s. Art. 1—3 des IV. Ab-

[1]) Aus Paris wird der „Frankfurter Zeitung" vom 9. Oktober gemeldet: „Die Kriegsgerichte fahren fort, deutsche Gefangene abzuurteilen, in deren Besitz Wertsachen gefunden worden sind. Zwei dieser Unglücklichen wurden zum Tode verurteilt, weil sie im Besitz von Uhren gefunden wurden."

Das stimmt mit Barzinis obiger Schilderung überein! Selbst bei aller barbarischen Grausamkeit und bei allem Völkerrechtsbruch der Franzosen weigert sich das Gefühl und der Verstand anzunehmen, daß die letztere Mitteilung richtig ist. Das würde über russisches Tatarentum gehen! Jedenfalls aber geht aus der „Humanité" hervor, daß man in einem Scheingerichtsverfahren solche Frevel festzustellen suchte (s. auch unten Kap. 18 über die Urteile gegen die deutschen Ärzte).

Wie zur Verhöhnung der öffentlichen Meinung brachten die französischen Zeitungen die Nachricht, daß deutsche Gefangene zum Straßenbau in Marokko verwendet werden sollen, und zwar im Innern des Landes. Tagesverdienst 1,50 Franks, wovon 1,10 Franks für Beköstigung — für solche mörderische Sträflingsarbeiten. Es ist selbstverständlich, daß eine Verwendung von Gefangenen zu Arbeiten in ungewohntem Klima und unter ungewohnten Verhältnissen dem Art. 4 l. c. widerspricht.

Wie weit die Verrohung in dieser Richtung in Frankreich geht, zeigt auch die Mitteilung von einer in der „Action" vom — Senator Berenger (!), dem bekannten Kriminalhumanisten, geleiteten Propaganda, um die deutschen Gefangenen im äußersten Süden von Marokko zur Entwässerung der Sümpfe usw. zu verwenden.

kommens von 1907 und die Art. 1—3 über die „bewaffnete Macht", Art. 22, 46 der Landkriegsordnung).

Wie auf eine Verabredung wurden diese Grundsätze vom ersten Tage an von sämtlichen Dreiverbandsstaaten völlig ignoriert. Dieser systematische Völkerrechtsbruch ist von größter Bedeutung und muß zur Verrohung der ganzen Kriegführung verleiten. England gab (s. auch Kap. 30) den Auftakt, Rußland folgte mit Freuden (s. auch die allgemeinen prinzipiellen Ausführungen oben in Kapitel 13 B).

α. **Rußland.** Mit echt russischer Willkür legte nach einem Erlasse von Mitte August die russische Regierung die internationalen Abkommen über die Gefangenenbehandlung aus. Danach hat sie sich das Recht zugelegt, Ausländer in bestimmte Teile des Reichs zu verweisen, d. h. sie kann jeden Deutschen oder Österreicher, ob er wehrfähig ist oder nicht, in Sibirien verschwinden lassen. Das ist russische „Menschlichkeit". Und danach handelt der barbarische Staat tatsächlich auch; als Beweis dienen die Matrosen des Triester Dampfers „Libera Stella", die gefesselt nach Sibirien gebracht nnd unter ungeheuren Entbehrungen und Demütigungen dort eingekerkert wurden.

Interessant sind auch die Abenteuer des Schweizer Weltmeisterfahrers Ryser, der in Lodz mit zwei Schrittmachern gefangen genommen und unglaublich malträtiert wurde. Seine zwei Begleiter verschwanden in Sibirien (s. ferner „M. N. N.", Aufsatz des Freiherrn E. v. Kapherr in Nr. 572 vom 7. November 1914 usw.).

Schon vor und unmittelbar nach der Kriegserklärung wurden deutsche Staatsangehörige, die in Rußland in Stellung waren oder auf Reisen dort verweilten, einfach gefangen genommen, teils nach Sibirien, teils ins Innere des Landes gebracht, selbst solche (wie z. B. der Reichstagsabgeordnete Dr. Ablaß), die längst nicht mehr wehrpflichtig oder ausgemustert waren. Abg. Dr. Ablaß hat über seine Erlebnisse in seiner viermonatigen Gefangenschaft in Wologda und Petersburg interessante Mitteilungen gemacht, in denen er in zuverlässigster Weise die unter dem raffinierten Schein äußerer Höflichkeit angewendete noch raffiniertere Grausamkeit des Systems zeigte. Mit Hoffinger resümiert er: „Grausamer und roher wurde wohl seit dem Dreißigjährigen Kriege nicht mehr verfahren" (Beschaffenheit des Gefängnisses, Behandlung, Sprechverbot, Spionage, Provokation zu unvorsichtigen Bemerkungen usw.).

In Übereinstimmung damit schildert der Direktor des Deutschen Theaters in Riga, Karl v. Waixdorff, im „Berliner Tagebl." am 13. November 1914 seine Erlebnisse in Rußland, der, ohne Verhör „administrativ verschickt", in 7 Wochen in 7 verschiedenen Gefängnissen weilte und vollkommen ausgeplündert wurde (s. dort das Nähere).

In Orenburg, Perm und Jekaterinenburg war die Behandlung besonders barbarisch (s. auch „M. N. N." Nr. 576). Darnach wurden mehr als 150 000 deutsche Zivilgefangene in solcher Weise gequält. Alle Zeugen stimmen darin überein, daß, wenn hier die Regierung nicht rasch und energisch eingreift, nur ein kleiner Teil lebend zurückkehrt. Ein Teilnehmer an dem Lager in Jekaterinenburg schreibt z. B.:

„Fiebernd und hungernd liegen die weinenden Kinder mit ihren Vätern und Müttern in stinkigen, von Ungeziefer wimmelnden Zellen auf bloßem, kaltem Boden, zusammengepfercht mit angeketteten Verbrechern." —

Noch entsetzlicher sind die Schilderungen in neutralen, z. B. schwedischen Zeitungen.

Man hat hier in einer bisher unerhörten Weise Bürger, deren man zufällig habhaft wurde, präventiv, um sie vielleicht später als Geiseln verwerten und austauschen zu können, gefangen genommen. Sicherlich lag hier eine Abmachung zwischen den Dreiverbandsstaaten von Anfang an vor, um die vielen im Auslande reisenden oder zu ihren Geschäften im Auslande weilenden Deutschen festzuhalten und als Geiseln zu mißbrauchen (s. auch unten über diese Geiseln). Jedenfalls wird durch diese Behandlung der Fundamentalsatz des Völkerrechts, daß die Ehre, die Rechte der Familie, das Leben der Bürger und das Privateigentum derselben geachtet werden sollten, mit Füßen getreten.

β. **England und Frankreich** handelten genau ebenso wie Rußland, wenn auch natürlich in einzelnen Fällen mit andern Mitteln [1]) [2]) [3]).

---

[1]) Aus London wurde unterm 25. Oktober gemeldet: „Am Donnerstag wurden hier 1065 Deutsche verhaftet, in Manchester 500, in Sheffield 120, in Salford 100, in Newcastle 90, in Leeds 70, in Bristol, Eastbourne, Brighton, Ilford und Devon insgesamt 300 und eine weitere Anzahl in andern Städten. Die ganze südöstliche Küste ist von den Deutschen und Österreichern gewaltsam ge-

Über die englischen Gefangenenlager sind zuerst nicht ungünstige Mitteilungen in der deutschen Presse gemacht worden. Ganz widersprechende Anschauungen, die man zu kontrollieren zunächst außer stande war, brachte aber der Pariser „Le Miroir" vom 13. September 1914. Der Text, genehmigt von der französischen Zensur, sagt: „Die Deutschen werden als gemeine Verbrecher behandelt und durch Hungerzwang zu schweren Arbeiten angehalten." Hier beschuldigte also ein Bundesgenosse den andern des gemeinsten inhumansten Völkerrechtsbruches. Oder halten die Franzosen solche Behandlung ehrlicher tapferer Gegner für eine Heldentat?

---

säubert. In Nottingham wurden 44 Deutsche je zu zweien gefesselt (!) nach Wakefield transportiert. Und die „Times" schreibt: Bald werden sich alle polizeilich registrierten dienstpflichtigen Deutschen und Österreicher im Gefangenenlager befinden. Ihre Zahl beträgt 40 000 in London, 70 000 im vereinigten Königreich."

Man sieht, England führt den Krieg auf ganz neue Weise. Sein Kampf gilt in erster Linie den friedlichen Staatsbürgern. „Friedliche Gefangene" sind wie die „Silberkugeln" und das „Havaseln" seine Hauptwaffen.

[2]) Über die vielverleumdete deutsche Gefangenenbehandlung spricht sich u. a. der Direktor der Lancashire und Yorkshire Railway, John Aspinall, der eine Zeitlang als Kriegsgefangener im Munsterlager war, aus; er schildert in englischen Blättern das Leben in den deutschen Gefangenenlagern und erzählt: „Die Leitung des Lagers lag in den Händen von Sergeanten, tüchtigen Leuten mit Organisationsvermögen. Sie hielten sich zwar streng an die Reglements, taten aber zweifellos ihr Bestes, damit die Gefangenen es möglichst gut hätten. Die Klagen in englischen Blättern über harte Arbeit der Gefangenen sind unberechtigt. ... Es war deutlich zu merken, daß die Deutschen wünschten, in England den Eindruck hervorzurufen, daß man in Deutschland die Gefangenen gut behandle und in keiner Weise barbarisch sei. Er könne auch nicht über die Behandlung klagen. In Anbetracht der großen Schwierigkeiten bei der Verwaltung eines solchen Lagers ging alles vortrefflich. Der deutsche Soldat zeigte sich hier von seiner besten Seite." (S. auch unten S. 172.)

Damit vergleiche man den „Figaro" vom 14. Oktober: Dort mißhandelt ein französischer Soldat, elsässer Überläufer, — natürlich — einen deutschen gefangenen Offizier, weil sich dieser nicht die Taschen leeren lassen will (!). Der Figaro überschreibt diese Gemeinheit eine „geste excellent", „eine ausgezeichnete Handlung". Da kann man mit Maurice Donnay sagen: Niedriger als ein Tier! Das nennt sich „grande nation".

[3]) S. die zusammenfassende Darstellung der traurigen Erfahrungen bayrischer Zivilgefangener in Frankreich M. N. N. 628/1914, sowie die besser lautende Darstellung in der M. A. A. Z. vom 10. Dez. 1914.

Dann wäre es für deutsche Milde und Gutmütigkeit wahrhaftig schade! [1])

„Le Miroir" hatte recht.

Je länger der Krieg dauerte, desto schlimmer lauteten auch die Nachrichten über die englischen Gefangenenlager, die an die berüchtigten „Buren-Konzentrationslager" merkwürdig erinnern.

Außerordentlich ungünstig ist jedenfalls, was Dr. Peters über die englischen Gefangenenlager in diesen Tagen schreibt:

„Sämtliche militärpflichtigen Deutschen und Österreicher wurden von Lord Kitchener in sogenannte „Konzentrationskamps" gesperrt. Dort erhielten sie eine Wolldecke, in der sie auf bloßer Erde ohne Matratzen schlafen müssen, und Käse und Brot als tägliches Nahrungsmittel. Ihr bares Geld wurde ihnen bis auf 2 Pfund Sterling weggenommen. Ein Bekannter von uns, ein Herr in den besten Verhältnissen, wurde direkt von der Straße nach Olympia, wo sich eines dieser Lager befindet, geholt. Die sanitären Einrichtungen in diesen Lagern sind direkt miserabel, und es ist kein Wunder, daß Infektionskrankheiten dort sofort ausgebrochen und über 300 unserer Landsleute auf diese Weise gemordet sind. Die Leute liegen direkt auf der Erde in offenen Schuppen und sind weder von unten noch von oben gegen die Feuchtigkeit geschützt. Man meint, daß Lord Kitchener sämtliche „damned Germans" Englands umbringen möchte."

Dabei ist zu beachten, daß in völlig völkerrechtswidriger und staatsrechtlich unbegreiflicher Weise die Engländer Deutsche und Öster-

---

[1]) Es sei hier bemerkt, daß sich mit Urteil vom 6. Oktober 1914 in Sachen Marix wegen groben Unfugs das Kgl. Amtsgericht München dahin aussprach, daß die Behandlung der feindlichen Gefangenen erwiesenermaßen weit besser sei, als die der deutschen Gefangenen im Auslande. Es kam zur Anklage, da der betreffende Angeklagte schimpfte, weil ein Gefangener keine Wurst erhalten hatte. Es wurde bewiesen, daß der wachestehende deutsche Soldat seine eigene Wurst, die er zum Abendessen erhielt, dem Gefangenen gab! Das ist deutsche Gutmütigkeit, die von jedem Besucher eines unserer Gefangenenlager bestätigt wird.

Sehr interessant ist ein Auszug aus französischen Gefangenenbriefen aus dem Gefangenenlager zu Nürnberg, der offenbar mit Genehmigung der Militärbehörde vom „Fränk. Kurier" veranlaßt und am 8. Oktober veröffentlicht wurde, in denen übersetzt der stereotype Satz vorkommt: „Ich werde außerordentlich gut behandelt; die Deutschen sind von einer Liebenswürdigkeit, die uns erstaunt." „Unsere Verwundeten werden mit größter Sorgfalt behandelt." ... „Ich wünschte nur, daß die deutschen Gefangenen in Frankreich so gut behandelt werden wie wir." ... (Dieser Satz findet sich merkwürdigerweise immer wieder; offenbar infolge der Zweifel an der Wirklichkeit.) ... „Es ist nicht möglich, besser daran zu sein, selbst wenn wir Deutsche wären. Ich danke immer mit Tränen in den Augen." ... „Alle sind wir sehr zufrieden mit unserem Geschick" usw. usw.

reicher bis zum 50. Lebensjahr als „Wehrpflichtige" behandelten, während sie doch wissen müssen, daß mit dem 45. Lebensjahr in Deutschland die Wehrpflicht erlischt. Sie machten freilich vielfach überhaupt keinen Unterschied zwischen wirklich Wehrpflichtigen, Wehrfähigen und Nichtwehrpflichtigen und Nichtwehrfähigen.

In völliger Übereinstimmung mit den Schilderungen von Carl Peters, denen freilich amerikanische und andere Nachrichten bezüglich der Kost widersprechen, schreibt im „Hamburger Fremdenblatt" unter dem 26. Oktober ein Hamburger, Emil Selcke, Kuhberg 15, über eine geradezu empörende Behandlung von Deutschen, die die Engländer gefangen gesetzt haben. Der Herr war mit vielen andern Deutschen auf einem holländischen Dampfer aus Brasilien zurückgekehrt, wurde mit den übrigen gefangen genommen und in das Lager Newbury eingesperrt. Herr Selcke ist, weil er schon 60 Jahre alt ist, auf Einspruch der amerikanischen Botschaft in London freigelassen worden und jetzt in Hamburg angekommen. Nur unter Tränen konnte er seine Erlebnisse berichten. Seine Schilderungen sind um so wertvoller, als sie von einer großen Anzahl von Zeugen, insbesondere auch Ärzten, in der Öffentlichkeit bestätigt worden sind und eine außerordentlich rücksichtslose, geradezu unmenschliche und rohe Behandlung dieser armen Zivilisten, deren Inhaftierung an sich eine grobe Völkerrechtswidrigkeit nach Art. 1, 2 und 46 der Landkriegsordnung bedeutet, beweisen (s. über die Gefangennahme dieser Wehrpflichtigen auf neutralen Schiffen unten Kap. 31).

Bestätigt und ergänzt werden diese Mitteilungen noch durch eine große Anzahl anderer Zeugen, die u. a. bestätigen, daß bei Beschwerden gegen die niederträchtige Behandlung Stockprügel (!) angewendet wurden. Bei schriftlichen Beschwerden gab es dreitägigen strengen Arrest bei Wasser und Brot (s. die Verh. im Münch. Gemeindekollegium vom 6. November, „M. N. N."). Dort wird noch eine Reihe empörender Einzelheiten bekanntgegeben, insbesondere auch die Art, in der man nach England und Australien eingeladene deutsche Ehrengäste behandelte und die internationale Gastfreundschaft verletzte, obwohl in dieser Richtung einige Vorsicht gegenüber der Berichterstattung und ihrer Beurteilung gut sein dürfte. Jetzt soll es nach Privatmitteilungen bezüglich der Behausung besser stehen.

Die allgemeine Darstellung stimmt im wesentlichen überein mit

Privatbriefen, die ich über die Internierung Deutscher in Gibraltar erhalten habe. Danach sind die gefangenen Zivilisten in den Felsenhöhlen untergebracht und müssen schwere Arbeiten verrichten. Kost? Wasser und Brot, mittags meistens Kartoffeln. Dann wieder längere Zeit nur Wasser und Brot. Das wäre eine Behandlung fast schlechter als die von Zuchthäuslern!

Der New Yorker „Globe", den selbst der harmloseste Mensch nicht der Deutschfreundlichkeit bezichtigen wird, brachte Ende Oktober aus der Feder seines Berichterstatters Herbert Corey eine Schilderung des Lagers von Aldershot, in dem am 23. September 6000 deutsche Gefangene untergebracht waren. Ein paar Stichproben aus dem Artikel werden genügen, um die vorstehenden deutschen Schilderungen als nicht übertrieben zu erweisen:

„Das Elend der Gefangenen", schreibt Corey, „kann nicht in Zweifel gezogen werden. Sie wissen nicht, was draußen vorgeht, sie wissen nichts von ihren Lieben daheim. Ein kleiner, blonder, blauäugiger deutscher Knabe kam zum Hauptquartierzelt und wandte sich an den Dolmetscher. „Dieser Knabe möchte seinen Vater sehen", sagte der Dolmetscher. „Er kann seinen Vater nicht sehen", schnauzte der diensttuende Offizier. In der Behandlung, die die Engländer ihren deutschen Gefangenen angedeihen lassen, kann man auch nicht die Spur von Sentimentalität entdecken. Man versieht die Leute mit primitiver Nahrung; alles andere bleibt ihnen selbst überlassen. Gruppen von frierenden Männern hocken, in die einstmals weiß gewesenen Decken gehüllt, zitternd um das Feuer. Die glücklichsten Gefangenen sind die, welche einen Überrock besitzen. Die einzige Decke, die jeder erhält, bedeutet nicht viel. Betten haben die Leute nicht. Wie sie in kalten Nächten frieren müssen, das sich auszumalen, überlassen wir der Phantasie. Und die meisten Nächte sind kalt in Aldershot. Die meisten Gefangenen sind Zivilisten, deren einziges Verbrechen war, daß sie nach der Kriegserklärung in England angetroffen wurden, Kellner, Barbiere usw. Das Kleingeld läßt man ihnen, während größere Summen ihnen fortgenommen werden." ...

Der „Globe" veröffentlicht auch eine photographische Aufnahme der ersten von den Engländern gemachten deutschen Gefangenen. Das Bild zeigt, daß die Kriegsgefangenen gefesselt wie gemeine Mörder durch die Straßen geführt wurden.

Die Ableugnungen der „Times" und die scheinbar erpreßten Erklärungen der Herren Hermann und Grau sind schlagend vom praktischen Arzt Dr. Paul Edener in der „Frankfurter Zeitung" vom 6. November 1914 Nr. 308 widerlegt.

Also in Olympia, Newbury, Aldershot ganz gleiche brutale Behandlung, die mit schweren Krankheiten enden muß, die die armen Gefangenen zu Hunderten mordet!

Ist das englische „Menschlichkeit" (Art. 4 der Landkriegsordnung)? Ist das der unbedingte Schutz des Eigentums (Abs. 3 l. c.)? Ist das die Behandlung, die die englische Regierung ihren Soldaten, die an hohen Komfort gewöhnt und ausgezeichnet ausgestattet sind, gewährt (Art. 7 Abs. 2)? So weit wollen wir gar nicht in unseren Ansprüchen gehen, denn wir halten dies für unmöglich. Jedenfalls aber behandeln wir die verwundeten Gefangenen wie unsere eigenen Verwundeten (s. oben die Beweise).

Aber unsere Gefangenen werden auch nach dieser neutralen amerikanischen Schilderung nicht wie „Kriegsgefangene", sondern wie Zuchthäusler behandelt. Daß man sie teilweise nicht in Räumen unterbrachte, ist kein Ausfluß der Güte, wie zynisch die englische Presse meinte, sondern nur der faktischen augenblicklichen Undurchführbarkeit. Die Offiziere sollen nach ihrem Dienstgrade ganz besonders behandelt werden (Art. 6 l. c.). Auch diese Bestimmung wird mißachtet.

Die französische Behandlung der Gefangenen, auch der Zivilgefangenen, erhellt aus den Kapiteln 12 und 13 B oben ganz von selbst.

Überhaupt werden bei der Behandlung der Verwundeten und Gefangenen individueller persönlicher Takt und Menschlichkeit der Leiter allüberall eine nicht zu unterschätzende Rolle spielen. In Rußland und anfänglich in England war und ist das System verwerflich und kann durch die Gutmütigkeit der Bevölkerung nur unvollkommen gemildert werden.

C. Einige kurze Bemerkungen über deutsche Gefangenen-Behandlung.

Man vergleiche mit alledem z. B. den Bericht, den der amerikanische Generalkonsul Mr. T. St. John Gaffney in München im Auftrage des amerikanischen Gesandten in Berlin an seine Regierung in Washington erstattete. Den Generalkonsul begleiteten zwei amerikanische Ärzte, Dr. Franz Juy aus Washington und Dr. Ch. G. Miller aus New York, sowie der Vize-Generalkonsul. In ihrer Gesellschaft waren der spanische Generalkonsul mit zwei Konsularbeamten, die ebenfalls von ihrer Regierung beauftragt waren, das Gefangenenlager auf dem Lechfeld zu besichtigen. Der Bericht, der in den „M. N. N." am 28. Oktober veröffentlicht wurde, lautete so glänzend, daß man unwillkürlich fragt: Und die andern? Und unsere Deutschen, die in Gefangenschaft sind? Kümmert sich das Ausland um sie ebenso liebevoll? Macht man ihm in England und Frankreich in weniger zahlreicher, amerikanischer Kommission nicht Potemkinsche Dörfer vor?

Diese Doppelkommission mit Ärzten nahm die Untersuchung am 12. Oktober sehr sorgfältig vor. Ihre Beschreibung zeigt, daß sie für die 7000 Gefangenen große Sympathien hatte. Man ließ sie in alle Verhältnisse hineinsehen. Sie sind so typisch für deutschen „Barbarismus", daß wir doch einige Stellen aus den Berichten mitteilen müssen.

Über Speise und Trank heißt es da u. a.:

„In den Speisesälen werden die Speisen in gleich militärischer Ordnung verteilt, wie bei den deutschen Soldaten. Die Nahrung wird durch französische Soldaten (ehemalige Köche) zubereitet und auch ausgeteilt. Ihr Geschmack war sehr gut. Auf Anfrage wurde von den Gefangenen erwidert, daß sie mit ihren Rationen ganz zufrieden sind ... Mit dem Fleisch waren sie zufrieden" usw.

Über Schlafverhältnisse, Beschäftigung, Spiele, Arbeit heißt es in dem offiziellen Bericht:

„Die Gefangenen schlafen auf 1½ Fuß tiefem Stroh. Ihre Arbeitszeit widmen sie zeitweise dem Bau von Winterbaracken für sich selbst; in diesen werden die Schlafräume wärmer und bequemer gemacht, durch Bretter abgeteilt und mit einem weichen Polster unter dem Strohlager versehen. Während des Nachmittags können sich die Gefangenen an Fußball und andern Spielen erfreuen. Da es schwierig ist, für sie genügend Arbeit zu finden, so sind die eigentlichen Arbeitsstunden notwendigerweise kurz. ... In einem eigenen Waschhause werden die Gefangenen sofort nach Ankunft mit warmem und kaltem Wasser geduscht; sie müssen sich hier jede Woche einmal einer Reinigung unterziehen. Die Uniformen werden sofort nach Ankunft desinfiziert.

Für Katholiken wie Protestanten sind eigene Beträume vorhanden."

Über die Behandlung der Verwundeten heißt es u. a.:

„Von den 7000 Gefangenen waren an 1800 verwundet oder krank, als sie ankamen. Die deutschen Ärzte fanden die Wunden sehr dürftig mit Streifen und Fetzen von alten Hemden verbunden und deshalb größtenteils infiziert. Infolge der guten Behandlung auf dem Lechfeld hat sich der Zustand der Leute sehr verbessert. ... Die Baracken sind einfach, behaglich und zweckmäßig eingerichtet. Die Hauptgebäude sind aus Stein, die einzelnen Pavillone aus Holz gebaut, gut durchwärmt und elektrisch beleuchtet, außerdem aufs peinlichste sauber und hygienisch eingerichtet. Die ärztliche Behandlung liegt in den Händen vorzüglicher Sanitätsoffiziere. Auf Anfrage über ihr Befinden antworteten die Gefangenen stets mit „très content". In getrennten Räumen werden die Gefangenen, die an ansteckenden Krankheiten leiden, behandelt. Diese können aber nicht besser behandelt werden als deutsche Soldaten.

Der allgemeine Eindruck, den die Besucher von der Besichtigung des Gefangenenlagers empfingen, war der, daß die Leute vernünftig und menschlich behandelt werden, daß die Anlage des Lagers ausgezeichnet ist, so daß die Gefangenen nahezu in den gleichen Verhältnissen leben wie die deutschen Truppen in Friedenszeiten, sowie daß auch die hygienischen Vorkehrungen gut und daß die Leute, mit Ausnahme einiger Nörgler, zufrieden sind."

Zum Schluß sagt der Bericht: „Es ist unsere ernste Hoffnung, daß alle Gefangenen in allen andern Lagern und Ländern ebenso gut behandelt werden mögen wie die auf dem Lechfeld."

Diese Hoffnung wird sich bezüglich der deutschen Behandlung erfüllen oder besser: sie ist bereits erfüllt. Besser aber wäre es, wenn diese neutrale Kommission die Hoffnung schärfer ausgedrückt hätte, daß die deutschen Gefangenen im Auslande ebenso gut behandelt würden als die Bayern — (und die andern Deutschen tun nichts anderes) — ihre Feinde behandeln (s. oben die Schilderungen und Danksagungen französischer und englischer Gefangener; s. auch in diesem Abschnitt unter Anm. 2 S. 168 die Schilderung von John Aspinall). Dieser neutrale Bericht ist aber die klassische Bestätigung der Behauptung, daß die Deutschen die hier einschlägigen Bestimmungen der Landkriegsordnung (Art. 4—9) über die Gefangenenbehandlung in mustergültiger Weise einhalten und ebenso die über die Genfer Konvention von 1864/1906. Da sie dies aber tun, so sind sie berechtigt, ernstlich zu erklären: Wir halten uns an die getroffenen Abkommen nicht mehr für gebunden, wenn Ihr Gegner die Abkommen völlig ignoriert und unsere Gefangenen wesentlich schlechter, als wir die unsrigen, — und vertragwidrig — behandelt.

Ein gegenteiliges Verhalten wäre töricht und würde den deutschen Michel nur dem Gespött seiner so wenig edlen Gegner über die „Boches", „die Sauerkrautfresser" usw., wie die schönen Kosenamen für uns Deutsche lauten, preisgeben.

Selbst die in Deutschland lebenden Engländer haben diese schmachvolle Differenz in der Behandlung als Schande für das stolze England angesehen und anfangs November einen geharnischten Protest gegen die eines zivilisierten Landes unwürdige Behandlung deutscher Gefangenen erlassen, in dem sie darlegen, mit welcher Höflichkeit und Rücksicht sie bis heute (3. November) von den Deutschen behandelt worden seien. Dasselbe taten die Russen (z. B. in Berlin, Leipzig und Wiesbaden), die ruhig und ungestört bis vor kurzem in Deutschland weilen konnten.

Infolge der tagtäglich sich steigernden Empörung des gesamten deutschen Volks, das wußte, daß dieser Appell an die „fairness" der Engländer wertlos ist, daß nur die Vergeltung dieser übermütigen Nation gegenüber hilft, erklärte am 6. November endlich die deutsche Regierung, daß sie zu Repressalien schreite, nachdem am 30. Oktober schon der kommandierende General des 9. Armeekorps unter Ansetzung eines Ultimatums bis 5. November mit solchen gedroht hatte. Die Reichsregierung bestimmt (s. das Nähere „Nordd. Allg. Ztg." vom 6. November) in der Hauptsache folgendes:

1. Alle männlichen Engländer zwischen dem vollendeten 17. und 55. Lebensjahr, die sich innerhalb des Deutschen Reiches befinden, denen als Ärzten und Geistlichen das Ausreiserecht nicht zusteht, sind in Sicherheitshaft zu nehmen und nach Anordnung des stellvertretenden Generalkommandos unter militärischer Bedeckung in das Lager Ruhleben bei Berlin überzuführen; das gleiche gilt auch für inaktive Offiziere über 55 Jahre.

2. Ausnahmen der in Nr. 1 genannten Anordnung können von den stellvertretenden Generalkommandos und dem Oberkommando in den Marken nur dann gestattet werden, wenn schwere Krankheit den Transport unmöglich macht und von amtsärztlicher Seite bescheinigt wird; sobald aber das Befinden den Transport gestattet, ist die Überführung nachzuholen.

3. Alle erwachsenen Personen englischer Nationalität, die dann noch frei in Deutschland leben dürfen, sind zu täglicher zweimaliger Anmeldung bei der Polizei verpflichtet, dürfen den Ortspolizeibezirk, über dessen Grenzen sie polizeilich unterrichtet sind, nicht verlassen. In Einzelfällen kann für den Aufenthaltsort das zuständige stellver-

tretende Generalkommando (Oberkommando in den Marken) oder das Marine-Stationskommando Ausnahmen gestatten.

4. Die unter 1 bis 2 genannten Maßregeln sollen zunächst nur auf Angehörige des vereinigten Königreichs von Großbritannien und Irland Anwendung finden.

Aus der Begründung der Maßregel geht hervor, daß die deutsche Reichsregierung mit der hier vertretenen Anschauung völlig übereinstimmt, daß nach dem Völkerrecht diese Personen, soweit sie sich nicht „verdächtig" gemacht haben, d. h. wohl einer strafbaren Handlung verdächtig machten, überhaupt in Freiheit zu belassen seien. Die Deutschen sind aber durch das Vorgehen Englands zu gleichen Maßnahmen gezwungen. Den deutschen Vorschlag, die unverdächtigen Staatsangehörigen beiderseits abreisen zu lassen, lehnte die britische Regierung ab. Doch wurde die Vereinbarung getroffen, daß alle Frauen, alle männlichen Personen bis zu 17 und über 55 Jahren sowie ohne Rücksicht auf das Alter alle Geistlichen und Ärzte ungehindert abreisen dürften; die männlichen Personen zwischen 17 und 55 Jahren wurden nicht in die Vereinbarung mit eingezogen, weil die britische Regierung alle Wehrfähigen zurückhalten wollte und als solche auch Männer zwischen 45 und 55 Jahren ansah. Inzwischen wurden die in England zurückbehaltenen Deutschen in nicht unerheblicher Zahl (s. oben S. 167 Anm. 1) festgenommen und als Kriegsgefangene behandelt. Nach zuverlässigen Nachrichten wurde diese Maßnahme Anfang November auf fast alle wehrfähigen Deutschen ausgedehnt, während in Deutschland bisher nur verdächtige Engländer festgenommen worden sind. Die völkerrechtswidrige Behandlung unserer Angehörigen gab der deutschen Regierung Anlaß, der britischen Regierung zu erklären, daß auch die wehrfähigen Engländer in Deutschland festgenommen werden würden, falls nicht unsere Angehörigen bis 5. November aus der englischen Gefangenschaft entlassen werden sollten. Die britische Regierung ließ diese Erklärung unbeantwortet, so daß nunmehr die Festnahme der englischen Männer zwischen 17 und 55 Jahren angeordnet wurde. Eine Maßnahme, die bei der Verteilung der Deutschen im Auslande und angesichts des späten Eintritts von recht zweifelhafter Bedeutung erscheint!

Fr. v. Liszt hat sicherlich recht, wenn er sagt, daß zu Repressalien „selbstverständlich gerade solche Mittel anwendbar sind, deren Anwendung sonst völkerrechtswidrig wäre". Solche Selbsthilfe ist sicherlich völkerrechtlich erlaubt. In diesem Falle hat die Reichsregierung aber nicht unrecht, wenn sie meint:

„Diese Maßnahmen sind nicht darauf berechnet, mit unsern Gegnern einen Wettstreit in der Brutalität zu eröffnen.... Es handelt sich um ganz unnötige und unwürdige Härten, wie sie ohne Fahrlässigkeit von den Beauftragten der britischen Krone nicht möglich gewesen wären."

„Volle Genugtuung dafür können wir nicht suchen in der Rache an Unschuldigen, nicht in einem Schriftwechsel mit neutraler Unterstützung, und nicht durch einen Schiedsspruch. Diese Dinge gehören mit zu der verstockten Überhebung, mit der sich England gegen alles, was deutsch ist, versündigt, und wir müssen sie einbeziehen in die Abrechnung, die wir gegen das auf seine Unangreifbarkeit pochende Inselvolk durchzuführen entschlossen sind."

Hilft freilich auch diese menschliche Gesinnung nichts, dann weg mit der deutschen Gutmütigkeit — so schwer uns das auch wird!

Vielleicht bequemen sich die Dreiverbandsstaaten endlich dazu, vor einer neutralen Untersuchungskommission den Nachweis zu liefern, daß sie mit ihren systematischen Verletzungen der Art. 4 bis 8 des IV. Abkommens der Haager Friedenskonferenz brechen. Deutschland ist sicherlich bereit, gegen Zusicherung des Versprechens der Abhilfe der Mängel vollen Einblick in seine Gefangenenlager zu gewähren.

Wie bei der Frage der Dum-Dum-Geschosse, so könnte bei der Gefangenenbehandlung sich das wirklich neutrale Ausland durch eine objektive Untersuchung der Klagen ein großes Verdienst um die Menschheit erwerben.

Im übrigen, wenn diese Forderung nicht erfüllt wird, wollen auch wir Deutsche uns erinnern:

„Nie war gegen das Ausland ein andres Volk gerecht wie du!
Sei nicht allzu gerecht! Sie denken nicht edel genug,
Zu sehen, wie schön dein Fehler ist."

Dieser Worte des alten Klopstock wollen wir heute gedenken, wenn das Ausland, wenn vor allem unsere unedlen Feinde unsere Gutmütigkeit mißbrauchen wollen!

II. Meuchlerische Tötung oder Verwundung von Verwundeten. Mißbrauch der weißen und der „Roten Kreuz"-Flagge und Ähnliches.

(Art. 23, insbes. litt. b, c, d und f der Landkriegsordnung.)

A. Noch größer als die Anzahl der Mitteilungen über die Mißhandlung von Gefangenen sind selbstverständlich die in der Presse und sonstwie veröffentlichten Nachrichten über völkerrechtswidrige Handlungen im Kampfe selbst, die seitens der Franzosen, Engländer, Russen und Belgier gegen unsere Armeen begangen wurden. Die gleichen Beschuldigungen werden von dort in Massen gegen unsere Truppen erhoben. Es ist zuzugeben, daß hier Momente vorliegen, die eine objektive Beurteilung und eine Kontrolle der Behauptungen außerordentlich erschweren. Die ganze leidenschaftliche Aufregung der am Kampfe Beteiligten, die sich oft bis zu pathologischen Sinnestäuschungen steigert, die furchtbaren physischen und psychischen Eindrücke und Einwirkungen der modernen Schlacht, insbesondere bei der Verwendung der Massen von Riesengeschützen usw., machen eine ruhige objektive Kritik der eigenen und der gegnerischen Handlungen großenteils völlig unmöglich. Man wird daher sicherlich solchen Schlachtenberichten mit einer gewissen Skepsis gegenüberstehen müssen. Wirklich Erlebtes und Eingebildetes vermengen sich hier oft zu einem unentwirrbaren Knäuel. Der furchtbar wuchernde „Schützengrabenklatsch" vermengt oft Wahrheit und Dichtung.

Von diesen eigentlichen Schlacht- und Gefechtsvorgängen sind natürlich Detail- und Spezialwahrnehmungen nach der Schlacht wohl zu trennen.

Wir werden uns auch im folgenden bemühen, sogenannte „Räubergeschichten" aus Soldatenbriefen, soweit sie nicht kontrolliert werden können, auf denen übrigens, soweit jetzt kontrollierbar, die ganzen französischen und belgischen, auch viele Schilderungen der englischen Presse (s. die berühmte „Totenbrücke" und ähnlichen Unsinn) beruhen, hier beiseite zu lassen und nur Vorgänge zu schildern, die „kalten Blutes" mitgeteilt werden und deren Wahrheit leicht aus der Quelle kontrolliert werden kann, zumal wenn später das militärische Verbot der Nennung der Örtlichkeiten und der Truppenteile, wie zu hoffen, wegfällt, die gegenwärtig die Nachprüfung sehr erschwert.

Großes Aufsehen hat die folgende Mitteilung vom 6. September gemacht, die sich in der ganzen deutschen Presse befand und auch vom preußischen Kriegsministerium an anderer Stelle eine Bestätigung erhielt. Ein Dementi ist meines Wissens nirgends erfolgt.

1. Stettiner Blätter berichten auf Grund brieflicher Mitteilungen von zuverlässiger Seite (Stettiner Bürgern, die im Dienste des Roten Kreuzes stehen) von haarsträubenden Bestialitäten englischer Truppen, und zwar zum Teil mit dem

Bemerken, daß die Veröffentlichung dieser Schreiben ausdrücklich gewünscht werde. So wird der „Ostsee-Ztg." geschrieben: „Vor gefangenen Engländern hielt ein Oberstleutnant soeben etwa folgende Ansprache an die versammelten Soldaten und uns: „Kameraden, verbreitet dies in Eurer Heimat, was ich jetzt sage. Diese gefangenen engländer haben in barbarischer Weise an unseren Truppen gehandelt. Sie hielten die Hände hoch, zeigten die weiße Fahne und ließen unsere Truppen auf 50 m herankommen. Dann schossen sie sie nieder. Den Gefangenen und Verwundeten wurden mit Hakenmessern und eisernen Haken die Wunden aufgerissen, die Kehlen mit Messern durchstochen usw. Hier stehen die Burschen. Alles dies, was ich sage, beruht auf amtlicher Untersuchung. Mit solchen Bestien müssen unsere braven Truppen kämpfen." Ein Schrei der Entrüstung und Wut ging durch unsere Reihen, ein Pfui über Englands Truppen. Nur die eiserne Disziplin hielt uns zurück, diese Bestien niederzumachen."

2. Aus dem Privatbrief eines preußischen Majors, dessen Handschrift der „Frankf. Ztg." im Original vorlag, stellt man nachstehendes einwandfrei festgestelltes Ergebnis einer militärischen amtlichen Untersuchung zur Verfügung:

„Meine Brigade kommandierte mich gestern ins Lazarett, um über einen Franzosen zu Gericht zu sitzen. Ich fand einen Gefreiten vor, Ende der 30 er, Soldat seit 1895. Er gab ohne weiteres zu, zwei verwundeten deutschen Soldaten des X. Armeekorps, das hier vor einigen Tagen die Maasübergänge genommen hatte, mit seinem Bajonett die Augen ausgestochen zu haben. Nach dem Grunde gefragt, sagte er ganz ruhig: „C'est une revanche comme toute autre." (Das ist eine Art von Vergeltung wie jede andere.) Damit war für mich der Tatbestand festgestellt und ich meldete dies der Brigade, die ihn sofort erschießen ließ. Geschehen in X. am 31. August abends. Der Gefreite hieß E. B. Er war von Sanitätsmannschaften bei der Tat abgefaßt worden. Ihnen gegenüber hat er behauptet, von seinen Vorgesetzten dazu Befehl erhalten zu haben(!). Die deutschen Sanitätsmannschaften sagten als Zeugen aus, daß der französische Gefreite etwa 30 verwundeten Deutschen die Augen ausgestochen habe."

Vorläufig einmal Halt mit diesen Greueln! Wir müssen die Schilderung unten fortsetzen, um zu zeigen, daß es sich auch hier leider nicht um seltene Ausnahmen, um Einzelfälle handelt, sondern um so zahlreiche Fälle, daß von ihnen auf einen inhumanen Geist in einem nicht unbedeutenden Teil dieser Soldateska und ihrer Führung geschlossen werden muß, wobei ich es ausdrücklich zurückweise, etwa behaupten zu wollen, daß in allen Truppenteilen unserer Feinde solche tierischen Brutalitäten vorkamen.

Doch manches scheint System. So teilt man uns immer und immer wieder mit, daß die Engländer auf Befehl ihrer Offiziere beim deutschen Angriff die Hand hochheben, also das Zeichen geben, daß sie sich ohne weiteren Kampf gefangen nehmen lassen wollen. Wenn die deutschen Truppen dann herangekommen sind, schießen sie aus nächster Nähe auf sie. Diese Kampfesart hat, wie unwidersprochen von allen Seiten gemeldet wird, bereits zur Folge gehabt, daß der Gruß der gefangenen englischen Offiziere nicht mehr erwidert wird, um dieser Kampfart die Verachtung auszudrücken.

Hier handelt es sich nicht um eine völkerrechtlich erlaubte „Kriegslist", sondern um „meuchlerische Tötung" des Gegners gemäß Art. 23 litt. b der Landkriegsordnung, wie sie feiger und elender gar nicht gedacht werden kann und die die Verweigerung jedes Pardons völkerrechtlich unbedingt rechtfertigte.

B. Ich weiß leider aus zahlreichen Briefen von Zeugen, deren Glaubwürdigkeit ich selbst kenne, daß das Armehochhalten, die weiße Fahne zeigen und dann heimtückisch Schießen auch von den Franzosen in Lothringen, den Belgiern und den Russen geübt wurde.

Art. 22 der Landkriegsordnung sagt, daß die Kriegführenden kein unbeschränktes Recht in der Wahl der Mittel zur Schädigung des Feindes haben und zählt dann eine große Reihe einzelner Handlungen auf, die „namentlich untersagt sein sollen" und von denen wir im vorstehenden schon eine Reihe dargetan haben. Einer der ältesten Sätze des Kriegsrechts ist in Art. 23 b u. f. niedergelegt, wo es heißt, daß „die meuchlerische Tötung oder Verwundung von Angehörigen des feindlichen Volkes oder Heeres sowie der Mißbrauch der Parlamentärflagge, der Nationalflagge oder der militärischen Abzeichen oder der Uniform des Feindes sowie der besonderen Abzeichen des Genfer Abkommens verboten sein soll". Nicht bloß der ganze Franktireurkrieg richtet sich gegen diese Normen, wie oben im einzelnen in Kapitel 13 A dargetan wurde, sondern auch die Truppen des Dreiverbands selbst haben in unzähligen Fällen im Osten und im Westen diese Fundamentalsätze des Kriegsrechts, nicht bloß des modernen, verletzt. Wir werden unten in dem Kapitel 20 über „Kriegslist" noch speziell über den Mißbrauch der deutschen Uniform durch Belgier und Franzosen, ebendort auch über das Ausziehen der Uniform und Anziehen von Zivilkleidern, vor allem durch die belgischen Soldaten, zu sprechen haben.

Von der in Frankreich scheinbar allgemein üblichen Abreißung des Genfer „Roten Kreuzes" gegenüber deutschen Ärzten und Sanitätssoldaten haben wir bereits oben im Kap. 12 gesprochen. Über die Mißachtung der Parlamentäre s. unten Kap. 14 Z. VIII.

Wie weit die Dreistigkeit z. B. der Russen bezüglich des Mißbrauchs der Genfer Flagge ging, erzählt als Augenzeuge der bekannte Kriegsberichterstatter Paul Lindenberg (zensiert vom Großen Generalstab). Danach waren die Kisten und Waggons der Russen, die bis oben hinauf gefüllt waren mit Granaten und Gewehrpatronen, sämtlich mit dem Zeichen des Genfer Roten Kreuzes versehen! Also „Schonung, Verwundete sind drinnen!" [1])

„Mit dieser Kriegführung", sagt Lindenberg weiter, „stimmt ein bei einem gefangenen Offizier vorgefundener Befehl überein, der mir von amtlicher Seite zur Verfügung gestellt ward und der hier in getreuer Übersetzung folgen mag: „Befehl vom Regimentschef an das 221. Roslawski-Regiment in der Position von Tapiau. Es ist wiederholt erwiesen, daß der listige Feind mit der weißen Flagge Mißbrauch treibt. (Was niemals geschehen ist; es war, nebenbei, gar keine Gelegenheit dazu da.) Dieserhalb befehle ich, seinen weißen Flaggen nicht zu trauen, sie nicht zu beachten, die Schlacht weiter mit dem Ziele zu führen, ihn zu besiegen, ja sogar zu vernichten. Der Kommandeur der I. Armee, Generaladjutant, General v. Rennenkampf." Und des weiteren sei hier erwähnt, daß die Russen sich auch der Dum-Dum-Geschosse bedienen, des ferneren, daß man heute bei vielen Gefangenen — der eine an uns vorübertrottende Zug zählte nicht weniger wie 3800 — Zelluloidstreifen (Zellulose?) fand, die sie von den Offizieren erhalten, um alle Häuser auf deutschem Boden anzuzünden! Die Dinger, die man probiert, brennen wie Zunder!" Soweit P. Lindenberg.

Das sind der Völkerrechtswidrigkeiten auf einmal etwas viele! Das ist nach Herrn Stephan Pichon wohl die „Ehre und Schönheit des Menschenlebens und der zivilisierten Nationen"? Die angeblich die

---

[1]) Aus Wien wurde unterm 16. Oktober 1914 amtlich gemeldet:
Anfangs Oktober kam ein russischer Lazarettzug an die russisch-rumänische Grenze. Den Grenzbeamten fiel die übergroße Zahl von Sanitätspersonal auf. Nun traf dieser Tage aus Orsowa ein Telegramm ein, das über diese russische Expedition bemerkenswerte Aufklärungen brachte. In diesem Telegramm heißt es, daß das Sanitätspersonal dieses Zuges aus russischen Soldaten bestand, die nach Verlassen des Zuges zwischen Turn-Severin und Pledowo und Orsowa in der Donau Minen legten. Natürlich liegt hier zugleich ein dreister Neutralitätsbruch gegen Rumänien vor.

Deutschen zertreten haben! Mit solchem „Mordbrennergesindel" müssen wir uns herumschlagen, Herr Lloyd George.

In der „Post" bestätigt ein Militärarzt aus der Armee im Osten die völkerrechtswidrige Verwendung des Roten Kreuzzeichens durch die Russen. Er erzählt: „Unter den Trophäen, welche die Armee Rennenkampf in unseren Händen gelassen hat, befindet sich auch ein aus 80—100 Wagen bestehender Hilfslazarettzug auf dem Bahnhof Wirballen. Nur einige Wagen weisen Vorrichtungen auf, die für die Anbringung von Bänken bestimmt sind. Alle andern, sämtlich mit dem Roten Kreuz versehenen Wagen enthielten bis obenhin Infanterie- und Artilleriemunition. In zwei ungedeckten Wagen standen russische Feldgeschütze."

Also hier wissen wir wenigstens, daß die Mißachtung der Genfer und der weißen Flagge bei den Russen offizielles, befohlenes System ist.

An anderer Stelle haben wir auf den Bericht des Generalstabsarztes verwiesen, in dem mitgeteilt wurde, daß bei Orchies in Frankreich am 24. September die widerlichsten Greuel begangen wurden (s. oben S. 115 Kap. 12).

Welche Bestialität in den weitesten, auch sogenannten gebildeten Kreisen Belgiens, Englands und Frankreichs eingerissen ist, das erhellt aus dem hübschen Briefe, der nach der übereinstimmenden Mitteilung der Presse nach der Einnahme Antwerpens dem Kommandeur des 1. Matrosen-Regiments in die Hände gefallen ist. Dort schreibt an den englischen Arzt Richard Reading, freiwillig eingetreten bei der 4. Kompagnie des belgischen „Corps Mitrailleuse" d. d. Birmingham 28. September Jane Reading, die Schwester des Adressaten u. a.: „I would like to be a nurse, I am sure I could kill one or two Germans." Ist der Brief erfunden? Hoffentlich! Dann wundert es mich, daß nirgends eine Dementierung erfolgte. Es wäre unbedingt notwendig gewesen.

Und wir? Wir sind stolz darauf, die verwundeten Feinde wie unsere eigenen zu pflegen und zu unterhalten! Und lassen uns dies von unzähligen objektiven Neutralen und den verwundeten Gefangenen selbst bestätigen und bleiben doch die — „Barbaren", auf die die Turkos als Träger der Zivilisation heruntersehen!

Trotz aller Unwahrheiten der Dreiverbandspresse habe ich noch nicht einmal den Versuch einer Beweisführung gelesen, daß deutsche Truppen in einer so viehischen Weise trotz der gegen sie angewendeten Greuel Repressalien geübt hätten, wie im Falle Orchies.

Aber wäre es den deutschen Truppen übelzunehmen, wenn sie bei solcher Aufhebung jeglicher Kriegsgebräuche und Gesetze gesitteter Völker durch die Dreiverbandssoldateska, wie sie hier und in Kapitel 12 und 13 geschildert ist, keinerlei Pardon mehr geben würden?

Aber sie tun das Gegenteil — und benehmen sich, wo sie nicht auf das äußerste gereizt werden, und man ihnen gegenüber das Völkerrecht achtet, durchschnittlich so musterhaft, wie dies unten an anderer Stelle von französischer und englischer Seite selbst allmählich offen zugestanden wird [1]). Wie gerne würden wir in all' unseren Gegnern nur die gentlemen achten und ehren!

---

[1]) Was will es gegenüber einer solchen Kriegführung bedeuten, wenn der Stockholmer französische Gesandte in seiner amtlichen Bezugnahme auf das Völkerrecht darüber klagt, daß Deutsche Verwundete durch Schüsse in der Nähe getötet haben; ja daß man auf „Verwundete getreten und getrampelt sei". Aus unzähligen Berichten geht hervor, daß gerade in Lothringen französische Verwundete noch heimtückisch vom Rücken aus auf deutsche Soldaten, ja sogar auf Ärzte und Sanitätssoldaten, die sie pflegten (!), schossen. Auch die sonstigen Räubergeschichten in diesem amtlichen Rundschreiben, die unsere bayerische Infanterie und ihr Vorgehen am 10. und 11. August treffen sollen, sind durchaus unwahr und können auf Grund der Aussagen von Augenzeugen in jeder Richtung widerlegt werden.

In welcher Weise die Beschuldigungen gegen angebliche deutsche „Greuel" entstehen, dafür gibt der bekannte Schriftsteller Queri in den „M. N. N." vom 14. Oktober einen Beweis, für dessen Wahrheit wir freilich ihm die Verantwortung überlassen müssen. Er zitiert den „Petit Troyen", der lebhaft über deutsche Greuel leitartikelt. Es schildert das Blatt den folgenden Fall, für den es den Leutnant des 135. Regiments, Rodolpho Roeßler, verantwortlich macht. „Seine Abteilung", heißt es da, „stand unter unausgesetztem Feuer, das die Reihen stark lichtete. Angesichts der Gefahr, aufgerieben zu werden, ließ er seine Leute die Kolben hochheben" (il leur fit mettre la crosse en l'air, was für die französischen Soldaten das Zeichen des Sichergebenwollens ist), worauf wir zu feuern aufhörten und unsere siegreiche Kompagnie vorging, um die Deutschen zu entwaffnen." In der Folge geriet der (französische) „Sieger" in ein furchtbares Maschinengewehrfeuer, da die „Besiegten" ausschwärmend zum

III. Niedermetzelung wehrloser Gefangener insbesondere.

Die Landkriegsordnung vom 18. Oktober 1907 bestimmt in dem oft zitierten Art. 23, insbesondere auch unter c und d, daß „namentlich untersagt ist die Tötung oder Verwundung eines die Waffen streckenden oder wehrlosen Feindes, der sich auf Gnade oder Ungnade ergeben hat, und die Erklärung, daß kein Pardon gegeben wird".

Nach den oben erklärten Grundsätzen wollen wir gerade bezüglich solcher Fälle, deren Wiedergabe mehr oder minder unter dem Eindruck der Kriegshysterie steht, sehr vorsichtig sein. Die deutschen wie die Dreiverbands-Soldaten haben über solche Niedermetzelung wehrloser Gefangener zahllose Geschichten erzählt (s. z. B. „Braunschweiger Landeszeitung" Nr. 258 usw.). Eine Aufklärung, ein objektiver Beweis ist erfahrungsgemäß ungeheuer schwierig [1]). Soviel scheint bei der größten Vorsicht behauptet werden zu können:

Sturmangriff eilten und ihrer Maschinengewehrabteilung das Mittelfeld freigaben. Was der Berichterstatter als Unterwerfung, Ergebung ansah, war deutscherseits „Fällt das Gewehr". In seiner Unwissenheit rast das französische Blatt — nach ihm natürlich die ganze Presse — über diesen Verrat. Bezeichnend ist der Schlußsatz: Es berichtet über den Tod des Leutnants Roeßler triumphierend: „ein Geschoß durchriß sein Gesicht . . . Mit unseren Verwundeten aufgelesen, wurde er nach Troyes transportiert und sühnte mit tagelangen entsetzlichen Leiden die gemeine Tat, die seine Soldatenlaufbahn besudelt hatte. . ."

[1]) Wie gefährlich die Presseberichterstattung in dieser Richtung ist, ergibt sich z. B. aus folgendem: Hans Bayerl-Regensburg gibt in einem Artikel der „M.-Augsb. Abendztg." vom 22. November 1914 Nr. 325 eine Anzahl grauenerregender Vorfälle nach den Erzählungen der armen Opfer. Er tritt für die Wahrheit vor allem eines Falles ein, in dem ein bayerischer Kriegsfreiwilliger und Schulkamerad des Erzählers von Indiern gefangen genommen wurde. Ihm wurden angeblich von den Bestien sämtliche Zehen, sämtliche Finger der linken Hand, beide Ohren und die Nasenspitze abgeschnitten und das linke Auge ausgestochen. Das bayer. Kriegsministerium teilte am 24. Dezember 1914 mit, daß die amtliche Untersuchung ergab, daß der Verfasser „nicht den geringsten Beweis für seine Behauptungen zu erbringen imstande ist".

Auch die Schilderungen der „Köln. Volkszeitung" (19. November 1914) über Greueltaten der Engländer gegen verwundete deutsche Offiziere erscheinen so entsetzlich, daß wir sie bis zur Nennung des Gewährsmannes und amtlicher

An Niedermetzelung armer Verwundeter und Wehrloser leisteten die Farbigen Englands und Frankreichs das meiste. Für sie gelten, wie bereits oben bei Kapitel 6 hervorgehoben, alle völkerrechtlichen Normen über Menschlichkeit überhaupt nicht. Verantwortlich sind auch für ihre Greueltaten natürlich nach ausdrücklicher Bestimmung des Art. 25 des neuen Genfer Abkommens (s. oben Kapitel 12) und Art. 3 des IV. Haager Abkommens von 1907 sowie Art. 21, 23 litt. b, c, d und Art. 46 die Oberleitungen der englischen und französischen Armeen [1]).

IV. Wegführung von Nichtkombattanten, Frauen und Kindern durch französische Soldaten aus Lothringen.

Zu Protokoll des Pfarrers Klein von Weißenburg i. Els. wurde folgender Tatbestand gebracht, der zugleich wieder zeigt, wie Roheit der Bevölkerung Hand in Hand geht mit der Verletzung von Recht und Gesetz durch die kriegführende Macht („M. N. N." vom 22. September 1914):

„Am 21. August erschien ein französischer Gendarm und forderte die Zeugin auf das Rathaus zu Saales, wo sie einem Verhör sich unterziehen sollte. Es wurde

---

Aufklärung ebenfalls für undenkbar halten. Diese freilich wäre dringend nötig. Sie würde wie im vorhergehenden Falle vielleicht zeigen, daß gerade auf diesem Gebiete Vorsicht und ein gewisses Mißtrauen gegen die Schützengrabenhysterie am Platze ist. Das Verfahren gegen Bayerl aber zeigt andererseits die Wahrheitsliebe der deutschen Armeeleitung in glänzendem Lichte, von der das Verhalten der gegnerischen — (von Ausnahmen abgesehen, zu denen ich die Anzeige von der Blendung eines deutschen Soldaten durch einen französischen Kommandeur rechne) — nicht eben vorteilhaft abweicht. Auch die behaupteten Fälle von Schändungen (s. oben S. 118) werden in ihrer „Zuverlässigkeit" erschüttert, falls die betr. Gewährsmänner nicht mit den Namen gegenüber den amtlichen Stellen hervortreten, was wir hier ausdrücklich feststellen und verlangen wollen.

[1]) In einer Zeichnung der „Illustrated London News" wird dargestellt, wie die Gurkhas die Deutschen in einem Schützengraben überfallen und mit ihren breiten Messern („cookers") hinmorden. Unter dem Bilde steht: „Die Gurkhas griffen einen der Schützengräben des Feindes auf dem linken Flügel an, überraschten sie und brachten sie mit ihren berüchtigten Messern in Verwirrung. Nach dem Kampf schleppten viele die von ihnen Getöteten zu ihren Linien zurück, um ihren britischen Kameraden („confrères") zu zeigen, wie erfolgreich sie waren („Frankf. Ztg."). Und Art. 3 der Genfer Konvention?

von dem Gendarmen ausdrücklich darauf hingewiesen, daß es nicht nötig sei, die Pantoffeln durch Schuhe zu ersetzen. Ähnliche Mitteilungen ergingen an die übrigen Beamtenfrauen. Sie kamen alle, wie sie gingen und standen — und kehrten nicht wieder heim. Anstatt sie einem Verhör zu unterziehen, nahm man sie fest und veranlaßte diejenigen unter ihnen, die an ihre zum Teil noch nicht 1 Jahr alten Kinder erinnerten, die Kinder zu holen. Auf Ochsenwagen fuhren am 21. August 14 Frauen und 7 Kinder, worunter das jüngste 6 Monate zählte, in der Richtung nach St. Dié ab. Dort wurden sie in die Bahn verladen und zum Teil in Personenwagen, zum Teil in Viehwagen tagelang weiterbefördert. Der Zug wurde immer stärker durch Beiführung anderer deutscher Zivilpersonen. ... In Clermont-Ferrand mußten die Infanterieoffiziere, die mit der Bewachung beauftragt waren, Kavallerie gegen die Volksmeute requirieren, die die Offiziere mit Steinen bewarf, weil sie die cochons allemands (deutschen Schweine) nicht einfach niederstachen. Diese Erfahrungen veranlaßten endlich das Zugskommando, den Zug mit den Gefangenen nicht in größere Stationen einfahren zu lassen. ... Das Essen war „unter unserem Schweinefressen". Mit Ekel würgte man die zweimal am Tage gereichte widerliche sogenannte Suppe nur dann, wenn einen der brutale Hunger dazu zwang. Wenn der Gefangenentransport nicht in Gefängnissen untergebracht werden konnte, sperrte man die Frauen und Kinder und Männer in Ställe ein. Den Herren nahm die Begleitmannschaft sehr bald die Schuhe weg und schnitt ihnen die Hosenknöpfe ab. Besonders brutal benahmen die französischen Soldaten sich gegen die Lehrer, von denen eine Reihe mit im Zuge war.

Am 4. September wurde in Puy de Dome den Frauen eröffnet, daß sie heimkehren könnten. In der ganzen Zeit hatte kein Verhör mit ihnen stattgefunden. Ein Offizier antwortete der Frau, mit der ich sprach, auf eine Frage: sie seien suspekt. Alle französischen Frauen gäben Lichtsignale oder spionierten; (!) man vermute das auch von den deutschen. Am 5. September fuhren die Frauen mit den 17 Kindern, von denen keines mehr ganz gesund war, in Clermont-Ferrand ab. ... Eine der Frauen hatte 24 Stunden lang die Leiche ihres Kindes, das unterwegs erkrankt und gestorben war, in den Armen, die letzte, furchtbarste Stelle des Weges durch mörderisches Feuer getragen. Die Frauen berichten, daß der Haß gegen die Deutschen besonders bei den Frauen bis zum Wahnsinn ausgeartet sei, und daß unsere deutschen Kriegsgefangenen und Verwundeten wohl von den Ärzten anständig behandelt würden, aber daß sie überall vor der Raserei der Zivilbevölkerung geschützt werden müßten. Besonders zu leiden hätten die deutschen Offiziere. Sämtliche Frauen kamen krank und schwer leidend zurück. Die Tage der Gefangenschaft bleiben ihnen als das Furchtbarste im Gedächtnis, das der Krieg, der in Saales und um Saales her sie genug ängstigte, ihnen bereitet hat."

Auch dieses ganze Gebaren verstößt gegen den klaren Wortlaut der Art. 1, 2 und 46 der Landkriegsordnung: Man machte Zivilpersonen grundlos in Massen zu Gefangenen und behandelte sie nicht menschlich (Art. 4 l. c.). Das Vorgehen der französischen Behörden muß als geradezu verbrecherisch bezeichnet werden. Fälle ähnlicher Art stehen im Elsaß wie in Ostpreußen in Menge zur Verfügung. Es genüge diese typische Stichprobe!

Natürlich mußten als Repressalien die Deutschen ebenfalls zur Festnahme von Zivilpersonen greifen. Es geschieht, wie zahlreiche Veröffentlichungen zeigen, in mildester Form (s. oben S. 173 ff.). Das Volk legt in Deutschland keinem Ausländer etwas in den Weg. Ausbrüche des Pöbelfanatismus gegen Verwundete, Zivilisten und solche Gefangene, wie sie in Frankreich und Rußland tagtäglich sich ereignen, sind in Deutschland unbekannte Dinge. Man befrage die in Deutschland lebenden Neutralen, ob ich mit dieser bestimmten Behauptung schönfärbe!

V. Plünderung und Zerstörung des deutschen Eigentums.

Gottlob gelang es den Franzosen nicht, weit in deutsches Gebiet zu kommen. Was sie aber im Oberelsaß und in Lothringen an Roheit geleistet, was sie an ihrem eigenen Eigentum, d. h. am Besitz ihrer eigenen Volksgenossen verbrachen (s. unten das besondere Kapitel 19), läßt sehen, daß sie hinter den unten geschilderten Kosakengreueln nicht weit zurückbleiben. (S. unten über die Russengreuel und über „Privateigentum im Kriege" Kapitel 15 und 17.) Hier genügt es, hervorzuheben, daß auch die Franzosen allüberall, wo sie auf deutschem Boden auftraten, die sämtlichen völkerrechtlichen Bestimmungen zum Schutze des Privateigentums in Art. 23 g, 25, 46 und 47 der Landkriegsordnung von 1899/1907 schmählich verletzten. Nach Art. 28 ist es untersagt, Städte und Ansiedlungen der Plünderung preiszugeben, selbst wenn sie im Sturm genommen sind. Die Franzosen gingen viel weiter. Sie plünderten, raubten und stahlen wie die Kosaken, freilich auch das eigene französische Eigentum, wie jene das russische. Über den Begriff der Plünderung s. D. J.-Z. 1914 S. 1298; über Plünderung im eigenen Lande unten Kap. 19.

Im Anschluß an die im vorstehenden erzählten Schicksale der Beamtenfamilien von Saales ist typisch die in der „Straßb. Post" wiedergegebene Erzählung von Frau Elisabeth Zink aus Saales, die wir hier im Auszuge folgen lassen. Sie erzählt u. a.:

„Im Bahnhof Saales wurde während unserer unfreiwilligen Abwesenheit — wir waren 4 Wochen in französischer Gefangenschaft — schon am Abend unserer Verhaftung, am 12. August, von den Franzosen alles kurz und klein geschlagen. Am 13. August, als der Bürgermeistereivertreter Herr Rochelle wenigstens unsere Wertpapiere in Sicherheit bringen wollte, waren schon alle Koffer und Schränke erbrochen. Die Papiere, das Geld, schöner alter Schmuck, der seit Generationen in der Familie war, die in einer eisernen Kassette waren, alles war schon gestohlen. Alte Lithographien und Kupferstiche, Radierungen moderner Künstler (darunter 6 Loeschhorns) sowie schönes altes Zinn, desgleichen eine Standuhr mit schönem Zifferblatt (1745) soll ein Offizier der Chasseurs à pied auf sein Auto geladen haben; eine andere alte Uhr fehlt aus ihrem Gehäuse. Echte Perser fanden auch ihren Liebhaber. Alte Porzellane wurden gestohlen, während das andere Porzellan zerschlagen war. Es waren offenbar „gebildete Kenner" ..., die das gute alte Porzellan mitgehen ließen ... „Meine Schwester, die jetzt heiraten wollte, hatte ihre ganze Aussteuer fertig — nichts ist davon mehr vorhanden. ...

Am scheußlichsten fand ich die Zerstörung unserer Möbel. Alte Sessel, in denen unsere Urgroßeltern gesessen hatten, wurden Brennholz — obwohl Holz genug im Hause war. ... Wie es in dem Hause aussah, kann man sich gar nicht vorstellen. Und das alles taten französische Elitetruppen — Alpenjäger aus Grenoble und Chasseurs zu Fuß aus St. Dié. Und ähnlich sah es bei vielen Saalern aus!"

Wie schändlich die Plünderung vor allem in Belgien bereits vor dem Beginn der kriegerischen Ereignisse einsetzte, haben wir bereits oben in Kapitel 13 geschildert.

Auf der „Gneisenau", die im Hafen von Antwerpen lag, blieb kein Stuhl, kein Spiegel, Schrank, gar nichts heil. Vor der Einnahme von Antwerpen (9. Oktober) wurde dort und in den Vorstädten von den Einheimischen gestohlen und geplündert (s. auch Kapitel 19 unten), was nicht niet- und nagelfest war. Ganz gleichgültig war es schließlich dieser zügel- und disziplinlosen Meute, ob es deutsches oder das Eigentum ihrer eigenen Volksgenossen war, das sie vernichteten. Eine wahnsinnige Plünderungs- und Zerstörungswut war über Soldaten wie Nichtsoldaten, Militär und Zivil gekommen, wie wir dies an anderer Stelle schildern.

Die Plünderung des Lloyddampfers „Gneisenau" am 3. August ist nicht nur für die völkerrechtswidrige Behandlung fremden Eigentums charakteristisch, sondern sie zeigt auch, wie skrupellos die Behauptung von der Aufrechterhaltung der belgischen Neutralität ist. Sie gehört in ihrer Darstellung daher sowohl zu Kapitel 2 wie hierher. Solche Handlungen allein hätten zum Einrücken der Deutschen in Belgien völlig genügt. Wir finden eine genaue Darstellung im „Tag“ vom 21. Oktober, wo ein Schiffsingenieur dem Abg. Erzberger folgendes erzählt:

Montag, 3. August, vormittags 9 Uhr, erschien ein Trupp von 15 Mann Gendarmerie, unter Führung eines höheren Offiziers und des Hafenmeisters vor unserem Schiff. Während die Gendarmerietruppe mit Gewehr bei Fuß Aufstellung nahm, begab sich der Offizier mit dem Hafenmeister und 3 Soldaten an Bord und forderte den Schlüssel zu unserer drahtlosen Station. Als dieser ihm ausgehändigt war, begannen die Soldaten unter Aufsicht ihrer Vorgesetzten in sehr wenig fachmännischer Weise das Zerstören der Station. Blindlings wurde mit dem Hammer auf die Leidener Flaschen, auf die Spulen, Sender usw. losgeschlagen. Als das Zertrümmern beendet war, wurde alles Zerschlagene und Losgeschlagene einfach über Bord in die Schelde geworfen. Dann wurden noch die Drähte der Antenne abgeschnitten und die Antenne gleichfalls zerstört. Nach dieser unfachmännischen Zerstörung, die unsere drahtlose Station in einen Trümmerhaufen verwandelt, zogen die Soldaten weiter zum nächsten Hamburg-Amerika-Dampfer, um dort die Zerstörung fortzusetzen. Bemerken möchte ich noch, daß der Hafenmeister sich brüstete, schon für 200 000 Mark drahtloses Inventar an diesem Morgen von deutschen Schiffen über Bord geworfen zu haben.

Man bemerke: all das geschah am 3. August, sohin fast einen ganzen Tag vor dem Einrücken der Deutschen in Belgien!

Wie es Mitte Oktober auf dem Schiffe, das man mutwillig demolierte, (wie sonst eine bisher noch nicht festgestellte Menge von Schiffen und sonstigem Privateigentum, deutschen und neutralen Besitzern gehörig), aussah, das schildert ein Augenzeuge mit ergreifenden Worten. Wie Bestien hatten sie gehaust und mit schwerem Hammer alles, Kunstgegenstände und Gebrauchsgegenstände, in kleine Stückchen zusammengeschlagen.

(S. über Plünderungen des eigenen Landes die Kapitel 17 und Kapitel 19 (französische und belgische), Kapitel 15 (russische), s. auch Kapitel 24 über die Zerstörungen in Antwerpen, Ostende usw.)

Bei ihren wiederholten Einfällen im Oberelsaß im September und Oktober 1914 haben die Franzosen z. B. ohne jede Veranlassung aus der Kriegführung im oberen Breuschtal sämtliche Gehöfte eingeäschert. Die meisten Bewohner — ruhige friedliche Bürger — wurden als Geiseln, d. h. als Kriegsgefangene nach Frankreich gebracht, nicht zur Sicherung gegen Verrat und völkerrechtswidrigen Frevel, sondern ohne jede Begründung. Die Ortschaft Saales wurde völlig zusammengeschossen. Rein mutwillig wurden von den Zuaven die Felder mit der Ernte niedergebrannt. Vier weitere Ortschaften wurden niedergebrannt, obwohl die Bevölkerung das Menschenmögliche tat, um die Franzosen freundlich zu bewirten. Wenn die Bevölkerung nicht laut genug Hochrufe auf die französischen Truppen ausbrachte, wurden einfach Salven auf und in die Häuser abgegeben usw.

Das Abkommen über die Landkriegsordnung bestimmt ausdrücklich, daß „die Ehre und die Rechte der Familie, das Leben der Bürger, das Privateigentum, die religiösen Überzeugungen usw. geachtet werden sollen"!

Damit vergleiche man all diese bereits geschilderten Greuel der belgischen, russischen, englischen und französischen Soldateska, insbesondere die unten noch besonders geschilderten bestialischen Mordtaten in Ostpreußen durch die Russen! Wenn sie im Auslande bekannt wären, würde wohl die Vortragstournée der Herren Vandervelde und Genossen rasch beendigt gewesen sein!

Der Okkupant eines Landes (s. Art. 42 ff. der Landkriegsordnung) kann nicht dort hausen, wie er will. Die bloße vorübergehende Innehabung einer Stellung im feindlichen Lande genügt auch nicht.

Ein Gebiet gilt als besetzt, wenn es sich tatsächlich in der Gewalt des feindlichen Heeres befindet.

Die Besetzung erstreckt sich nur auf die Gebiete, wo diese Gewalt hergestellt ist und ausgeübt werden kann (Art. 42).

Nachdem die gesetzmäßige Gewalt tatsächlich in die Hände des Besetzenden übergegangen ist, hat dieser alle von ihm abhängenden Vorkehrungen zu treffen, um nach Möglichkeit die öffentliche Ordnung und das öffentliche Leben wiederherzustellen und aufrechtzuerhalten, und zwar, soweit kein zwingendes Hindernis besteht, unter Beachtung der Landesgesetze (Art. 43).

Über diesen letzteren Artikel wird das Nötige in Kapitel 16 gesagt werden. Hier nur das: Entscheidend für den Begriff der „Besetzung" nach Art. 42 ist die Sicherung der rückwärtigen Verbindungen und die tatsächliche Innehabung des Landes (s. Haager Prot. III S. 117 ff., auch D. J.-Z. 1914 Nr. 19/20 S. 1147). Notwendig zur Erfüllung des Begriffs ist auch, daß die bisherigen Vertreter der Staatsgewalt des nunmehr besetzten Gebiets tatsächlich nicht mehr in der Lage sind, auf das öffentliche Leben des besetzten Gebiets einzuwirken. Das war für die deutsche Regierung weder im Sundgau noch in Lothringen noch in Ostpreußen der Fall. Höchstens in letzter Provinz mag für einige Städte seitens der Russen eine „Besetzung" im Sinne der Art. 42 und 43 angenommen werden. Von einer Beachtung der Landesgesetze war freilich dabei wenig zu bemerken.

Aber auch, wo die „Besetzung" völkerrechtlich angenommen werden kann, gilt folgendes: Der Okkupant ist unter der Voraussetzung der Kriegsnotwendigkeit berechtigt, die Landbewohner zu Arbeiten und persönlichen Leistungen zu nötigen. Er darf aber nicht, wie dies insbesondere in Ostpreußen durch die Russen stattfand, ihnen die Mitwirkung an den militärischen Operationen zumuten. Insbesondere ist es ausgeschlossen, einen Zwang zur Spionage auszuüben. (Art. 44).

Dies wurde aber im Elsaß und Lothringen wie vor allem in Ostpreußen versucht durch massenhafte Erschießungen durchzusetzen s. unten insbesondere über die russischen Greuel auch den aus dem „Echo de Paris" erzählten typischen Fall über Erpressung zum Hochverrat gegenüber einem deutschen Offizier; s. unten Ziffer VIII. (Über Besetzung und die Pflichten des Besetzenden s. unten das besondere Kapitel 16 über „Deutsche Verwaltung in Belgien".)

VI. Geiseln.

Auch das Geiselnehmen ist völkerrechtlich erlaubt, jedoch nur zur Sicherung der Erfüllung von Verpflichtungen, die dem okkupierten Lande rechtmäßig auferlegt werden (s. Art. 48—50 der Landkriegsordnung) und zur Sicherung gegen völkerrechtswidrige Kriegführung durch den Gegner, insbesondere durch Freischärler usw., um verdächtige oder schuldige Orte zu bestrafen. So können auch ohne weiteres zum Zwecke der Verhütung von Angriffen auf Eisenbahn- oder sonstige Transporte Geiseln zum Mitfahren genötigt werden (s. auch Ullmann, Völkerrecht S. 496 Anm. 2 und die dort zitierte Literatur), wie dies auch die deutschen Truppen getan haben. Schutz und Schonung können die Landesbewohner nur solange beanspruchen, als sie durch ihr Verhalten die Interessen des Besetzenden weder ernstlich gefährden noch verletzen. Wird diese Voraussetzung nicht erfüllt, geschehen Dinge, wie in Belgien und Französisch-Lothringen gegen die deutschen

Truppen, so ist der Besetzende berechtigt, nach Kriegsstrafrecht (Standrecht) vorzugehen und durch die schärfsten Abschreckungsmittel, insbesondere die Todesstrafe, für Attentate Sühne zu verlangen. Soll es z. B. bei den gemeingefährlichen Verbrechen gegen Eisenbahnen und Telegraphen, insbesondere bei dem barbarischen Loslassen „wilder Züge" gegen die Bahnhöfe und deutsche Verwundetentransporte, wie sie Ende September und Anfang Oktober in Belgien versucht wurden, nicht erlaubt sein, für diese schändliche Kriegsführung Geiseln zu nehmen und sie zu erschießen, wenn trotzdem das organisierte Verbrechertum seine Schandtaten fortsetzt? Hier ist das Nehmen von Geiseln eine direkte Sicherung des Völkerrechts und der Menschlichkeit!

Franzosen und Russen haben aber unter einer durchweg friedlichen Bevölkerung, die auf Ermahnung der deutschen Regierung sich ängstlich von jeder Freischärlertätigkeit und Teilnahme am Kriege zurückhielt, sohin ohne jeden Rechtsgrund in Ostpreußen und im Elsaß zahlreiche angesehene Personen, offenbar lediglich, um ein Kompensationsobjekt zum Austausch für deutschfeindliche Schuldige und Gefangene zu besitzen, nach bereits fertigen Listen oder auf Denunziationen von Verrätern, ohne Spur eines Beweises für die behauptete Spionage, als Geiseln weggeschleppt [1]). Dieses Vorgehen ist durchaus völkerrechtswidrig und stellt die Fundamentalsätze des Kriegsrechts, daß nur die Heere zu fechten haben, auf den Kopf. Noch verwerflicher ist selbstverständlich die Gefangennahme solcher Personen schon vor Beginn des Krieges oder unter Verhältnissen, die mit der ganzen Kriegsoperation gar nichts zu tun haben, wie das insbesondere England, Rußland und Frankreich getan haben (s. oben Z. I). In all diesen Fällen wurden Ehre, Familienrechte, Leben und Privateigentum ruhiger, friedlicher Bürger mit Füßen getreten — trotz Art. 46 der Landkriegsordnung.

---

[1]) Welche tolle Anschauung man von „Geiseln" hatte, geht u. a. aus einer der Wutäußerungen Maurice Maeterlinks hervor, der im Ernste für jede belgische Stadt eine deutsche Stadt „als Geisel" benutzt haben will.

Der „Figaro" vom 1. September meldet aus Moulins: „242 deutsche Geiseln, staatliche Beamte und Einwohner des Oberelsaß, sind im städtischen Progymnasium und im Guinguet-Saale untergebracht worden. Unter diesen Geiseln befindet sich der Bürgermeister einer Kreisstadt in der Nähe von Mülhausen und ein Pfarrer."

Bei jedem neuen Einfalle im Oberelsaß mußten neuerlich angesehene Bürger an die Fortschleppung glauben. (S. auch das Vorwort der Schrift des Prof. Friedr. Lienhard „Das deutsche Elsaß", abgedruckt „Frankf. Ztg." Nr. 319.)

Genau so verfuhren die Russen, die ohne jeden völkerrechtlich bestimmten Grund, ruhige, friedliche Bürger und preußische Beamte trotz aller Bestimmungen des Völkerrechts, die das Ziel verfolgen, daß nur die Staaten und Armeen den Krieg führen, hinwegschleppten und in Sibirien verschwinden ließen (s. unten Kapitel 15 und oben Z. I dieses Kapitels).

VII. Nötigung zum Verrat.

Es gibt nicht eine Norm des bestehenden Völkerrechts, nicht einen Kriegsbrauch, den die Zeit geheiligt, der von der Dreiverbands-Soldateska und insbesondere auch von den Offizieren des Dreiverbands nicht verletzt worden wäre.

Art. 44 der Landkriegsordnung verbietet es den Kriegführenden, die Bevölkerung eines besetzten Gebietes zu zwingen, Auskünfte über das Heer des andern Kriegführenden oder über dessen Verteidigungsmittel zu geben. Noch viel mehr gilt dies selbstverständlich von den Kriegsgefangenen und am meisten von gefangenen Offizieren. Die Art. 4, 6 usw. verbieten es absolut, einen Kriegsgefangenen mit der Todesstrafe zu bedrohen, für den Fall, daß er nicht seine Armee verrät.

Das Gegenteil bildet die größte Unmenschlichkeit. Darf man einen Gefangenen nicht zu einer „Arbeit" zwingen, die „in Beziehung zu den Kriegsunternehmungen steht" (Art. 6), so darf man ihn erst recht nicht zum Verrat gegen das eigene Heer, zum Bruche seines Eides zwingen!

Ein schmählicheres und beleidigenderes Vorgehen gegen den Feind, ja die ganze feindliche Armee ist zwischen ehrlichen Gegnern überhaupt nicht denkbar, als die Insinuation des Verrats an der eigenen Partei.

Nach dem Bericht des „Echo de Paris" vom 28. August hat man selbst diese Schmach deutschen Offizieren nicht erspart. Der ungeheuerliche Vorfall wird dort, wie folgt, beschrieben:

„Der deutsche Offizier wird vor den General X. geführt.

„Leutnant, Ihr Ehrenwort, daß Sie nicht zu entfliehen versuchen!"

Er weigert sich grob.

„Nun? Sie werden gefesselt."

Neue Ausbrüche des Deutschen. Dennoch glaubt der General, der ihn beobachtet, unter diesem äußeren Schein der Frechheit und Roheit einen armseligen Tropf, einen Prahler zu erkennen, und kalt sagt er:

„Genug! Ich muß Auskünfte haben. Ich stelle an Sie 10-12 Fragen. Haben Sie innerhalb fünf Minuten nicht geantwortet, so werden Sie standrechtlich erschossen."

Dann antwortete der Deutsche wörtlich: „Ich habe es mir überlegt und ich bin bereit, zu sprechen. Aber ich möchte die Gewißheit haben, daß man es in Deutschland nicht erfährt."

Und er sprach. — — —

Diese Geschichte hat mir Herr A. P. Lemercier, Professor an der Universität von Caen und Ehrendekan der philosophischen Fakultät, erzählt. Er hat mir auch den Namen des französischen Generals genannt."

Ist der Bericht wahr, so ist dies die Gemeinheit in der Potenz. Entweder ist die ganze Sache erlogen. Dann — legen wir es zu den Millionen anderer Unwahrheiten der „heiligen" Alliance. Oder die Geschichte ist **nicht** erfunden, die Sache hat sich wirklich so abgespielt, man hat einen deutschen Offizier durch Androhung der Todesstrafe zu „Auskünften", d. h. zum Verrat, gezwungen: dann ist das eine Handlungsweise, die den letzten Funken von Achtung vor französischer Kriegführung ersticken müßte. Wie wäre es denn, wenn wir bei den Tausenden gefangener französischer, englischer und russischer Offiziere dieses System auch anwenden würden, um alle Geheimnisse der Kriegführung des Dreiverbands herauszupressen? Solche Repressalien würden den letzten Rest von Ritterlichkeit aus diesem an sich tatarisch-hottentottenhaft geführten Kriege beseitigen!

Und wo bleiben hier die römischen, die amerikanischen, die andern Kritiker des „Barbarismus"? Warum wütet nicht die Entrüstung der Dichterlinge à la Maeterlinck und Konsorten „contre les Vandales"? Fordert aber eine solche Handlungsweise nicht geradezu zu **Repressalien** heraus?

Ich bedaure ungemein, daß man den Vorgang, den ich hier schilderte, in der deutschen Presse beinahe unbeachtet ließ. Er ist so schändlich, daß er nicht scharf genug beurteilt werden kann — ob er nun wahr oder unwahr ist. Denn auch wenn er unwahr ist, was ich annehme, da ich unser Offizierkorps für zu hoch erachte, als daß sich ein solcher Tropf darunter findet, so ist die Verbreitung der Geschichte eine Gemeinheit. Ist er aber wahr, dann ist es eine doppelte seitens des Generals wie seitens derjenigen, die damit renommieren. Sie tauschen gegen die Feigheit eines einzelnen die Niedertracht eines Systems, das ein hoher französischer Befehlshaber vertritt, ein und belasten das ganze Volk damit. Jedenfalls hätte die deutsche Heeresverwaltung allen Grund, der ganzen Angelegenheit nachträglich noch ihre Aufmerksamkeit zu schenken, um sie aufzuklären.

Der aufsehenerregende Fall eines deutschen Kriegsfreiwilligen, der angeblich zu Verratszwecken gezwungen wurde, mit einem englischen Fliegeroffizier zu fliegen, erscheint mir etwas stark unter dem Einflusse der „Kriegshysterie" zu stehen, so daß ich auf seine Wiedergabe verzichte.

VIII. Verletzung der Parlamentäre.

In einer Reihe von Fällen wurde der Art. 32 der Landkriegsordnung verletzt, der besiehlt, daß als Parlamentär derjenige gelten soll, der von einem der Kriegführenden bevollmächtigt ist, mit dem andern in Verhandlungen zu treten und sich mit der weißen Fahne zeigt. Er hat Anspruch auf Unverletzlichkeit, ebenso der ihn begleitende Trompeter, Hornist oder Trommler, Fahnenträger und Dolmetscher. Die Normen sind ein Beweis für die hier durchaus vertretene Behauptung, daß die „Landkriegsordnung" letzten Sinnes die Kodifikation teilweise uralter Gebräuche des Kriegs bedeutet.

Obwohl keinerlei ausdrücklich verbotener Mißbrauch von seiten der Deutschen getrieben wurde, wurden z. B. der preußische Major v. Kummer, der Major v. Arnim und der Meldereiter (Hofschauspieler) Clewing, die sich ordnungsgemäß mit der weißen Fahne einer nordfranzösischen Stadt Ende August im Automobil näherten, um offizielle Verhandlungen einzuleiten, von den Franzosen gefangen genommen und 3 Wochen lang gefangen gehalten, bis sie endlich (wohl auf Betreiben der Heeresleitung) wieder entlassen wurden [1]). Daraus geht

[1]) In Bestätigung dieser Annahme meldet das „Berliner Tageblatt": „Der Kaiser sagte zu Rittmeister v. Kummer, er habe, als er von der Sache erfahren, der Regierung in Bordeaux sagen lassen, daß 300 Kriegsgefangene unverzüglich erschossen werden würden, falls die drei Parlamentäre nicht bis zu dem und dem Tage heil und gesund bei ihren Truppenteilen wären. Das wirkte."

Das ist völkerrechtlich erlaubte Androhung einer Repressalie, an die man angesichts der unerhörten Kriegführung unserer Gegner noch viel energischer denken sollte, insbesondere angesichts der neuesten Nachrichten über die Behandlung deutscher Gefangener und Verwundeter.

von selbst hervor, daß die Gefangennahme völkerrechtswidrig war. Es lag auch nicht der Schein eines Beweises vor, daß die deutschen Parlamentäre ihre bevorrechtigte Stellung dazu benutzt hätten, Verrat oder Spionage zu üben oder gar dazu anzustiften (s. Art. 34 l. c.), sonst wären sie von den Franzosen rasch ins Jenseits befördert worden, da in Spionagefurcht Franzosen und Engländer wetteifern.

Der völkerrechtswidrige Standpunkt der Belgier auch in dieser Richtung drückt sich in folgendem Armeebefehl aus:

„... 4. Es ist ausdrücklich jedem, der ein ständiges Festungswerk besetzt hält, verboten, in Verhandlungen mit feindlichen Parlamentären einzutreten. Es wird ohne Ausnahme auf jeden feindlichen Parlamentär Feuer gegeben, der sich irgendeinem Punkte der Umwallung des ständigen Festungswerkes nähert.

Duffel, 28. September 1914.

Generalleutnant und Kommandant
Deguise.

IX. Sonstige mannigfaltige Unmoralitäten als Waffen der Kriegsführung. (Prämien für Mord, für neutrale Spionage - Verwendung von Zuchthäuslern usw. - „Wilde Züge" - Vorschicken von Zivilpersonen. Sonstiger Gebrauch unzulässiger Waffen.)

Der Krieg ist ein „blutiges Handwerk" — er soll aber auch ein „anständiges Handwerk" bleiben. Sämtliche Staaten der Welt, die für einen modernen Krieg überhaupt in Betracht kommen, haben dies in den Beschlüssen der beiden Haager Konferenzen, zumal sehr beredt in den Eingangsworten des IV. Abkommens vom 18. Oktober 1907, festgestellt (s. oben Kap. 13).

Das vollständige „Kriegsgesetzbuch" fehlt den Völkern noch. Die sogenannte „Landkriegsordnung" soll nur eine Art Mindestprogramm bilden. Für die noch nicht geordneten Gebiete sind die allgemeinen Grundsätze des Gewohnheitsrechtes maßgebend. Die Bevölkerung und die Kriegführenden sollen „unter dem Schutze und der Herrschaft der Grundsätze des Völkerrechts bleiben, wie sie sich ergeben aus den unter gesitteten Völkern feststehenden Gebräuchen, aus den Gesetzen der Menschlichkeit und aus den Forderungen des öffentlichen Gewissens".

Wehe, dreimal wehe, wenn man sieht, wie diese „gesitteten Völker" sich in diesem Kriege benehmen! Gleich Negern am hintersten Kongo, gleich Räubern in den entlegensten albanischen Gebirgsgegenden, gleich dem Abschaum des süd- und mittelamerikanischen Brigantentums wird teilweise der Krieg geführt.

1. Krieg soll „offener, ehrlicher Krieg" sein, kein meuchlerisches Morden. Das ist nicht bloß ausdrückliche Vorschrift der Kriegsordnung, sondern altgeheiligter, ja vielleicht der fundamentalste Grundsatz der Kriegführung zivilisierter Völker. Wie schlecht es heute mit der Einhaltung aussieht, das erhellt aus dieser Schrift.

Doch hat die Not, die Dekadence der Gesinnung, die Verrohung wohl besondere Blüten gezeitigt, die dem ungeschriebenen, aber ehrwürdigen Gewohnheitsrechte der Völker zuwiderlaufen, die zeigen, wie abstumpfend Roheit und Gemeinheit wirken. Auch sie schließen sich der Zeit, der Technik, den Verhältnissen an. Mit einem Raffinement ohnegleichen benutzen sie Altes und Neues.

Zum Alten, aber dennoch Verwerflichsten rechne ich die Anstiftung zum Meuchelmorde im Kriege. Die Mitteilungen, die darüber die österreichische Heeresleitung im einzelnen macht, sind von hier unkontrollierbar.

Auf demselben Blatte — geradezu ein Pendant dazu — steht das öffentliche Ausbieten einer hohen Geldprämie für die Ermöglichung der Ingrundbohrung eines deutschen Schiffes seitens Großbritanniens. Es bedeutet nichts anderes als die Anstiftung zur völkerrechtswidrigen Spionage seitens der Neutralen, insbesondere der neutralen Schiffer. Sie bildet so eine internationale Handlungsweise ganz besonderer Art, denn für die englische Flotte wird es solcher „Prämien" doch wahrlich nicht bedürfen. Es hieße ja die ganze englische Flotte und ihre Kriegführung beleidigen, wenn man annehmen sollte, daß erst die Auswerfung einer solchen Prämie notwendig wäre, um die Angehörigen der englischen Flotte zur einfachen Pflichterfüllung zu bringen, deutsche Schiffe zu sichten und anzugreifen. Die Aussetzung der Prämie kann vernünftigerweise nur die Aufforderung an die Neutralen sein: Verratet uns den Standpunkt deutscher Schiffe, damit wir die Möglichkeit haben, sie unter uns günstigen Verhältnissen zu überraschen und zu bewältigen. Diese leichtverständliche Aufforderung zum Bruche der Neutralität durch

Prämien ist eine Unmoral erster Klasse und widerspricht gänzlich dem 13. Abkommen der II. Haager Konferenz wie jeder völkerrechtlichen Moral überhaupt.

2. Daß man bei den Engländern berechtigt ist, die schlimmsten Absichten und Ziele anzunehmen, zeigt die von einem neutralen Blatte, der „Neuen Zürcher Zeitung", gebrachte und gegen alle Ableugnungen als absolut zuverlässig aufrechterhaltene Mitteilung:

„Eine Abteilung Engländer, Mineure, so wurde dort berichtet, war von den Deutschen gefangen genommen worden, und als man die Truppe näher besah, fand sich, daß sie aus entlassenen Sträflingen und aus Negern bestand, dem Abschaum des Londoner Hafens. 700 M. Handgeld hatte jeder von der Bande bekommen; dann waren sie nach Frankreich gebracht und losgelassen worden."

Darf es da wundernehmen, wenn in England der Militärdienst als minderwertig angesehen wird? Zuchthäusler, Zuhälter und Neger als Soldaten! Dagegen sind natürlich sogar die Basutos, Gurkhas, Shiks, Turkos und die andern „gleichberechtigten Kulturvölker" Ehrenmänner! „Die englische Nation als Volk betrachtet ist das schätzbarste Ganze von Menschen im Verhältnis gegeneinander, aber als Staat gegen andere das verderblichste, gewaltsamste und herrschsüchtigste unter allen", sagt Kant!

4. „Wilde Züge" — sonstiger Gebrauch von unzulässigen Waffen. Zu den neuen raffinierten Waffen, von denen ich oben sprach, gehört das Loslassen von sogenannten „wilden Zügen" auf den belgischen Bahnen, um deutsche Soldaten- und Verwundetentransporte zu gefährden. Diese gemeingefährlichen Verbrechen gemäß § 315 R.-Str.-G.-B. (Zuchthaus bis zu 10 Jahren bzw. lebenslängliches Zuchthaus) zeigen, daß die Kriegführenden des Dreiverbandes tatsächlich für sich das unbeschränkte Recht der Wahl der Mittel zur Schädigung des Feindes im Widerspruch zum 2. Abschnitt der Landkriegsordnung von 1899/1907 geltend machen. Das sind vergiftete Waffen der Kriegführung, für die auch die bisher gewählten allerhärtesten Repressalien noch zu milde erscheinen, da sie die Negation jeder Menschlichkeit und jedes öffentlichen Gewissens, aller Grundsätze der Kriegführung unter gesitteten Völkern bedeuten. Art. 23 b des Haager Abkommens vom 18. Oktober 1907 verbietet „meuchlerische Tötung oder Verwundung" der Angehörigen des feindlichen Staates. Sie liegt hier vor — und zwar in feigster Form, die mit erlaubter Kriegslist nichts zu tun hat.

Wenn daher die Deutschen in den Orten an den belgischen Eisenbahnen überall Geiseln festnahmen, die mit ihrem Leben für die Sicherheit auf den deutschen Verbindungslinien bürgen müssen und die sofort erschossen werden sollen, falls neue Versuche zur Zerstörung von Eisenbahnen, Telegraphen- und Telephonlinien gemacht werden, und wenn auch die Dörfer in der Nähe der Verbindungslinien mit der Zerstörung bedroht werden, so sind dies Repressalien, die angesichts der angewandten Kampfmittel absolut notwendig sind und in der Verletzung aller völkerrechtlichen Beschränkungen der Kriegführung in den Art. 50 und 53 der Landkriegsordnung ihre volle Berechtigung finden [1]).

Hierher gehört auch das Mischen englischer Artilleriegeschosse unter zum Kauf gestellte Kohlen, vor dem z. B. die Eisenbahndirektion München am 2. November 1914 offiziös warnen mußte, nachdem in 4 verschiedenen Fällen englische und französische Granaten und eine Kiste englischer Geschoßzünder unter den Kohlen gefunden wurden.

Man sieht, es gibt eine Fülle von gemeinen Streichen, wie sie noch kein Krieg in der Weltgeschichte auch nur annähernd zeitigte, die in diesem Riesenkampfe angewendet werden.

5. Besonders hervorgehoben muß noch werden die Verwendung von Frauen und Kindern als Kugelfang, wie sie in völkerrechtswidrigster Weise insbesondere die Russen fortgesetzt übten.

Die „Nordd. Allg. Ztg." schreibt vom 14. November 1914 u. a. offiziös:

Ein besonders schroffes Beispiel barbarischer Kriegführung haben uns kürzlich die Russen bei Tomaszow in Polen geliefert. Amtliche Ermittelungen über

[1]) Bereits oben bei dem Kapitel 10 über die Dum-Dum-Geschosse haben wir darauf verwiesen, daß nach Art. 23 Abs. 1 e der Gebrauch von Waffen, Geschossen oder Stoffen, die geeignet sind, unnötig Leiden zu verursachen, verboten ist. Ein Augenzeuge, der C. W.-Kriegsberichterstatter der „M. N. N.", schildert am 16. Oktober seine Wahrnehmungen in dem Arsenal in Antwerpen: Unter einer Unmenge von Geschossen, Geschützen neuester Konstruktion, Gewehren usw. waren dort die Waffen, die „belgische Patrioten" zur Verfügung stellten: „Massen alter japanischer, persischer und sonstiger orientalischer Säbel, Messer, Richtschwerter, Spieße, Morgensterne, Totschläger, Schlagringe. Der Herzog von Orleans hatte seine besten alten Säbel — wunderbare Arbeiten mit silberbeschlagenen Griffen — zur Verfügung gestellt. So denken sich die Belgier einen modernen Krieg: „Morgensterne" und „wilde Züge"! Fürwahr ein „frommes" und „zivilisiertes Volk!"

die Wahrnehmung, daß die Russen feindliche Einwohner als Kugelfang vor sich hertrieben, um unseren Truppen das Feuern unmöglich zu machen, führten zu nachstehendem Ergebnis. Das Landwehrkavallerie-Regiment Nr. ... meldete am 31. 10. dem Armeekommando dienstlich folgendes: „Das dem Kavallerieregiment unterstellte Landwehrbataillon hatte bei einem Rückzugsgefecht am 29. 10. bei Tomaszow am Südufer der Piliza eine Aufnahmestellung zu nehmen. Hierbei beobachtete es, daß die aus nördlicher Richtung nachdrängenden Russen Bewohner von Tomaszow, darunter Frauen und Kinder, auf der Hauptstraße vor sich herschoben, wie sie es bereits in Kipanen und Sendrowen bei Willenberg in Ostpreußen getan hatten, um sich dadurch vor dem Feuer unserer Truppen zu schützen. Da stärkere russische Abteilungen sich auf diese Weise deckten und bis auf 400 m hinter dieser Deckung herankamen, mußte zuletzt geschossen werden, wobei es nicht zu vermeiden war, daß auch Zivilpersonen getroffen wurden."

Dann ist natürlich großes Geschrei über die Deutschen, die auf Frauen und Kinder schießen! Haben die Maeterlinck, D'Annuncio, Verhaeren usw. keine Entrüstung für diese grausamste Verletzung, ja Verhöhnung der Landkriegsordnung, die den Kampf nur zwischen den bewaffneten Armeen vorschreibt? Dieser Schild von Leibern armer Frauen und unschuldiger Kinder kann wohl als eine Urschmach der Kriegsführung bezeichnet werden!

---

15. Kapitel.

Die Russengreuel in Ostpreußen insbesondere.

„Rußland ist die größte Gefahr für den europäischen Frieden."

Sir Edward Grey im Frühjahr 1914.

Eine wahre Verhöhnung aller völkerrechtlichen Abkommen, aller Gesetze und Gebräuche, auch der ältesten und geheiligtesten des Krieges, jeder Menschlichkeit überhaupt bedeutet das Auftreten der Bundesgenossen jener Westmächte, die in Freiheits- und Rechtsphrasen schwelgen und die Welt durch die Herren Huysmann, Vandervelde e tutti quanti über das Barbarentum der Deutschen in Entsetzen bringen, die ihrerseits auf einmal von dem „Blutzaren", dem „ärgsten Despotismus, den die Welt sah" und dem sie jetzt Helfershelfer sind und für den sie als commis voyageur reisen, nicht ein Wort mehr reden und nichts zu wissen scheinen; selbst in erschlichenen und gefälschten Aufträgen des Internationalen Bureaus der Sozialdemokratie wagen sie kein Wort über diese Erbfeinde jeder Freiheit und jeglichen Rechts zu verlieren. Die Tausende in den Kerkern Rußlands schmachtenden sozialdemokratischen Genossen werden mit sonderbaren Gefühlen von diesen merkwürdigen „Demokraten" à la Sembat, Guesde und Genossen lesen, die in Chauvinismus von den Bonapartisten und Royalisten feudalster Sorte kaum übertroffen werden und in Zaren-Byzantinismus sich kein Wort gegen Rußlands Kriegführung zu sagen getrauen: ein wahrer Zusammenbruch des sozialistischen Internationalismus!

Auch diese Greuel der Russen vor allem in der Zeit vom 10. August bis Anfang September, bis ihnen der wackere Generaloberst v. Hindenburg mit seinen Heldenscharen den Weg in die Sümpfe der masurischen Seenplatte wies, sollen hier nicht eingehend dargelegt werden, zumal die amtlichen Ermittlungen in Bälde ein völliges Bild dieser Hunnengreuel, insbesondere des Kosakengesindels, ergeben werden. Hier nur einige Stichproben.

Allgemein bemerken wir auch hier, daß wir mit unseren Ausführungen nicht verallgemeinern wollen. Wir wissen, daß auch in Ostpreußen in Einzelfällen gut disziplinierte russische Truppen vorhanden waren, deren Offiziere selbst vor den Schandtaten der Nachkommenden warnten und vor dem Kosackengesindel schwere Sorge ausdrückten. Aber diese Elemente waren leider Ausnahmen. Von ihrem Benehmen stach der Durchschnitt und insbesondere das ganze Kosakenvolk um so mehr und um so nachteiliger ab.

Eine amtliche Meldung von Mitte September sagt:

„Die Fortsetzung der behördlichen Ermittelungen über die Verwüstungen der russischen Truppen in Ostpreußen hat zu eingehender Vernehmung der Ortseinwohner in den zerstörten Orten geführt, so weit die Bewohner noch am Leben sind.

Es ist durch die Vernehmungen einwandfrei festgestellt, daß vor dem Einzug der Russen die Ortsbehörden dringlich zur Ruhe und zur Vermeidung jeden Widerstandes aufgefordert hatten und daß nicht in einem einzigen Falle die ostpreußische Bevölkerung sich zu einem Franktireurüberfall auf die Russen hat hinreißen lassen.

Ungeachtet dieser ruhigen Haltung der Ostpreußen haben die russischen Befehlshaber die Zerstörung und Niederbrennung aller Ortschaften befohlen, deren zurückgebliebene Bevölkerung zu arm war, um die geforderten Kontributionen aufzubringen. Soweit bisher Feststellungen vorliegen, sind auf diese Weise 25 größere Ortschaften gänzlich von den Russen niedergebrannt, doppelt so viele schwer beschädigt und teilweise zerstört worden.

Im Regierungsbezirk Gumbinnen wurden bisher über 360 ermordete Bewohner festgestellt. Eine genaue Angabe der Opfer der russischen Soldatenmorde ist erst später möglich."

Diese Mitteilung wurde einer Versammlung von ostpreußischen Abgeordneten und Herrenhausmitgliedern Ende Oktober gegeben mit der Bemerkung, daß von den russischen Soldaten in Ostpreußen nicht weniger als tausend (!) Zivilbewohner ohne jede Veranlassung ermordet worden sind.

Der übrigens russischerseits nicht überall fehlende Franktireurkrieg — er wurde in einigen Gegenden (z. B. in Kalisch) mit größter Grausamkeit geführt —, wurde durch eine andere raffinierte Art des Kampfes ersetzt, über welchen ein Aufruf des Oberkommandierenden der deutschen Armee in Russisch-Polen (Ende September) berichtet. Es heißt dort in einem Appell an die polnische Landbevölkerung:

„Das räuberische Moskowitertum, das dieses Land bestahl und seine Bewohner nach Sibirien hinausschleppte, flüchtet jetzt vor den Befreiern der polnischen Nation, d. h. vor den deutschen und österreichisch-ungarischen Armeen. Aber obwohl schon in der Flucht, häuft das Moskowitertum noch eine Schmach auf die andere. In die Häuser ruhiger polnischer Bürger schleichen Agenten und Spione ein und töten aus dem Hinterhalt deutsche und österreichische Soldaten" usw.

Das alles geschah in der offenen Absicht, die deutschen und österreichischen Truppen zu Repressalien zu reizen und damit die Bevölkerung zu Gewalttaten gegen die Verbündeten zu veranlassen.

Natürlich ist diese Art des Franktireurkampfes noch völkerrechtswidriger als die belgische und französische; es ist die Handlungsweise gedungener Mordbuben.

Der Kriegsberichterstatter Rolf Brandt der „Augsb.-Münch. Abendztg." schrieb resumierend als Augenzeuge Mitte September 1914:

„Ostpreußen ist frei, es ist von Räubern und Mordgesindel befreit. In meinem letzten Bericht schrieb ich, daß so viel bewiesen sei, daß kaum noch etwas übrig bleibt. Es steht fest, daß es kaum eine Gemeinheit gibt, die die russischen Soldaten in Ostpreußen nicht begangen haben. Ich konnte mich durch den Augenschein von Tatsachen überzeugen, die der Europäer schlechthin für unmöglich hält. Um das russische Verhalten richtig zu beschreiben, müßte unsere reiche deutsche Sprache neue Worte erfinden, unser Vorrat reicht nicht aus, diese Gemeinheiten und Bestialitäten zu bezeichnen. Wir Europäer und Deutsche konnten uns dies bisher noch nicht vorstellen." [1])

Von russischen Unmenschlichkeiten berichtet, wie alle anderen auch der nach dem Osten entsandte Kriegsberichterstatter der „Vossischen Zeitung", indem er erklärt, vom Armeeoberkommando werde folgendes Schreiben übermittelt (also amtlich!):

Ans Armeeoberkommando. Zwei Tage nach der Schlacht bei Zorothowo traf ich auf der Chaussee Guttstadt-Seeburg einen Trupp Rekruten, etwa 21 Mann, welche am Tage vorher von Kosaken überfallen worden waren. Man hatte den Rekruten entweder ein Bein oder eine Hand abgehackt und sie dann so an der Chaussee liegen lassen. Ein Gendarm hatte die Rekruten begleitet und lag auf der Chaussee so gefesselt, daß er knien mußte, die Hände auf den Rücken gebunden. Ohren und Nase waren ihm abgeschnitten. Ich ließ die Verstümmelten durch Zivilpersonen aus Guttstadt dorthin bringen, hatte selbst keine Zeit, mich weiter um sie zu kümmern. gez. v. Tiedemann, Oberleutnant d. Res.-Kür.-Reg. Nr. 5 [2]).

---

[1]) In der ostpreußischen Presse wurden unwidersprochen folgende Einzelheiten bekannt, deren Richtigkeit die amtliche Untersuchung ergeben wird, die bis heute noch nicht abgeschlossen ist:

„Bei der Flucht aus dem Dorfe Grieslienen am 27. August wurden, nach der „Warmia", der pensionierte Lehrer Zonewitz und der Landwirt Albert Rockel in der Nähe der Sensujer Mühle von Kosaken ergriffen. Die Überfallenen wurden an die Pferde gebunden und mitgeschleift, so daß dem einen der Unglücklichen dabei die Beine brachen. Alsdann wurden die Gequälten bei dem Gute Amerika (vor Hohenstein) auf freiem Felde durch Lanzenstiche gemordet. Während der eine dieser Märtyrer Stiche an der Hüfte, Achselhöhle und Bein aufwies, waren dem andern die Augen ausgestochen und die Brust geöffnet. Getötet von russischen Soldaten wurde ferner der Wirtssohn Julius Burdach-Sensujen, der Arbeiter Bartnit und der zwölfjährige Knabe Pörsch, beide aus Grieslienen. Das „Labiauer Kreisblatt" schreibt: Schwer, sehr schwer haben östlich der Deime besonders die Orte Agilla, Gr. Friedrichsgraben, Schelecken, Laukischken, Mehlauken, Gr. Baum, Tapiau usw. gelitten.... Den Amtsvorsteher Daniel in Gr. Baum, einen Greis von 85 Jahren, der schon zum Teil des Augenlichts beraubt war, schonten die Unholde nicht und streckten ihn nieder. Ferner ist eine Frau Urban in Gr. Friedrichsgraben ein Opfer der Russen geworden. Sie war auf der Flucht und hatte, zurückkehrend, noch ein teures Andenken mitnehmen wollen."

[2]) Nach derselben Quelle liegen zwei amtliche Schriftstücke dem Armeeoberkommando vor, die lauten: 1. Der Wehrmann August Kurtz 5. Kompagnie Landwehr-Infanterie-Regiments Nr. 19 und der Wehrmann Hermann Fanseweh 1. Kompagnie Ersatz 152 erklären eidesstattlich, daß sie im Walde bei Grodtken der erstere elf, der zweite neun Frauenleichen mit abgeschnittenen Brüsten und aufgeschnittenen Bäuchen gesehen haben. Kriegshysterie?

Schaurige Geschichten erzählt der Kriegsberichterstatter des „Fränk. K."

Das sind Greuel der entmenschten Soldateska, deren Erzählung Reichstagsabgeordneter Bürgermeister Wagner-Tapiau ergänzt, indem er u. a. mitteilt, daß in Alschwaigen 40 Personen erschossen wurden, da dort eine preußische Kürassierpatrouille einen Offizier abschoß. In Gut Trimman wurde der Gutsbesitzer Krause und sein Bruder ohne jeden Grund erschossen usw. usw.

Anfang Oktober schrieb der Vertreter des „Nieuwe Rotterdamschen Courant" seinem Blatte u. a.: „Im südlichen Ostpreußen ist die Bevölkerung wieder beruhigt und heimgekehrt, soweit Wohnungen noch bestehen. Städte von Bedeutung, wie Ortelsburg, sind zu 70 % niedergebrannt. Entsetzliche Schandtaten sind von den Russen ohne jeden Grund verübt worden" usw.[1])

---

unterm 22. Oktober aus Heinrichswalde, einem kleinen Städtchen in der Niederung. Er schreibt u. a.:

„Der russische Rittmeister ließ sämtliche Bewohner, auch Frauen und Kinder, auf einem freien Platze sich versammeln. In dieser bedrohlichen Nähe, halb versengt von der Gluthitze, warteten die Bedauernswerten ihr Schicksal ab. Dann hieß es, alle Einwohner ohne Ausnahme sollten erschossen werden, ein Grund wurde nicht angegeben. In Heinrichswalde nun fiel nach jenem schrecklichen Gebot die ganze Gemeinde auf die Knie und bat um Gnade. Kleine Kinder riefen: „Lieber Gott, schieß nicht tot." Der Pfarrer verhandelte mit dem Rittmeister. Schließlich erlaubte dieser den Frauen und Kindern zu gehen, die Erschießung sollte auf die Männer beschränkt bleiben. Noch zwei Stunden wandte der Pfarrer alle seine Überredungskünste an, nicht achtend der brutalen Behandlung des Rittmeisters, der sich nicht entblödete, den ehrwürdigen Mann am Bart zu zausen. Endlich gab der Russe nach. Er verlangte aber nun, daß wenigstens einer für alle mit dem Tode bestraft würde. Ein alter Lehrer meldete sich. Der Rittmeister erklärte: „Nun, wenn du so mutig bist, will ich dich das auch nicht entgelten lassen" und schenkte dem alten Manne das Leben. Ohne Strafe dürften die Leute nicht bleiben, gebot der Rittmeister. Da mußten sich alle hinlegen und entblößen und alt und jung, reich und arm, vornehm und gering wurde mit Knuten gehauen, zum Teil so schwer, daß einige der Unglücklichen vom Platze getragen werden mußten. Der Rittmeister setzte wohl selber seinen Fuß auf den Nacken dieser Armen, während ein Soldat die Füße festhielt und der dritte zuschlug."

Ich habe trotz Erkundigungen Authentisches über diesen Bericht nicht erfahren können. Im übrigen stimmen diese Berichte mit der Gesamthaltung der russischen Soldaten in Ostpreußen überein.

[1]) Im übrigen verzichte ich auf die Wiedergabe all der erschütternden Erzählungen über russische Greuel, um die beabsichtigte Veröffentlichung der amtlichen Erhebung abzuwarten, die auch Klarheit über die Richtigkeit der vorstehend vorsichtig zitierten Fälle schaffen wird.

Werden die Herren Sembat und Guesde, Vandervelde und Konsorten diese Bundeshyänen auch in Amerika und in der ganzen Welt wegen ihres Frevels anklagen?

Der Kriegsberichterstatter der „Voss. Ztg." auf dem östlichen Kriegsschauplatz telegraphiert: „Nachstehend zwei empörende Tatsachen, die ich an zuständiger Stelle erfahren habe (12. September 1914):

1. Der russische Generalissimus Rennenkampf hat Befehl erlassen, durch eine „besonders schneidige Kompagnie" alle Förster der Rominter Heide ausheben und erschießen zu lassen;

2. der General Martos hat befohlen, alle Ortschaften im Bereich der russischen Truppen zu verbrennen und alle männlichen Einwohner zu erschießen, auch wenn diese sich nicht an dem Kampf beteiligen oder die Hergabe von Nahrungsmitteln verweigert haben."

Also die Vertiertheit dieser Soldateska reicht bis zum höchsten Befehlshaber hinauf! Schade, daß man Herrn Rennenkampf nicht in Insterburg aufgehoben hat!

Die Antwort für Rennenkampf überbrachte ein deutscher Fliegeroffizier. Sie lautet:

„An General Rennenkampf. Euer Exzellenz geben wir bekannt, daß durch die völkerrechtswidrige Niederbrennung unschuldiger Ortschaften und das Hinschlachten ihrer Bewohner die russische Armee jedes Anrecht auf schonende Behandlung verwirkt hat. Das Blut der Ermordeten kommt auf ihr Haupt."

Auch die Vertreter des Zaren haben jene Abkommen vom 18. Oktober 1907 unterzeichnet, um die „unter gesitteten Völkern feststehenden Gebräuche, die Gesetze der Menschlichkeit und die Forderungen des öffentlichen Gewissens" zu erfüllen! Ja der Zar hat den Stolz, der Veranlasser der ganzen Beschlüsse im Haag zu sein, die seine Blutknechte bis zum Höchstkommandierenden hinauf mit Füßen treten.

Nicht Soldaten, nicht Kriegsgegner, nein, wehrlose Frauen, Kinder und Greise hat dieses Gesindel in Massen gemordet. Dieses Verbrechertum hat alle Grundsätze göttlichen und menschlichen Rechts vernichtet. Die Aufrechterhaltung der Grundsätze des Völkerrechts gegen diese Bande ist ein A n a c h r o n i s m u s: Wer so alle Versprechungen und Abkommen mißachtet und mißachten läßt, stellt sich außerhalb jeglichen Rechts und kann keinerlei Ansprüche auf irgendwelche Schonung und Anwendung moderner völkerrechtlicher Grundsätze erheben.

Der Erlaß Rennenkampfs und Martos' — wenn er wirklich den behaupteten Inhalt hat, eine Dementierung ist nie erfolgt — ist die Negation jeglichen Völkerrechts überhaupt und die öffentliche Proklamierung des gewöhnlichen Massenmordes.

Das Vorgehen der russischen Soldateska zeigt freilich am besten, daß es sich hier nicht um eine böse Nachrede handelt, sondern daß derartige Befehle wirklich ergangen sind. Das bestätigt folgende amtliche Mitteilung:

Aufgefangener Funkenspruch vom 25. August 1914 12 Uhr mittags:

„General Postowski an den Kommandeur des 1. Armeekorps: Ich bitte unverzüglich weiterzugeben an die 21. Division und den Stab des 23. Armeekorps. 7.13 morgens. An Bek.. (verstümmelt). Der kommandierende Befehlshaber eine Kompagnie mit einem energischen Kommandeur auszuschicken mit dem Auftrage, alle Förster ohne Erbarmen zu erschießen."

Der bekannte Berichterstatter Paul Lindenberg gab eine Reihe aufgefundener russischer Befehle mit Erlaubnis der amtlichen Zensur bekannt (z. B. über Massen-Geisel-Wegtreibung, Nichtbeachtung der weißen Fahnen usw.). Fast jedes dieser Dokumente verrät die völlige Aufhebung jeglichen Kriegsrechts (s. oben Art. 32 des maßgebenden Abkommens). Die Ehre und Rechte der Familie, der Bürger, die gar keinen Krieg führen, den nur der Staat und seine Armee führen darf, werden hier aufs schnödeste durch die Wegführung unschuldiger friedlicher Bürger mißhandelt (s. oben S. 192).

Die Kontributionen, die in dem besetzten Gebiete nur nach den Regeln der Art. 48—52 des IV. Abkommens der Haager Konferenz eingezogen werden können, sind hier willkürlich und als direkte Strafen für die deutsche Bevölkerung auferlegt, obwohl Art. 50 l. c. bestimmt, daß keine Strafe in Geld oder in anderer Art über eine ganze Bevölkerung wegen der Handlungen einzelner verhängt werden darf, für welche die Bevölkerung nicht als mitverantwortlich angesehen werden kann. Es sind überhaupt bestimmte Handlungen gar nicht als Grund der Kontribution genannt worden, und trotzdem hat man sich nicht etwa mit Kontributionen zur Deckung der Bedürfnisse des russischen Heeres und der Verwaltung begnügt, sich auch nicht in dem Rahmen der bestehenden Abgaben nach Art. 48 gehalten, sondern in echt tatarisch-orientalischer Art Kontributionen auferlegt, um im

Falle der Unmöglichkeit der Zahlungen Geiseln mitschleppen zu können, die in das Innere Rußlands und nach Sibirien gebracht wurden [1]).

Das tut alles die Soldateska des „Friedenszaren", der auf die Urheberschaft der Beschlüsse der Haager Friedenskonferenz so stolz war! Seine Generale treten das mit Füßen, was die Herren Nelidow und Genossen im Namen des Zaren unterschrieben!

Die russischerseits abgegebene Erklärung, daß kein Pardon gegeben wird, ist in jenem oft zitierten Abkommen (Art. 23 Abs. 1) ausdrücklich verboten, ebenso die Zerstörung oder Wegnahme feindlichen Eigentums außer in den Fällen, wo diese Zerstörung oder Wegnahme durch die Erfordernisse des Krieges dringend erheischt wird; das letztere also insbesondere bei notwendigen Requisitionen von Lebensmitteln, Kriegsgeräten usw. (s. unten Kap. 17).

Hier handelt es sich nur um die systematische, gewohnheitsmäßige rohe ste Plünderung. Gereizt wurde das Kriegsvolk vielleicht noch durch die Verweigerung des Verrats, der einzelnen Personen mit Gewalt angesonnen wurde (s. oben).

Die Art. 25, 26, 44—47 des Abkommens vom 18. Oktober 1907, die mit den Normen des Abkommens von 1899 wesentlich übereinstimmen, wurden in solcher Weise freventlich verletzt.

Art. 25 sagt: „Es ist untersagt, unverteidigte Städte, Dörfer, Wohnstätten oder Gebäude, mit welchen Mitteln es auch sei, anzugreifen oder zu beschießen."

Der Befehlshaber einer angreifenden Truppe soll vor Beginn der Beschießung, den Fall eines Sturmangriffs ausgenommen, alles was an ihm liegt, tun, um die Behörden davon zu benachrichtigen (Art. 26). Das fiel den Russen niemals ein.

Nach Art. 44 ist es einem Kriegführenden untersagt, die Bevölkerung eines besetzten Gebiets zu zwingen, Auskünfte über das Heer des andern Kriegführenden oder über dessen Verteidigungsmittel zu geben.

Art. 46, eine der wichtigsten Bestimmungen der Haager Ab-

---

[1]) S. Befehle des Generals Samsonow, daß überall fünf bis zehn Geiseln in amtlicher Stellung festgenommen werden sollen. Aus Großbeischkallen und Umgebung sollen etwa 300 Geiseln von den flüchtenden Russen mitgenommen worden sein.

kommen, bestimmt: „Die Ehre und die Rechte der Familie, das Leben der Bürger und das Privateigentum sowie die religiösen Überzeugungen und gottesdienstlichen Handlungen sollen geachtet werden. Das Privateigentum darf nicht eingezogen werden."

Nach Art. 47 ist die Plünderung ausdrücklich untersagt, ja es ist sogar untersagt, Städte oder Ansiedlungen, die im Sturm genommen sind, der Plünderung preiszugeben (Art. 28 der Landkriegsordnung).

All das existiert für die russischen Banden nicht! Freilich die Franzosen handelten im Elsaß nicht viel anders!

Auch die Bestimmungen über die Einziehungen der Kontributionen in Art. 48—50 scheinen, wie betont, völlig ignoriert worden zu sein.

Frevelhafter wurde noch niemals gegen Recht und Menschlichkeit gehandelt!

Wie die amtlichen Feststellungen an Ort und Stelle ergeben, sind die russischen Schandtaten in allen Fällen an einer vollständig friedlichen deutschen Zivilbevölkerung verübt worden, die dem Einmarsch und Vorrücken der russischen Truppen nicht die geringste Feindseligkeit und nicht den geringsten Widerstand entgegensetzte.

Psychologisch können die in Ostpreußen begangenen Scheußlichkeiten, wie angedeutet, nur damit erklärt werden, daß man alle Menschen, insbesondere die Förster, auf seiten der russischen Armee als Spione ansah. Aber auch von diesem Standpunkt aus erscheint ein solcher Erlaß wie der obige ein frevelhafter Verstoß gegen das Völkerrecht. Hier handelte es sich durchweg nur um Vermutungen, keinerlei Beweise. Nach Art. 30 der Landkriegsordnung darf (s. unten Kap. 26) sogar der auf der Tat ertappte Spion (dessen Definition s. Art. 29) nicht ohne vorausgegangenes Urteil bestraft werden. Es muß also zuvor ein formales kriegsgerichtliches Verfahren vorliegen, das die Sache untersucht und dann erst die Strafe urteilsmäßig ausspricht. Der Erlaß Rennenkampfs will aber ohne jedes Urteil und ohne jedes Verfahren die ihm unbequemen Förster kurzer Hand niederschießen lassen. Das ist die denkbar größte Brutalität!

Und immer wieder die Frage: Wer vom edlen England und vom neutralen Auslande entrüstet sich über die Bestialitäten, die nicht etwa von ununterrichteten, vertierten Kosakenhorden, sondern von den hervorragendsten Führern der russischen Armee ausgehen? Wo sind die Vandervelde und Sembat, die Verhaeren, D'Annuncio und Maeterlinck, die Hodler und Konsorten?

Über unbewiesene Märchen und Räubergeschichten, die im selben Moment widerlegt werden, wo sie spezialisiert nach Deutschland gelangen, erbost man sich und setzt die Welt in Zorn, ohne zu bedenken, daß, wenn deutsche Truppen zu harten Wiedervergeltungsmaßregeln, die das Völkerrecht nicht verbietet, kommen, sie durch die Schandtaten unserer Gegner provoziert sind [1]).

Die französische Presse aber freut sich über alle diese Greuel, wie eine feine „Havas"-Meldung zeigt. In der „Züricher Post" lesen wir:

Petersburg, 23. September.

„In Ostpreußen ziehen sich die Russen in vollkommener Ordnung zurück unter Mitnahme aller Vorräte und Spitäler. Was nicht mitgenommen werden konnte, wurde in Brand gesteckt. Die Deutschen konnten auch nicht ein Pfund Mehl in die Hände bekommen!"

Das ist reizende Kleinmalerei; man sieht, wie der Franzose, der Vertreter der grande nation, sich in seliger Verzückung die Hände reibt, da der Russe alles, was nicht mitgenommen werden konnte, in Brand steckt!

Frankreich als unbedingter Bewunderer des Kosakismus und des blutigen Tatarentums! „Auch die Kultur, die alle Welt beleckt, hat auf den Teufel sich erstreckt", sagt Mephisto in der Hexenküche! Gambetta und Viktor Hugo, der große Napoleon und all die Kriegsheroen, sie müßten ihr Haupt in Scham über diese Epigonen verbergen! Herr Stefan Pichon, hier wäre Gelegenheit zu sittlicher Empörung über die „systematische Barbarei der geistigen Elite"!

Immer von neuem drängt sich die Frage auf: Soll man solches Mordgesindel wirklich wie ehrliche Soldaten behandeln? Unsere

---

[1]) Wie die Russen in Ostpreußen hausten, zeigte auch der von dem Vorsitzenden Fritz Paeplow im „Grundstein", dem Wochenblatte des sozialdemokratischen Deutschen Bauarbeiterverbandes, erstattete Spezialbericht, der die sinnlose Zerstörung aller Ortschaften durch die Russen dortselbst im einzelnen beweist. Bezeichnend ist die Schlußbemerkung der Redaktion: „Der Bericht ist geeignet, jenen ausländischen Sozialisten zur Aufklärung zu dienen, die bis jetzt nur von „deutschen Barbareien" gehört haben. Wir möchten den Bericht insbesondere unsern italienischen Freunden zur Beachtung empfehlen."

Pflicht auf Grund der Genfer Konvention wollen wir üben, soweit sie verwundet sind, und elementare Humanität. Es ist schon mehr als die Pflicht! Die Behandlung über diese Grenzen hinaus, etwa gleiche Behandlung mit unsern heldenmütigen Soldaten und Verwundeten wäre solchen Unmenschen gegenüber tatsächlich Charakterlosigkeit und schweres Unrecht, ja Herabwürdigung des Niveaus unserer eigenen Armee.

(Über die Leiden der deutschen Zivilgefangenen in Rußland, die in Sibirien und den Uralgegenden untergebracht sind, oben Kap. 14 Z. I und Kap. 13 B.)

---

16. Kapitel.

Deutsche Verwaltung in Belgien: Vorwürfe wegen Hungersnot usw.

Die „M. N. N." vom 18. Oktober schreiben halbamtlich vom Haag:

„Betreffs der von der belgischen Gesandtschaft im Haag am Tage nach dem Fall von Antwerpen vorgebrachten Beschuldigung, daß Deutschland unter Verletzung des Artikels 43 der vierten Haager Konvention die Bevölkerung des besetzten Belgien der Hungersnot aussetze, erfahre ich von offizieller Stelle, daß die deutsche Regierung bereits mit Note vom 15. August der holländischen Regierung mitteilte, die Lebensmittel-Ausfuhr aus Holland für die Zivilbevölkerung Belgiens in keiner Weise hindern, sondern durch Bereithalten von Eisenbahnzügen fördern zu wollen.

Die holländische Regierung drückte mit Note vom 17. August der deutschen Gesandtschaft ihre Sympathie für diesen Plan aus, teilte jedoch mit Note vom 3. Oktober mit, daß die belgische Regierung der Auffassung sei, die Lebensmittel-Ausfuhr müsse aus Deutschland und nicht aus Holland kommen. Die holländische Regierung teilte ferner mit, daß die englische und die französische Regierung sich dem Plan der Lebensmittel-Ausfuhr aus Holland für die Zivilbevölkerung Belgiens direkt widersetzten (!), da angeblich Holland seine Neutralität hierdurch aufgebe und Deutschland auf diese Weise mehr von seinen eigenen Lebensmitteln für deutsche Truppen behalte."

Das ist die höhere Art, die „Aushungerungspolitik" unter Mißbrauch des Begriffs „Neutralität" gegen Deutschland zu treiben, es zwingen zu wollen, für die Zivilbevölkerung des von ihm kriegsmäßig auf Grund der Art. 42—56 der Haager Konvention (s. oben S. 190) besetzten belgischen Gebiets die Lebensmittel aus Deutschland zu beschaffen. Von einer Neutralitätsverletzung Hollands kann natürlich keine Rede sein. In dem ganzen (II.) Abkommen über die Rechte und Pflichten der neutralen Mächte und Personen im Falle eines Landkrieges ist keine Bestimmung, die so gedeutet werden könnte (s. Sartorius a. a. O. S. 36—40).

Daß es sich in Belgien um ein in tatsächlicher Gewalt der Deutschen befindliches Gebiet handelt, kann natürlich nicht bestritten werden (Art. 42). Nachdem die gesetzmäßige Gewalt in die Hände der Deutschen in Belgien übergegangen ist, hat die deutsche Regierung alle von ihr abhängenden Vorkehrungen zu treffen, um nach Möglichkeit die öffentliche Ordnung und das öffentliche Leben wiederherzustellen und aufrechtzuerhalten, und zwar, soweit kein zwingendes Hindernis besteht, unter Beachtung der Landesgesetze (Art. 43).

Das heißt also die Pflicht für Deutschland, in Belgien die Verwaltung, die Rechtspflege, die Polizei, Post, Eisenbahnen usw. wieder einzurichten — im Interesse der Bewohner wie des Besetzenden. Die Herstellung des öffentlichen Lebens wird, was Presse und Versammlungs- bzw. Vereinsrecht anlangt, natürlich in erster Linie von den Rücksichten des siegreichen Okkupanten abhängen. Ebenso die eventuelle Einberufung der Kammer.

Die „Beachtung der Landesgesetze" soll nur geschehen, soweit kein zwingendes Hindernis für den Besetzenden besteht. Das ist also eine Empfehlung der Aufrechterhaltung der Landesgesetze, soweit dies mit den Interessen des Besetzenden verträglich erscheint; d. h. wo es vor allem die militärischen Interessen verlangen, werden die bestehenden Gesetze ohne weiteres außer Kraft gesetzt (s. auch „D. J.-Z." 1914 Nr. 19/20, S. 1147). Natürlich trifft dies vor allem die Militärgesetze Belgiens; z. B. die Rekrutierungsgesetze müssen außer Kraft gesetzt werden, da die Rekrutierung für das eigene Heer des besetzten Landes mit den militärischen Interessen des Siegers völlig unvereinbar ist und die Rekrutierung für das siegreiche Heer durch die ausdrückliche Bestimmung Art. 52 l. c. ausgeschlossen ist [1]).

[1]) Völkerrechtlich unanfechtbar ist daher die folgende Bekanntmachung des Generalgouverneurs Frhr. v. d. Goltz vom 22. Oktober:

Deutschland hat sofort die weitgehendsten Bestimmungen getroffen, um in Belgien (zum Teil auch in Russisch-Polen) sofort die Rechtspflege wie die Verwaltung in ordnungsgemäßer Weise durchzuführen. Es hat noch im August eine völlig deutsche Verwaltung eingerichtet. Natürlich bedarf die Verwaltung der Mithilfe des Beamtentums des feindlichen Landes. Es kann sich andererseits nur um Einsetzung von Zentralstellen seitens der deutschen provisorischen Regierung handeln. Es verlautet, daß die Post- und Bahnbeamten Belgiens vielfach die passive Resistenz übten. Das muß natürlich die deutsche Regierung zwingen, auch die betreffenden Stellen mit deutschen Beamten zu besetzen.

Der Treueid auf das Reich darf den auf ihren Posten gebliebenen Beamten von der provisorischen Regierung nach Art. 45 vorläufig nicht abgenommen werden, doch können sie sofort ohne weitere Rechte entfernt werden, wenn sie etwas tun, was gegen die Interessen der provisorischen deutschen Regierung verstößt. Die von der deutschen Verwaltung verlangte Erklärung der Beamten, „daß sie sich entsprechend den Beschlüssen der 2. Haager Konvention verpflichten, ihre Tätigkeit gewissenhaft und treu fortzuführen und nichts unternehmen oder zulassen, was die deutsche Verwaltung schädigen könnte", entspricht streng dem Völkerrecht und bedeutet die feierlichste Form der Anerkennung der Abkommen vom 18. Oktober 1907.

Auskünfte über das Heer und seine Verteidigungsmittel braucht die Bevölkerung nach Art. 44 nicht zu geben, wie auch das Privateigentum, die Ehre und Rechte der Familie, das Leben der Bürger wie die religiösen Überzeugungen und gottesdienstlichen Handlungen (gemäß Art. 46) geachtet werden sollen.

Art. 48 setzt die finanziellen Rechte in bezug auf Abgaben, Zölle und Gebühren für den siegreichen Staat fest (s. Verkündung des „Reichsanzeigers" vom 20. November 1914 über die Zoll- und Steuer-

„Die belgische Regierung hat in dem von den deutschen Truppen besetzten Gebiete den Wehrpflichtigen einiger jüngerer Jahrgänge Einberufungsbefehle zugehen lassen. Diese belgischen Befehle sind ungültig. In dem von den deutschen Truppen besetzten Teile des Landes sind für alle Einwohner ausschließlich die Befehle des Kaiserlich Deutschen Generalgouvernements und der ihm untergebenen Behörden gültig. Hiermit wird den Empfängern der belgischen Einberufungsbefehle ausdrücklich verboten, diesen Folge zu leisten."

verhältnisse in den besetzten Gebieten). Dieser darf (Art. 49) in dem besetzten Gebiet außer den bisherigen Abgaben auch noch andere Auflagen in Geld machen, soweit dies zur Deckung der Bedürfnisse des Heeres oder der Verwaltung des Gebiets nötig ist (s. über Kontributionen noch die Art. 50—52). Was der besetzende Staat in Beschlag nehmen darf — in der Hauptsache das feindliche Staatseigentum —, sagt Art. 53 l. c. (s. Kapitel 17). Soweit sich dies auf Grund der in der Öffentlichkeit bekannt gewordenen Tatsachen nachprüfen läßt, hat das Reich alle diese Bestimmungen des 3. Abschnitts der Landkriegsordnung auf das gewissenhafteste eingehalten. Nirgends sind dem siegreichen Staate aber Vorschriften gemacht, wie er die Verköstigung der Zivilbevölkerung durchzuführen habe.

Er soll „nach Möglichkeit" die öffentliche Ordnung und das öffentliche Leben wiederherstellen. Darin liegt auch die möglichst gute Versorgung des Landes mit Lebensmitteln. Wenn aber die Kriegsführung des eigenen Landes und seine eigenen Bundesgenossen, d. h. hier in concreto England und Frankreich, die Lebensmittelversorgung Belgiens durch die Blockade, Absperrung und durch Schikanen aller möglichen Art, wie durch diplomatische Proteste gegen Holland usw., erschweren, so trägt selbstverständlich das besetzte Land die Folgen dieser gegen es selbst gerichteten Politik der de jure noch bestehenden belgischen Regierung. Es ist doch eine an Un — bescheidenheit grenzende Naivität, Deutschland, das ausgehungert werden soll, zuzumuten, seine Vorräte an Lebens- und Gebrauchsmitteln an das feindselige, im völkerrechtswidrigen Franktireurkampf monatelang befindliche Land hinzugeben, um eventuell selbst Not zu leiden. Diese Zumutung ist sogar für den deutschen Michel und seine auch in Belgien sehr erprobte Gutmütigkeit etwas zu stark. Die Belgier mögen sich bei ihrer Regierung in partibus infidelium beschweren, wenn es mit Lebensmitteln, die in erster Linie für die deutschen Armeen in Frankreich und Belgien notwendig sind, zunächst für den Winter etwas kärglich zugeht. Ist das Mitgefühl der Engländer, der Franzosen und der Neutralen wirklich so groß für Belgien, so sollen sie direkt für dieses Land Lebensmittel liefern, statt Papier und Druckerschwärze zu verschwenden.

Eine halbamtliche Veröffentlichung des W. T. B. vom 24. November 1914 lehnt denn auch mit begrüßenswerter Deutlichkeit die

Zumutung ab, die eigenen Vorräte um der belgischen Bevölkerung willen zu schmälern. Ein amerikanisch-spanisches Komitee mit Unterabteilungen in zahlreichen Städten soll jetzt an Belgien über London die nötigen Lebensmittel liefern. Die nähere Art der Lieferung ist in der zitierten Mitteilung eingehend dargelegt, aus der erhellt, daß die deutsche Regierung mehr als ihre Pflicht gegen die belgische Bevölkerung tut. Im übrigen scheint es mir, als wenn sie über den Kurs des früheren Generalgouverneurs von der Goltz nicht gerade zu klagen hatten.

In kultureller Beziehung werden die Belgier, was ihre wertvollen Kunstschätze anbelangt, jedenfalls nicht schlechter fahren als unter ihrer bisherigen Regierung. Die Kunstschätze sind nicht bloß nicht beschlagnahmt, sondern sogar möglichst gegen Beschädigung geschützt worden. In Löwen trotz aller Schändlichkeiten und Verrätereien, in Mecheln gegen den Willen der beschießenden Belgier, in Antwerpen trotz des starken Bombardements. In Brügge und Gent ebensolche tadellose Schonung der berühmten Schätze, die freilich scheinbar teilweise von den Belgiern oder Engländern nach London geschafft wurden.

Das unmoralische Verleumdungssystem gegenüber der deutschen Armee, das die belgische Regierung pflegte, konnte allein die wahnwitzige Flucht eines großen Teiles der belgischen Bevölkerung, vor allem aus Westbelgien nach England, Frankreich und Holland bewirken. Die deutsche Regierung tat, was sie konnte, um das Elend zu stillen und die Einwohner zu geordneten Verhältnissen ins Land zurückzurufen. Ein Beweis dafür ist u. a. eine Rede, die in Rosendaal (Holland) der belgische Abgeordnete Franck hielt, in der er seine Zuhörer aufforderte, in ihr Land zurückzukehren.

Die deutsche Regierung ist aber unzweifelhaft berechtigt, dem die Arbeit verweigernden, heimtückisch auf Aufruhr sinnenden Gesindel, das mit den Händen in der Hosentasche auf den Straßen herumlungert, den Brotkorb höher zu hängen und die Abgabe von Lebensmittel zu verbieten. Ja, sie ist geradezu verpflichtet, so zu handeln — aus Gerechtigkeit gegen das eigene Volk, das nicht schlechter gestellt werden darf, als der belgische Mob.

Zahlreiche Nachrichten und offiziöse Mitteilungen über die sozialpolitischen, verwaltungsrechtlichen, finanziellen Pläne und Vorarbeiten der deutschen Regierung zeigen, daß man in Belgien mit ganzer deutscher Gründlichkeit an die Erfüllung der in Art. 43 der Landkriegsordnung dem besetzenden Staate auferlegten Verpflichtungen herangeht. Die belgische Bevölkerung wird bald inne werden, wie schändlich sie von ihrer eigenen Regierung wie von dem eigentlichen Urheber ihres Unglücks, England, hintergangen wurde. Sie wird bald merken, was der sogenannte deutsche „Militarismus" bedeutet. Staunend wird sie deutsche Organisationskraft, Gewissenhaftigkeit, Treue und Ehrlichkeit an der Stelle der ihr vorgespiegelten Machtsucht und Unterdrückung gewahren. Sie wird mit den Fehlern der Vergangenheit die Aussichten für die Zukunft kühl und verständig zu erwägen haben, um vor neuen Torheiten gewarnt zu sein. Die Zeit für einen Sonderfrieden, der Belgien das sichert, was am 17. August die deutsche Reichsregierung noch großmütig (um nicht zu sagen demütig) zugestand, ist freilich für immer dahin. Das Königreich wird nicht in die Lage gestellt werden dürfen, neuerlichen Verrat gegen das Deutsche Reich zu verüben, mag nun König Albert in Frankreich royalistischer Prätendent werden oder nicht.

---

17. Kapitel.

„Privateigentum im Kriege" nach deutscher und internationaler völkerrechtlicher Auffassung.

1. Unsere deutsche Regierung hat in energischer Form gegen die Brandstiftungen, Räubereien und Mordtaten der Russen protestiert, die beim Vordringen über unsere Grenze unbeschützte Dörfer und einzelne Gehöfte überfallen und vernichtet haben. Dieses Vorgehen ist in einem Krieg zwischen zivilisierten Völkern, wie oben Kapitel 15 dargetan, ganz unerhört, denn der wichtigste völkerrechtliche Grundsatz, den heute alle Kulturnationen anerkannt haben, ist der, daß die Staaten und nicht die Privatleute miteinander Krieg führen (s. das oft zitierte Abkommen vom 18. Oktober 1907). Jede willkürliche Verheerung des Landes, jede Zerstörung von Privateigentum, jede von der Kriegsnotwendigkeit nicht unbedingt geforderte Beeinträchtigung

der fremden Rechte und Vermögen ist völkerrechtswidrig (s. l. c. Art. 1, 46, 47, 53, 55). Die feindlichen Soldaten sind sogar nach dem Kriegsrecht verpflichtet, die Bewohner des Landes, in das sie eindringen, in ihrer Person wie in ihrem Eigentum zu schützen (Art. 23). Das vom Großen Generalstab herausgegebene Werk über „Kriegsbrauch im Landkriege" vertritt nachdrücklich diese Anschauungen und bemerkt dazu, daß man freilich in einem Kriege gegen Wilde und Barbaren „bis in unsere Tage mit Humanität und Schonung nicht weit gekommen ist und gegen sie wohl nicht anders verfahren kann, als mit Verheerung der Saaten, Wegtreiben der Herden, Nehmen von Geiseln und dergleichen".

Die Auffassung von der Unverletzlichkeit des Privateigentums im Kriege ist auf deutscher Seite schon 1870 durch die Tat vertreten worden. Beim Überschreiten der französischen Grenze erließ König Wilhelm am 8. August u. a. den folgenden Armeebefehl: „Wir führen keinen Krieg gegen die friedlichen Bewohner des Landes; es ist vielmehr die Pflicht jedes ehrliebenden Soldaten, das Privateigentum zu schützen und nicht zu dulden, daß der gute Ruf unseres Heeres auch nur durch einzelne Beispiele von Zuchtlosigkeit angetastet werde. Ich baue auf den guten Geist, der die Armee beseelt, zugleich aber auch auf die Strenge und Umsicht aller Führer." Zugleich erklärte der König ausdrücklich den Franzosen: „Ich führe Krieg mit den französischen Soldaten und nicht mit französischen Bürgern. Diese werden deshalb fortfahren, die Sicherheit für ihre Person und ihre Güter zu genießen, so lange sie nicht selbst durch feindliche Unternehmungen gegen die deutschen Truppen Mir das Recht nehmen, ihnen Meinen Schutz zu gewähren."

Nach diesen Grundsätzen haben auch jetzt unsere Truppen gehandelt, soweit es die Notwendigkeit des Krieges erlaubte. Sie haben im wesentlichen weder feindliches Eigentum zerstört noch geplündert noch weggenommen, außer in den Fällen, wo diese Zerstörung oder Wegnahme, wie dies Art. 23 g der Landkriegsordnung zuläßt, durch die Erfordernisse des Krieges dringend erheischt wird. Freilich darf nach Völkerrecht auch die weitgehendste Störung, Beschränkung, ja selbst Gefährdung des Privateigentums erfolgen, wenn es sich aus militärischen Gründen als unerläßlich erweist. So müssen z. B. durch die Truppen im Gelände allerlei Schädigungen hervorgerufen werden, die sich nicht vermeiden lassen; die Kriegführung verlangt die Niederlegung mancher Häuser oder sonstiger Baulichkeiten, die Zerstörung von Brücken, Eisenbahnen und Telegraphenanstalten. Der Bewohner des feindlichen Landes muß es sich gefallen lassen, wenn sein Haus und seine Einrichtung zur Unterbringung und Verpflegung der Truppen und der Verwundeten benutzt werden, wenn man zum Zwecke der Erkundung, Verteidigung, Verschanzung usw. in sein Eigentumsrecht eingreift. Unbedingt verboten aber sind alle zwecklosen Zerstörungen und Verwüstungen des feindlichen Landes, und der deutsche Soldat, der dagegen sündigt, wird als gemeiner Verbrecher bestraft. Nicht der kleinste Schaden darf von dem einzelnen willkürlich, der größte Schaden darf auf Befehl der Oberleitung ohne weiteres dem Privateigentum zugefügt werden, wie ein anscheinend halboffiziöser Artikel in der deutschen Presse hervorhebt, dem wir hier folgen. Ganz läßt sich eine unberechtigte Verletzung des Privateigentums freilich auch bei den kultiviertesten Nationen und am besten disziplinierten Heeren nicht vermeiden. Solche vereinzelten Untaten sind selbst im Kriege 1870 vorgekommen. Sie wurden deutscherseits strenge bestraft; ob auf französischer Seite, erscheint nicht nachgewiesen. Im allgemeinen aber haben die Deutschen dem französischen Privateigentum anerkanntermaßen die größte Achtung entgegengebracht; sie haben französische Weinberge bewacht und beschützt, ebenso die Versailler Kunstschätze und französisches Vermögen mit Lebensgefahr aus Feuersbrünsten gerettet.

Und nicht anders im Jahre 1914! Unsre Soldaten haben in Löwen, wo sie in der schmählichsten Weise verraten wurden, trotzdem nicht bloß das wertvolle Rathaus, sondern fast sämtliche Kirchen und wertvolle Baudenkmäler geschont oder gerettet. Und nicht nur in Löwen, sondern allüberall (siehe unten Kapitel 23 und 24). Freilich, wo das völkerrechtswidrige Franktireurtum sich breit macht, muß ebenso das Eigentum wie der Bewohner daran glauben. Auch wo der Bewohner die Türen gewaltsam gegen den Sieger verschließt. In dem zitierten Artikel ist mit Recht auf ein Wort Bluntschlis verwiesen worden: „Wenn der Soldat die Türen seines Quartiers verschlossen findet, und die Lebensmittel absichtlich verdorben oder vergraben worden sind, dann treibt ihn die Not dazu, die Türen aufzusprengen und den Vorräten nachzuspüren, und im gerechten Zorn zertrümmert er dann wohl auch einen Spiegel und heizt mit zerschlagenen Möbeln den Ofen." Bismarck sagte einmal: „Krieg ist Krieg, wenn der Soldat friert, muß er sich wärmen, und wenn er sonst nichts findet, muß er nach Mahagonimöbeln greifen. Man kann doch nicht verlangen, daß der Soldat im Felde bei lebendigem Leibe erfriert, um dem Franzosen sterbend zu sagen: wir haben deine Mahagonimöbel geschont."

Gegen solche Äußerungen des Kriegszornes fiele es uns nicht ein, ein Wort zu sagen oder zu schreiben. Nur gegen jene viehische, systematische Zerstörungswut, die, um den Gegner zu schädigen, alles kurz und klein haut und verunreinigt, — kurzum haust, wie eine Herde Wildsäue, wenden wir uns (s. oben Kap. 14, Z. V und unten Kap. 19 das Nähere in tatsächlicher Richtung).

Nicht zu sprechen von dem **allgemeinen** Diebstahle, den man von Tataren gewohnt ist.

Die Franzosen sind glücklicherweise kaum 20 Kilometer weit in das deutsche Gebiet hineingekommen. Ihr Benehmen in Lothringen, insbesondere in Saarburg sowie im Oberelsaß, zeigt, wie bereits betont, was dieses Volk im Falle des Sieges sich gegenüber Hilflosen und gegenüber dem Eigentum Deutscher erlaubt hätte. Ohren- und Augenzeugen berichten aus dem französisch-gesinnten Lothringen den allgemeinen Spruch: „Die Franzosen haben in drei Tagen mehr germanisiert als die deutsche Regierung in vier Jahrzehnten." So hauste die grande nation auf umbuhltem Boden!

Nach Art. 3 des IV. Abkommens der 2. Friedenskonferenz ist die Kriegspartei, welche die Bestimmungen der bezeichneten Ordnung verletzen sollte, gegebenenfalls zum Schadenersatze verpflichtet. Sie ist ausdrücklich für alle Handlungen verantwortlich erklärt, die von den zu ihrer Waffenmacht gehörenden Personen begangen werden.

Hoffentlich wird die deutsche Regierung bei der Bemessung der Friedensbedingungen an alle diese Rechtsbrüche sich erinnern, die Franzosen und noch mehr der Kosakismus begangen hat. Man hat im Westen wie im Osten gegenüber einer durchaus friedlichen, nicht im Franktireurkrieg stehenden Bevölkerung gehaust, — eben wie die Hunnen, wie oben Kap. 15 gezeigt wurde und in Kap. 19 sogar für das eigene Gut nachgewiesen wird.

II. Recht eigentümliche Auffassungen über Recht, Eigentum der Feinde, internationale Abkommen scheint man übrigens auch im heutigen England zu haben.

Bei dem Oktober-„Pogrome" dortselbst, insbesondere gegen deutsche Friseure und Kellner, zeigte es sich, daß der Kulturzustand des englischen Pöbels über den des russischen sehr wenig hinausgeht. Läden wurden geplündert und bestohlen, arme Deutsche, Angestellte, längst in England bedienstete und wohnende Personen, wurden mißhandelt usw.

Aber auch die englische Justiz scheint der russischen, in der ganzen Welt — vor allem aber von der englischen öffentlichen Meinung — als grenzenlos korrupt bezeichneten, nicht viel wenigstens in einzelnen Fällen nachzustehen, wie folgende Meldung des Reuterschen Bureaus (!) aus London d. d. 29. Oktober beweist:

„Am 27. Oktober ließ der Polizeirichter von Deptford unter der Bedingung künftigen Wohlverhaltens einen Soldaten (!) frei, der an den gegen die Deutschen gerichteten Ausschreitungen teilgenommen hatte und von der Polizei im Schlafzimmer eines geplünderten Hauses im Besitz eines gestohlenen Ringes und einer gestohlenen Uhr verhaftet worden war."

So geht ein englischer Richter im Jahre 1914 mit Recht und internationalen Abkommen um, die das Eigentum und die Ehre der friedlichen Bürger für unverletzlich erklären. Armes England! Land der „Freiheit und des Rechts". Jenem Rechtsbrecher aber muß man das Wort, das ein berühmter englischer Jurist im Jahre 1854 geschrieben hat, entgegenrufen: „Ein vertragsbrüchiger Staat ist der größte Feind der Völker, der Störer ihres Friedens, der Verächter ihres Glücks, das Hindernis ihres Fortschritts!" Zur Ehre Englands sei bemerkt, daß spätere Rechtssprüche englischer Richter einen anderen, gerechteren Standpunkt einnahmen und auch ein Teil der Presse sich scharf gegen solche richterlichen Exzesse wandte. —

III. Die Russen haben bei ihrer Flucht aus Ostpreußen oft große Vorräte von Mehl und Brot mit Petroleum begossen, um sie zu vernichten. Daß sie hier einmal an den Unrechten kamen, da Generaloberst von Hindenburg befahl, dieses so gottlos vernichtete Brot den russischen Gefangenen zu essen zu geben, ist eine der köstlichen humorvollen Schalkereien, die auch dieser entsetzliche Krieg gottlob nicht austilgen kann.

Brutal erscheint die Beschlagnahme von Privateigentum durch Rußland (s. unter Kap. 27 das Nähere über diese neue Art der Kriegführung, der ureigenen Erfindung des Dreiverbands!, insbesondere auch die Maßnahmen Frankreichs und Englands). Nach unwidersprochenen Pressenachrichten geht man jetzt im Widerspruche mit den klaren Bestimmungen des Art. 46 l. c. gegen das deutsche Privateigentum in einer bisher unerhörten Weise vor. Solche Maximen zwingen die deutsche Regierung zu Repressalien. Es erscheint dies um so ärger, als es sich um Verletzung des Gastrechts gegen friedliche Bürger, nicht etwa um Güter in eroberungsweise besetzten Gebieten, sondern außerhalb jeglicher Kriegsoperation handelt. Eine Durchbrechung der ältesten und fundamentalsten Sätze des Völkerrechts!

IV. Das ein Gebiet besetzende Heer kann freilich mit Beschlag belegen das bare Geld und die Wertbestände des Staates sowie die dem Staate zustehenden eintreibbaren Forderungen, die Waffenniederlagen, Beförderungsmittel, Vorratshäuser und Lebensmittelvorräte sowie überhaupt alles bewegliche Eigentum des Staates, das geeignet ist, den Kriegsunternehmungen zu dienen (Art. 53 der Landkriegsordnung). Weiter können alle Mittel, die zu Lande und zu Wasser und in der Luft zur Weitergabe von Nachrichten und zur Beförderung von Personen oder Sachen dienen, mit Ausnahme der durch das Seerecht geregelten Fälle sowie die Waffenniederlagen und überhaupt jede Art von Kriegsvorräten, selbst wenn sie Privatpersonen gehören, mit Beschlag belegt werden. Beim Friedensschlusse müssen sie aber zurückgegeben und die Entschädigungen geregelt werden (Abs. 2 l. c.). Werden diese Kriegsvorräte vernichtet, so muß natürlich erst recht voller Schadensersatz gewährt werden. Der Art. 54 des Abkommens von 1899 ist in das Abkommen von 1907 nicht übernommen worden, dort war verlangt, daß das Eisenbahnmaterial, das aus neutralen Staaten kommt, sei es, daß es diesen selbst oder Gesellschaften oder Privatpersonen gehört, ihnen so bald als möglich zurückgesandt werden soll. Jetzt ist die Frage in Art. 19 des fünften Abkommens der zweiten Friedenskonferenz vom 18. Oktober geregelt, wonach das erwähnte Material von einem Kriegführenden nur in dem Falle und in dem Maße, in dem eine gebietrische Notwendigkeit es verlangt, angefordert oder benutzt werden kann.

Es muß möglichst bald in das Herkunftsland zurückgesandt werden. Umgekehrt kann im Falle der Not auch die neutrale Macht vorgehen. Die Schadensersatzpflicht regelt Abs. 3 l. c.

Deutschland hat diese Normen im Verkehr mit Luxemburg und Holland auch stets beobachtet. Weiter aber geht das Recht des kriegführenden Staates, wie oben dargelegt ist, nicht: Das Privateigentum muß unbedingt geschützt werden (s. den oft zitierten Art. 46 der Landkriegsordnung).

Sogar der besetzende Staat hat sich (Art. 55) nur als Verwalter und Nutznießer der öffentlichen Gebäude, Liegenschaften, Wälder und landwirtschaftlichen Anlagen, die dem feindlichen Staate gehören und in dem besetzten Gebiete liegen, zu betrachten. Er ist verpflichtet, den Grundstock dieser Güter zu schützen und sie nach den Regeln des Nießbrauchs zu verwalten. Wir okkupieren, freilich auch, wie Kohler „D. J.-Z." 1914 S. 1228 sagt, für unsern eigenen Staat, nicht für den feindlichen. Wir handeln kraft eigenen Rechts.

Das Eigentum der Gemeinden und der dem Gottesdienste, der Wohltätigkeit, dem Unterrichte, der Kunst und Wissenschaft gewidmeten Anstalten, auch wenn diese dem Staate gehören, ist als Privateigentum zu behandeln. Jede absichtliche Entfernung, Zerstörung oder Beschädigung von derartigen Gebäuden, von geschichtlichen Denkmälern oder von Werken der Kunst und Wissenschaft ist verboten und muß geahndet werden. (Art. 56.)

Ebenso ist es untersagt, Städte oder Ansiedlungen, selbst wenn sie im Sturm genommen sind, der Plünderung preiszugeben. (Art. 28.)

Diese Regeln des Völkerrechts, die dem Haager Abkommen von 1899 und 1907 entsprechen, sind von Deutschlands Heeresleitung im wesentlichen durchweg auf das gewissenhafteste beobachtet worden. Sowie gegenteilige Behauptungen substantiiert vorgebracht wurden, nicht bloß in allgemeinen vagen Redewendungen, wurden sie sofort widerlegt. Ich erinnere nur an die Verleumdungen gegen den deutschen Kronprinzen bezüglich des Schlosses in Baye, daß er Kunstwerke und Kostbarkeiten gestohlen habe usw. Alle diese Behauptungen waren Erfindungen und mußten schließlich selbst in der „Times" als erlogen zugegeben werden. Es stellte sich heraus, daß die französischen Offiziere die „Vandalen" waren. Die deutsche Heeresleitung hat aufs strengste darauf gehalten, das Privateigentum zu beschützen. Wieweit die andern Staaten das getan haben, wird man auch unten in Kapitel 19 und 26 ersehen. Dabei soll nicht in Abrede gestellt werden, daß sich in einem Millionenheere auch bei bester Disziplin, Ausschreitungen feststellen lassen werden. Auch die deutschen Soldaten, noch dazu aufs Blut gereizt durch die Grausamkeiten und Völkerrechtsbrüche der Feinde, sind, wie wir immer wieder betonen, keine Engel, keine höheren Töchter! Auch in ihnen kocht heiß das Blut, das zum Rechtsbruche treibt. Aber das sind streng zu ahndende Ausnahmen und müssen es bleiben (s. über die Prozesse gegen deutsche Ärzte das folgende (18.) Kapitel).

---

18. Kapitel.

Einige neutrale Zeugnisse über das Verhalten deutscher Truppen. — Französische Rechtskomödien.

Gegenüber den Angriffen der ausländischen Presse nur einige von den zahlreichen, sich jetzt von Tag zu Tag häufenden Zeugnissen objektiver neutraler Berichterstatter über die Haltung der deutschen Armee und der deutschen Kriegführung.

1. Ein Beweis, daß die Haltung der deutschen Truppen überall da, wo der Krieg nur zwischen den kämpfenden Armeen unter Ausschaltung des völkerrechtswidrigen Franktireurkampfes geführt wurde, tadellos war, ist folgendes Zeugnis des Berichterstatters des holländischen „Algemeen Handelsblad" vom 21. September, der am Tage der ersten Schlacht bei Soissons bis in die Nähe dieser Stadt vorgedrungen ist:

„Es ist erstaunlich, wie sich das Bild ändert, sobald man von Belgien aus über die französische Grenze kommt.

In Belgien überall Verwüstung, rauchende Trümmer, kaum ein unbeschädigtes Haus. Hier dagegen keine Spur des Krieges, keine Zerstörung. Ich habe hier mit Franzosen der verschiedensten Gesellschaftsklassen gesprochen und alle versicherten übereinstimmend, daß die Deutschen nicht plündern, nicht sengen und brennen. Sie wissen von den Verwüstungen in Belgien nicht etwa durch die Zeitungen, die Deutschen haben es ihnen selbst erzählt. Sie glauben aber, daß diese Soldaten solche Taten, die durch die Haltung der belgischen Bevölkerung notwendig wurden, nur sehr widerwillig ausführten, denn bei ihnen kam überhaupt keine Mißhandlung vor."

2. In seiner Ausgabe vom 27. September läßt sich der „Secolo", der an der Spitze der Deutschenhetze in Italien steht, Kriegsepisoden aus Paris telegraphieren und berichtet unter der Spitzmarke „Die Deutschen in Amiens" u. a. folgendes:

... Sie begnügten sich mit dem bloßen Durchzug und begingen keinerlei Akt des Vandalismus oder der Plünderung. Kein einziger Bewohner wurde auch nur beunruhigt, kein einziges Haus geplündert. Der Durchmarsch fand den ganzen Montag über statt. Es waren etwa 40 000 Deutsche."

Sogar die „Times" stellen am 1. November 1914 vom östlichen Kriegsschauplatze fest, daß ihr Berichterstatter keinerlei Übertretung der Kriegsgesetze konstatieren könne. Häuser und Vorräte wurden geschont, wie die Bevölkerung.

Mit dieser Haltung der Deutschen vergleiche man die Exzesse der französischen Armee, gegen die sich ihre eigenen Kommandeure mit den schärfsten Drohungen wenden müssen (s. Kapitel 19), die Greuel der Russen oben in Kapitel 15.

3. Der in London ansässige italienische Schriftsteller Vittorio Ambrosini, der nach eigener Aussage Kronzeugen für die deutschen Schandtaten auftreiben sollte, schreibt Anfangs Oktober:

„Mein erster Eindruck beim Eintreffen in Brüssel am 20. September war ein Erstaunen. Denn alles sieht so friedlich aus, daß man denken könnte, die deutschen Soldaten seien zu Besuch geladen. Es sind alles anständige, ruhige Leute, die überall bar bezahlen. Man kann fragen, wen man will, niemandem tat ein deutscher Soldat etwas Böses.... Ein Rundgang durch die Stadt Brüssel bestätigte den ersten günstigen Eindruck von der milden Herrschaft der Eroberer und ihrer strammen Ordnung.... Man läßt den Belgiern vielleicht nur zu viele Freiheiten. Hier darf jeder treiben, was er will, solange er den Deutschen nicht schadet."

4. Ein Mitglied der amerikanischen Regierungskommission, die mit dem amerikanischen Kriegsschiff „Tennessee" die in Deutschland befindlichen Amerikaner im September abholen sollte, schreibt u. a. folgendes an das deutsch-amerikanische Komitee:

„Meine mehr als vierwöchige Anwesenheit in Deutschland gab mir Gelegenheit zu beobachten, wie das deutsche Volk den ihm aufgedrängten Krieg aufnahm, welche hohe Begeisterung, gepaart mit ruhigem, sachlichem Ernst, die gesamte Bevölkerung ergriffen hat.... Ein Volk, auf so hoher Kulturstufe stehend, so großer, glühender Begeisterung fähig, kann nicht unterliegen, — das sind keine Barbaren, sondern Männer bester Art. Das dokumentiert sich auch in der Behandlung der Gefangenen und Verwundeten: „Ich kenne hier keine Unterschiede zwischen Freund und Feind, sondern nur Verwundete", diesen Ausspruch tat der

Leiter eines der größten hiesigen Lazarette, und in derselben hochherzigen Weise wird im ganzen Reich verfahren.

... Es drängt mich, nochmals zum Ausdruck zu bringen, daß das Verhalten der Deutschen den tiefsten Eindruck auf mich macht, und ich habe keinen Amerikaner getroffen, der nicht das gleiche Empfinden hat; alle schätzen sich glücklich, in dieser großen Zeit in einem solchen Land wie Deutschland Gastfreundschaft genossen zu haben." S. ebenso oben die neutralen Urteile über die deutsche Verwundeten- und Gefangenenbehandlung Kap. 12 u. 14 B.

„Alle Amerikaner sagen dies", die die Erhebung des deutschen Volkes mitmachten!

„Männer bester Art", ehrenwerter Herr Lloyd George, das klingt anders als „Mordbrenner"!

Diese Amerikaner unterscheiden sich von dem englischen Ministerium nur dadurch, daß sie das deutsche Volk in den ersten Augusttagen und seine tiefe Begeisterung und sein Verhalten in den ersten Kriegswochen sahen, sich nicht auf eine schmähliche Lügenpresse im Urteile verließen!

Die nicht gerade deutschfreundliche „Gaz. del Popolo" stellt in einem Briefe aus Belgien Mitte Oktober fest, daß die deutsche Armee sich tadellos verhalte. ... Was über die sogenannten deutschen Grausamkeiten gesagt wurde, sei eitel Lug und Trug. Die Bevölkerung sage übereinstimmend aus, die Deutschen seien sehr korrekt. Auch der „aus Versehen" auf belgisches Gebiet geratene Pariser Korrespondent des „Corr. della Sera", der bisher nicht zu den Deutschfreunden gehörte, ist voll Lobes über die mustergültige Haltung und Korrektheit der deutschen Truppen. Ebenso entwirft in einem Briefe aus Tournai der aus Paris dorthin gekommene Berichterstatter des „Mattino" ein überaus sympathisches Bild von den auf Lille marschierenden deutschen Truppen, welche die Stadt passierten (s. auch Sven Hedins Zeugnis u. a.).

Dazu eine wiederholte, ganz objektive Bemerkung, die wir absichtlich unterstreichen! Es fällt uns niemals ein, zu behaupten, daß nicht auch bei unseren Truppen einmal Dinge, die streng zu ahnden sind, vorkommen. Auch unsere Soldaten sind, wie wir im vorigen Kapitel sagten, nicht lauter Engel. Das behauptet kein Verständiger. Die Leidenschaft tut das Übrige.

Es kann vorkommen, daß sich junge Burschen, die noch niemals einen Wein tranken, in der Champagne eine Betrunkenheit holen, in der sie dummes Zeug treiben. Es kann auch vorkommen, daß ältere Mannschaften, auch Landsturmleute, in ihrer heiligen Wut, von Frau und Kindern weggerissen zu werden, über die Grenzen des Erlaubten hinausgehen! Vielleicht öfter, als es ihnen selbst lieb ist!

Das und noch mehr sei von uns offen zugestanden.

Aber was wir mit aller Bestimmtheit vertreten, ist das, daß solche Fälle zu den seltenen Ausnahmen gehören, daß sie, wo sie ruchbar werden, aufs strengste geahndet werden und daß die glänzende Disziplin der deutschen Armee solche Ausnahmefälle sofort wieder ausmerzt, so daß die Begehung von größeren und zahlreicheren systematischen Exzessen, die sich gegen das Strafrecht und Völkerrecht richten, ausgeschlossen ist. Unser tadelloses Offizierkorps und die Mannschaften selbst sorgen dafür, daß solche Ausnahmefälle rasch wieder verschwinden und gehörig bestraft werden [1]).

Würden solche Fälle, wie wir sie im einzelnen als geradezu selbstverständlich in einem mit solchen Mitteln von unseren Feinden geführten Kriege zugeben, sich häufen, so würde die deutsche Heeresleitung nicht zögern, offene strenge Erlasse dagegen herauszugeben. Noch hatte sie es absolut nicht notwendig, ähnliche Bekanntmachungen wie die der französischen Heeresleitung erscheinen zu lassen: Der beste Beweis, daß Exzesse nur seltene Ausnahmen bildeten, die ein allgemeines Vorgehen der Führung unnötig machten [2]).

Französische Rechtskomödien.

An anderer Stelle ist näher ausgeführt, daß in jedem Falle, sogar bei sofortiger Ertappung auf Spionage (s. Art. 30 der Landkriegsordnung) ein förmliches Urteil gegen die Beschuldigten ergehen muß.

---

[1]) Sicherlich wird auch volle Klarheit über die Nachricht der Pariser Blätter, die ihnen von Bordeaux Ende Oktober zuging, über die angeblich von dem General von der Marwitz befohlene Plünderung, wegen der deutsche Soldaten zum Tode verurteilt wurden, geschaffen werden, ebenso wie über die Tatbestände der den Ärzten und dem deutschen Sanitätspersonal zur Last gelegten unglaublichen Dingen (s. folgenden Abschnitt).

[2]) Siehe auch das geradezu begeisterte Zeugnis für die Musterhaftigkeit des deutschen Heeres in der Erklärung des Amerikanischen Aufklärungskomitees in München unterm 10. Oktober u. a. sowie das Schreiben von acht bekannten spanischen Universitätsprofessoren, Barcelona, 21. November 1914 usw.

Um wieviel mehr bei leichten Delikten! Ein geordnetes Beweisverfahren und die Lieferung des Beweises ist immer notwendig. Sobald es sich um Angehörige des deutschen Heeres, sogar Ärzte, handelt, scheint man in Frankreich von diesem Fundamentalsatz jeden Rechts nichts mehr zu wissen: Niederlage schafft Roheit. Der Sieger braucht zu keiner Grausamkeit zu greifen. Der Schwache, Unterliegende mißbraucht erfahrungsgemäß das Recht. So jetzt auch in Frankreich!

Wiederholt wurde mitgeteilt, daß deutsche Soldaten, die irgendeinen Gegenstand französischer Provenienz in den Taschen hatten, auch wenn sie noch so sehr den Beweis anboten, daß sie die Gegenstände gekauft hatten, in einem Scheinrechtsverfahren wegen Plünderung zu hohen Freiheitsstrafen, in einigen Fällen, wie italienische Kriegsberichterstatter mitteilten, auch zum Tode verurteilt wurden.

Dieser Rechtsbruch, der nach den schärfsten Repressalien ruft, fand seinen vorläufigen Höhepunkt in der Verurteilung von neun deutschen Militärärzten und Sanitätsoffizieren, die wegen angeblichen Diebstahls von Wein, Likör, Champagner sowie wegen Entwendung einer Milchkuh und eines Fahrrades vom Pariser Kriegsgericht zu Gefängnisstrafen von 6 Monaten bis zu 2 Jahren verurteilt worden sind. Selbst Gustave Hervé hält in der „Guerre sociale" die Erklärung der Angeklagten, daß die angeblich gestohlenen Sachen in Wirklichkeit für deutsche und französische Verwundete requiriert worden waren, für durchaus glaubwürdig und schließt mit den Worten: „Soll ich offen meine Ansicht äußern, und zwar in einer so milden Form, daß die Zensur daran keinen Anstoß nimmt? Im Interesse von Frankreichs gutem Ruf hätte ich gewünscht, daß dieser Prozeß nicht stattfände." Auch die „Humanité" protestiert gegen das Urteil. Diese schreibt wörtlich: „Es lag kein richtiger Beweis für die Schuld der Angeklagten vor. ..." Das Gericht verurteilte den deutschen Arzt Ahrens zu 2 Jahren Gefängnis, da er nach der Gefangennahme zur Notwehr einen Revolver zog, weitere 7 Ärzte und Krankenpfleger zu einem Jahr und einen Hauptmann zu 6 Monaten Gefängnis, obwohl die Angeklagten auf das heftigste gegen die Unterstellung des Plünderns (9. Oktober in Lisy sur Ourcq) protestierten und das Gericht selbst im Urteile gestehen mußte, die Plünderung sei nicht nachzuweisen, allein „die Angeklagten hätten wissentlich von der Plünderung profitiert" (!). Die Verurteilung erfolgte trotz des glänzenden Zeugnisses des Bürgermeisters des Ortes und der französischen Militärärzte, die der korrekten Haltung der Angeklagten hohes Lob zollten und die „große Hingebung" bei der Pflege verletzter Franzosen bewiesen. (Nach dem „Temps".)

Materiell ist besonders interessant die beeidigte Aussage des Oberstabsarztes Dr. Pust, der bestätigte, daß weder den Stabsarzt Dr. Schulz noch den Dr. Davidsohn irgendeine Schuld bezüglich des requirierten Weins treffe, die beweist, daß die deutschen Ärzte nach völkerrechtlichen Grundsätzen vollkommen einwandfrei nicht bloß zugunsten unserer Verwundeten, sondern auch der Engländer und Franzosen, die sie mitverpflegten, den Wein gegen Bons requirierten. Er resumiert sich als Zeuge dahin: „Es ist mir unerklärlich, wie man auf die Idee kommen kann, daß dieser von mir für die Verwundeten, und zwar nicht bloß für Freund, sondern auch für Feind requirierte Wein auf unrechtmäßige Weise erworben sein sollte." Beglaubigte Abschrift dieser Aussage wurde der amerikanischen Botschaft in Berlin zugestellt.

Man wird den genauen Tatbestand und die Urteilsgründe abwarten müssen, um die ganze tendenziöse Tragweite der Verurteilung des deutschen Sanitätspersonals zu erfassen. Nur das sei noch bemerkt. Es macht einen mehr als merkwürdigen Eindruck, daß nachträglich von der französischen Presse in einer auffallenden Form behauptet wurde, daß auch andere Gegenstände, von denen nach den französischen Presseberichten in der Verhandlung gar keine Rede war, bei den deutschen Ärzten gefunden wurden; bald war es eine Christus-, bald waren es angeblich antike Tanagrafiguren aus einem französischen Museum (?), die man in ihrem Gepäcke fand. All das sieht aus, wie die absichtliche Ausnützung der Notlage wissenschaftlicher Elemente, die die höchste Achtung in der ganzen wissenschaftlichen Welt genießen.

Im Anschluß an die unerhörten Urteile, die sich in einer Reihe anderer Verurteilungen deutschen Sanitätspersonals fortsetzten, — wahrscheinlich, um den „Barbarenstandpunkt" des deutschen Volkes überhaupt darzutun, — ergab sich eine öffentliche Diskussion über die Frage der Gültigkeit der Pariser Urteile und die Zuständigkeit der französischen Gerichte. Hervorragende Autoritäten wie Geh. Rat Prof. Dr. Adolf Arndt und Fr. v. Liszt haben mit guten Gründen die Rechtsungültigkeit der Pariser Urteile dargetan.

Mir scheint nicht der auch in der Presse zitierte Art. 9 der Landkriegsordnung, sondern Art. 8 l. c. die Richtigkeit dieser Anschauung zu beweisen. Art. 8 sagt: „Die Kriegsgefangenen unterstehen den Gesetzen, Vorschriften und Befehlen, die in dem Heere des Staates gelten, in dessen Gewalt sie sich befinden“. ... Es ist doch nicht französischer Rechtsgrundsatz, daß man nicht zugunsten der Verwundeten requirieren dürfe. Im Gegenteil! Abgesehen von der ausdrücklichen Bestimmung des Art. 52 der Kriegsordnung ist es allgemeine Gewohnheit aller Armeen, solche Requisitionen teils mit, teils ohne „Bons“ vorzunehmen. Das Gegenteil wäre Unmenschlichkeit!

Dr. Arndt bezieht sich, wie mir scheint, mit Recht auf die Anschauung Liszts an anderer Stelle. Er sagt im „Berliner Tgbl.“ in einer Zuschrift u. a.:

„In § 8 Ziffer 6 d seines Lehrbuchs des Völkerrechts bezeichnet Liszt als exterritorial fremde Truppenkörper. Er bemerkt dazu, daß es keinen Unterschied macht, ob ihr Aufenthalt auf der Bewilligung des Aufenthaltsstaates beruht oder nicht (Invasionsarmee). Aus der Exterritorialität folgert v. Liszt an derselben Stelle, daß die darunter fallenden Personen von der Zivil- und Strafgerichtsbarkeit (mithin mittelbar von der Herrschaft der Zivil- und Strafgesetze selbst), insbesondere aber auch von dem Zugriff der vollziehenden Gewalt befreit sind. Die Befreiung erstrecke sich auch auf die im Eigentum oder Besitz dieser Personen befindlichen beweglichen Sachen. Da nun zu den deutschen Truppenkörpern in Frankreich auch die Sanitätspersonen gehören, gelten diese als exterritorial und von der französischen Strafgerichtsbarkeit eximiert. Hieran kann kein Zweifel bestehen. Wenn man selbst Kriegsgefangene wegen früher begangener Spionage oder glücklich bewerkstelligter Flucht nicht bestrafen darf (Artikel 8 und 31), so kann man sie ganz gewiß nicht bestrafen, wenn sie, als sie noch nicht kriegsgefangen waren, ohne Ausstellung eines Requisitionsscheines Wein oder ein Fahrrad requiriert haben. Wenn man die Konsequenzen der Pariser Urteile ziehen würde, könnte und müßte man alle gefangenen Russen bestrafen, wenn und weil sie bei dem früheren Aufenthalte in Ostpreußen Wein, Bier, Lebensmittel und andere Gegenstände ohne Bezahlung genommen haben, oder gefangene Franzosen, Belgier und Engländer, die sich an der künstlichen Überschwemmung in Flandern beteiligt haben, worin an sich der Tatbestand eines schweren Verbrechens liegen würde. Eine Invasionsarmee kann man beschießen, erschlagen und gefangen nehmen, aber man kann sie nicht richten. Aus diesen Gründen haben die Sprüche des Pariser Militärgerichts dieselbe Nichtigkeit wie der Spruch des Amtsgerichts Berlin-Mitte in Sachen von Hellfeld gegen den russischen Fiskus.“

Diesen Ausführungen kann ich mich im wesentlichen anschließen. Die deutsche Regierung hat daher recht getan, wenn sie die sofortige Aufhebung der gerichtlichen Urteile durch die Vermittlung der amerikanischen Regierung verlangt. Sollte das nicht gelingen [1]), so muß sie strengste Repressalie üben.

Im übrigen steht die Ehre der deutschen Ärzteschaft in der ganzen Welt so hoch, daß sie von dem Schmutz einer solchen Scheinjustiz nicht einen Augenblick geschädigt werden kann. Ein dekadentes Volk kann sich durch solche Äußerungen des ohnmächtigen Zornes über die erlittenen Niederlagen nur selbst um den Kredit bringen.

Über die schmähliche Verurteilung dreier Deutscher in Casablanca wegen Hochverrats s. auch Kapitel 26. Die deutsche Reichsregierung wird nicht umhin können, auf dem Wege der Repressalie — das Eingreifen einer neutralen Regierung würde in diesem Falle nur eine Farce zur Abstempelung des französischen Justizmordes sein — diesem Verzweiflungstreiben eines verlorenen Volkes mit aller Energie entgegenzutreten.

---

19. Kapitel.

Plünderungen und Zerstörungen eigenen Gutes seitens der Dreiverbands-Armeen.

(Die Völkerrechtssatzungen über die verbotene Plünderung s. oben Kap. 14 Z. V und Kap. 17, Art. 23 Abs. 1 g, 28, 46 und 47 der Landkriegsordnung.)

I. Alles schon dagewesen! Alles wiederholt sich in der Welt! Vor allem die Freveltaten der französischen Soldateska! Im Jahre 1870 hat der bekannte Kunsthistoriker Viollet le Duc in einem Memoire über die Verteidigung von Paris festgestellt, daß der wütendste Feind nicht schlimmer hätte hausen können als die französische Nationalgarde!

Genau so heute! Man kann sich nicht wundern, daß die Franzosen auf deutschem (d. h. elsaß-lothringischem) Boden hausten, teilweise wie die Russen und Hunnen und sich gegen das Privateigentum in völkerrechtswidrigster Weise vergingen. Sie haben in ihrem eigenen Lande gezeigt, daß sie an Zuchtlosigkeit nur wenig von den Kosaken, vor deren Greueltaten die eigenen russischen Linienoffiziere die Bevölkerung in Ostpreußen immer wieder warnten, übertroffen werden.

---

[1]) Die Urteile wurden angeblich aufgehoben.

Klassische Beweise für diese Zuchtlosigkeit sind folgende **offiziöse amtliche** Mitteilungen über scharfe Warnungen der französischen Kommandostellen vor Ausschreitungen der Truppen. Sie lauten nach der Übersetzung der „Nordd. Allg. Ztg.“:

1. „Erste Armee, Generalstab, I. Bureau, Nr. 790. 26. August 1914. Sonderbefehl Nr. 9: Es ist dem Generalkommandeur der ersten Armee durch die Stadtbehörden von Rambervilliers der Beweis erbracht worden, daß in dieser Stadt von Soldaten Akte der Gewalt und der Plünderung verübt worden sind. Diese Vorgänge sind um so bedauerlicher und tadelnswerter, als sie auf französischem Gebiet verübt wurden. Der kommandierende General des 21. Armeekorps wird unverzüglich über diesen Punkt eine Untersuchung eröffnen und den Kriegsgerichten die an diesen Verbrechen Schuldigen zur Kenntnis bringen. gez. Du Bail.

Übereinstimmende Abschriften zur Kenntnisnahme an alle Korps und Dienste mitgeteilt den 28. August 1914. Der kommandierende General des 14. Armeekorps auf Befehl des Chefs des Generalstabs. gez. Masselin.“

2. „Großes Hauptquartier der Ostarmee, Generalstab, I. Bureau, Nr. 3190, Hauptquartier 1. September 1914. Ich erhalte Bericht darüber, daß in unserem Rücken Banden von Soldaten geplündert und Gewalttaten gegen Personen verübt haben. Auf diesen Verbrechen steht gesetzlich Todesstrafe. Das beschleunigte Verfahren der Armeekriegsgerichte wird Ihnen die Möglichkeit geben, die Schuldigen, sobald sie ergriffen sind, mit aller mit den gerichtlichen Formen vereinbaren Raschheit zu bestrafen. Sollte aber die ordentliche Gerichtsbarkeit außerstande sein, Dinge zu verhindern, die unter den herrschenden Verhältnissen Attentate gegen die Nation darstellen, so erinnere ich daran, daß das Militärstrafgesetzbuch Artikel 129 den Vorgesetzten dazu ermächtigt, ihm Untergeordnete zu bestrafen in „Fällen berechtigter Verteidigung seiner selbst oder anderer, der Heranziehung von Flüchtlingen oder der Notwendigkeit, Plünderungen und Verwüstungen zu verhindern“. Es kommt darauf an, von jetzt ab durch exemplarische Strafen Verbrechen ein Ende zu machen, deren Fortdauer das Wohl der Armee in Frage stellen würde. Sie können daher nötigenfalls ohne Zögern gemäß dem Vorstehenden die schärfsten Maßnahmen ergreifen, damit auf Soldaten, die sich zusammenrotten und plündern, Jagd gemacht und der Gehorsam erzwungen werden kann. J. Joffre.

Übereinstimmende Abschrift zur Ausführung an den Herrn kommandierenden General des 2. Armeekorps. Auf Befehl des Chefs des Generalstabs. Dessens.“ (z.)

3. Ähnlicher Befehl erging unter scharfer Anklage der Indisziplin vom General Macher der 7. Division unterm 18. August 1914. Dazu nehme man als weitere amtliche Stichprobe folgendes Schreiben:

„Nogeville, 26. August 1914.

4. Geehrter Herr Unterpräfekt! Gestern befürchtete fast die ganze Bevölkerung eine Beschießung von den Deutschen und ist geflohen, während tagsüber die 59. Jäger zu Fuß, das 211. und 220. Regiment die Umgebung besetzten. Da seitens

der Franzosen vor Ankunft der 220er unglaubliche Sachen vorgekommen sind, was der Kommandeur dieses letzteren Regiments und der Herr Dantremepuits, Leutnant der R. V. P. des Viehdepots des 6. Armeekorps, bestätigen können — sie waren teilweise Augenzeugen jener unwürdigen Vorkommnisse —, so protestiere ich aufs energischste gegen die begangenen Plünderungen und Mißbräuche jeder Art. Heute will ich nur erwähnen, daß die Fahne zerfetzt und in eine Ecke geworfen wurde, daß die Posten beleidigt, die Keller durchwühlt, daß den Hühnern, den Kaninchen der Hals umgedreht und sie sogar in die Gärten geworfen wurden usw., und daß Diebstahl und Verwüstung an der Tagesordnung sind. Ich verlange, daß hierüber so bald wie möglich eine Untersuchung angestellt werde. Die Bevölkerung ist darüber aufgeregt. Der Bürgermeister: gez. Huret."

Mit diesen Dokumenten wird in klassischer Weise das bestätigt, was von vielen Zeugen, insbesondere im Bereich der Armee des deutschen Kronprinzen, als auch der 6. Armee behauptet wurde, daß die geschehenen, meist den deutschen Soldaten zur Last gelegten Plünderungen fast durchaus von französischen Soldaten ausgingen [1]).

Aus einer großen Anzahl französischer, belgischer und deutscher Briefe von Mitkämpfern geht hervor, daß überall da, wo nicht Grausamkeiten gegen deutsche Soldaten begangen wurden, das Auftreten unserer Soldaten tadellos ist) [2]), daß dagegen die französische

---

[1]) Die Haltung der deutschen Truppen wurde allüberall in Belgien und Nordfrankreich, wo der Franktireurkampf aufhörte, selbst in französischen und englischen Zeitungen anerkannt. Bestätigungen der Stadtverwaltungen in Florenville usw. wurden veröffentlicht, die das beweisen (s. oben Kap. 17 und 18).

[2]) Welcher Geist brutalster Verrohung infolge der verleumderischen Verhetzung durch die Dreiverbands-Presse in der französischen und belgischen Armee herrscht, das zeigen eine Anzahl drastischer Briefe, die man bei gefallenen und verwundeten französischen Soldaten fand; einige besonders charakteristische hat Schriftsteller Gg. Queri in den „M. N. N." veröffentlicht, die er im Tornister eines französischen Soldaten im Original fand. Sie waren am 20. August abgefaßt und an Onkel und Brüder geschrieben. In genauer Übersetzung hier nur einige Stellen der Briefe, die den ganzen Geist dieser Soldateska zeigen:

„Oh, wie sehne ich mich danach, in Deutschland einzumarschieren! Ich habe mir vorgenommen, in der ersten deutschen Stadt den nächstbesten Juwelierladen aufzusuchen und mir einige hübsche Pretiosen auszuwählen. Und bevor ich den Laden verlasse, will ich zwei blaue Bohnen in den Schädel des Juweliers jagen — das soll die französische Münze sein, auf die er nicht mehr rauszugeben braucht."

Der zweite ähnliche, an die Brüder und Schwestern des Absenders gerichtete Brief lautet:

und belgische Soldateska plündert, sengt und brennt, genau, wie die französische es unter Napoleon I. und Napoleon III. gemacht hat [1]).

Die Schilderung der französischen Soldaten aus dem Tagebuch eines französischen Arztes der 4. Kompagnie des französischen 6. Pionier-Regiments, das gefunden und einer großen deutschen Zeitung von

---

„Wir sind nah an der Grenze und werden mit ein paar Schritten in Elsaß-Lothringen sein. Dann schnell nach Deutschland, daß ich Euch einige hübsche Andenken kaufen kann; denn wenn ich das Glück habe, dorthin zu spazieren, muß auf jeden Fall ein hübsches Geschenk her und an Zahlungsstatt werde ich dem Händler ein Paar solide Kugeln in den Kopf jagen... Man darf kein Mitleid mit solchen Scheusälern haben..."

Die „Scheusäler" haben für solchen Geist der grande nation nur ein Pfui!

[1]) Ein drastischer Beweis ist ein in der sozialdemokratischen „Frankfurter Stimme" veröffentlichter Brief eines hervorragenden Frankfurter sozialdemokratischen Agitators, Landwehrmanns, dessen Name wohl leicht bei der Redaktion zu erfahren ist, und dessen Sympathien mit den französischen und belgischen Parteigenossen überall deutlich hervortreten. Dieser gewiß unverdächtige Zeuge schreibt anfangs Oktober u. a. folgendes:

„Es wollte mir nicht in den Kopf, daß unsere Soldaten die Verwüstungen, die wir in Frankreich zu sehen bekamen, angerichtet haben sollten, und so begab ich mich ans Ausforschen, wie es komme, daß diese Verwüstungen vorhanden seien. Eine Kellnerin, die aus Brüssel stammt, aber gut deutsch spricht, erklärte mir aufs bestimmteste, daß es die Franzosen waren, die auf dem Rückzug alles plünderten und raubten, was sie in die Hand bekamen, und alles kaput schlugen, was sie kaput schlagen konnten. Ich betone, das sagte mir eine Belgierin, die zugleich Sozialistin ist. Die Schilderungen dieser Belgierin lösten bei mir als gutem deutschen Sozialdemokraten Verwunderung aus. Ich hatte die Franzosen höher eingeschätzt, bekam aber einen tiefen Abscheu, als ich sah, wie sie gehaust hatten, und je weiter wir nun ins Land kamen, bis tief in das Land hinein überall dasselbe Bild, überall grauenvolle Verwüstungen, hungernde Frauen und Kinder, verzweifelte alte Leute, die erzählten, daß es ihre eigenen Landsleute waren, die ihre Wohnungen und alles vernichteten. Mir ist während des ganzen Marsches nur ein Fall bekannt geworden, wo sich ein betrunkener deutscher Landwehrmann zu einer Demolierung hinreißen ließ. Von seinen eigenen Kameraden wurde er sofort der Wache übergeben und verhaftet. Unsere Soldaten duldeten nicht, daß geplündert wurde, sie teilten ihre eigenen Rationen mit den hungernden Frauen und Kindern." Dafür liefert der Briefschreiber nähere Beweise. Er bestätigt dann die rohen Plünderungen der Franzosen.

Die Gutmütigkeit der deutschen Soldaten gegenüber Weibern und Kindern kommt in vielen Zuschriften italienischer, südamerikanischer und anderer neutraler Augenzeugen zur rührenden Erwähnung.

einem deutschen Offizier zur Verfügung gestellt wurde, bestätigt diese Annahme. Dort heißt es u. a.:

„So kommen wir in Attigny an der Aisne an, wo wir ein Relais der Ambulanz vorfanden, dem wir unsere Verwundeten übergeben. Das Schauspiel in Attigny ist widerwärtig. Es ist wie Verrücktheit, die Flucht, und außerdem, was das Beschämendste ist, die Plünderung."

Die Plünderung und Verwüstung eines Teils der Häuser in Attigny wird durch die Berichte von Offizieren einer hohen deutschen Kommandobehörde bestätigt. Die Offiziere kamen mit Automobilen nach Attigny zu einer Zeit, wo noch keine deutschen Soldaten den Ort betreten hatten. Einwohner erzählten ihnen, daß die französischen Truppen wie Vandalen gehaust hätten, sie seien froh, daß mit den Deutschen geordnete Verhältnisse einzögen.

„Die Soldaten erbrachen die Türen, tranken allen Wein, allen Alkohol, den sie fanden, und plünderten sogar die Juwelierläden. Unser Hauptmann läßt einen Sappeur festnehmen, der gerade dabei war, sich eine goldene Kette einzustecken. Seine Sache ist klar: Kriegsgericht, erschossen. Das sind keine Menschen mehr, das sind wild gewordene Tiere."

„Ein Infanterist vom XVII. Korps, das überall feig floh, ohne zu kämpfen, brüstet sich damit, daß er einen verwundeten Deutschen durch Fußtritte getötet habe. Er wollte ihm seinen Mantel nehmen, den der andere festhielt. ‚Da er keine Kraft mehr hatte, erzählte er uns, versetzte ich ihm zwei oder drei Fußtritte.' Es ist widerwärtig."

So erzählt der französische Militärarzt!

Die „Augsb.-M. Abendztg." hat unterm 19./20. Oktober ein außerordentlich interessantes Tagebuch eines französischen Offiziers veröffentlicht, dessen Echtheit aus dem Datum, dem Stil, dem ganzen Inhalt ohne weiteres erhellt. Dort finde ich u. a. zwei sehr bezeichnende Einträge:

26. August. Gegen 8 Uhr wurden wir wieder nach Ch. geführt. Mit Freuden erfahren wir, daß der Feind gestern abend auf der ganzen Linie zurückging.

Ekel und Erbitterung ergreift uns als Zeugen einer schrecklichen Plünderung der Deutschen.... Die Deutschen führen sich auf wie die Wilden.

30. August. Es ist Sonntag. Die hl. Messe habe ich nicht feiern können. Es ist gerade 6 Tage, daß die Deutschen Champenoux besetzten. Der Pfarrer, ein Greis von 89 Jahren, wurde gezwungen, das Dorf zu verlassen. Am letzten Sonntag war keine Messe; auch heute wird keine sein.

Leider erfahre ich, daß die Plünderung, welche ich schon unter dem 26. verzeichnet habe, nicht von den Deutschen, sondern von den Franzosen begangen worden ist. Welche Schande für uns! Möchte Gott uns gnädig sein und uns helfen, uns selbst zu besiegen, damit wir unsere Feinde besiegen können.

Ähnliche, aber noch kräftigere Eintragungen gegen französische Plünderungen im September!

Wenn nur all die schändlichen Verleumdungen gegen die deutsche Armee so rasche Erledigung fänden als bei diesem frommen französischen Offizier! Ja, welche Schande für das französische Heer! Solche Disziplinwidrigkeit, solcher Völkerrechtsfrevel schließt von selbst den Sieg aus!

Auch hier die typische Reihenfolge der Erscheinungen: Beschuldigung der deutschen „Vandalen" — eingehende Untersuchung — Beweis, daß die französische Soldateska die Zerstörungen vornahm. So geschah es mit der im „Echo de Paris" erhobenen Anklage wegen des Schlosses Montmort Champaubert und Baye, wo durch beeidigte Zeugen nachgewiesen wurde, daß die den Deutschen vorgeworfenen Vandalismen von französischen Truppen begangen wurden.

Bei der Wiederbesetzung von Creil wurden von den englischen und französischen Truppen so schwere Ausschreitungen begangen, daß zwei zum Tode, mehrere zu lebenslänglicher Zwangsarbeit, eine größere Anzahl zu schweren Zuchthausstrafen verurteilt wurden (Mitte November).

Charakteristisch ist im Gegensatz zu der ängstlichen Schonung von Reims, Antwerpen und andern belgischen Städten folgende Mitteilung der „Nordd. Allg. Ztg." vom 12. November aus dem Amsterdamer „Telegraaf":

„Die Bewohner von Beerst, nördlich von Dixmuiden, erlebten trübe Stunden. Schon ab Freitag stapelten belgische Soldaten in der großen geräumigen Kirche Stroh auf, das sie mit Petroleum übergossen. Am Sonntag mußten sie das ehrwürdige, geliebte Gotteshaus anstecken. Sie fühlten das Barbarische ihrer Tat, darum erklärten sie den Dörflern: Die Deutschen würden den Turm zur Beobachtung ihrer Stellungen benutzen und dort Maschinengewehre aufpflanzen, um das Volk in Dixmuiden zu beschießen." [1])

[1]) Aus einem von dem belgischen Kriegsminister bei seiner Flucht aus Antwerpen zurückgelassenen Brief des Gymnasialdirektors von Mecheln vom 26. September 1914 geht hervor, daß sich dieser wegen einer Plünderung beklagt, die seitens der im Schullokal untergebrachten Soldaten des 3. belgischen Linienregiments in seiner Wohnung vorgenommen wurde. Er klagt die Soldaten an, 350 Flaschen Wein und alle Mundvorräte gestohlen und verschlossene Behälter und Sparbüchsen seiner Kinder erbrochen zu haben; außerdem seien Stiefel und Wäsche entwendet worden. „Pillage incroyable commis sous la surveillance des chefs militaires responsables", sagt der Briefschreiber.

(S. darüber auch Kapitel 23 und 24 unten sowie Kapitel 17 und 14 Ziffer V.)

II. Natürlich machte es bei den Kosaken und Teilen der russischen Armee keinen Unterschied, ob sie russisches oder deutsches Gut stahlen, plünderten und in Brand setzten. Sie hausten in Russisch-Polen fast genau so schändlich wie in Galizien und Ostpreußen.

Viel besser als bei der russischen und französischen Armee scheint es übrigens auch bei der englischen mit der Disziplin, Mannszucht und Enthaltung von gemeinen Eigentumsverbrechen nicht zu stehen [1]).

Beweis bildet ein Befehlsbuch, das bei einem gefallenen englischen Offizier gefunden wurde und von W. T. B. offiziös mitgeteilt wurde. In dem Tagesbefehl an das 2. Bataillon Royal Scotch Fusiliers heißt es:

(In deutscher Übersetzung.)

Tagesbefehl.

oc. B. Coy II. Bataillon Royal Scotch Fusiliers.

Da viele Fälle vorgekommen sind, in denen von britischen Truppen besetzte Häuser geplündert worden sind, und viel Schaden angerichtet worden ist, muß daran erinnert werden, daß unsere Truppen augenblicklich in dem Lande unserer Verbündeten operieren.

Auch folgende andere Stellen aus den englischen Tagesbefehlen sind recht kennzeichnend:

(In deutscher Übersetzung.)

Tagesbefehl

des Oberleutnants Baird Smith, Kommandeur der Royal Scotch Fusiliers.

Terhand, 19. 10. 14.

Auszug aus dem Armeetagesbefehl.

a) —

b) Zurückbleiben hinter der Truppe (straggling).

d) Teilweise Zivilkleidung ist streng verboten.

e) Abzeichen. Der Gebrauch der Soldaten, ihre Regimentsabzeichen zu veräußern, wird strengstens untersagt.

Die ein Kommando führenden Offiziere haben die notwendigen Maßregeln zu ergreifen, um zu verhindern, daß Verwüstungen (damage) angerichtet werden.

Wenn eine Wiederholung der bereits bestehenden Zustände eintritt, hat der kommandierende General die strengsten disziplinarischen Maßregeln zu treffen.

---

[1]) Auch die „Nordd. Allg. Z." vom 13. November verweist auf vorliegende gerichtliche Protokolle über zahlreiche Plünderungen von französischem Eigentum durch Franzosen, Turkos und Engländer und gibt Einzelheiten an, die das „schmachvolle Benehmen" der Soldateska des Dreiverbands beweisen.

Solche Befehle sind der beste Beweis für schlechte Sitten, für „Hunnenmanieren", um mit der „Daily Mail" zu sprechen.

Und für all diese Beweise rächt sich die grande nation durch Anbahnung jener Scheinrechtsprozesse wegen angeblicher „Plünderungen" deutscher Ärzte und Sanitätsbeamten, die Sachen requirieren — um deutsche und französische Verwundete zu verpflegen!

---

20. Kapitel.

Kriegslist? — Lügen als Kampfmittel — Mißbrauch der deutschen Uniform.

Die Fremden haben uns von unsern Ehren und Siegen viel weggetrogen und weggelogen und lügen uns jeden Tag davon weg, beide, Engländer und Franzosen. E. M. Arndt.

Art. 24 des Abkommens vom 18. Oktober 1907 erlaubt „Kriegslisten und die Anwendung der notwendigen Mittel, um sich Nachrichten über den Gegner und das Gelände zu verschaffen". Zu dieser Kriegslist gehören z. B. die nur markierten Geschütze, die man ins Terrain stellt, um das Artilleriefeuer abzulenken bzw. an falschen Ort hinzulenken. Hierher gehört auch, obwohl es nicht ganz unbedenklich ist, das Hinkriechen zwischen gefallene Soldaten, vor allem nachts, um an den Feind zu kommen, damit dieser meint, es handle sich um lauter Gefallene, rühren sie sich nicht und lassen womöglich Patrouillen über sich hinwegschreiten, wie das die Franzosen in Lothringen trieben. Zu den Kriegslisten zählt vor allem die Aufstellung von Waffen, Helmen, Kochtöpfen, markierten Maschinengewehren usw., um den Gegner über die Stellung und Größe zu täuschen, Anrufe, Kommandos in der Sprache des Feindes usw. Nicht erlaubt ist dagegen der Zwang gegen feindliche Gefangene zur Aussage über Gegner und Gelände durch Androhung von Gewalt oder Bestechung, die Aussetzung von Prämien für Verrat und Spionage. Kurzum, unerlaubt sind alle Mittel, deren Wirkung in keiner Weise übersehen werden kann, die deshalb unsittlich sind und gegen den Kriegsgebrauch verstoßen.

Mit diesen erlaubten Kriegslisten hat die Fälschung von Depeschen des deutschen Hauptquartiers und ihre Verbreitung im Auslande nicht das Mindeste zu tun — ebensowenig wie die Fälschung des deutschen Weißbuches und der sonstigen deutschen amtlichen Dokumente, kaiserlichen Reden usw.

Die Handlungsweise der französischen Regierung, die sich nicht scheute, diese offiziellen Depeschen systematisch und fortgesetzt zu fälschen und sie in diesem gefälschten Zustande mittels des englischen Kabels in die Welt zur Stimmungsmache gegen Deutschland hinauszusenden, ist eine Untergrabung aller guten Sitten, die die Grundlage des gesamten Völkerrechts bilden müssen.

Beispiel: Am 10. September hat das W. T. B. aus dem Großen Hauptquartier gemeldet, daß der rechte Flügel der deutschen Armee nach erfolgreichem Kampf zurückgenommen worden sei, als der Anmarsch neuer feindlicher Kolonnen gemeldet wurde. Dann fuhr die Meldung fort: „Der Feind folgte an keiner Stelle. Als Siegesbeute dieser Kämpfe wurden bisher 50 Geschütze und einige tausend Gefangene gemeldet. Die westlich Verdun kämpfenden Heeresteile befinden sich in fortschreitendem Kampf."

Diese Meldung ist durch Änderungen und Weglassung in das direkte Gegenteil umgewandelt worden. Diese unanständige Haltung gegenüber der deutschen Regierung bedeutet eine Täuschung der neutralen Staaten, wie sie freilich monatelang systematisch zur Belügung des neutralen Auslandes unter Mitwirkung der Regierungen getrieben wurde.

Alle jene Schauermärchen vom toten und gefangenen, wahnsinnigen Kaiser und Kronprinzen, von der Revolution und Hungersnot in München und Berlin, vom Einmarsch der Russen dortselbst, von den deutschen Ulanen, die von Hunger getrieben belgische Kinder „getötet, gebraten und verzehrt hätten", sind leider kein Spaß (s. eine lehrreiche Märchenzusammenstellung aus der amerikanischen Presse z. B. „M. N. N." vom 2. November, Morgenblatt, wie in der „M.-Augsb. Abendztg." vom 9. November 1914), sondern traurige Selbstbefleckungen von Nationen, die, was ihnen das Kriegsglück und die Tüchtigkeit versagt, durch ein systematisches Lügengebäude ersetzen wollen! Solcher Tätigkeit sitzt der Fluch und das Unglück im Nacken [1] [2])!

---

[1]) S. andere Einzelheiten unter Kapitel 21 und 22. Die tollsten Dinge z. B. im „Journal du Pas de Calais" verspare ich mir für eine andere Stelle. Die Lektüre

Nicht unter die Kriegslist fällt (s. Art. 1, 2 und 46 der Landkriegsordnung) das Vorsichhertreiben der Zivilbevölkerung, um den Gegner am Feuern zu verhindern, wie dies insbesondere die Russen (z. B. das 1. sibirische Armeekorps am 1. November 1914) wiederholt taten (s. oben Kapitel 14 am Ende).

Unter die erlaubte Kriegslist fällt es auch unzweifelhaft nicht, daß in einer Reihe von Fällen in Lothringen wie in Belgien, wie vor allem aus Briefen von Offizieren erhellt, französische und belgische Soldaten die Uniformen deutscher Mannschaften und Offiziere anzogen, um, mit diesen falschen Uniformen bekleidet, von rückwärts auf die deutschen Truppen zu schießen oder Scheußlichkeiten gegen Verwundete zu begehen.

Das ist nicht bloß meuchlerische Tötung, die gemäß Art. 23 litt. b des Abkommens verboten ist, sondern die Bestimmung des Art. 23 litt. f verbietet ausdrücklich den Mißbrauch „der Nationalflagge oder der militärischen Abzeichen oder der Uniform des Feindes sowie der besonderen Abzeichen des Genfer Abkommens". Anders die Benutzung der Trompetensignale, der Schlachtrufe des Feindes (Hurrah der Deutschen) usw. Sie sind selbstverständlich erlaubte Kriegslisten.

Der Mißbrauch der deutschen Uniform ist um so gefährlicher, als er die Handhabe bieten mußte, um deutsche Soldaten und Offiziere aller möglichen Greuel zu beschuldigen.

---

der französischen und englischen Presse, die ich in den letzten Monaten über die Schweiz bezog, hat in mir das Gefühl nicht bloß des tiefsten Ekels, sondern herzlichen Mitleids mit den so schmählich betrogenen und kulturell so verblüffend tiefstehenden Nationen erzeugt.

[2]) Die Antwerpener „Metropole" tischt ihren Lesern eine längere Abhandlung mit der Überschrift „Die Ulanen" auf. Das Blatt schreibt u. a. anfangs Oktober:

„Es gibt in Deutschland keine Ulanen-Regimenter. Erst wenn ein Krieg erklärt wird, gehen Offiziere außer Dienst daran, auf ihre Kosten eine Kavallerietruppe zu formieren, die keine andere Aufgabe hat, als in den fremden Gebieten zu rauben, zu brandschatzen, zu morden. Unter den Ulanen gibt es nicht einen Mann, der Bildung besitzt, nicht einen Offizier, der eine Zukunft hat, es gibt unter ihnen nur Verbrecher. Die preußische Armee duldet die Ulanen, weil sie Kundschafterdienste leisten, aber sie verachtet jeden Mann, der diesem Korps angehört, das in jedem Kriege von Tag zu Tag größer wird, weil es immer Vagabunden gibt, die in diese Verbrechertruppe eintreten."

Soll man zu diesem Blödsinn ein Wort der Kritik sagen? Armes Land der Analphabeten! (S. übrigens auch nächstes Kapitel.)

Die Entkleidungsvirtuosität ist ganz besonders den belgischen Soldaten eigen, die zuerst, wie die Befunde in den Tornistern zeigten, fast durchweg leichte Zivilistenkleider in denselben trugen, um als harmlose Nichtsoldaten zu erscheinen und im Franktireurkampfe dann von rückwärts die deutschen Soldaten — mit Vorliebe verwundete — niederzuknallen. Diese militärische Verwandlungskunst wurde nach dem Fall von Antwerpen von Tausenden belgischer Soldaten geübt, die alle bereits einen leichten Zivilanzug im Tornister trugen. Noch mehr von der Garde civique, die das ganze System des Franktireurtums repräsentiert. Völkerrechtlich muß das Ausziehen der militärischen Uniform nach dem klaren Wortlaut der Art. 1 und 2 (s. oben auch Kapitel 13 A) diese ganzen militärischen Verwandlungskünstler, ob sie der aktiven Armee oder der Garde civique angehören, zu Freischärlern machen, die gleich den übrigen Franktireurs zu behandeln sind [1]).

Im übrigen verweise ich auch über das Thema „Kriegslist" auf Kapitel 14 Ziffer 9 oben S. 196 ff.

---

21. Kapitel.

Kabelzerstörung und Kabelmißbrauch.

Nicht unter die erlaubten Kriegslisten, sondern unter die völkerrechtswidrige Unmoral gegenüber allen neutralen Nationen gehört der Mißbrauch des Kabelmonopols Englands zur Verbreitung un-

[1]) Der bekannte Kriegsberichterstatter der „M. N. N." Hauptmann Pietsch schreibt darüber folgendes:

„Die Garde civique ist eine Art Sicherheitspolizei, die in allen großen Städten des Landes aus Bürgern gebildet ist. Fraglos verstößt die Art ihrer Verwendung gegen jedes Völkerrecht. Man hat dies einwandfrei in Antwerpen, Brüssel und vor allen Dingen in Gent festgestellt, wo fast täglich Überfälle auf Soldaten stattgefunden haben. Sie übt täglich und exerziert wie die Soldaten. Sobald die Mitglieder verwundet sind oder sich nicht sicher fühlen, legen sie ihre Uniform ab, ziehen ihren Zivilanzug an und erscheinen nun — Hände in den Hosentaschen — als friedliche Bürger! Aus Briefen, die aufgefangen wurden, stellte die Militärbehörde schon am Anfang Oktober fest, daß die Mitglieder der Garde civique angewiesen sind, stets ihre Zivilanzüge mitzubringen und im geeigneten Augenblick zu verwenden!"

wahrer Nachrichten im neutralen Ausland, — Hand in Hand mit der völkerrechtswidrigen Zerstörung des deutsch-amerikanischen und der andern Kabel. Nach Art. 54 der Landkriegsordnung dürfen die unterseeischen Kabel nur im Fall unbedingter Notwendigkeit mit Beschlag belegt oder zerstört werden. Beim Friedensschlusse müssen sie zurückgegeben und die Entschädigungen geregelt werden. Der Antrag wurde nach anfänglicher Opposition Englands auf dänischen Antrag in der Kommission ohne Opposition angenommen (Prot. Bd. III, S. 27).

Es ist keine „unbedingte Notwendigkeit" zur Beseitigung sämtlicher Kabel, insbesondere auch der Kabelverbindungen mit neutralen Staaten, zu erkennen — nach der Anschauung von Völkern wenigstens, die bisher glaubten, Kriege würden mit ehrlichen Waffen, wie sie unter gesitteten Völkern gebräuchlich sind, geführt.

Gesittete Völker haben bisher darauf verzichtet, die Lüge, die systematische Irreführung neutraler Staaten durch wissentlich falsche Meldungen als „erlaubte Kriegslist" anzusehen. Jedenfalls haben die hohen Kontrahenten der 1. und der 2. Friedenskonferenz nicht daran gedacht, daß es dem völkerrechtlichen Anstande, der Moral und dem öffentlichen Gewissen entspreche, sich durch ein solches System von Unwahrheiten Bundesgenossen einzufangen, wie dies insbesondere England monatelang mit Hilfe seines mit Gewalt hergestellten Kabelmonopols tat.

Wie weit dieses System noch nie dagewesener Verleumdung des ehrlichen Feindes und seiner Kriegführung ging, zeigt uns ein Blick in die Presse der Vereinigten Staaten, Italiens, Griechenlands, Brasiliens, der Schweiz, überhaupt des gesamten neutralen Auslandes. Die kühnste Phantasie ist nicht imstande, dieser — Verlogenheit zu folgen, um zu erklären, wie es möglich war, große Staaten, unzählige Millionen neutraler Zeitgenossen so in Nebel über die wirklichen Ereignisse des August 1914 und die Folgezeit zu versetzen, wie dies tatsächlich geschah.

Daß dieses Lügensystem zur wirklichen gefährlichen Waffe wurde, geht aus der gehässigen Stimmung eines großen Teiles des Auslandes gegen Deutschland hervor, die sich nicht bloß auf allgemeine Sentiments gegen Deutschlands „Reaktion", Deutschlands „Militarismus" beschränkte, sondern auf angeblichen konkreten

„Vandalismen“ und „Barbarismen“ der deutschen Armee fußte und von denen wir im nächsten Kapitel eine kleine Blütenlese bringen müssen. Wir behaupten nicht, daß dieses Märchenverbreitungssystem den Haß und die Mißstimmung gegen Deutschland allein verschuldet haben, wir wissen, daß auch andere ethische, historische und wirtschaftliche Gründe mitsprechen, die an anderer Stelle besprochen werden mögen. Aber einer der Gründe war unzweifelhaft der unerhörte Lügenfeldzug, dem das Ausland in den ersten Monaten erlag.

Und zu ihrer Schande sei es gesagt: die sog. geistige Elite in Frankreich und Belgien beteiligte sich an diesen unwürdigen Angriffen gegen das deutsche Volk. Außer dem Maeterlinck, die Bergson, Aulard, Verhaeren, Maurice Barrère, Hanotaux usw., Dichter, Philosophen, Historiker unter Außerachtlassung der primitivsten Regeln der exakten Wissenschaft.

Zu welchem widerlichen System der Zustutzung, Unterschlagung und Zensurierung aller Mitteilungen, die die Wahrheit über die Kriegslage ins Ausland bringen sollten, Großbritannien noch bis in den Oktober und November 1914 griff, darüber können die amerikanischen Berichterstatter ein Liedchen singen, obwohl sie jetzt, soweit sie in Europa sind, aus Furcht teilweise noch nicht zu sprechen wagen. Einzelproteste in der Öffentlichkeit haben gar nichts genutzt. Die „New York Evening Post“, eine der (nach der „Times“) „maßvollsten amerikanischen Zeitungen“, protestierte endlich in derbster Weise gegen die systematische englische Zensur-Belügung der Welt und die Unterdrückung der wahren amtlichen deutschen Berichte. Man nennt jetzt die englische Preßzensur (The Br. Press Bureau) allgemein nur „The Br. Suppress Bureau“. Die „Sun“ erklärt, „John Bull in den Vogel Strauß verwandelt zu sehen, ist eines der sonderbarsten Schauspiele der Geschichte“. Die „Westliche Post“ in St. Louis spricht unter warmem Lob für die amtliche deutsche Berichterstattung von einer „Fabrikation von Superlativen“ beim Dreiverband usw.

Großbritannien steckte mit diesem System auch seine Kolonien in gefährlichster Weise an. Das zeigt folgende Notiz, die über Rotterdam am 7. Oktober kam. Danach wird aus Toronto (Kanada) dem „Daily Telegraph“ gemeldet:

„Das Justizministerium wurde angerufen, darüber eine Entscheidung zu fällen, ob lutherische Prediger, die bei den Sonntagsgottesdiensten für die Erfolge der deutschen Waffen beten und ihre Gemeinde über die Lage auf den europäischen Kriegstheatern unterrichten, Hochverrat begehen (!). Ferner befasse sich die kanadische Regierung mit der Frage, ob die Verbreitung der aus den Vereinigten Staaten kommenden Drucksachen in den deutschen Niederlassungen nicht eingeschränkt bzw. durch ein Einfuhrverbot ganz beseitigt werden solle."

„Erlaubte Kriegslist?" Nein! Dann würde man in Zukunft die größten Gauner zu Feldherren wählen müssen. Die Verleumdung zur Waffe, die Borniertheit zur Bundesgenossenschaft, die Welt als Narrenhaus! So legt aber das Land, dem „Verträge" „heilig" sind, feierlich eingegangene internationale Verträge wie die Landkriegsordnung aus! Difficile est, satiram non scribere!

Muß wirklich England, das jetzt bei den neutralen Staaten, ja bei wilden Völkern um Hilfe demütig betteln geht, die Wahrheit so fürchten? Armes England, in dem die Sonne nicht untergeht! Wohl aber die Wahrheit!

Die Folgen dieses Kabelraubes s. im folgenden Kapitel über „Lügenfeldzug der Dreiverbands-Presse" [1]).

---

22. Kapitel.

Nochmals Lügen-Revanche der Dreiverbands-Presse — ein völkerrechtswidriges Kampfmittel.

I. Zur Revanche für die Festlegung des auf Tritt und Schritt zu beweisenden Vertragsbruches der Dreiverbandsheere gegenüber den Haager Vereinbarungen versucht man unter Verdrehung der Tatbestände die gleichen schweren Delikte dem deutschen Heere anzudichten [2]). Wer die Disziplin unserer Soldaten, das Verantwort-

[1]) Wie weit Deutschland von dem telegraphischen Verkehr mit den überseeischen Ländern abgeschnitten ist, erhellt aus einem Artikel der Zeitschrift Electrical Engineering (abgedruckt in der „Köln. Ztg.") wonach nicht weniger als 11 deutsche Telegraphenkabel durchschnitten oder unterbrochen wurden.

[2]) Es ist erheiternd, sich zu erinnern, wie sich die Dreiverbandspresse und ihre Anhängsel vor kurzem selbst gegenseitig einschätzte. Soeben erschien ein zeitgemäßes Buch: „Unsere Feinde — wie sie einander lieben." Kritische, zumal

lichkeitsgefühl des deutschen Offiziers und Unteroffiziers aus eigener Anschauung kennt, der weiß, daß diese Beschuldigungen zu 99 % sich auf derselben Höhe der Wahrhaftigkeit bewegen, wie die folgende Geschichte, die mit der Reimser Kathedrale-Affaire als der Clou der Gegenvorwürfe anzusehen war: Sie ist zugleich typisch für den Wert von Zeugenaussagen in einem von wildem Fanatismus erfüllten Lande:

Die „Westminster Gazette" veröffentlichte am 25. September eine Erzählung, wonach die Deutschen der Krankenschwester Hume vom schottischen Roten Kreuz, die in Vilvorde im Hospital in Belgien lag, ihre linke Brust abgeschnitten hätten. Sie schrieb einen Brief an ihre Familie in Dumfries, dessen Wortlaut die „Westminster Gazette" veröffentlichte. Weiter wird erzählt: Nachdem sie den Brief geschrieben hatte, hätten ihr die Deutschen auch die rechte Brust abgeschnitten, woran sie gestorben sei. Alles dies sei geschehen, weil die Schwester Hume einen deutschen Soldaten niedergeschossen habe, der einen von ihr transportierten Verwundeten angefallen habe. Diese in allen Einzelheiten ausgeführte Geschichte machte auch in Holland ungeheuren Eindruck, um so mehr, als ihre Aussagen unterschriftlich von zwei belgischen Geistlichen, von dem Pfarrer von Hamshire und dem Gemeindevorsteher beglaubigt waren (!). Nun machte ein englischer Journalist in Hudderfield Trinity Street 62 bei der Familie der Schwester Hume Nachforschungen. Da öffnete die angeblich tote Krankenschwester selbst die Tür. Sie war frisch und gesund; weder sie noch irgend eine andere Krankenschwester sind irgendwie mißhandelt worden. Die ganze Geschichte war völlig erlogen.

In London wurde nun eine eigene Kommission niedergesetzt, um die infamen „Barbaren" einmal wirklich zu überführen. Später (Ende Oktober 1914) wurde von der englischen Presse mirgeteilt, daß die Schwester der Grace Hume, ein hysterisches Fräulein Käthe Hume verhaftet wurde. Alles stellte sich nunmehr als in ihren Phantasien erträumt heraus. Die Dokumente waren sämtlich gefälscht. Die „Times" berichtete kleinlaut: „Käthe Hume, Lehrerin in Hamshire, wurde wegen Urkundenfälschung zu drei Monaten Gefängnis verurteilt. Wegen ihres geistigen Zustandes erhielt sie für den Fall guter Führung Strafaufschub bis zu 2 Jahren." Die Lüge der Hume hatte die ganze Welt durchzogen und wurde vom neutralen Auslande wie alles andere sklavisch geglaubt: An der

verächtliche Urteile berühmter Franzosen, Engländer, Russen usw. über ihre Verbündeten mit 50 Karikaturen, von Dr. Werner Klette, Delphin-Verlag München. Zu einer Zeit, in der die gegenseitigen Bewunderungsphrasen selbst bei sonst so verständigen Leuten wie Anatole France oder Emil Faguet pathologische Formen annehmen, wirkt das Buch lustig und lehrreich.

Gemeinheit der Deutschen war wieder einmal kein Zweifel mehr! Wer nahm Notiz von dem schmählichen Hereinfalle? Niemand.

In der bei E. S. Mittler erschienenen Broschüre „Die Wahrheit über den Krieg" findet sich auf S. 71—97 eine Reihe von geradezu blödsinnigen Märchen, mit denen die ganze Welt gegen uns erfüllt wurde. Hier nur einige kleine Proben, da dort leider nur in den wenigsten Fällen nähere Quellenangabe sich findet. Hübsch ist, daß im „Figaro" z. B. der Minister des Äußern a. D. Hanotaux behauptete, der deutsche Kaiser sei gefangen, ein Opfer der Kriegspartei, an deren Spitze der Kronprinz stehe, und die den Kaiser vom Throne zu stoßen drohe. Albert de Mun teilt zu gleicher Zeit (Ende August) mit, daß Europa wisse, daß die Deutschen gezwungen seien, in den Straßen Berlins die Rerseviſten niederzuschießen, die sich weigern in den Krieg zu ziehen. Abg. Liebknecht und Rosa Luxemburg wurden unzählige Male erschossen; Metz, Berlin, Wien, München waren erobert.

Ungefähr auf derselben Höhe steht der wunderbare Phrasenspruch des Dichters Romain Rolland in seinem offenen Brief gegen Gerhart Hauptmann „Das heilige Löwen ist nur ein Aschenhaufen". Auf gleicher Höhe wie die Mitteilung, daß Revolution in Berlin und München herrsche, die Russen in Berlin eingezogen seien, der Kaiser Selbstmord verübt, Dänemark den Krieg erklärt habe usw.! Wer tagtäglich so toll wie die offiziöse englisch-französische Berichterstattung schwindelt, kann auch mit seinen Beschuldigungen nicht mehr ernst genommen werden.

Wir glauben nicht bloß, wir wissen es, daß jeder Exzeß eines deutschen Soldaten gegen Verwundete oder wehrlose Gefangene, jede Plünderung eines wehrlosen offenen Ortes, jeder der oben in Kap. 12 bis 15 und 19 geschilderten Greuel der französischen und englischen Soldateska auf das strengste von den deutschen Vorgesetzten bestraft werden würde. Das Recht der Notwehr und der schließlichen Ahndung solcher Taten billigt jedoch jeder auch nur halbwegs objektiv und gerecht denkende Mensch auch den deutschen Soldaten zu. Und dieses Recht der Repressalie, das uns sogar das Recht der Überschreitung völkerrechtlicher Grenzen geben würde, nehmen wir wie jede andere Armee der Welt für uns für den äußersten Fall in Anspruch, wenn wir es aus Menschlichkeit und Disziplin auch nur für den Notwehr- und Notstandsfall anwenden.

Wie die antideutschen Hunnenmärchen entstehen, das hat in einem zweiten Falle (Ende Oktober) die „Kreuzzeitung" sehr anschaulich beweisen können:

Von einem gegenwärtig in Bern weilenden Deutsch-Amerikaner erhielt sie folgende Zuschrift:

Im Hotel Beau Rivage und an anderen Orten des Genfer Sees sind mir eine Unzahl von Schauergeschichten über „deutsche Grausamkeiten" erzählt worden. U. a.: Ein Herr war in seinem Auto von Paris nach Vevey gefahren. Unterwegs hatte er an 200—400 Mädchen und Kinder gezählt, die aus Belgien geflüchtet waren, und denen die Deutschen die Ohren abgeschnitten haben sollten. (!) Man versicherte mir, ich müßte diese Geschichte glauben, da der betreffende Herr meinem Gewährsmanne bekannt und ein Freund der Person wäre, die meinem Gewährsmanne dies interessante Märchen erzählt hätte. Unsere Unterhaltung fand in einem Schneiderladen statt, und „alle Welt" wußte genau darüber Bescheid. Es schien so einfach, der Wahrheit der Geschichte nachzugehen, daß ich Namen und Adresse des Herrn H. in Erfahrung brachte und ihn aufsuchte. Er war erschrocken, als ich ihm die Geschichte erzählte und bat mich, sie überall in Abrede zu stellen! Die Entstehung der Geschichte war die folgende: Vor seiner Abfahrt aus Paris hatte sein Chauffeur ihm erzählt, daß in seinem „Quartier" ein kleines Mädchen lebte, von dem man vermutete, daß es aus Belgien käme und dem die Deutschen die Ohren abgeschnitten haben sollten. Herr H. wußte nicht, ob sein Chauffeur das Kind überhaupt gesehen hätte oder nicht! Das war der Ursprung dieser Räubergeschichte. Emil Ahlborn, Boston. U. S. A.

Es wäre sehr erfreulich, wenn jede Gelegenheit ergriffen würde, ähnlichen Räubergeschichten auf den Grund zu gehen. Durch solchen niedrigen Klatsch, dessen Wirkung durch die Kriegshysterie unendlich erhöht wird, entstehen jene massenhaften Verleumdungen, von denen später die ganze Welt erfüllt wurde.

II. Es ist natürlich ungeheuer schwer, ja sogar unmöglich zu beweisen, wie weit bei dieser raffinierten Kriegführung mit Druckerschwärze die gegnerischen Regierungen beteiligt sind. In einzelnen Fällen läßt sich der offizielle oder offiziöse Charakter der Notizen feststellen. Verantwortlich zu machen ist aber bei der strengen Pressezensur, die in sämtlichen Dreiverbandsstaaten herrscht, das ganze Regierungssystem mit der Heeresleitung, die beide nichts taten, um diesen tollen Verleumdungsfeldzug zum Einhalten zu bringen oder ihn zu mildern, die vielmehr offenbar diese systematische Verhetzung der öffentlichen Meinung dazu benutzten, um die ursprünglich sehr stark gegen den Krieg gesinnten Völker tagtäglich mehr in den Fanatismus gegen Deutschland hineinhetzen zu lassen.

Und leider gelang dieser von den Regierungen gehätschelten und unterstützten, wohl teilweise auch direkt bestochenen Presse dieser teuflische Plan nur zu gut. Taktische Fehler der deutschen Regierung, wie das Verbot der Sendung deutscher Zeitungen ins neutrale Ausland, trotz der scharfen Zensur in den ersten Wochen und Monaten vermehrten die Erfolge des gegnerischen Vorgehens.

Man sagt freilich: „Nach der Jagd, vor Wahlen und im Kriege würde am meisten gelogen." Auch bei der größten Toleranz für solche Gascogniaden, Bemäntelungen und Beschönigungen muß aber gesagt werden, daß das von der englischen, russischen und französischen Regierungspresse Zusammengelogene alles bisher Erlebte übertrifft, wie einige Stichproben, deren Anzahl leicht verzehnfacht werden könnte, ersehen lassen. Hinter den Leistungen des „Temps", „Matin", „Journal", „Echo de Paris", „Daily Mail", „Daily Mirror" usw. stehen die Erlasse des Generalissimus Joffre leider anscheinend kaum viel zurück. Professor Cassel mußte erst vor wenigen Tagen im „Svenska Dagbladet" — wie vorher die amerikanischen Journalisten — protestieren gegen die unerhörte Informationstätigkeit des englischen offiziösen Preßbureaus, mit der die deutsche wirtschaftliche und finanzielle Lage in lügenhafter Weise heruntergewürdigt wurde.

Das alles ist nicht erlaubte Kriegslist, sondern diese ganze Tätigkeit ist die Negation jeglicher Völkerrechtsmoral und jeglicher Wahrhaftigkeit im Verkehre mit den neutralen Staaten; ja es ist die Verachtung aller Grundbegriffe des Zusammenlebens moderner Staaten selbst. Ohne solche Wahrhaftigkeit und Moral kein Völkerrecht! Wenn in solcher Weise das öffentliche Gewissen in Lüge und Verleumdung verstrickt wird, wenn die bisher zwischen den gesitteten Völkern feststehenden Gebräuche in solcher Weise verletzt werden, dann ist die Zukunft jeglichen rechtlichen Verhältnisses zwischen Staatsgebilden selbst tatsächlich aufs ärgste gefährdet. Die Abkommen der 1. und 2. Friedenskonferenz wollten nur für gewisse Teile des Landkriegs die Ordnung kodifizieren; sie stellten im übrigen fest, daß „die Bevölkerung und die Kriegführung auch sonst unter dem Schutze und der Herrschaft der Grundsätze des Völkerrechts bleiben sollten, wie sie sich ergeben aus den unter gesitteten Völkern feststehenden Gebräuchen"; — auch sonst, d. h. soweit ausdrückliche Normen über gewisse Teile der Kriegführung nicht niedergeschrieben sind, sollen Moral, gute Sitte und feststehender Gebrauch über Verbreitung der Wahrheit gegenüber den neutralen Staaten bestehen bleiben.

Von diesem Gesichtspunkte aus ist es besonders bedauerlich, daß sich sogar der Höchstkommandierende Joffre anscheinend nicht schämte, z. B. in einer in Thann im Elsaß am 8. Oktober angeschlagenen Proklamation die gröbsten Unwahrheiten zu verbreiten (80 000 Gefangene; Armee des Generals Kluck vernichtet und gefangen; Franzosen in Zabern; der deutsche Kronprinz gefangen; 40 000 Deutsche bei Sedan getötet usw.). Ich habe nicht gelesen, daß Joffre gegen einen etwaigen Mißbrauch seines Namens protestierte [1]).

III. Dabei bestand völlige Arbeitsteilung: Die französischen Hauptlügenorgane und ihre Lehrherren „Times", „Daily Mail" jonglieren nicht bloß einander, sondern auch den französelnden Zeitungen des neutralen Auslands all den Verleumdungsklatsch zu. Es wäre eine besonders dankbare Aufgabe, all den Blödsinn zu registrieren, um zu sehen, was man diesen Kulturnationen aufbinden konnte. Hervorragendes leistete vor allem auch ein Teil der italienischen Presse voran der „Secolo" und der „Corriere della Sera". Ein Beispiel: Der Pariser Berichterstatter des Blattes gibt die Schilderung wieder, die angeblich ein nach Paris geflohener Luxemburger im „Figaro" von den Schicksalen seines Heimatlandes entwirft. Es heißt da:

„Die Deutschen bemächtigten sich der Großherzogin, eines anmutigen Mädchens von 20 Jahren, und ließen sie gefangen setzen in einem Schloß in der Nähe von Nürnberg. Das luxemburgische Heer umfaßte einen Bestand von 200 Freiwilligen, die mächtigen deutschen Heere beraubten dieses Korps seines Hauptes trotz seiner völligen Bedeutungslosigkeit. Der Kommandant Major van Dyck und die Offiziere, 10 an der Zahl, wurden erschossen und die Soldaten gefangen nach Deutschland gebracht."

Der Unsinn wurde sogar noch amtlich dementiert. Und ihn schwätzte ein anderes großes italienisches Blatt nach! Noch bösartiger trieb es im ganzen die englische Presse.

Ich will betonen: der Verfasser ist nichts weniger als ein Engländerfresser. Im Gegenteil, er war — abgesehen von mannigfachen engen persönlichen Beziehungen — bis zum 4. August ein unbedingter Bewunderer englischer Kolonialarbeit und englischer politischer Einrichtungen. Es schmerzt ihn noch immer, daß das Volk Shakespeares

[1]) Am tollsten trieben es die diplomatischen Vertreter im Haag, Kopenhagen usw.

und Byrons so unsäglich tief fallen konnte, daß es heute nur den Haß und die Verachtung aller Deutschen genießen kann. Wesentlich trug dazu die englische Hetzpresse bei, die mit dem bekannten halben Dutzend führender Demagogen die Blutschuld dieses grausigen Krieges trifft. Mit das Gemeinste war wohl der im „Daily Telegr." vom 26. September wiedergegebene grausige Bericht der „Totenbrücke" der Deutschen, in dem unter Versicherung absoluter Zuverlässigkeit berichtet war, wie schmählich die deutschen Soldaten mit ihren eigenen gefallenen Kameraden umgehen, mit denen sie in der Schlacht an der Aisne einen Bach ausfüllten, um auf den Leichnamen den Übergang zu bewerkstelligen. Es erscheint wahrhaftig richtig, was das junge Volk singt:

Es ist doch nichts so greulich dumm,
In London find's sein Publikum [1]).

Hierher gehört das Märchen von der Vergiftung der Quellen durch absichtliches Hineinwerfen von Pferdekadavern („Exchange Telegraph Company"), von Cholera- und Typhus-Bazillen, von den Bomben aus vergifteten Metallen („Daily Mail" vom 28. September), von den abgeschnittenen Brüsten der Frauen, den abgeschnittenen Zungen russischer Offiziere und was ähnlicher Humbug ist. Und welcher infernalische Haß geht aus all den Gedichten und Belehrungen der Schüler hervor: in England und in Frankreich. Im letzteren Lande gehörte dies freilich seit Jahrzehnten zum Lehrsystem, wie von hervorragenden Pädagogen nachgewiesen wurde (s. den Schulvortrag, den Lucien Descares im „Journal" für den ersten Tag der französischen Schulen anfangs Oktober 1914 schrieb) [2]).

---

[1]) Hierher gehört auch ein Flugblatt, das anfangs Oktober in den Straßen von London verteilt wurde, betitelt: „Aus des Kaisers Tagebuch", in dem dieser, das „Urbild aller Kannibalen", sich zu Weihnachten 1914 auf sein gutes Schiff, die „Hohenzollern", sehnt, um in die norwegischen Gewässer zu flüchten, damit man ihn nicht nach Sibirien oder auf eine britische Deportationsinsel verschleppe! In einem Extrablatt der „Daily Mail" heißt es, daß ein Sohn des Kaisers inmitten seiner Truppen tot aufgefunden sei; die Sektion (!) habe ergeben, daß es eine deutsche Kugel war, die ihn traf.

[2]) Aller Schwindel über Löwen und Reims wird in der Sprache des Hasses der französischen Schuljugend dort gelehrt: Ein Zeichen, daß man die Revanche dort weiter lehren wird, wenn diesmal nicht Deutschland bis zur Vernichtung den Kampf durchführt.

Wo solcher Haß gesät wird, da muß eine Drachensaat unmenschlichen Barbarentums aufgehen! Und auch in England ists heute nicht besser, wie folgendes Gedicht zeigt, das am 20. August im Londoner „Daily Graphic", der in den christlichen Kreisen Englands besonders gern gelesen wird, zu lesen war. Es lautet:

Down wit the Germans, down with them all!
O Army and Navy, be sure of their fall!
Spare not one of them, those deceitful spies,
Cut their tongues, pull out their eyes!
Down down with them all!

Die Folgen solcher Hetze sind nur verstärkter Haß auf der anderen Seite und der Schwur, nicht zu ruhen, bis der Gegner zu Boden liegt. So morden sich die westeuropäischen Kulturvölker in wahnsinniger Verblendung, bis sie — zu spät — einsehen, daß nur verbrecherischer Dünkel, Machtgier und Selbstsucht einzelner über die Völker dieses unsägliche Leid brachten [1]).

Es ist charakteristisch, daß anfangs Oktober sogar die „Humanité" Protest gegen den schamlosen Lügenfeldzug des „Matin" und „Temps", unter Angabe konkreter Beweise für diesen erhob: „Verschont uns," ruft da das Blatt, „unsere Arbeiterfamilien leiden schon zu sehr... Wir wollen zu ihren Ängsten nicht noch neue hinzufügen und sie nicht in den Abgrund des Hasses und der Rachsucht stürzen. Jetzt, wo unsere Kameraden für das Vaterland in den Tod gehen, habt soviel Scham, daß ihr nicht so unverschämt lügt."...

IV. Außerordentlich bezeichnend ja typisch ist auch folgender Vorgang:

Der Kolonialminister im letzten konservativen Ministerium Lord Selborne veröffentlichte in der Londoner „Times" den folgenden Brief unter dem 12. September 1914:

[1]) Wie systematisch dieser Lügenfeldzug die ganze Erde erfüllte und wie schamlos er betrieben wurde, zeigt eine Mitteilung des Konstantinopeler „Ikdam" aus dem Turkestaner Blatte „Sadi-i-Tskend" (Stämme von Taschkent) vom 21. September, wo eine Menge falscher Nachrichten, z. B., daß die Russen siegreich gegen Berlin und Wien vorrücken, daß die Deutschen in Belgien vernichtet seien, daß die Franzosen von allen Seiten in deutsches Gebiet eingedrungen seien, daß die englische Flotte glänzende Siege errungen habe und daß die Muselmanen der ganzen Welt einen außerordentlichen Haß gegen Deutschland hegten.

Ebenso wird uns aus ganz Südamerika der unglaublichste Schwindel aus der großen französisch-englischen Nachrichtenfirma mitgeteilt.

„Auf Seite 6 Ihrer Ausgabe von heute lese ich in einem Brief an den Sohn eines Londoner Vikars von einem Offizier, der in unserer Armee in Frankreich dient: „Wir haben hier in den Laufgräben drei Mädchen bei uns, die bei uns Schutz suchten. Eine war nackend, und alle sind von den Deutschen geschändet worden." — Und an einer anderen Stelle: „Ein anderes armes Mädchen ist hier gerade angekommen, der man beide Brüste abgeschnitten hat. Glücklicherweise habe ich den Ulanen-Offizier auf frischer Tat ertappt, und ich habe ihn mit meinem Gewehr auf 300 Meter getötet."

Erlauben Sie mir zu sagen, daß solche Behauptungen wie diese unmöglich auf anonymer Autorität beruhen bleiben dürfen. Die zivilisierte Welt hat das Recht zu fordern, daß die Namen und alle Einzelheiten mitgeteilt werden. Wenn die Behauptungen unwahr sind, so bin ich sicher, daß Sie es tief bedauern würden, sie in irgendeiner Form veröffentlicht zu haben, und daß Sie es mitempfinden würden, daß unsere gerechte Sache durch eine solche Verunglimpfung der deutschen Armee schwer geschädigt worden ist. Wenn sie aber wahr sind, dann werden Gott und die Menschen richten. Würde es nicht möglich sein, daß unterrichtete Juristen und Richter, die einem neutralen Volk angehören, eine Untersuchung unter Eid über solche Behauptungen anstellen?"

Bravo, Lord Selborne, damit sind wir einverstanden: So wird der wahnwitzigen Verleumdung bald ein Ende gemacht werden! Aber wirklich objektive Richter, nicht Leute à la d'Annuncio und ähnliche Fanatiker! Lord Selborne hat völlig recht, und wir danken ihm für sein offenes Hervortreten! Dem Lügentaumel muß einmal ein Ende gemacht werden. Wer den deutschen Offizier und deutsche Volksart nur etwas kennt, weiß, daß der Vorwurf als ein so ungeheuerlicher aufgefaßt wird, daß er das ganze deutsche Offizierkorps trifft. Wir selbst verlangen *Klarheit und Wahrheit*. Es gibt in Deutschland wohl keinen Menschen, der einen deutschen Offizier solcher Schandtaten auch im Kriege für fähig hält! *Aber wir fordern rücksichtslose Klarstellung*: Würde sich ein Angehöriger der deutschen Armee auch nur annähernd so vergangen haben, er wäre in 24 Stunden nicht mehr am Leben! Ist aber die ganze Erzählung, wie wir fest glauben, nur wieder eine jener Lügen, mit denen diese Presse uns schändet, dann muß endlich die Aufdeckung dieser Völkerschande vor einem internationalen Areopag geschehen! Nicht als wenn wir glauben würden, daß sich jenes geifernde Schmutzgesindel ändern würde: Gegen seine Natur *kann niemand*! Aber es muß einmal an einem flagranten Falle gezeigt werden, mit welch schändlichen Waffen dieser Krieg gegen uns geführt wird. Noch jeder solche Anwurf, der *untersucht* werden *konnte*, endete für unsere Feinde schlimm! Wir erinnern hier an den von dem italienischen Abgeordneten Leonardi als Unwahrheit erwiesenen Fall der 16 bei Jarny erschossenen italienischen Arbeiter. Wir erinnern an die schändliche Geschichte des Blutbades von Magdeburg, die der „ehrliche" „Corriere della Sera" im entlegensten Winkel notgedrungen widerrief. Wir erinnern an die obige Affaire Hume usw. usw. [1]).

Auch in England beginnt man das furchtbar Gefährliche dieser Kampfart schrankenloser Verleumdung allmählich zu ahnen, wie ein offener Brief des englischen Schriftstellers Brailsford an die „Daily News" zeigt, in dem er das Unglaubliche und Unmögliche der vorstehend auch von Lord Selborne kritisierten Erzählungen eingehend darlegt. Brailsford schildert mit Recht die Gefahren solcher Verleumdungen für den Fall des Friedensschlusses, der ungeheuer durch solche Räubergeschichten erschwert würde, und legt die vergiftende Wirkung darüber hinaus für Generationen dar.

Typisch ist auch folgender Fall:

Aus Amsterdam wurde unterm 26. November gemeldet: In Falmouth hat ein Gentleman namens Samuel Phillip ein kleines Mädchen vergewaltigt. Der Richter verurteilte diesen Herrn zu einer Strafe von 10 Schilling und zu 12½ Schilling Kostenersatz, da sich der Verbrecher als englischer Soldat an die Front zu begeben hatte (!). Die „Truth", die diesen Fall mitteilt, macht auf die Entrüstung aufmerksam, die in England über die Missetaten entstanden ist, die die Deutschen angeblich begangen haben sollen, und erklärt: „Man wird sich nicht wundern, wenn die Deutschen sagen, daß wir eine Nation von Heuchlern sind."

So ists! Wir können bestätigen, daß der Rest von Sympathien, der insbesondere für England noch in Deutschland bestand — (das Riesenkapital von vorhandenen Sympathien und Bewunderung ist von den Großsprechern in der englischen Regierung wahrhaft vergeudet worden), — noch durch die Art vernichtet wurde, in der die englische Presse die blödesten Lügen der französischen Presse nicht etwa kritiklos, sondern absichtlich und unter Erhöhung der Gehässigkeiten in die ganze Welt hinausbrachte: **Dieser systematische Lügenfeldzug** unter Mißbrauch der völkerrechtswidrigen Kabelverletzung hat gegen Eng-

[1]) Welche Leichtgläubigkeit die Pariser Presse besitzt, zeigt das naiv erfundene Tagebuch eines sächsischen Offiziers im „Journal" vom 9. Oktober 1914 „Le Brigandage allemand organisé", von dem ein Kind sehen muß, daß es gefälscht ist, da es die in der Pariser Presse seit Kriegsbeginn gebräuchlichen „Vandalen-Phrasen" kritiklos dem deutschen Offizier in den Mund legt.

land einen Haß in Deutschland provoziert, der kaum überboten werden kann und die Wiederherstellung der für die Zukunft eigentlich so absolut notwendigen guten Beziehungen zwischen dem deutschen und englischen Volke zunächst leider für lange Zeit fast aussichslos erscheinen läßt. Freilich beinahe noch mehr die schändliche Rechtsbeugung englischer Gerichte, die sich nicht entblöden (wie im Falle des Hauptmanns Falke, der wegen des Besitzes eines Revolvers und einer Kamera zu 6 Monaten Gefängnis verurteilt wurde), die ganze deutsche Nation als ehrlos zu beschimpfen (Nordlondoner Polizeigericht) [1]).

[1]) Um welche Schandliteratur es sich in England handelt, zeigt eine Kundgebung (Mitte Oktober), die die Londoner Handelszeitung „The Financial News" in englischer, französischer und deutscher Sprache veröffentlicht, die zur „Vergeltung" für die angeblichen „deutschen Greuel" auffordert und in der es u. a. heißt:

...„Wir werden nicht, nach Art und Weise Wilhelms des Tierischen, unsern Fliegern den Befehl geben, mit Vorliebe ihre Bomben auf kleine Kinder zu werfen. Für die Heldentat, einen Säugling in die Luft gesprengt zu haben, erteilen wir kein Eisernes Kreuz. Doch wenn Seine k. und k. Majestät Wilhelm der Wilde aufs Bombenwerfen besteht, werden wir seinen Helfershelfern, soweit es uns als Kulturmenschen möglich ist, ihre eigene Arznei zu schlucken geben..... Sir Arthur Conan Doyle hat vollständig recht, uns auf die Gefahr aufmerksam zu machen, die in einem allzu schonenden Verfahren liegt, besonders da wir es mit Höllenbürgern und nicht mit menschlichen Wesen zu tun haben.... Dann würde der Kaiser bald anfangen zu winseln wie ein durchgehauener Köter....

Nehmen wir beispielsweise die teuflische, wohlüberlegte und auf Befehl des Kaisers in Belgien und Frankreich ausgeführte Einäscherung...... Dafür hat Deutschland eine erbarmungslose Strafe nötig, eine Strafe, die jeden Bürger des Deutschen Reiches auf seine persönliche Verantwortlichkeit für jede einzelne Teufelei aufmerksam machen und ihn zu der Erkenntnis bringen wird, daß die strafenden Peitschenhiebe der gesamten Kulturvölker auch auf seinen Rücken fallen müssen..... Mäßigung gegen einen tollwütigen Hund oder nach Blute lechzenden Tiger ist ein Ding der Unmöglichkeit. Solche Tiere, sofern sie überhaupt der Überlegung fähig sind, legen jedes Maßhalten als Schwäche aus. Während des kommenden Jahrhunderts werden die deutschen Prahlhänse ihren Triumph über Löwen, Termonde und Reims, über Mord, Brand und Schändung durch die Biergärten schallen lassen, und noch schlimmer ihre Freude über die „hellen Deutschen", die es verstanden, der Strafe zu entkommen, um sich auf neue Orgien vorzubereiten.... Unser höchster Wunsch, auf dessen Erfüllung wir alle hoffen, ist, einen vierzehntägigen, rückhaltlosen Aufenthalt des belgischen Heeres in Deutschland zu erleben. Die Biergärten würden dann ruhiger sein."

Mit Recht meint ein schweizerisches, nicht gerade deutschfreundliches Blatt: „Höher kann die Gemeinheit kaum mehr getrieben werden." Ähnliche Pathologien

V. Jedenfalls sind die Nachrichten jetzt aus England zurückgekehrter Deutscher über englische Kriegsgebete der Gipfel frömmelnder Heuchelei. Ein solches offizielles englisches Kriegsgebet sagt z. B.:

„Gott, zeige Deutschland und seinem Kaiser das Unrecht, ohne gerechte Ursache anzugreifen. Mache ihnen klar, daß Du nichts segnen kannst, was nicht von Dir ausgeht, und überzeuge sie, daß alle diejenigen, welche das Schwert nehmen, sollen durch das Schwert umkommen."

Und ein anderes:

„Herr Gott, nun haben wir für die Unsern gebetet; aber getreu der christlichen Lehre wollen wir nun auch für unsere Feinde beten. Du hast den Geist des Deutschen Kaisers mit Wahnsinn umnachtet (!), Du hast den deutschen Kronprinzen veranlaßt, Selbstmord zu begehen (!), nun laß, o Herr, Deines Zornes genug sein, und sei ihnen wieder gnädig!"

Soll man lachen oder weinen? Hierher gehört auch das wahnwitzige Poem von Emil Verhaeren „Das blutende Belgien" im „Observer", abgedruckt mit Übersetzung „Frankf. Ztg." Nr. 308 (2. Morgenblatt). Gewiß, der Mörder an Frau und Kindern ist ein schrecklicher Verbrecher, aber ein ebenso großer der, der leichtfertig solche Ruchlosigkeiten verbreitet und die Herzen der Völker in Haß vergiftet! Zumal, wenn er sich als Dichter ausgibt!

VI. Für die Tiefe der Polemik, mit der man die Niederlagen zu Wasser und zu Lande dort in der Dreiverbandspresse gutzumachen suchte, gibt es kaum einen objektiveren Beweis als nachstehende Erklärung von Mitte September 1914:

„Die unterzeichneten amerikanischen Bürger, die sich zu Beginn der gegenwärtigen Feindseligkeiten alle in Deutschland aufhielten, ersuchen die Vereinigte Presse um weiteste Verbreitung folgender Feststellung:

Die aus französischen und englischen Quellen stammenden Nachrichten, wonach Amerikaner von Deutschen schlecht behandelt worden seien, sind absolut falsch.... Alle amtlichen deutschen Berichte über den Verlauf des Krieges waren in jeder Hinsicht zuverlässig, während die englischen, französischen und belgischen Nachrichten sich fast durchweg als falsch erwiesen. Wir haben die Meinung, daß diese falschen und verdrehten Berichte mit der ausgesprochenen Absicht nach Amerika gesandt wurden, das amerikanische Volk zu täuschen und bei demselben ein Vorurteil gegen Deutschland wachzurufen.

Wir ersuchen alle Amerikaner, nicht vorschnell zu urteilen, sondern die Ur-

---

im Eclaireur de Nice Nr. 276, im „Matin" vom 28. September S. 3, die man nur mit tiefstem Ekel lesen kann: Dazu noch Witzbilder, die der „Matin" vom „Mirror" und umgekehrt bezieht, die an Roheit und Geistlosigkeit nicht zu überbieten sind.

sachen, die zum Ausbruch des Krieges geführt haben, unparteiisch zu untersuchen und besonders die diplomatische Korrespondenz genau zu prüfen....

Es ist unsere feste Überzeugung, daß Deutschland nicht der angreifende Teil war, sondern daß ihm der Krieg aufgezwungen wurde durch den Neid und die Habgier jener Völker, die auf seine wachsende Macht in Industrie und Handel eifersüchtig waren und deshalb sich verschworen, das deutsche Volk zu vernichten." —

Der Bericht ist mit mehreren hundert Namen sehr einflußreicher Männer aus allen Staaten Amerikas unterzeichnet.

Sven Hedin, der berühmte schwedische Forscher, der sich selbst auf dem Kriegsschauplatz umsah, schreibt: „Ich möchte den neutralen Staaten dazu raten, mit Kritik und Verständnis den Mitteilungen der Zeitungen über den Verlauf des Krieges zu folgen. Die Welt hat noch nie solche Hekatomben von Lügenberichten gesehen, wie in diesem Kriege. Deutschland ist der Gegenstand der Verleumdung und eines systematischen Lügengewebes."

VII. Wir haben diesen Zeugnissen objektiver neutraler Bürger über deutsche Kriegführung und deutsches Verhalten nichts hinzuzufügen. Was soll man aber zu der — Keckheit sagen, die geradezu lustig wirkt, daß Ende Oktober ein Leitartikel des „Temps" darüber klagt, daß „Deutschland die Öffentlichkeit mit Nachrichten überflute, gegen die die kurzen, sachlichen Communiqués unsers, (d. h. des französischen) Pressebureaus nichts ausrichten![1]) Hier kann man wirklich

---

[1]) Man muß große französische Zeitungen wie den „Figaro" lesen, um die geradezu pathologische Gemeinheit dieser ganzen Presse erfassen zu können; so schreibt z. B. am 22. September 1914 im „Figaro" A. Fitz-Maurice:

Seule aussi l'Allemagne, qui se sent perdue, cherche aujourd'hui la paix... Il n'y a de paix possible avec une puissance qui méconnaît des traités qu'elle a signés et qui les traite de chiffons de papier, que celle qu'on lui imposera.

„On ne traite pas avec un criminel, on l'exécute.

Guillaume II n'est plus un souverain. C'est un chef de bandits. (!)

On l'exécutera. (!)

Après cela, M. de Bethmann Hollweg peut être tranquille, la paix sera durable.

Ebenso der „Matin" vom 10. Oktober 1914: „Wenn der gekrönte Narr, der den Abscheu der ganzen Welt verdient, darauf wartet, daß ihm am Himmel das siegverheißende Kreuz erscheinen möchte, so wage er doch, bei seinen Truppen zu bleiben, bis die Schlacht beendet ist, so ergreife er nicht schmählich die Flucht wie bei Nancy, als er seine Soldaten unter dem Sturmgebraus unserer Kugeln fallen sah!"

Freilich die Sprache der sog. „neutralen" griechischen Presse, z. B. des „Kyrix", ist ebenso niedrig.

sagen: „Höher geht's nicht mehr!" Monate mußten wir verlieren, bis die Taten der deutschen Armee endlich ein kleines Gegengewicht schufen!

Die englischen Kolonien zeichnen sich bisweilen durch den größten Fanatismus aus; der Gipfelpunkt wäre erreicht, wenn die nachfolgende Mitteilung richtig wäre: Wie die „Voss. Ztg." unterm 14. November erfährt, meldet Reuter aus Ottawa: „Da viele deutsche Zeitungen nach Kanada hineinkommen, ist ein Gesetz erlassen worden, das den Besitz eines deutschen Blattes, das schädliche Mitteilungen enthält, als Hochverrat erklärt und eine Strafe bis zu zwei Jahren Gefängnis oder bis zu 20 000 M. Geldstrafe festsetzt." Diese Angst vor der Wahrheit wäre wahrhaftig pathologisch.

VIII. In Belgien ist bekanntlich zur Untersuchung „deutscher Grausamkeiten" eine Untersuchungskommission eingesetzt worden, über deren Bericht sich Dr. Albert Moll, der 1. Vorsitzende der Psychologischen Gesellschaft in Berlin, in sehr interessanter Weise äußert: Er kritisiert zunächst mit Recht die ganz unfachmännische unglückselige Art der Zusammensetzung dieser Kommission, die weder Objektivität noch Fachkenntnis verrät. Er verweist auf die Einwirkung der stärksten Massenpsychose auf belgischer Seite, die ein objektives Urteil unmöglich macht.

Ebenso richtig sind folgende Ausführungen:

„Eine nicht geringe Rolle spielen in dem Bericht der belgischen Untersuchungskommission die angeblich geschändeten Mädchen und Frauen. Wer psychologische gerichtliche Erfahrungen hat, weiß, wie viele solcher Anschuldigungen reine Phantasieprodukte sind, wie oft von einem Mädchen oder einer Frau oder von ihr selbst in langen Phantasien konstruierte sexuelle Vorgänge plötzlich zu irgendeinem ganz unschuldigen Manne in Beziehung gebracht werden, so daß sich dieser schließlich als ein Sittlichkeitsverbrecher rechtfertigen muß. Wenn wir schon in ruhigen Zeiten viele derartige Fälle kennen, so wird man dem Bericht der belgischen Untersuchungskommission gegenüber besonders mißtrauisch sein müssen. Besonders sind es erfahrungsmäßig Hysterische, die zu solchen Anschuldigungen neigen. Es wäre nicht uninteressant, festzustellen, ob die belgische Untersuchungskommission unparteiische, d. h. nicht belgische Nervenärzte als Sachverständige zugezogen hat. Wenn solche Sachverständige nicht zugezogen wurden, hat die Kommission eine schwere Unterlassungssünde begangen; denn gar manche Hysterische ist geneigt, aus irgendeiner harmlosen Berührung ein schweres Sittlichkeitsverbrechen zu machen. Ist es übrigens ein bloßer Zufall, daß die bekannte Stigmatisierte Louise Lateau eine Belgierin war? Im Bois d'Haine bei Charleroi war es, wo 1868 Louise Lateau auftauchte und die ganze Welt in Aufregung versetzte."

Dr. Moll verweist in seinem Gutachten mit dem Verständnisse des Fachmannes auf die schweren Mängel der einzelnen Zeugenaussagen und kommt schließlich zu dem Resumée, daß es sehr zu bedauern sei, daß die belgische Regierung mit solchen Berichten die öffentliche Meinung für sich zu gewinnen sucht.

Was Dr. Moll hier von der belgischen Untersuchungskommission sagt, gilt noch viel mehr von den rein phrasenhaften Auseinandersetzungen der französischen Kommission, soweit sie bisher in der Presse bekannt geworden sind.

IX. Leider wurde auf deutscher Seite zu lange gewartet, bis dem Treiben der englischen, belgischen und französischen Presse einigermaßen ein Paroli entgegengehalten wurde. Auch die famosen sog. Untersuchungskommissionen, die mit Suggestivfragen das gewünschte Resultat zu erzielen wußten, sind jedenfalls keine auch nur halbwegs objektiven Stätten der Darstellung von Vorkommnissen, die mit der Brille des nationalen Fanatismus von dort aufgenommen worden sind [1].

X. Auch die sog. „Kunst" hat sich in Belgien, England und Frankreich zu schändlichen Hetztaten entwürdigt [2]. Ganz besonders gefährlich

---

[1]) Wo es sich um begründete spezialisierte Klagen handelt, geht ihnen die deutsche Regierung und Heeresleitung mit größter Strenge nach: Zu diesen Klagen gehört m. E. die Mitteilung, daß in Visé, einem kleinen Orte westlich von Aachen, in dem freilich die Franktireurs hausten, die minderjährige Tochter des dortigen Arztes von 32 deutschen Soldaten vergewaltigt worden sei. Die Verletzte soll in ein Hospital des benachbarten holländischen Maastricht gebracht worden sein, wo sie wochenlanger Pflege bedurfte. Es dürfte nicht allzu schwer sein, dem Falle auf die Spur zu kommen. Einzelne Exzesse (nur um solche könnte es sich handeln) werden sicherlich rücksichtslos geahndet werden.

[2]) Hier in München wie in anderen deutschen Städten sind eine Reihe solcher Machwerke in Originalen ausgestellt. U. a.:

„Die Invasion der Deutschen in Belgien" ist ein in Antwerpen gedrucktes und in belgischen Städten verbreitetes Plakat, das so ziemlich das Ärgste an Verleumdungen enthält. In schreienden Farben der brennende Dom von Mecheln (von den Belgiern selbst beschossen!), das Platzen von Zeppelinbomben, kriegsgefangene belgische Greise, Weiber und Kinder und ein an Scheußlichkeit nicht zu übertreffendes angebliches Gemetzel in Löwen, bei dem die deutschen Soldaten Wehrlose, besonders Frauen, überfallen.

Ein Spottbild in flämischer Sprache stellt den Kaiser dar, wie er sich an Europa übereſſen hat; ihn umstehen die grinsenden Feinde.

Von den sog. Witzbildern des „Mirror", des „Matin" usw. war bereits oben die Rede.

sind die von Julien Felt und Herausgeber (Uitgave) „Patria", Pelgrimstraat 22, veröffentlichten Zeichnungen über alle nur erdenklichen angeblichen fürchterlichen Greuel deutscher Soldaten. Sie zeigen in erschreckender Weise, wie die belgische Regierung das Volk in den Franktireurkrieg und in das Unglück systematisch hineingehetzt hat. Am stärksten sucht man auf die in sehr vielen Distrikten strenggläubige Bevölkerung einzuwirken, indem man die deutschen Soldaten als Gottesleugner und Kirchenschänder darstellt. Auf einem großen Bilde sieht man das Innere einer Kirche, in der betrunkene Deutsche, mit dem Ornat der Priester bekleidet, den Kelch in der einen und die Weinflasche in der andern Hand und den Helm auf dem Kopfe die heiligen Handlungen nachäffen, während andere Soldaten weinende belgische Frauen mit dem Gewehrkolben aus der Kirche hinausstoßen. —

Freilich, wenn wir solche Äußerungen eines vertierten Fanatismus zurückweisen wollen, müssen wir andrerseits auch leider anerkennen, daß auch bei uns einzelne hochbedauerliche Exzesse vorkommen, die aber auch von der großen Menge der deutschen Preßorgane scharf zurückgewiesen worden sind. Ich erinnere z. B. an das Haßpoem Heinrich Vierordts und ähnliche Produkte, die das erklärliche Echo des Haßgeheules der großen französischen und englischen Pressemeute sind: Aber wenn wir sie psychologisch erklärlich finden, entschuldbar sind sie nicht, wenn man sich auf den Standpunkt überlegener deutscher Kultur und nationaler Sittlichkeit stellt. Wir bedauern sie auch aufrichtig. Sie bilden aber ein verschwindend kleines Material gegenüber der großen deutschen Presse und der ernsten Literatur, die jeden solchen Exzeß scharf zurückweist. Die „Nordd. Allg. Ztg." hat in einem Artikel vom 6. November mit der Überschrift „Fort mit den Schmähbildern" würdige, allgemein anerkannte Worte gegen jenen Schund in Beschimpfungen gefunden, „die nicht der Würde der Nation entsprechen und die wir dem englischen Mob, den Pariser Apachen und russischen Muschicks überlassen wollen". Das ist der Standpunkt der erdrückenden Mehrheit der deutschen Nation und seiner Presse.

XI. Die Frage, wie in Zukunft solchem schändlichen Systeme skrupelloser Verleumdung vorgebeugt werden kann, wird das deutsche Volk nach dem Kriege sehr ernst beschäftigen müssen. Nicht bloß die telegraphische Behandlung, der durch Legung deutscher Kabel in Zukunft gründlich abgeholfen werden wird, auch die psychologische Behandlung des Auslandes bedarf der dringenden Untersuchung und Reform. Diese freilich steht in Verbindung mit der größten Forderung des zukünftigen Tages, der völligen Reform unseres deutschen diplomatischen Dienstes: Das ist heute die populärste Forderung des deutschen Volkes! Die deutsche Regierung, die hier gegenüber den Wünschen der öffentlichen Meinung in allen Teilen des Volkes Schwierigkeiten machen würde, würde den schwersten politischen Fehler begehen.

Im übrigen überschätze man für die Dauer des Krieges den Wert der Aufklärung, die jetzt meistens zu spät kommt, nicht! Der eiserne Besen unserer Siege, — Taten sind es, die für unsere gute Sache sprechen sollen und — sie werden sprechen, laut und deutlich, daß die ganze Welt sie vernimmt[1]).

---

23. Kapitel.

Kunst und Krieg. Der Fall der Kathedrale Reims und ähnliches. Nochmals Löwen.

> In einem eroberten Lande ist die Gutmütigkeit keine Menschlichkeit. — Wenn man von Menschlichkeit besessen ist und immer von Menschlichkeit, muß man keinen Krieg führen. Ich kenne keinen Krieg mit Rosenwasser.
> Napoleon I.

Art. 27 der Landkriegsordnung bestimmt:

„Bei Belagerungen und Beschießungen sollen alle erforderlichen Vorkehrungen getroffen werden, um die dem Gottesdienste, der Kunst,

---

[1]) Die von Bewunderung erfüllten Berichte der feindseligsten Presse, „Times", des „Bulletin des armées de la République" usw., zeigen bereits die Richtigkeit dieser Voraussagen: Es sind durchaus hohe Offiziere und Sachkenner, die unter Zurückweisung des Pöbeltons der Hetzpresse in Tönen höchster Achtung von der

der Wissenschaft und der Wohltätigkeit gewidmeten Gebäude, die geschichtlichen Denkmäler, die Hospitäler und Sammelplätze für Kranke und Verwundete soviel wie möglich zu schonen, vorausgesetzt, daß sie nicht gleichzeitig zu einem militärischen Zwecke Verwendung finden" (!).

„Pflicht der Belagerten ist es, diese Gebäude oder Sammelplätze mit deutlichen besonderen Zeichen zu versehen und diese dem Belagerer vorher mitzuteilen."

I. Wie im Jahre 1870, so hat auch diesmal die deutsche Heeresleitung alles aufgeboten, um geschichtliche Kunstdenkmäler zu schonen (s. auch Kap. 24). Nicht so die Franzosen, die in rücksichtsloser Weise z. B. die Kathedrale des belgischen Dinant zusammenschossen. Man denke nur daran, daß nur durch die aufopfernde Tätigkeit deutscher Offiziere und Mannschaften es gelang, das herrliche Rathaus von Löwen, obwohl in seiner Nähe der heimtückische Überfall seitens der Bevölkerung geschah, zu retten. Auch Reims selbst wurde zweimal von den Deutschen völlig geschont. Erst als es zum Mittelpunkte seiner Aufstellung gemacht wurde, taten die Deutschen, wozu sie die Kampflage unbedingt zwang.

Auch bei der zweiten Beschießung von Reims (Ende September) geschah das Möglichste, um die Kathedrale zu schützen und vor dem Untergange zu bewahren.

Aber sogar die obige Bestimmung des Art. 27 wurde von der französischen Heeresleitung mißbraucht, einerseits um die deutschen „Barbaren" im schlechtesten Lichte erscheinen zu lassen, andererseits um durch diese Kunst- und Kultursatzung des Art. 27 Vorteile in der Kriegführung zu erschleichen.

Man hat offenbar von der deutschen Gutmütigkeit die allerhöchsten Begriffe gehabt, um ihr zuzumuten, daß sie an der Kathedrale, hinter der die Geschütze gegen die Deutschen donnerten, vorbeischießen lassen solle! Und als man diese doch überschätzt sah, erfand man die — Rachemotive, die man Herrn von Bode zuschob. Der geharnischte Protest des Herrn Delcassé ist nur ein weiterer Beweis von der

---

Tüchtigkeit, der Todesverachtung und der Aufführung der deutschen Soldaten, „die ihres gleichen in der Welt suchen", wie ein englischer General schreibt, sprechen und damit von selbst die Ehrenrettung gegen die Verleumdungen jener Presse geben.

Unwahrhaftigkeit der französischen Regierung. Mußte doch sogar die „Times" unterm 22. September zugestehen:

„Theoretisch wurde das Bombardement von Reims durch die französische Artillerie herausgefordert, die in der Stadt aufgestellt war und das deutsche Geschützfeuer kräftig erwiderte. Französische Soldaten lagerten in den Straßen, in der Hauptstraße befand sich der Artilleriepark, dahinter lag die Infanterie."

Was die „Times" unter „theoretischer Beschießung" versteht, ist mir freilich unklar.

Wie raffiniert auch in dieser Richtung die verbündeten Belgier und Franzosen vorgehen, zeigt klar auch die nähere Schilderung der Reimser Beschießung in der holländischen Zeitung „De Maasbode" vom 10. September 1914. Aus ihr erhellt, daß man nicht nur dieses Bauwerk zu militärischen Zwecken aus militärischen Motiven verwendete, sondern geradezu die Beschießung provozierte, um das Ausland in Entrüstung gegen den deutschen Vandalismus zu versetzen. In Friedenszeiten läßt man alle diese Baudenkmäler schmählich verkommen, kümmert sich nicht darum; im Kriege versteckt man sich hinter ihnen und erregt dann das Wutgeschrei jener Ignoranten, die sich überall einstellen, wenn es gilt, gegen den deutschen „Vandalismus" zu donnern.

Dieser Hetze gegenüber schrieb das Große Hauptquartier unterm 22. September abends:

„Die französische Regierung hat behauptet, daß die Beschießung der Kathedrale von Reims keine militärische Notwendigkeit gewesen sei. Demgegenüber sei folgendes festgestellt:

Nachdem die Franzosen die Stadt Reims durch starke Verschanzungen zum Hauptstützpunkt ihrer Verteidigung gemacht hatten, zwangen sie selbst uns zum Angriff auf die Stadt mit allen zur Durchführung nötigen Mitteln. Die Kathedrale sollte auf Anordnung des deutschen Oberkommandos geschont werden, solange der Feind sie nicht zu seinen Gunsten ausnütze. Seit dem 20. September wurde auf der Kathedrale die weiße Fahne gezeigt und von uns geachtet.

Trotzdem konnten wir auf dem Turme einen Beobachtungsposten feststellen, der die gute Wirkung der feindlichen Artillerie gegen unsre angreifende Infanterie erklärte. Es war nötig, ihn zu beseitigen. Dies geschah durch Schrapnellfeuer der Feldartillerie. Das Feuer schwerer Artillerie wurde auch jetzt noch nicht gestattet und das Feuer eingestellt, nachdem der Posten beseitigt war.

Wie wir beobachten können, stehen Türme und Äußeres der Kathedrale unversehrt. Der Dachstuhl ist in Flammen aufgegangen. Die angreifenden Truppen sind also nur so weit gegangen, wie sie unbedingt gehen mußten. Die Verantwortung trägt der Feind, der ein würdiges Bauwerk unter dem Schutz der weißen Flagge zu mißbrauchen versuchte" (!).

Und am nächsten Tage meldete der Oberkommandierende der bei Reims kämpfenden Truppen der deutschen obersten Heeresleitung folgendes:

Wie nachträglich festgestellt worden ist, ist auf die Kathedrale in Reims auch ein Mörserschuß abgefeuert worden. Nach Meldung des .... Armeekorps war das notwendig, weil es nicht möglich war, mit dem Feuer der Feldartillerie die deutlich erkannte feindliche Beobachtungsstelle von der Kathedrale zu vertreiben.

Also Mißbrauch der weißen Flagge; direkte Verwendung der Kathedrale zu einer feindlichen Beobachtungsstelle. Also auch hier keine Anklage gegen Deutschland, sondern die schärfste Anklage gegen Frankreich, das in völkerrechtswidriger Weise dieses herrliche Kunstwerk zu militärischen Zwecken mißbrauchte, um Deutschland falsch anzuschuldigen [1]).

Das schmähliche Spiel mit dem „Kugelfang", zu dem die französische Heeresleitung die Kathedrale mißbrauchte, war noch nicht vorüber, da teilte am 14. Oktober das deutsche Hauptquartier der staunenden Welt von neuem folgendes mit:

„Dicht bei der Kathedrale von Reims sind zwei schwere französische Batterien festgestellt worden. Ferner wurden Lichtsignale von einem Turm der Kathedrale beobachtet. Es ist selbstverständlich, daß alle unseren Truppen nachteiligen feindlichen Maßnahmen und Streitmittel bekämpft werden, ohne Rücksicht auf die Schonung der Kathedrale. Die Franzosen tragen also jetzt, wie früher, selbst die Schuld daran, wenn der ehrwürdige Bau wieder ein Opfer des Krieges wird."

Und am 28. Oktober wiederholt sich das Schandspiel; dort teilte die deutsche Heeresleitung mit, daß französische Batterien — mit einem Artillerie-Beobachtungsposten auf dem Turm — vor der Kathedrale postiert sind, daher eine weitere Schonung unmöglich sei.

Skrupelloser hat wohl noch kaum ein Volk mit großen Kultur- und Kunstwerken gewuchert, als es hier in Spekulation auf den Geist deutscher Disziplin und deutschen Kunstsinns monatelang geschah. Man zwang die Deutschen förmlich, die die Kathedrale in Antwerpen trotz aller Provokationen schonten, ja sie wie die andern bedeutenden Kunstschätze Belgiens meistens selbst gegen

[1]) In der Folgezeit wurde wiederholt amtlich dargetan, wie die Franzosen und Engländer Lazarette usw. direkt benutzten, um Batterien dahinter aufzufahren, um die Deutschen entweder zu hindern, zu schießen oder sie des Barbarismus zu bezichtigen, wenn sie schießen, z. B. am 9. Dezember 1914 bei Pecherie-Ferme östlich von Reims.

das belgische Geschützfeuer retteten, sich an der Kathedrale zu vergreifen und sie in Ausübung der völkerrechtlichen Bestimmung des Art. 27 zusammenzuschießen, um die Welt gegen die „Vandalen" von neuem aufrufen zu können!

II. Sollen wir gegenüber dem heuchlerischen Geschrei auf die China-Greuel Palikaos weisen? Hat nicht Frankreich 1849 Rom beschossen und „Hauptwerke der schönen Künste, die nie ersetzt werden können", wie es in dem offiziellen Proteste lautete, zerstört? Sollen wir an all die Schändlichkeiten englischer Kriegsführung in Südafrika, bei der Beschießung Alexandriens erinnern (s. z. B. „Köln. Ztg." Nr. 1320, 1914)? Sollen wir daran erinnern, daß ein trefflicher Patriot und berühmter französischer Kunsthistoriker, Viollet le Duc 1870 klagte: „Der wütendste Feind hätte nicht schlimmer hausen können, als unsere Nationalgarde."

Wir beabsichtigen hier (s. oben Kap. 13 A.) nicht nochmals eingehend auf die Zerstörung Löwens einzugehen. Die deutsche amtliche Untersuchung wird sicherlich rücksichtslos und ehrlich durchgeführt werden. Wir dürfen aber nach den Berichten zuverlässiger Augenzeugen auch hier feststellen, daß das, was die Belgier in der Nähe der Kathedrale als Opfer deutscher Zerstörungswut hinstellen, zum Teile Sprengungsarbeiten deutscher Soldaten waren, durch die unter großen Anstrengungen das wertvolle, alte Rathaus von deutschen Soldaten vor der Feuersbrunst geschützt wurde.

Ein Augenzeuge meldete:

„Auf die Kathedrale mußte geschossen werden, da von ihren Türmen herab auf unsre Soldaten bei dem hinterlistigen Überfall ein mörderisches Feuer niederging. An bedeutenden Kunstschätzen ist in der Kathedrale nach der Aussage des zweiten Bürgermeisters, der mit uns in dem Gotteshaus weilte, nur ein Rubens zu beklagen.

Einen unersetzlichen Verlust bildet die Vernichtung der Bibliothek mit allen Handschriften und alten Werken, die teilweise sonst nirgends mehr in der Welt vorhanden sind. Die Schuld haben die zu verantworten, die auf dieser berühmten geschichtlichen Stätte der Wissenschaft Maschinengewehre aufstellten und auf die ahnungslosen Landsturmleute schossen. Russische Studenten sollen, wie man in Löwen sagte, die Täter gewesen sein."

So berichtet der Kriegsberichterstatter Dr. Oskar Bongard. Also auch hier schnöder Mißbrauch wissenschaftlich und künstlerisch bedeutsamer Bauten nicht etwa durch deutsche Soldaten, sondern durch die Freischärlerbande des eigenen Landes, die sengen und morden, wie ihre edlen Kosakenvorbilder im Osten!

Es ist ferner bewiesen (s. das von drei deutschen Beamten unterzeichnete und veröffentlichte Protokoll vom 29. September 1914, in dem die Zeugen, deutsche Offizière, mit Namen genannt sind), daß bei dem Kampfe um Mecheln die schwere Artillerie des deutschen Heeres den ausdrücklichsten Befehl erhielt, nicht auf die Stadt zu schießen, damit die Kathedrale geschont werde. Die Belgier selbst warfen nach amtlicher Feststellung (s. das Protokoll) aus dem Fort Walhem, nördlich von Mecheln Granaten in die von den Deutschen besetzte offene Stadt und schossen die Kathedrale zusammen. Ja sogar während der amtlichen Besichtigung durch Geheimrat von Falke und die Herren der Zivilverwaltung haben die Belgier Schrapnells und Granaten auf die Kathedrale geworfen.

Einige Tage darauf meldete die „Daily Mail" lakonisch: „Die Belgier mußten die Kathedrale von Termonde beschießen."

Wo die Regeln des Völkerrechts beobachtet wurden, ging die deutsche Kriegsführung mit größter Schonung vor. Wo diese mißbraucht und verletzt wurden, geschah dem Gegner jede Härte recht.

III. Was Deutschland, was vor allem die Rheinlande bei einem Siege unserer Feinde zu erwarten gehabt hätten, das hat uns ja Herr Gabriel Hanotaux in einer unvorsichtigen Minute eingestanden. Kein Stein unserer Dome wäre auf dem andern geblieben, und nicht bloß das: das völkerrechtlich gesicherte Privateigentum, „alle Anlagen des deutschen Erwerbslebens" wären der Vernichtung verfallen! Und in Antwerpen gingen die Deutschen so schonend vor, daß die Presse der ganzen Welt — nach selbstverständlichem anfänglichem Lügentrara — über die geringen Verletzungen von Kunstwerken und historisch wichtigen Gebäuden staunte und sogar die „Morning-Post" von einem „Wunder" sprach, durch das Rathaus wie Dom verschont geblieben wären. Nein, nicht Wunder, sondern Sorgsamkeit, Disziplin und Kunstsinn der Belagerer.

Was mit unsern Kunsttempeln und Kunstschätzen geschehen wäre, das sprachen in ihrer unkriegsgemäßen Redseligkeit die französischen Journalisten und Kunstmäzene aus [1]).

---

[1]) Clément Janin, der Kunstkritiker der „Débats", schreibt: „Löwen hat seine Bibliothek verloren? Nun wohl, man wird gleichwertigen Ersatz in Halle,

Sehr böses Blut machte in Deutschland die freilich später abgeleugnete Beschlagnahme der in Lyon ausgestellten deutschen Gegenstände durch die französische Regierung. Dieser völkerrechtswidrige Eingriff in das Privateigentum, der noch dazu ein schnöder Bruch des internationalen Gastrechts gelegentlich einer Ausstellung war, hat das Verlangen nach Repressalien gezeitigt (s. im übrigen unten Kap. 27).

Wir wollen aber ausdrücklich betonen, daß ein Versuch, in dem Oktoberheft der deutschen Kunstzeitschrift „Kunst und Künstler", den Plünderungsvorschlag auch bei uns zu diskutieren, zu einer scharfen Ablehnung seitens des Generaldirektors der Berliner Museen Bode sowie fast aller ernsthafter Kunstkreise führte (s. auch „M. N. N." Nr. 540 S. 2, sowie Novemberheft von „Deutsche Kunst und Dekoration", wo sich außer dem Verfasser Dr. Lamprecht, Wilh.

Göttingen, Heidelberg und in anderen Universitätsstädten finden, sobald der Abrechnungstag kommt. Mecheln hat den „Wunderbaren Fischfang" von Rubens verloren? Nun, es gibt in Berlin, Köln und München sehr schöne Bilder des Antwerpener Meisters. Die Kathedrale von Reims ist verbrannt? Sie wird nicht zu teuer bezahlt sein mit der „Sixtinischen Madonna" von Raffael; sodann mit einigen Rembrandts aus Kassel und den Watteaus des Deutschen Kaisers, dem man als Erinnerung die Silberrahmen lassen könnte." (!)

André Maurel (siehe „Figaro" vom 25. September) erinnert ausdrücklich an die künstlerischen „Erwerbungen" Napoleons und berechnet bereits die Kathedrale von Reims auf hundert in Berlin auszuwählende Meisterwerke. Auch die Münchner Glyptothek und Pinakothek seien ja reich genug und das Dresdner Museum eine wahre Schatzkammer. Nicht zu vergessen seien insbesondere die kaiserlichen Privatsammlungen in Berlin und Potsdam.

„Berlin, München, Dresden, Kassel und alle anderen germanischen Städte, in denen bewunderungswürdigste Meisterwerke gefangen sitzen, werden diese Schätze würdigeren Hütern überlassen müssen." So schreibt Herr Léonce de Joncières und fährt fort: „Ist die Äginetengruppe bei den Hunnen am rechten Platz? Albrecht Dürers Christus- und Marienbilder werden die allzulange in Potsdam verbannt gewesenen Schäferszenen Watteaus begleiten und alle „kolossalen" Museen und Pinakotheken werden verwüstet, mit ihrer düster widerhallenden Leere als Zeugen der Schmach inmitten heruntergekommener Städte stehen bleiben." (!)

Damit aber dieser schöne französische Räuber- und „Kultur"-Traum auch tatsächlich Verwirklichung finde, haben der „Direktor der Schönen Künste" in Frankreich, Armand Dayot, und der Kunstkritiker des „Figaro", Arsène Alexandre, der hohen Regierung in aller Form einen gemeinschaftlichen Plünderungsplan unterbreitet und verlangen ausdrücklich die Gründung eines eigenen sachverständigen Raub-„Komitees"! („M. N. N.")

Wundt, Hans Thoma, Fr. v. Liszt, Osthaus u. a. scharf gegen den Vorschlag äußern). Art 56 der Landkriegsordnung verbietet die Beschlagnahme von Werken der Kunst und Wissenschaft ausdrücklich: Sie sollen jederzeit als unverletzliches Privateigentum gelten!

Ganz anders verfahren natürlich auch hier wieder die Vertreter der grande nation!

Der napoleonische Diebstahl von anno 1806 wäre nach den zitierten Äußerungen ein Kinderspiel geblieben gegen das, was unsere Feinde von unseren Kunstschätzen sich im Jahre 1914 geholt hätten, wenn — der Spaziergang à Berlin geglückt wäre.

Alles in allem: Wir lieben und achten die Kunst — aber höher steht uns das Vaterland, d. h. wir lassen unser Vaterland nicht durch frevlen Mißbrauch der Kunst schädigen und verraten!

Und schließlich hat Theobald Ziegler ganz recht: Die Kunst ist der Menschen wegen da, nicht umgekehrt die Menschen der Kunst wegen. Das Leben unserer wackeren, heldenmütigen Soldaten ist mehr wert als der schönste gotische Bau!

---

24. Kapitel.

Die Beschießung und Einnahme von Antwerpen. — Verhalten unserer Feinde? (Beschießung von Ostende.)

I. Aus Brüssel wurde unterm 8. Oktober 1914 gemeldet:

„Gemäß Art. 26 des Haager Abkommens betr. die Gesetze des Landkrieges ließ General v. Beseler, der Befehlshaber der Belagerungsarmee von Antwerpen, durch Vermittlung der in Brüssel beglaubigten Vertreter neutraler Staaten gestern nachmittag die Behörden Antwerpens von dem Bevorstehen der Beschießung verständigen."

Der Art. 26 des Haager Abkommens „über die Ordnung der Gesetze und Gebräuche des Landkrieges" (übereinstimmend in der Fassung von 1899 und 1907) lautet:

„Der Befehlshaber einer angreifenden Truppe soll vor Beginn der Beschießung, den Fall eines Sturmangriffs ausgenommen, alles, was an ihm liegt, tun, um die Behörden davon zu benachrichtigen."

Der deutsche Oberbefehlshaber ist sohin in durchaus korrekter Weise den Geboten des Völkerrechts nachgekommen: Ein Muster für die Gegner, die in Ostpreußen, in Oberelsaß und Lothringen deutsche, in Belgien und Nordfrankreich eigene Ortschaften wahllos zusammenschossen — ohne irgendwie den Geboten der Landkriegsordnung nachzukommen, die es verbietet, unverteidigte Städte, Dörfer und Wohnstätten oder Gebäude, mit welchen Mitteln es auch sei, anzugreifen und zu beschießen. Am ärgsten trieben es natürlich die Russen, die alle Gebäude und alle menschlichen Behausungen in Ostpreußen zusammenschossen (s. Kap. 15 oben, sowie Kap. 17).

Der deutsche Oberbefehlshaber wartete auch die Antwort des gegnerischen Kommandanten ab, der erwiderte, daß er die volle Verantwortung für das Bombardement Antwerpens übernehme.

Die Deutschen haben aber auch die Grundsätze des Art. 27 l. c. (s. Kap. 23 am Anfang) völlig erfüllt.

Das bereits am 28. September für den Fall der Beschießung Antwerpens ergangene Anerbieten tunlichster Schonung der geschichtlichen Denkmäler der Stadt wurde von der belgischen Regierung angenommen. Sie ließ durch Vermittlung der amerikanischen Gesandtschaft in Brüssel am 8. Oktober abends, also nahezu einen Tag nach Beginn der Beschießung, der deutschen Zivilverwaltung ein Verzeichnis der in Frage stehenden hauptsächlichsten Denkmäler sowie einen Stadtplan, auf welchem sie besonders hervorgehoben sind, übermitteln. Eine größere Anzahl von Abzügen dieses Planes, auf welchem auch die Krankenhäuser und Wohltätigkeitsanstalten vermerkt sind, wurde von der Zivilverwaltung umgehend dem Befehlshaber der Belagerungstruppen überbracht, durch den sie noch in der Nacht an die Artilleriestellungen ausgegeben wurden.

Selbst der größte Fanatiker gegen deutsche Kriegführung muß zugeben, daß hier die Heeresleitung in vorbildlicher Weise die völkerrechtlichen Verpflichtungen nach den beiden Haager Abkommen eingehalten hat.

II. Und wie handelte die belgische und englische Kriegsleitung?

Leutnant Pfeil vom 3. Reserve-Fußartillerie-Regiment hat am Tage des Einzugs der deutschen Truppen in Antwerpen vom Turme der Kathedrale festgestellt, daß gegen halb 5 Uhr nachmittags vom

Fort Tête de Flandre sowie aus den Schützengräben, die sich längs der Schelde südlich befanden, sowie von den auf der Schelde befindlichen Schiffen der westliche Teil der Stadt, besonders der Grande Place und die Kathedrale, beschossen wurden. Leutnant Pfeil beobachtete das Einschlagen von Schrapnells und Granaten in unmittelbarer Nähe der Kathedrale und des Rathauses. Derselbe Offizier hat am gleichen Vormittag festgestellt, daß in den von englischen Truppen besetzten Schlössern Maimhof, Troyente und Pulhof große Verwüstungen angerichtet waren. Die wertvollen Möbelstücke waren völlig zerschlagen, große Gemälde sowie Leder- und Samtmöbel waren zerschnitten, die Schränke durchwühlt und ihr Inhalt weit umhergeworfen. In einem Ledersofa steckte noch ein englisches Seitengewehr.

Wo sind die Maeterlinck, Hodler, D'Annuncio und Genossen, um sich gegen die völkerrechtswidrige Beschießung der herrlichen Kathedrale zu empören, die die deutschen „Vandalen" so sorgfältig schonten?

Die Stadt wurde von den Deutschen in glänzender Weise geschont. Die Ordnung wurde durchaus aufrechterhalten. Kein einziger Fall von Plünderung geschah. Dagegen vernichteten die Belgier, insbesondere aber die Engländer Privateigentum weit über den Rahmen des Art. 53 der Landkriegsordnung (s. oben Kap. 16 u. 17) hinaus sinnlos, nur um die Deutschen zu schädigen.

Die restlose Inbrandsetzung der Petroleumtanks, die Unbrauchbarmachung der Kauffahrteischiffe usw. zeugen von der völkerrechtswidrigen Kriegführung der Engländer zu Wasser und zu Lande. Wie die Franzosen und Belgier, wenn sie gesiegt hätten, in Deutschland ganz anders gehandelt hätten, dafür bürgt uns ihre oben geschilderte Disziplinlosigkeit und ihr Fanatismus, der sich drastisch und typisch z. B. in dem aufgefundenen Briefe eines belgischen Offiziers Comte d'Ursel äußert, der an seine Mutter schreibt:

„Bald werden wir nach Brüssel kommen und Du wirst Zeuge unseres Einzuges sein. Dann aber schnell Streichhölzer her, damit wir Köln und alle anderen deutschen Städte anzünden können. Es wird keine deutschen Verwundeten und Gefangenen mehr geben, denn wir werden sie alle massakrieren."

Und aus Antwerpen teilte man nach der Einnahme der Stadt durch die Deutschen mit, daß die Sicherheitsfächer in der Diamantbank und in den Diamantklubs völlig intakt seien und die Werte unversehrt geblieben seien! Das hätte die französische Soldateska so wenig wie die englische den „Barbaren" nachgemacht [1]).

Damit vergleiche man wiederum die Schilderung von dem Zustande des deutschen Lloyddampfers „Gneisenau", die uns zwei Tage nach der Eroberung von Antwerpen der erste Deutsche, der dies Schiff besucht hat, gibt:

„Ein grauenhaftes Bild der Zerstörung empfing uns. Da war nichts, das heil geblieben, von allem, das auch nur einigen Wert hatte. Scheiben und Instrumente, Sessel und Waschschüsseln, die Koffer der Offiziere und Ingenieure, das Kartenhaus und die Navigationskammer, alles war zertrümmert und vernichtet.... Da lag das Musikzimmer. Gerade als ich eintrete, reicht mir der eine der Kollegen einen schweren Hammer hin, der neben dem Klavier lag. Das Instrument war kurz und klein geschlagen.

Das Schiff war als Lazarettschiff benutzt worden. Das sah man. Belgische Verwundete hatten in seinen hellen weiten Räumen Aufnahme gefunden — wochenlang. Welche Roheit gehörte dazu, diese Räume so zu besudeln und so zu verschandeln. Die Matrosen und der Heizer, die mit uns an Bord gegangen, sie waren sicherlich keine Weichlinge. Aber nie werde ich die aus dem Innern kommenden Ausdrücke von Empörung und Schmerz vergessen, die dieses Bild bei ihnen hervorrief."

Wohlan, Ihr larmoyanten neutralen Sittlichkeitsprediger: wo sind die Vandalen?

Eine Viertelstunde darauf ging das herrliche Schiff im Schlamm unter! Dort liegt es als Dokument englischer Rachsucht!

Und die Deutschen? Selbst die „Times" erkennt an, daß das Bombardement von Antwerpen sich in den notwendigen Grenzen hielt und daß die deutschen Truppen ihre Geschütze schwersten Kalibers nicht einmal zur Verwendung brachten.

Wenn Nietzsche im „Jenseits von Gut und Böse" aussprach, daß,

---

[1]) Der Antwerpener Mob selbst stahl und plünderte vor der Einnahme. Aus einem Pelzlager auf dem Place de Meir wurden die kostbarsten Sachen in Massen herausgetragen. Dabei rief der Pöbel: „Übermorgen wird es ja doch heißen, die Preußen waren es, die alles gestohlen haben." Ein typisches Beispiel, wie es gemacht wird, um die Deutschen zu verleumden. Bei den ärmsten Leuten fand man Sektvorräte!

Der C. W.-Berichterstatter der „Münchner N. N." schildert am 16. Oktober sehr anschaulich die Plünderungen von Lierre vier Tage vor der Einnahme von Antwerpen durch die Belgier selbst, die geradezu unverständlich sein würde, wenn nicht die völlige Anarchie damit bewiesen wäre.

wer mit Ungeheuern kämpft, zusehen mag, daß er nicht dabei zum Ungeheuer wird, so scheint hier für die deutschen Soldaten diese Warnung überflüssig gewesen zu sein. Sie haben mit „Ungeheuern" von brutaler Grausamkeit von Anfang an gekämpft und sind doch — mit größtem Stolze Deutsche geblieben!

Bei der mustergültigen Haltung der deutschen Truppen nach der Eroberung der Stadt muß man daran erinnern, daß in dieser Stadt in den ersten Tagen die armen deutschen Kaufleute, die teilweise Jahrzehnte als angesehene Leute hier lebten, wie wilde Tiere gejagt und gepeinigt wurden (s. oben Kapitel 13 B).

Und trotzdem schonten die Deutschen die Stadt. Die Kathedrale wie die übrigen, bezeichneten Häuser und Monumentalbauten wurden fast völlig verschont, so daß nicht bloß Sven Hedin und die holländische, ja sogar die englische Presse ihr Staunen darüber als „Wunder" aussprach.

Englische Selbstsucht wollte diese herrliche alte flämische Stadt den deutschen Granaten als „Kugelfang" ausliefern, wie dies französischer Kunstsinn und Achtung vor den gothischen Herrlichkeiten in Reims tat.

Daß die Stadt überhaupt bis fast zum Sturm beschossen wurde, hat sie, die längst rettungslos verloren war, letztlich der Rücksichtslosigkeit und dem englischen Egoismus dieser sog. „Beschützer" zu verdanken. [1]) Diesem waren Kunstschätze und Denkmäler der herrlichen alten deutschen Stadt (die freilich selbst so schmählich ihre Vergangenheit vergessen hatte) völlig gleichgültig. Für sie war Antwerpen nur der englische „Brückenkopf", für dessen Entsatz sie fast nichts taten — es sei denn, daß man den possenhaften Besuch des Herrn Churchill und sein gebrochenes Wort als Tat ansieht!

Die Gefährdung all dieser künstlerischen Herrlichkeiten geschah im letzten Ende, um den Dauerlauf der englischen Brigaden nach Gent und Ostende zu ermöglichen.

III. Und sonst unsere Feinde? Rücksichtslos beschossen sie, wenn es ihnen gut erschien, ohne Rücksicht auf Kunst und Wert der Orte und Gebäude, nur nach der eigenen Anschauung über die Kriegsnotwendig-

[1]) Der boshafte Bernhard Shaw sagt in einem Artikel „Gesunder Menschenverstand über den Krieg": „Nicht wir haben Belgien beschützt, sondern Belgien hat uns beschützt, indem es sich von Deutschland erobern ließ."

keit offene, sogar unverteidigte Ortschaften, ohne nur irgendwie nach Art. 26 l. c. die Behörden davon zu benachrichtigen. Typisches Beispiel ist das Vorgehen der Engländer an der belgischen Küste, das in keiner Weise dem 9. Abkommen der 2. Friedenskonferenz, betreffend die Beschießung durch Seestreitkräfte in Kriegszeiten entsprach, obwohl es auch von England unterzeichnet und ratifiziert wurde. Sogar gegen militärische Werke, Militär- oder Marineanlagen darf der Befehlshaber der Seestreitmacht nur mit Geschützfeuer vorgehen, wenn er eine „Aufforderung mit angemessener Frist" hat ergehen lassen, wenn jedes andere Mittel ausgeschlossen ist und drittens die Ortsbehörden nicht innerhalb der gestellten Frist zu der Zerstörung der feindlichen Anlage geschritten sind. Jedenfalls muß der Befehlshaber alle erforderlichen Anordnungen treffen, damit daraus für die Stadt möglichst wenig Nachteile entstehen (s. Art. 1 und 2 l. c.). Die britische Seemacht hat die Beschießung von Ostende ohne jede Rücksicht auf diese Normen vorgenommen.

Von feiner Ironie der gegenseitigen Kriegführung zeugt die Bekanntmachung des deutschen Admirals v. Schröder, wo es heißt:

„Das Beschießen englischer Hotels und englischer (!) Untertanen an der belgischen Küste legt mir die menschliche Pflicht auf, zum Schutz der hier weilenden englischen Untertanen die nötigen Sicherheitsmaßregeln zu treffen. Ich befehle also, daß alle englischen Untertanen in Ostende und in den benachbarten Küstenplätzen sich möglichst von diesen Plätzen entfernen. Sie werden unter sicherem Geleit nach der niederländischen Grenze gebracht. Ich lehne jede Verantwortung ab für das Elend, das die vollkommen zwecklose englische Beschießung über die bis jetzt unter deutschem Schutz stehenden Frauen und Kinder bringt. Die Abteilungskommandanten müssen dafür Sorge tragen, daß die flüchtenden Personen mit aller Sorgsamkeit aus den Gebieten entfernt werden, die innerhalb der Beschießungszone der englischen Schiffe liegen."

Der deutsche Admiral als Schützer der Engländer vor englischer Roheit und englischem Völkerrechtsbruche!

(S. auch über die Zerstörung der Kirche von Beest usw. Kapitel 19 sowie Kapitel 14 Z. V, Kapitel 17.)

25. Kapitel.

Einige Bemerkungen über das Herabwerfen von Sprengstoffen aus Flugzeugen auf Städte und Ortschaften.

Wir haben bereits oben (Kapitel 10 S. 99) dargetan, daß völkerrechtlich gegen das Herabwerfen von Bomben und andern Sprengstoffen seitens der Deutschen gar nichts eingewendet werden kann. Wenn aber den deutschen Luftschiffen und Flugzeugen vorgeworfen werden will, daß sie Städte und Dörfer bewerfen, so ist richtig, daß Art. 25 der „Landkriegsordnung" ausdrücklich untersagt, daß unverteidigte Städte, Dörfer, Wohnstätten oder Gebäude, „mit welchen Mitteln es auch sei", angegriffen oder beschossen werden. Der Passus „mit welchen Mitteln es auch sei" soll gerade auf die Sprengstoffe, die von oben geworfen werden, hinweisen. Er wurde wegen der Entwicklung der Flugtechnik im Jahre 1907 in den Text von 1899 eingesetzt.

Die Deutschen werfen auch Bomben prinzipiell nur auf „verteidigte Orte". Es wird niemand behaupten wollen, daß Paris ein unverteidigter Ort wäre: die größte und stärkste Festung der Welt, wie die Franzosen behaupten. Und doch entrüsten sich darüber unsere Gegner am meisten.

„Unverteidigte Orte, nicht etwa „offene", sind jedenfalls nur solche Orte, in denen sich keine Truppen oder Freischärler befinden, die auch sonst nicht zu feindseligen Zwecken benutzt werden und in denen sich die ganze Bevölkerung durchaus friedlich benimmt. Also auch die bloße Verwendung als Signalstation usw. genügt, um einen Ort als einen „verteidigten" erscheinen zu lassen. Natürlich zeigt das Schießen auf ein Flugzeug diesem deutlich, daß ein offener Ort kein „unverteidigter" ist. Die Einzelnotizen, die fortgesetzt in der Dreiverbandspresse von getroffenen Frauen und Kindern sprechen, sind schwer zu kontrollieren. Der Flieger kann auf den Meter genau auch kaum sein Geschoß ausrechnen. Der Unschuldige muß auch hier leider, wie so oft im Kriege, mit den Schuldigen leiden.

Auch der Art. 27, der den Schutz der künstlerischen und geschichtlichen Denkmäler bezweckt, wird von den deutschen Fliegern so gewissenhaft wie möglich eingehalten. Deshalb kann es doch einmal vorkommen, daß eine Bombe eine Kirche oder einen andern geschützten Ort trifft. Das ist absolut nicht zu vermeiden und muß bei einem so erbittert geführten Kriege in den Kauf genommen werden. Aber die Franzosen und Engländer haben alle diese völkerrechtlichen Schutzbestimmungen vom 1. August an völlig außer acht gelassen und ihre Bomben auf friedliche Orte ohne Wahl heruntergeworfen. Teilweise sogar noch vor der Kriegserklärung und dem Beginn der Feindseligkeiten!

„Offene", „unverteidigte Städte" gibt es nach ihrer Ansicht scheinbar überhaupt nicht, nicht einmal mehr im eigenen Lande, wenn nur irgendwelche deutsche Truppen einmal in der Nähe waren. Auch Kirchen und Kunstbauten in der eigenen Heimat sind ihnen gleichgültig. So haben sie z. B. auf Cambrai und seine Kathedrale rücksichtslos Bomben geworfen und sie auch getroffen und beschädigt. Ähnliche Fälle wurden in den letzten Wochen aus Belgien und Nordfrankreich wiederholt berichtet: Ein Beweis, daß unsere Gegner es keineswegs notwendig haben, sich über deutschen „Vandalismus" zu beklagen, weil unsere Flieger es wagen, das Haupt Frankreichs hier und da zu besuchen und ihre Visitenkarte etwas derb dort niederzulegen! Nur die eine Frage: Wie sähe es in Deutschland aus, wenn — die französischen Flieger den Schneid besäßen wie die deutschen? Wehe dem Kölner Dom, dem Straßburger Münster! Zeugen dafür sind die oben von hervorragenden Kunstförderern zitierten Äußerungen.

Daß auch die Franzosen und Engländer bei den Angriffen aus der Luft nicht zimperlich sind, zeigt ihr Angriff gegen Friedrichshafen am 21. November und auf Freiburg am 13. Dezember 1914. Sie haben bei ersterem nicht bloß die Neutralität der Schweiz auf das gröblichste verletzt, nur um den Abwehrkanonen der Deutschen auszuweichen, sondern sie haben auch Frauen und Zivilisten durch Bomben verletzt. Das letztere nimmt ihnen niemand übel — Krieg ist eben Krieg! Dann sollen die Kriegführenden aber nicht wehleidige Klagen über ein Vorgehen anstimmen, das sie genau so — ja nach gewissen Richtungen hin noch viel rücksichtsloser anwenden als die deutschen Flieger.

26. Kapitel.

Spionage und „Verschwörung".

Art. 29 der Landkriegsordnung gibt eine völkerrechtliche Legaldefinition des „Spion". Als Spion gilt nur, wer heimlich oder unter falschem Vorwande in dem Operationsgebiet eines Kriegführenden Nachrichten einzieht oder einzuziehen sucht in der Absicht, sie der Gegenpartei mitzuteilen. Demgemäß sind Militärpersonen in Uniform, die in das Operationsgebiet des feindlichen Heeres eingedrungen sind, um sich Nachrichten zu verschaffen, nicht als Spione anzusehen. Desgleichen gelten ausdrücklich nicht als Spione: Militärpersonen und Nichtmilitärpersonen, die den ihnen erteilten Auftrag, Mitteilungen an ihr eigenes oder an das feindliche Heer zu überbringen, offen ausführen. Dahin gehören ebenfalls Personen, die in Luftschiffen befördert werden, um Mitteilungen zu überbringen oder um überhaupt Verbindungen zwischen den verschiedenen Teilen eines Heeres oder eines Gebietes aufrechtzuerhalten. Dagegen sind natürlich als Spione zu behandeln die Gegner, die deutsche Uniformen oder Bauerntrachten, überhaupt Zivilkleidung anziehen, um obige Zwecke zu erreichen. „Spione" sind auch diejenigen, die das Amt als „Parlamentär" mißbrauchen (s. Art. 32 und 33 l. c.), um Nachrichten einzuziehen.

Auch der auf der Tat ertappte Spion kann nicht einfach erschossen oder sonst getötet werden, sondern es muß ein Urteil auf Strafe vorausgehen (Art. 30). Über die Art und Abfassung des Urteils sagt die Landkriegsordnung nichts. Jedenfalls aber muß ein geregeltes kriegsgerichtliches Verfahren, das mit einem rechtsförmlichen, verkündeten Urteil abschließt, der Bestrafung vorangehen. Ein Spion, der zu dem Heer, dem er angehört, zurückgekehrt ist und später vom Feinde gefangen genommen wird, ist als Kriegsgefangener zu behandeln, d. h. er darf nicht erschossen oder sonst getötet werden, sondern er muß menschlich behandelt werden, wie nach Art. 4 ff. die Kriegsgefangenen behandelt werden müssen. Er kann dann für früher begangene Spionage nicht verantwortlich gemacht werden.

I. Diese Normen des modernen Völkerrechts — (die Beschlüsse von 1907 und 1899 stimmen darin völlig überein) — muß man sich vor

Augen halten, wenn man das ganze Treiben nicht bloß der Franzosen, sondern insbesondere der Engländer gegen angebliche deutsche Spionage richtig beurteilen will. Die Angst vor einem Einfall in England, die Furcht vor den Zeppelinen und den deutschen Unterseebooten hat eine derartige Hysterie in England erzeugt, daß fast jeder deutsche Kellner, jeder deutsche Friseur, jeder Angestellte, jeder längst in England weilende Deutsche und Österreicher eo ipso als „Spion" angesehen und behandelt wird. Daß von einem „Operationsgebiete" dabei überhaupt in fast sämtlichen Fällen nicht gesprochen werden kann, geniert die Wächter des „Rechts" und „der Vertragstreue" nicht. Sie verhaften Hunderte, ja Tausende friedlicher, deutscher Staatsangehöriger unter den lächerlichsten Gründen und schleppen sie in die „Konzentrationslager", die uns zuerst als bessere „Sommerfrischen" geschildert wurden, bis der Sommer verschwand und die Frische, d. h. die Kälte, für unsere armen, deutschen Zivilgefangenen in den teilweise sehr hoch und kalt gelegenen Lagern übrigblieb.

Selbst die englischen Witzblätter, voran der „Punch", verspotten diese unwürdige Spionageangst, die zu einer ununterbrochenen Kette völkerrechtswidriger Verletzungen des Gastrechts und der grundlegenden Bestimmungen der „Landkriegsordnung", vor allem Art. 1, 2, 29 ff. und 46, führten. Daß dabei manchmal auch Possen sich abspielten, wie der große Prozeß gegen den armen deutschen Schieferdecker Karl Fink in London, der beschuldigt wurde, daß er sich mit dem deutschen Botschafter in Washington habe in Verbindung setzen wollen wegen eines von ihm entworfenen Planes „zur Vernichtung der englischen Armee" (!), daß er zu diesem Zweck eine „Landmine" legen und zu diesem Zweck nach Amerika reisen wollte, ist natürlich.

Solche Schnurren als ernste Gerichtssachen zu behandeln, vermag nur ein Volk, das die Angst bereits völlig um seinen sonst so klaren und kalten Sinn gebracht und in einen pathologischen Angstzustand versetzt hat, der des „Beherrschers der Welt" wenig würdig ist.

Am 23. Oktober 1914 wurde gemeldet, daß Tausende von deutschen friedlichen Bürgern verhaftet worden sind — in Manchester z. B. direkt von den Geschäften weg. Die Wohnungen wurden durchsucht, die deutschen Staatsbürger in Massen in die Konzentrationslager gebracht. Sogar naturalisierte Deutsche scheinen denaturalisiert worden zu sein. Drakonische Strafen wegen Lappalien sind nach der neutralen Presse an der Tagesordnung [1]).

Skandalös wirken auch nach dieser Presse die fortgesetzten Aufforderungen zur Denunziation gegen Deutsche. Riesenplakate verkünden: „Erzählt es John Bull", d. h. verratet die Deutschen! Bei Gelegenheit: König Georg V. und sein Vater sind solche gefährliche Deutschabkömmlinge, die man „ohne blöde Wahl alphabetisch hernehmen und töten soll!" (so will es die Zeitung „John Bull").

II. Bedenklicher sind womöglich noch die Versuche Frankreichs, eine Anzahl (14) von in Marokko lebenden Deutschen in Casablanca wegen angeblicher Verschwörung gegen das französische Protektorat vor ein Kriegsgericht, natürlich ohne Öffentlichkeit der Verhandlung und sonstige moderne Rechtsgarantien, zu stellen, sowie die sonstigen, oft geradezu lächerlichen Gründe, deutsche Gefangene vor diesen Gerichten mit einem Scheinverfahren zum Tode zu verurteilen [2]). Hier wird die deutsche Reichsregierung die Frage der härtesten Repressalien mit nachdrücklichem Ernst zu prüfen und energisch vorzugehen haben, um dem unerhörten französischen Scheinrechtswesen, gegen das auch die „Humanité" schon warnend die Stimme erhob, ein Ende zu machen: „Die Welt muß erfahren", sprach der Reichskanzler am 2. Dezember 1912, „daß niemand einem Deutschen ungesühnt ein Haar krümmen darf". Das muß jetzt in die Tat umgesetzt werden!

(S. über die Spionage in Belgien zu und vor Beginn des Krieges und die damit in Verbindung stehenden Greuel oben Kapitel 13 B und 14.)

In erhöhtem Maße wurde das „Spionage"-, Verschwörungs- und Verfolgungssystem natürlich in Ägypten von den Engländern betrieben, wo alle österreichischen und deutschen Staatsangehörigen ohne jede formale und materielle Berechtigung ausgewiesen bzw.

---

[1]) Unterm 7. Dezember 1914 meldet z. B. der Spezialberichterstatter der „Christian. Aftonposten" aus Calais eine Reihe ganz toller Spionagegeschichten, deren Nachkontrolle von hier natürlich unmöglich ist. Das Hübscheste ist die Verwendung von Herden von schwarzen und weißen Schafen, mit denen ein Hirte angeblich die Positionen der Geschütze an die Deutschen verriet(!).

[2]) Währenddem wurde wirklich der Konsularagent Brandt, ein hochangesehener 60 jähriger Mann, und sein Geschäftsteilhaber Zell wegen Spionage zum Tode verurteilt; ebenso der Postmeister Seyffert; andere wie schwere Verbrecher eingekerkert.

interniert wurden. Auch in den andern englischen Kolonien scheint die unwürdigste Spionageriecherei getrieben zu werden.

III. Ein typischer Fall der Spionage und zugleich ein Beweis, wie wenig die Schweizer Neutralität von Frankreich geachtet wurde, ist die bekannte Baseler Spionageaffäre von Ende Oktober 1914.

Da man seit langer Zeit erstaunt war über die gute Witterung der Franzosen über die deutschen Stellungen im Oberelsaß, muß man annehmen, daß bereits seit Beginn des Krieges dieser systematische Bruch der Schweizer Neutralität durch die französische Heeresleitung betrieben wurde (s. Art. 1, 2, 3, 4 und 5 des 5. Abkommens der II. Friedenskonferenz betreffend die Rechte und Pflichten der neutralen Mächte und Personen im Falle eines Landkrieges im Zusammenhalt mit Art. 29—31 der „Landkriegsordnung").

Nach den Andeutungen des von dem französisch gesinnten Teil der Schweizer Presse schwer angegriffenen Polizeichefs von Basel Dr. Blocher ist dieses Treiben der französischen Spionage auf neutralem Schweizer Boden offenbar ganz skandalös gewesen. Die schweizerische Regierung hätte längst den Unfug abstellen müssen, der unabsehbare Folgen für die Republik hätte nehmen können [1]) (s. Kapitel 28).

IV. Heute scheint, wie vor allem die englischen Unterhausverhandlungen vom 13. und 14. November ersehen lassen, die schmähliche Behandlung von Tausenden ruhiger, deutscher Staatsbürger, ja sogar naturalisierter englischer Staatsangehöriger, die aus Deutschland stammen, ausschließlich unter dem Titel „Spionage" zu figurieren. Aus den Ausführungen des Abgeordneten Johnson Hicks und sogar eines Mannes wie Bonar Law scheint hervorzugehen, daß jeder Deutsche überhaupt „Spion" oder zur Spionage fähig ist, weil er „mit seinem Lande sympathisiert". Und Lord Beresford zog die Konsequenzen und verlangte nach Presseberichten, daß „alle Untertanen feindlicher Staaten hinter den Stacheldraht kommen sollten". Gut,

---

[1]) Heute scheint man in Frankreich einen neuen Trick zur Spionage ersonnen zu haben, der direkt völkerrechtswidrig erscheint: Deutsche Gefangene werden von den französischen Behörden veranlaßt, ihre Militärpapiere sich nachschicken zu lassen. Die Gefangenen erhalten die Papiere meistens nicht, sondern es werden Spione mit diesen herausgeschwindelten Papieren ausgestattet, wie eine halbamtliche deutsche Warnung in der Presse (anfangs Dezember) nachweist.

daß doch noch einige verständige Elemente in der Regierung bremsten! Hier will man also mit den Fundamentalsätzen des Völkerrechts, des alten wie des neuen, auf den Beschlüssen der beiden Haager Konferenzen beruhenden, endgültig brechen. Das ist die roheste Art der Kriegführung, die in ihren letzten Konsequenzen eigentlich zur radikalen Ausrottung der Angehörigen feindlicher Staaten schlechthin führen muß. Und ein Volk, das zu einer solchen Verrohung aller Begriffe über den Krieg gelangt, behauptet, daß es „aus reiner Sittlichkeit in den Krieg gegangen sei". Daß ein so kluger Mann wie Herr Lloyd George glauben machen will, daß es einen Menschen auf der Welt gebe, der ihm das glaube, erscheint verwunderlich.

Wie sagt Bernhard Shaw so hübsch in dem zitierten Artikel: „Wir wissen, daß im Auslande die Meinung besteht, und zwar selbst in dem uns sehr freundlich gesinnten —, daß unsere ausgezeichneten Eigenschaften durch eine unverbesserliche Heuchelei getrübt würden."

27. Kapitel.

Englische Geschäfts- und Schuldnermoral. — Deutsche Rechtlosigkeit in Rußland und Frankreich.

Motto: Sie können mir glauben, was ich Ihnen von den Engländern gesagt habe: Edelmut ist ihnen gänzlich fremd. Wie Paoli sagt: sono mercanti — sie sind ein Krämervolk. Napoleon I.

Kein Engländer wagt mehr die Wahrheit zu glauben! Seit 200 Jahren ist er eingehüllt in Lügen jeder Art. Ein feines Gift der Lüge durchdringt die Gesellschaft. Carlyle.

A. I. England will Deutschland nicht bloß militärisch, sondern in erster Linie auch wirtschaftlich vernichten. Wir haben gesehen, daß die völkerrechtlichen Gründe zur Kriegserklärung nur oberflächliche Scheingründe waren. Die Gewohnheit der Engländer war von jeher, mit tugendhafter Entrüstung für Freiheit und Recht zu prunken. Dieser Krieg ist für England nichts anderes als ein business, ein Geschäft, das nach alter englischer Taktik in erster Linie die Völker des Kontinents für den britischen Staat besorgen sollen. Bismarck nannte das „Wolf und Kranich spielen"! Offen gab man von maßgebender englischer Seite zu, daß die Teilnahme Englands am Kriege den Schaden, der ohnedies eintrete, nicht besonders erhöhen könne.

Die Stellungnahme des englischen Staates zeigt, wie recht Heinrich Heine hatte, als er von England sagte: „Es gibt in der ganzen Schöpfung kein so hartherziges Geschöpf wie den Krämer, dessen Handel ins Stocken geraten, dem seine Kunden abtrünnig werden und dessen Warenlager keinen Absatz mehr findet." Bernhard Shaw wie Oskar Wilde sagen dies in ihrer besonderen Art noch schärfer.

Zur Vernichtung deutscher See- und Handelsgeltung begann England den Krieg; deshalb stiftete es zunächst Rußland und Frankreich zum Kriege an, trieb tagelang das Spiel, als wenn es die Beilegung des österreichisch-russischen Konflikts und seine Folgen anstrebe — und hatte längst mit Belgien, Frankreich und Rußland den Krieg vorbereitet, dessen Ausbruch ihm momentan vielleicht nicht gerade genehm war, dem es aber notgedrungen seine Unterstützung heimlich doch sofort zusagte.

Schon im Jahre 1897 schrieb die „Saturday Review": Völker haben jahrelang um eine Stadt oder ein Erbfolgerecht gekämpft — sollten sie nicht um einen Handelswert von Milliarden Krieg führen? Wenn Deutschland morgen aus der Welt vertilgt würde, so gäbe es übermorgen keinen Engländer, der nicht um so reicher wäre."

Bei solcher materiellen, kalt berechnenden Denkweise, die das „welsche Roß" und den „russischen Elefanten" als Vorspann benutzt, kann es nicht wundernehmen, daß nunmehr jedes auch noch so unanständige Mittel, die deutsche Industrie und den deutschen Handel zu schädigen, dem englischen Volke recht ist.

Daß es dabei wiederum klare völkerrechtliche Normen ignoriert, ergibt der klare Wortlaut des oft zitierten IV. Abkommens vom 18. Oktober 1907. Es sagt in Art. 23 unter Buchst. h: „Untersagt ist insbesondere die **Aufhebung oder zeitweilige Außerkraftsetzung der Rechte und Forderungen von Angehörigen der Gegenpartei oder die Ausschließung ihrer Klagbarkeit.**"

Diesen Satz kehrt England, wie wir sehen, in sein gerades Gegenteil um. Trotz der Ratifikation des Abkommens und damit dieser Bestimmung durch England!

Freilich im Abkommen von 1899 fehlt dieser Satz! Er ist bei dem Amendement der „Landkriegsordnung" von 1907 in diese erst hineingekommen, da man ihn als völkerrechtliche Kriegsusance ohne weiteres anerkannte!

Die wenig vornehme Berufung Englands auf Montenegros und Serbiens Nichtratifizierung haben wir schon im 1. Kapitel hinreichend gewürdigt und zurückgewiesen. Besser kann die große Rechtsschützerin Britannia jedenfalls ihre Weltmacht- und Kulturstellung nicht kennzeichnen, als durch die Bezugnahme auf die kulturgleichen Staaten Montenegro und Serbien, das Land des systematischen Meuchelmordes, gegen das sich seinerzeit keine Presse entrüsteter aufbäumte als die englische! Doch für solche Empfindungen der Logik, der geschichtlichen Achtung vor sich selbst — hat der Engländer wenig Verständnis! Mehr für den Satz: „Auf einen Schelmen — anderthalbe!" Und das sollte auch die Maxime des Deutschen gegen seinen hochmütigen Vetter werden, gleichviel, wie dieser Krieg endet!

Gewiß, die Praxis, die England hier im Gegensatze zu der von ihm ratifizierten Vertragsbestimmung in Art. 23 h anwendet, ist für England alt und hergebracht, aber trotzdem gilt der Vertrag auch für dieses Land, dem nach der Erklärung seines Königs Verträge heilig sind, das von mittelalterlichen Brutalitäten sich ebenso wie andere Länder freimachen muß, wenn es als wirkliches „Kulturvolk" angesehen werden will, und wenn nicht das Wort der „Morningpost": „Ihr Gott ist der Mammon" und ihr erhabenstes Motto „Business as usual" auch auf die Regierung angewendet werden soll.

Triepel hat in der „Köln. Ztg." daran erinnert, daß es ein bedeutender englischer Völkerrechtslehrer, T. E. Holland, war, der die Unmöglichmachung der Geltendmachung der nichtenglischen Forderungen gegen britische Untertanen als eine „unintelligible nullity" erklärte. Ein „unverständliches Nichts" erscheint mir freilich diese — die ganze englische Rücksichtslosigkeit verratende — Maßregel wider das Recht absolut nicht. Wenn Triepels Mitteilung richtig ist, daß ein amtliches Schreiben des britischen Unterstaatssekretärs des Auswärtigen vom 27. März 1911 ausgesprochen hatte, England sei weit davon entfernt, die Klausel so zu verstehen, wie sie von allen Beteiligten offenbar gemeint war; „die Bestimmung wolle lediglich dem Befehlshaber einer Feldarmee untersagen, die Bevölkerung eines besetzten Gebietes durch Hinderung in der Ausübung ihrer Privatrechte zu terrorisieren", so ist dies eine höchst merkwürdige, geradezu unverständliche Auslegung!

Viel klarer ist das, was England jetzt praktisch tut, um seine alten Prinzipien zur Durchführung zu bringen!

Zuvor aber sei aus dem deutschen Weißbuch 1907 S. 7 konstatiert, welche Bedeutung nach dem Willen der Verfasser der Art. 23 h haben sollte. „Der Zusatz geschah auf deutschen Antrag. Es sollte der Grundsatz der Unverletzlichkeit des Privateigentums auch auf dem Gebiete des Forderungsrechts anerkannt werden. Nach der Gesetzgebung einzelner Staaten soll nämlich der Krieg die Folge haben, daß die Schuldverbindlichkeiten des Staates oder seiner Angehörigen gegen Angehörige des Feindes aufgehoben oder zeitweilig außer Kraft gesetzt oder wenigstens von der Klagbarkeit ausgeschlossen werden. Solche Vorschriften werden nunmehr durch den Art. 23 Abs. 1 sub h für unzulässig erklärt."

Also hier ein deutlicher Hinweis auf die englische (und amerikanische) bisherige Praxis, die aufgehoben werden soll!

Das Protokoll Bd. III (2. Kommiss.) S. 25 sagt: „Cette addition a été considérée comme précisant en termes très heureux l'une des conséquences des principes admis en 1899. Elle a été approuvée à l'unanimité."

Was machte nun England aus dieser von seinen Vertretern gebilligten, unterzeichneten und ratifizierten, einstimmig angenommen internationalen Norm, die nichts weiter ist als die authentische Interpretation der Grundsätze, die bereits in den Beschlüssen der ersten Haager Konvention von 1899 feierlich niedergelegt sind, indem dort bereits das Privateigentum als unverletzlich bezeichnet wurde? Es machte aus seiner klaren Vertragspflicht das genaue Gegenteil! Ihm sind ja vertragsmäßige Verpflichtungen „heilig", und König Georg, der das mit Ernst erklärte, ist doch ein ehrenwerter Mann.

Die in der Londoner „Gazette" vom 9. September 1914 veröffentlichte Proklamation, den „Handel mit Feinden" betreffend, hat nach der Übersetzung des Deutschen Handelsvereins folgenden wesentlichen Inhalt:

„Die Proklamation vom 5. August, die sich auf den Handel mit dem Feinde bezieht, und § 2 der Proklamation vom 12. August, sowie auch jede amtliche Veröffentlichung, die als Erklärung dazu dient, wird hiermit aufgehoben. Es gilt anstatt derselben diese Proklamation. In ihr bezeichnet der Ausdruck „Feindesland" die Gebiete des deutschen Kaiserreichs und der Doppelmonarchie Österreich-Ungarn samt deren Kolonien und den von ihnen abhängigen Gebieten. In der Proklamation bezeichnet der Ausdruck „Feind" jede Person oder Gesellschaft jeder Staatsangehörigkeit, die im feindlichen Lande ansässig ist oder dort Handel treibt. Nicht mit inbegriffen sind Personen feindlicher Staatsangehörigkeit, die nicht im feindlichen Lande wohnen und auch dort nicht Handel treiben. Was Körperschaften anbelangt, so werden als feindlich nur solche angesehen, die in einem feindlichen Lande inkorporiert sind.

Folgende Verbote traten in Kraft:

1. Dem Feinde oder zu dessen Nutzen eine Summe Geldes zu zahlen.

2. Für eine Schuld oder andere Geldsumme einem Feinde oder zu dessen Gunsten Bürgschaft zu leisten oder eine Summe zu zahlen.

3. Sich zugunsten eines Feindes daran zu beteiligen, Wechsel auszustellen oder zu akzeptieren, zu bezahlen, zur Annahme oder zur Zahlung zu präsentieren oder zu begeben oder sonst mit bankfähigen Papieren zu handeln.

4. Mit einem bankfähigen Papier, das dem Feinde gehört, zu handeln, es zu akzeptieren oder zu bezahlen. Dieses Gebot gilt nicht als übertreten von denen, die in diesem Falle ihren guten Glauben nachweisen können.

5. Mit dem Feinde neue Geschäfte in Wertpapieren aller Art (stocks, shares and other securities) abzuschließen oder laufende Geschäfte in solchen Wertpapieren zu beenden.

6. Mit dem Feinde oder zu dessen Gunsten neue See-, Lebens-, Feuer- oder andere Policen oder Versicherungskontrakte abzuschließen, irgendeine Versicherung oder ein Risiko, das durch eine Police oder einen Versicherungskontrakt (inkl. Rückversicherung) veranlaßt ist, die mit oder zugunsten des Feindes vor Ausbruch des Krieges gemacht oder vereinbart sind, zu akzeptieren oder in Wirksamkeit treten zu lassen.

7. Mittel- oder unmittelbar einem feindlichen Lande oder einem Feinde zu dessen Gebrauch oder Nutzen Güter und Waren zuzuführen oder sie aus dem Lande auszuführen, auch nicht auf Umwegen, auch nicht mit Waren zu handeln, die für Feind oder Feindesland bestimmt sind oder daher kommen.

8. Daß britische Schiffe einen Hafen oder sonstigen Ort in einem feindlichen Lande anlaufen oder mit demselben in Verbindung treten.

9. Einen kaufmännischen, finanziellen oder andern Vertrag mit dem Feinde oder zu dessen Gunsten zu machen.

10. Mit dem Feinde Geschäfte abzuschließen, gegen die der Kronrat ein Verbot erlassen hat, das auf Veranlassung eines Staatssekretärs veröffentlicht worden ist, mögen sie sonst auch durch Gesetz, durch Gegenwärtiges oder durch irgendeine andere Proklamation erlaubt sein.

Es wird hierdurch ausdrücklich darauf hingewiesen, daß, wer dieses Gesetz mittel- oder unmittelbar übertritt, ein Verbrechen begeht und der darauf gesetzten Strafe verfällt [1]).

Wenn ein Feind eine Zweigniederlassung auf britischem, alliiertem oder neutralem Gebiet besitzt (mit Ausnahme der neutralen Gebiete in Europa), sollen Geschäfte durch solche Zweigniederlassung oder mit derselben nicht als Geschäft mit einem Feinde oder durch einen Feind angesehen werden. In dieser Proklamation sollen ferner nicht als in das Verbot eingeschlossen gelten die Zahlungen, die durch und auf Rechnung der Feinde an Personen geleistet werden, die in unseren Kolonien ansässig sind und Geschäfte treiben, wenn solche Zahlungen sich auf Geschäfte beziehen, die vor Ausbruch des Krieges begonnen waren oder sonst erlaubt sind. Mit dieser Proklamation soll auch nichts verboten sein, wozu amtliche Erlaubnis erteilt worden ist oder wozu der Staatssekretär oder das Handelsministerium für uns die Erlaubnis erteilt hat, mag solche Erlaubnis einzelnen Personen gewährt sein oder für Gruppen von Personen bekanntgegeben worden sein."

Neuerdings ist dem englischen Parlament ein Gesetzentwurf vorgelegt worden, wonach Zahlungen an das feindliche Ausland verboten werden, selbst zur Abwicklung von Geschäften, die vor Ausbruch des Krieges eingegangen sind. Die Büchereinsicht soll in Verdachtfällen erlaubt werden. Verstöße gegen das Gesetz können mit sieben Jahren Zuchthaus bestraft werden.

Dieses Kriegsrecht und damit auch die neuerliche Verordnung vom 9. September gilt auch für das gesamte Kolonialgebiet Großbritanniens. Infolgedessen hat z. B. die Kanada-Pacific-Eisenbahn beschlossen, während der Dauer des Krieges an ihre deutschen und österreichischen Aktionäre keine Dividende auszuzahlen, sondern sie vorläufig zurückzuhalten. (Zeitschr. d. Handelsvertragsvereins Nr. 15, 1914.)

Was ist also nun in England Rechtens?

Man kann dies kurz in folgenden Sätzen zusammenfassen: **Alle Verträge, die während des Krieges zwischen den Angehörigen kriegführender Staaten abgeschlossen werden, sind nach diesem Rechte vollkommen nichtig**, es kann auch nach der Wiederherstellung des Friedenszustandes ein Anspruch auf Grund derselben vor einem englischen Gericht nicht geltend gemacht werden. Was im Gegensatz hierzu die vor dem Krieg abgeschlossenen Verträge betrifft, so bleiben sie zwar gültig, doch können sie während der Dauer des Krieges nicht eingeklagt werden, und der zur Leistung an und für sich verpflichtete Engländer darf während des Krieges nicht leisten. Leistet er doch, wird er wegen Hochverrats bestraft.

Diese letztere Regel erfährt dann eine Durchbrechung, wenn die

[1]) Bekannt wurde in der Presse ein Fall, in dem ein englischer Fabrikant mit 5 Jahren Zuchthaus bestraft wurde, da er mit einer deutschen Firma ein Geschäft abschloß. Der nähere Tatbestand ist leider nicht aus der Presse ersichtlich.

Erfüllung der Verträge ihrer Natur nach oder auf Grund von Vertragsbestimmungen nur während des Krieges möglich wäre. Die englische Theorie hat z. B. selbst erklärt, daß ein Frachtvertrag durch den Krieg von selbst aufgelöst wird, wenn der Transport während des Krieges hätte erfolgen müssen. Dies ist von besonderer Bedeutung für alle diejenigen Branchen, die Saisonartikel von England beziehen. Können infolge des Krieges die Waren nicht zu der Zeit geliefert werden, wie dies bedungen, so werden die Abnehmer von der Verpflichtung zur Abnahme und zur Zahlung frei. (Dr. Wassermann in den „M. N. N.")

Dagegen werden Versicherungsverträge sogar nichtig, wenn sie vor dem Kriege geschlossen sind und das zum Schadenersatz verpflichtende Ereignis während des Krieges eintritt (s. Drucks. des Reichstags Nr. 26, 1914, S. 87).

Nach englischem Recht ruht, da die Forderungen während des Krieges suspendiert sind, auch die Verpflichtung zur Zinszahlung. Der Anspruch auf Zinsen entsteht erst wieder mit dem Friedensschlusse.

Wir haben hier die Frage nicht zu erörtern, ob der deutsche Gesetzgeber mit weiteren legislatorischen Vergeltungsmaßregeln auftreten soll oder muß, ob das dreimonatige Moratorium gegenüber ausländischen Forderungen genügt oder nicht, usw. Sicherlich muß eine gesetzliche Bestimmung erlassen werden, daß auch während des Krieges für englische Gläubiger keine Zinsen laufen [1]). Uns interessiert im

[1]) In der Sitzung vom 30. September 1914 hat der Bundesrat einer Verordnung, betreffend Zahlungsverbot gegen England, seine Zustimmung gegeben: Nach der „Nordd. Allg. Ztg." hat der Erlaß folgenden wesentlichen Inhalt:

„Die Bundesratsverordnung vom 30. September trägt dem Verlangen weiter Kreise Rechnung. Nur ein Zahlungsverbot, auf das sich der deutsche Kaufmann und der deutsche Schuldner berufen kann, versetzt ihn in die richtige Stellung gegenüber seinem englischen Gläubiger oder dessen Agenten. Es ist nicht zu verkennen, daß es Fälle geben kann, wo Zahlungen nach England eine Notwendigkeit sind, sei es, um den dortigen Deutschen eine Unterstützung zu gewähren, oder um deutsche Filialen in England zu unterstützen, sei es, um wirkliche Werte für unser nationales Vermögen zu erlangen oder sicherzustellen. Solchen Sonderfällen trägt die Verordnung Rechnung, indem sie den Reichskanzler ermächtigt, Ausnahmen zu bewilligen. Die Zahlung darf auch nicht über ein neutrales Land erfolgen. Eine wissentliche Zuwiderhandlung gegen das Verbot ist mit Gefängnisstrafe bis zu drei Jahren und mit Geldstrafen bis 50 000 M. bedroht.

übrigen hier nur die rigorose, völlige Mißachtung unterzeichneter Abkommen durch Englands Regierung.

Selbstverständlich läßt dieses Zahlungsverbot das Recht des Gläubigers als solches bestehen. Die Schulden sind nicht erlassen, sondern nur bis auf weiteres gestundet. Diese Stundung aber ist nicht nur für die Geldforderungen ausgesprochen, auf deren Erfüllung sich das Verbot beschränkt, sondern sie ist auf vermögensrechtliche Ansprüche aller Art ausgedehnt. Eine Verzinsung während der Dauer der Stundung braucht nicht geleistet werden. Soweit die Zinsen für die Zeit vor der Fälligkeit der Forderung geschuldet werden, laufen sie bis zur Fälligkeit der Protesterhebung weiter; sie wird bei Wechseln, die unter das Zahlungsverbot fallen, solange die Verordnung in Kraft ist, hinausgeschoben. Hat der Schuldner ein Interesse daran, sich alsbald von der Schuld zu befreien, so kann er zu diesem Zwecke den geschuldeten Betrag bei der Reichsbank hinterlegen.

Es war zu berücksichtigen, daß eine große Zahl deutscher Geschäftsleute es bereits seit dem Ausbruch des Krieges und insbesondere seit dem Bekanntwerden des englischen Zahlungsverbots abgelehnt hat, noch nach England zu zahlen. Auch diese bereits eingetretene Zahlungsverweigerung ist nachträglich gebilligt worden. Etwaige an sich bereits eingetretene Verzugsfolgen sind wieder aufgehoben worden. Die Stundung wirkt auch gegenüber dem Erwerber einer Forderung.

An die hiesigen Niederlassungen englischer Unternehmungen, mögen sie in englischen oder deutschen Händen sein, soll auch weiterhin gezahlt werden und gezahlt werden müssen, vorausgesetzt, daß die Forderung in dem inländischen Betriebe dieser Unternehmungen entstanden ist. Es kommt darauf an, daß Geld nicht nach England gehen darf. Die Abführung der eingenommenen Gelder nach dem Mutterland ist natürlich den hiesigen englischen Filialen verboten. Man hat sie in der Hauptsache bisher durch die Bestellung einer Überwachung nach der Verordnung vom 4. September 1914 zu verhindern gewußt. Scharf zu trennen von den erwähnten Fällen sind diejenigen, bei denen es sich um Agententätigkeit im Auftrage von Gläubigern in England handelt. Diese fallen unter das Verbot, d. h., es darf nicht an Agenten eines englischen Gläubigers gezahlt werden. Der Agent selbst darf sein Geld nicht nach England abführen.

Eine besondere Vorschrift ist mit Rücksicht auf die überseeischen Geschäfte deutscher Kaufleute getroffen worden. Infolge der kriegerischen Ereignisse, z. B. infolge der Beschlagnahme von Waren und der Schließung deutscher Geschäftsfilialen im Auslande, ist es leicht möglich, daß Wechsel, die auf ausländische Kunden, oder sonst auf das Ausland gezogen sind, gegenwärtig nicht zur Einlösung gelangen. In solchen Fällen sollen auch die in Deutschland befindlichen Niederlassungen englischer Gesellschaften bis auf weiteres nicht berechtigt sein, wegen der Nichteinlösung der Wechsel Rückgriffsansprüche wechselrechtlicher oder zivilrechtlicher Art in Deutschland geltend zu machen."

Dieser Erlaß wurde mit einer Reihe von verschärfenden Modifikationen am 20. Oktober 1914 (R.-G.-Bl. S. 443) auf **Frankreich** ausgedehnt, da Frankreich sich, wie unten erwähnt, völlig und kritiklos dem englischen Wirtschafts-

II. Es ist leider richtig und man begeht mit dieser Behauptung kein Unrecht gegen England: Keine Nation der Welt geht so gewaltsam mit den Rechten anderer Völker, mit internationalen Verträgen, mit der Neutralität anderer Staaten um, als gerade England. Jedes Blatt der englischen Geschichte zeigt das gleiche Bild! Von Kopenhagen bis Alexandrien und zu der Burenrepublik! Hier nun macht England die Schuldnerunmoral neuerlich zu seinem Prinzip! Auch dies wird sich an diesem Handelsvolk furchtbar rächen! Es handelt sich tatsächlich um die Übertragung des Kaperrechts, des Seebeuterechts auf den Handelsverkehr. Der Zweck soll derselbe sein: rücksichtslose wirtschaftliche Vernichtung des Gegners! Um jeden Preis! Und es merkt nicht, daß es sich selbst zu Boden schlägt. „Business as usual", sagte die „Morning Post", — auch für diese Art Patriotismus gilt ihr Ausspruch.

Während alle neueren völkerrechtlichen Abkommen von dem Grundgedanken beherrscht sind, nur die offiziellen Armeen den Krieg austragen zu lassen, die Bürger in ihren persönlichen, wirtschaftlichen und finanziellen Beziehungen aber möglichst von den kriegerischen Vorgängen auszuschalten und zu trennen, gehen diese singulären englischen Rechtsbestimmungen, die für die Kriege im Mittelalter erklärlich sein mochten, darauf aus, den Krieg bis in das Haus, in das Bureau, in die Fabrik, in die intimsten Familienverhältnisse hineinzutragen, alle unzähligen Kanäle und Kanälchen des modernen Verkehrs zwischen den Bürgern der kämpfenden Länder, die sich verwandtschaftlich, freundschaftlich, wissenschaftlich, geschichtlich und geschäftlich so nahe standen, zu zerreißen, jeden Verkehr mit Gewalt zu verhüten und zu unterbinden. Auch das ist mit der Grund des beispiellosen Hasses, der die

---

kriege anschloß. Siehe die sämtlichen wirtschaftspolitischen Bundesratsmaßnahmen auf Grund der Generalvollmacht vom 4. August 1914 in der Drucks. des Reichst. Nr. 26, 13. Legisl.-Per., ferner eine Zusammenstellung der Retorsionsmaßregeln wegen Verletzung der deutschen wirtschaftlichen Interessen in der „Nordd. Allg. Ztg." vom 10. November 1914 (s. Anhang). Drucks. 26 enthält als „Denkschrift über wirtschaftliche Maßnahmen aus Anlaß des Krieges" nicht weniger als 95 Verordnungen, Gesetze und Bekanntmachungen, siehe dort das Nähere. Drucks. 27 zählt 54 Bekanntmachungen des Bundesrats gemäß § 3 Abs. 1 des Gesetzes über die Ermächtigung des Bundesrats zu wirtschaftlichen Maßnahmen vom 4. August 1914 (R.-G.-Bl. S. 327) auf (Inhaltsverzeichnis S. 48 dortselbst).

weitesten deutschen Kreise, die bisher offen englandfreundlich waren und englischen Sitten und Gewohnheiten gegenüber fast allzu schwach gegenüberstanden, jetzt ergriffen hat.

England will es so! Ohne jeden nationalen Impuls zum Kriege, aus reiner geschäftlicher Spekulation peitscht es auch durch dieses rücksichtslose Vorgehen die Leidenschaften gegen sich in verblendeter Weise auf in der Hoffnung, daß andere Völker wiederum die Torheit begehen, ihm die Opfer zu tragen. Es weckt mit dieser Kriegführung die Geister finsteren Mittelalters und findet ein bis ins tiefste Innere beleidigtes großes Volk, das den frivol hingeworfenen Handschuh aufhebt. Es ignoriert dabei die verkehrsgeschichtliche Entwicklung von Jahrhunderten; es vermißt sich, künstlich Zustände zu schaffen, deren Tragweite es nicht nur selbst nicht übersieht, sondern die sich im letzten Effekt gegen den Veranlasser selbst rächen müssen.

III. Die British Bank of Northern Commerce teilte Ritzaus Bureau in Kopenhagen Ende August 1914 offen mit, daß mehrere deutsche und österreichische Banken einen Versuch gemacht hätten, ihre englischen Wechsel und Schecks durch die skandinavischen Länder, Holland und Portugal, einzukassieren. Die Banken in diesen Ländern wären deshalb darauf aufmerksam zu machen, daß die englische Gesetzgebung jede Bezahlung von Geld oder andere Handlungen, die die Feinde des Landes begünstigen können, verbietet. Österreichische oder deutsche Schecks würden nicht akzeptiert oder bezahlt, auch wenn sie von der Firma eines neutralen Staates unter Indossament präsentiert werden. Es wird also gar nicht gefragt, auf welche Weise die skandinavischen usw. Banken in den Besitz der deutschen Wechsel gelangt sein könnten, sondern die Zahlung rundweg verweigert.

Die englischen und französischen Banken haben dementsprechend grundsätzlich die Diskontierung und Einziehung von Wechseln auf England und Frankreich abgelehnt, sofern sie ein deutsches Giro tragen, auch dann, wenn solche Wechsel von deutschen Firmen in das neutrale Ausland giriert waren. Selbstverständlich mußten die zuständigen deutschen Bankier- und Börsenkreise entsprechend vorgehen, um den Streich zu parieren.

Über die sonstigen späteren Maßnahmen s. insbesondere die Rede des Attorney-General Sir J. Simon über ein Ergänzungsgesetz über die Handelsbeziehungen zum Feinde in der Sitzung des englischen Unterhauses vom 21. November (W. T.-Bericht). Über die Versicherungen bei englischen Gesellschaften s. auch Denkschrift der deutschen Reichsregierung Drucks. Nr. 26, 1914, S. 87, ferner Drucks. Nr. 27 S. 24; kais. Aufsichtsamt f. Privatvers. v. 22. Sept. 1914.

Eine Verordnung vom 9. Oktober 1914 schreibt vor, daß vom 19. Oktober 1914 ab alle Waren, die in britische Gebiete eingeführt werden, von Ursprungszeugnissen begleitet sein müssen; ausgenommen sind solche, die über russische, belgische, französische oder portugiesische Häfen kommen. Ebenso muß beim Export die Endbestimmung entsprechend angemeldet werden.

(Auf die beiderseitigen Ein- und Ausfuhrverbote kann hier nicht näher eingegangen werden.)

Dies alles genügt englischen Rechtspiraten aber noch nicht!

In den Londoner „Financial News" wirft ein Einsender die Frage auf, ob er Aufträge annullieren könne, die er einer Gesellschaft englischen Rechts gegeben habe, deren Kapital aber größtenteils in deutschen Händen sei. Die „Financial News" bejaht dies ohne weiteres, selbst auf die Gefahr eines Prozesses hin:

„Die Zeitung meint, kein englischer Gerichtshof würde unter solchen Umständen dem Kläger auch nur die leiseste Hilfe angedeihen lassen. Wenn jemand einen Vertrag mit A gemacht im Glauben, daß er ein B sei, so ist er berechtigt, wenn er seinen Irrtum entdeckt, den Vertrag rückgängig zu machen. Das ist ein altes Prinzip. Aus demselben Grunde könne ein Engländer, der einer englisch-deutschen Firma Aufträge gegeben habe, in der Annahme, daß die deutschen Aktionäre zivilisierte Geschäftsleute seien, diese Aufträge rechtmäßigerweise annullieren, wenn er, wie es jetzt der Fall sei, zur Erkenntnis komme, daß er es nicht mit zivilisierten Leuten, sondern mit einem wilden und barbarischen Volke zu tun habe."

Der Leser, der der „Frankf. Ztg." diesen Auszug übermittelt, bemerkt mit Recht: Das ist ernstlich in einem seit 31 Jahren bestehenden führenden Finanzblatt der Londoner City zu lesen, und das ist das Volk, dessen Geschäftswelt als die anständigste gegolten hat, die infolge ihres angeblich strengen Festhaltens an Treu und Glauben das Vertrauen der Handelskreise der ganzen Welt besessen hat. Mag der Krieg ausgehen, wie er wolle, *dieses Vertrauen wird England sich nie wieder erobern können!*

Dieser Fanatismus, der sich in dem Londoner Finanzblatt ausspricht, hat etwas direkt Pathologisches an sich, das wohl auch in englischen Kreisen Kopfschütteln erregen wird! Aber das ist die Frucht der Greyschen und Churchillschen Revolverpolitik! Daß er auch das Gelächter der anständigen Welt hervorruft, dafür sorgte schon die Pariser Presse, die u. a. verlangte, daß England die märchenhaften Schätze raube, die angeblich der deutsche Kaiser in Kanada, in Vancouver und in Teilen von Britisch-Indien angelegt hat, um nach seiner Pensionierung und Flucht ins Ausland noch etwas übrig zu haben. Welches Bildungsniveau setzt eine solche Presse bei ihren Lesern voraus!

B. Vertrags- und Völkerrechtsbruch steckt an — beim Gegner muß er in Gestalt von erlaubten Repressalien anstecken. Er steckt aber auch den Bundesgenossen des Frevlers an.

England kann sich wenigstens darauf beziehen, daß der brutale Wirtschaftskrieg, so mittelalterlich er anmutet, immerhin einer alten englischen Gewohnheit entspricht, die erst die Haager Konferenz ausdrücklich beseitigte, wenn ihr Gegenteil auch sonst bereits als Usance aller Kulturstaaten galt.

Was soll man aber dazu sagen, wenn ein Staat wie Frankreich, der bisher ganz abweichende Anschauungen über die wirtschaftlichen Konsequenzen des Krieges pflog, jetzt ohne weiteres das englische Vorbild nachäfft und den deutschen Sieger durch solche Maßregeln erst recht zu völliger finanzieller und wirtschaftlicher Vernichtung des besiegten Frankreich zwingt.

Das ist eine va-banque-Politik der Herren Poincaré und Genossen, die die völlige geistige Abhängigkeit von den englischen „Herren und Gebietern" zeigt.

Der unter dem Titel „Boykott Légal" im „Figaro" veröffentlichte Erlaß des Präsidenten der Republik lautet nach der vom „Handelsvertragsverein" Berlin zur Verfügung gestellten Übersetzung folgendermaßen:

„1. In Anbetracht des Kriegszustandes und aus Gründen der Landesverteidigung wird hiermit jeder Handel mit Angehörigen des Deutschen Reiches und Österreich-Ungarns fürderhin untersagt. Desgleichen wird Untertanen dieser Staaten verboten, innerhalb Frankreichs oder der französischen Schutzgebiete irgendein Handelsgeschäft, sei es unmittelbar oder durch Mittelspersonen, zu betreiben.

2. Als Vergehen gegen die öffentliche Ordnung und nichtig erklärt werden alle Verträge oder sonstigen Vereinbarungen, welche irgendeine Person innerhalb Frankreichs (einschließlich Schutzgebiete), ein französischer Untertan bzw. Schutz-

genosse an einem beliebigen Ort mit Untertanen des Deutschen Reiches und Österreich-Ungarns oder mit Personen, die in diesen Staaten wohnen, eingegangen ist. Die Wirksamkeit dieser Nichtigkeitserklärung beginnt Deutschland gegenüber mit dem 4. August, Österreich-Ungarn gegenüber mit dem 13. August d. J. und bleibt in Kraft während der ganzen Kriegsdauer bis zu einem später behördlich festzusetzenden Endtermin.

3. Während der gleichen Frist wird verboten und als Vergehen gegen die öffentliche Ordnung erklärt, zugunsten von Angehörigen des Deutschen Reiches oder Österreich-Ungarns oder von Personen, die sich in diesen Ländern aufhalten, irgendwelche geldlichen oder sonstigen Verpflichtungen zu erfüllen auf Grund von Verträgen oder Vereinbarungen, welche vor den angegebenen Zeitpunkten von irgendeiner Person innerhalb Frankreichs (einschließlich Schutzgebiet) oder von einem französischen Untertan bzw. Schutzgenossen an einem beliebigen Ort eingegangen worden waren. — Wenn ein Vertrag oder eine Vereinbarung der bezeichneten Art bis zum Inkrafttreten dieses Erlasses noch keine Warenlieferung oder Geldleistung zur Folge gehabt hat, so kann auf Antrag von Angehörigen Frankreichs, der französischen Schutzgebiete sowie der verbündeten oder neutralen Staaten die Nichtigkeitserklärung durch Beschluß des Zivilgerichts-Präsidenten ausgesprochen werden.

4. Die Vorschriften unter 2 und 3 gelten auch für solche Verträge oder Vereinbarungen, welche etwa durch eine Mittelsperson zustande gekommen sind.

5. Über Patente und Warenzeichen deutscher und österreichisch-ungarischer Staatsangehöriger sowie über die in diesen beiden Ländern domizilierten Lebens- und Unfall-Versicherungsgesellschaften wird ein besonderer Erlaß erfolgen.

6. Der vorliegende Erlaß wird hiermit den beiden Kammern zum Vollzug vorgelegt."

Auch Frankreich frevelt hier gleich England gegen den von ihm ratifizierten Grundsatz des Art. 23 litt. h und zwingt Deutschland zu entsprechenden Maßnahmen, die teilweise schon unterm 20. Oktober erlassen worden sind. Freilich hatte Frankreich anscheinend schon vom Anfange des Krieges an die ganze „Haltung" verloren und trotz des ausdrücklich wiederholten Verbots der Landkriegsordnung in der Fassung von 1899 und 1907 an dem Privateigentum der Bürger des gegnerischen Staates nach schlechtem englischen Vorbild in einer Weise gefrevelt [1]), wie dies noch niemals in einem Kriege des 19. oder 20. Jahrhunderts geschah.

---

[1]) Eine Reihe zunächst völlig unkontrollierbarer Mitteilungen wegen Beschlagnahme beweglichen und unbeweglichen Eigentums deutscher und österreichischer Staatsangehöriger läuft jetzt durch die In- und Auslandspresse, ebenso über die Schließung deutscher und österreichischer Firmen und ihres Eigentums sowie der einzelnen mit Namen genannten Geschäfte (genannt wurden u. a. Fabrikfilialen, Kohlen-

Auf derselben Stufe absoluter Mißachtung des völkerrechtlich garantierten Privateigentums steht die Verfügung, nach der laut Bekanntmachung der Generalzolldirektion vom 13. August 1914 alle Waren deutschen oder österreichischen Ursprungs, auch Durchfuhrwaren, die entweder noch nicht angemeldet oder für deutsche oder österreichische Empfänger bestimmt sind, zwecks ihrer Einziehung und Veräußerung zugunsten der Staatskasse angehalten werden sollten. Dagegen werden die für Empfänger anderer Nationen bestimmten Waren diesen ohne weiteres zugestellt. Die bereits angemeldeten, in Zollniederlagen befindlichen Waren der genannten Herkunft sind nach dem Generaltarif, nicht nach dem Mindesttarif zu verzollen.

Es handelt sich auch hier um eine Beschlagnahme von feindlichem Privateigentum, die wohl als bisher unerhörte Verletzung allgemein anerkannter Grundsätze des Völkerrechts bezeichnet werden darf.

Natürlich haben die englischen Zollbehörden dieselben Maßregeln erlassen. Als Gegenmaßregel ist die Bundesratsverordnung, betr. die Behandlung feindlicher Zollgüter, vom 15. Oktober 1914 ergangen. — Siehe im übrigen die französischen Maßnahmen gegen das deutsche Privateigentum Frkf. Ztg. Nr. 328/1914. Dortselbst auch ein Zirkular des Justizministers Briand über die Aufgabe der französischen Zwangsverwaltung „als eine lediglich beschützende Einkassierung der Guthaben und Begleichung der Schulden".

C. I. **Rußland** kann und darf sich natürlich an Vertragsverletzung nicht durch die Kulturgenossen England und Frankreich übertreffen lassen: die Art. 53, 55 und 56 des Abkommens von 1907 (s. oben Kapitel 17) beschränken das Beschlagnahmerecht eines ein Gebiet besetzenden Heeres ausdrücklich auf bares Geld, Wertbestände und Forderungen des S t a a t e s, soweit dieses Eigentum des Staates geeignet ist, den Kriegsunternehmungen zu dienen.

-ruben bei Dielette, Eigentum der Firma Thyssen, Heilbronners große Kunsthandlung, Wiener Möbelfabriken usw.). Nach der „Nordd. Allg. Ztg." vom 10. November 1914 ist in Frankreich nur die Z w a n g s v e r w a l t u n g sämtlicher deutscher Unternehmungen angeordnet worden. Dagegen siehe Bundesratsverordnung betreffend Überwachung ausländischer Unternehmungen vom 4. September 1914 und 22. Oktober 1914. „Weitere Maßnahmen sind in Vorbereitung." Siehe auch Zeitschrift des Handelsvertragsvereins Nr. 18 S. 201 über den deutsch-französischen Handelskrieg, die „Ligue Antiallemande", eine neue „Nationalmarke" usw.

Aus den Bestimmungen geht ex argumento e contrario ebenfalls klar hervor, wie schmählich die Dreiverbandsstaaten alle bisherigen Völkerrechtsgebräuche und Satzungen durch ihre wirtschaftlichen Kriegsmaßnahmen verletzen. Privateigentum kann nur in dem Umfange des Art. 53 Abs. 2 beschlagnahmt werden, d. h. wenn es sich um Kriegsvorräte handelt (s. Kap. 16 und 17 oben den Wortlaut der Art. 53, 55 und 56 der Landkriegsordnung).

In einem interessanten Artikel der „Augsb. A.-Z." (Ende September 1914) ist auf den Art. 822 der Allg. Gesetzsammlung, der russischen „Swod Sakonow", in den „Grundgesetzen" hingewiesen, wo es heißt: „Ausländer unterstehen sowohl persönlich als auch ihrem Eigentum nach den russischen Gesetzen und genießen alle Schutzbestimmungen dieser Gesetze."

Mit Ausbruch der Feindseligkeiten fielen für die in Rußland ansässigen deutschen Staatsangehörigen alle auf den Handelsvertrag mit Rußland basierten Privilegien weg. Die russische Regierung brachte nach der Kriegserklärung den Behörden das sog. Ausländergesetz in Erinnerung.

Nach Proklamierung des Kriegszustandsgesetzes in den nordwestlichen, polnischen und südwestlichen Gouvernements und des Gesetzes des „außerordentlichen Schutzes" in allen übrigen europäischen und asiatischen Gouvernements und Gebieten, ist das gesamte deutsche Privateigentum danach vor keiner Beschlagnahme mehr geschützt. Das rigoroseste aller russischen Gesetze ist das des „außerordentlichen Schutzes", das eine Verspottung jeglicher Gesetzmäßigkeit ist.

Die Generalgouverneure haben darnach unumschränkte Gewalt über Leben und Freiheit, bewegliches und unbewegliches Eigentum aller Einwohner. Wenn es in dem Aufruf der „Nowoje Wremja" heißt, die definitive Stellungnahme der zuständigen Instanzen — wie Finanz- und Justizministerium — zu der Konfiskationsfrage deutschen Eigentums wäre noch unentschieden, so ist das für die Vollstreckung des Gesetzes irrelevant.

Das Gesetz des „außerordentlichen Schutzes" ist ein Grundgesetz des russischen Staatsrechts. Dieses Gesetz gibt den Militärgouverneuren unbeschränkte Vollmachten in allen Dingen und entbindet sie auf die Dauer des sogen. „halben Belagerungszustandes" von aller Verantwortlichkeit vor den ordentlichen Gerichten. Würde in einem bestimmten Konfiskationsfalle, sei es Bankdepot oder unbewegliches Eigentum eines Reichsdeutschen oder einer deutschen Firma, der betreffende Gouverneur die Beschlagnahme verfügen, so wäre eine eventuelle Intervention des Finanz- oder Justizministeriums ganz wirkungslos und hätte praktisch gar keine Folgen, da der Gouverneur von keinen höheren Zivilinstanzen abhängig ist und die oberste Militärbehörde nie einen Einspruch des Justizministeriums beachtet.

Daß diese Rechtsdarlegung in der „A. A.-Z." richtig ist, geht am besten aus einer geradezu ungeheuerlichen Äußerung der „Nowoje Wremja" hervor, die eine offene Verhöhnung nicht bloß des Abkommens vom Jahre 1907 enthält, sondern überhaupt alle Grundsätze über modernes Kriegsrecht einfach mit einem Federzug wegfegt: Was schert es diese Kultur-Elite, daß außer Art. 23 Abs. 1 litt. h auch Art. 46 des von ihnen ratifizierten Abkommens ausdrücklich sagt: „Das Privateigentum darf nicht eingezogen werden." Der Satz gilt für sie nicht mehr! Das ist, um die Worte beim letzten Lordmayor-Bankett zu gebrauchen, eine „als Dogma aufgerichtete und gelehrte Barbarei", die sich die drei Großmächte zu schulden kommen lassen!

Die leitende „Nowoje Wremja" sagt in jenem Artikel folgendes:

„Wir wollen nicht die Frage der deutschen Depots bei den russischen Banken vom Standpunkte des Handels- und Industrieinteresses betrachten, denn der Krieg fügt ihnen einen so vernichtenden Schaden zu, daß das Schicksal dieses oder jenes Bankdepots keine katastrophalen Folgen für die Allgemeinheit haben kann. Diese Frage kann nur vom Standpunkt des Staatsinteresses aus betrachtet werden, und das erheischt, daß nicht eine Kopeke, die von Deutschen in Rußland erworben und deponiert wurde, zum Schaden unserer militärischen Interessen verwendet werden darf.

Eine ungehinderte Auszahlung der deutschen und österreichischen Depots wird aber den Abfluß russischer Gelder ins Ausland und die Verwendung dieser Gelder für militärische Zwecke zur Folge haben. Man muß ungewöhnlich naiv sein, um nicht voraussehen zu können, welche schlimmen Folgen dadurch entstehen und wieviel unnütze Zeit, Mittel und Lebenskräfte von unserer Seite verbraucht werden, um den gegenwärtigen schrecklichen Streit zu dem gewünschten Ziele zu führen. Wir sind keine Teutonen, finden aber, daß unsere Regierung die ihr vom Gesetz zustehenden Machtbefugnisse ausnutzen kann und muß. Und da man augenscheinlich diese Machtbefugnisse der exekutiven Gewalten vergessen hat, so nehmen wir die Arbeit auf uns, die Regierung daran zu erinnern. Unser Gesetz überläßt den Regierungen und Militärgewalten in der Zeit außerordentlicher Ereignisse innerhalb des Staatsbereiches das Recht, das bewegliche Privateigentum und die daraus fließenden Einnahmen zu konfiszieren und das unbewegliche Vermögen in Zwangsverwaltung zu nehmen.

Absatz 18 Artikel 19 des Kriegszustandsgesetzes räumt dieses Recht ein: den Oberstkommandierenden, den kommandierenden Generalen und den obersten Militärbehörden der Gebiete, die im Kriegszustande oder im Zustande des „außerordentlichen Schutzes" erklärt worden sind.

Und da gegenwärtig für die Gebiete der militärischen Operationen die Kriegszustandserklärung bereits erfolgte und für die übrigen Teile des Reiches die Verhängung des „außerordentlichen Schutzes" proklamiert worden ist, so ist eine Beschlagnahme nicht nur der deutschen Depots, sondern auch des beweglichen und unbeweglichen Vermögens der deutschen resp. österreichischen Staatsangehörigen im ganzen Gebiete des russischen Reiches möglich und durchzuführen.

Nicht einen Augenblick zweifeln wir daran, daß unsere Militärkommandanten, die auch in zivilrechtlicher Beziehung die Exekutivgewalt in der einen Reichshälfte besitzen, schon alle Maßregeln ergriffen haben oder ergreifen werden, um das Eigentum der Deutschen in den Grenzen des Reiches zu beschlagnahmen (!).

Aber die Anfragen über die Meinung der Banken, die Einberufung von Konferenzen beweisen, daß noch irgendwelche Zweifel bestehen, diese Konfiskationsmaßnahmen auch in den anderen Teilen Rußlands zu ergreifen. Die Schwankungen können dazu führen, daß im Augenblick der Klärung dieser Frage das deutsche Kapital sich außerhalb des Bereiches der russischen Machtbefugnisse befinden wird.

Wir möchten die Regierung nur daran erinnern, daß die Zurückhaltung des deutschen und österreichischen Kapitals innerhalb der Reichsgrenzen die Schlagkraft unserer Feinde vermindert."

Dies der an jener Stelle mitgeteilte Wortlaut der famosen Aufforderung zum Raube deutschen Eigentums seitens des allmächtigen russischen Blattes! England wird neidisch sein auf diesen in der Geschichte des letzten Jahrhunderts einzig dastehenden Fall eines gesetzlichen, völkerrechtswidrigen Massendiebstahls, den wir mit der „Nowoje Wremja" den Inhabern der betreffenden hohen Amtsstellen, die daraus wohl selbst ein gutes Geschäft nach russischer Methode machen werden, mit dem sie andere Löcher zudecken, ohne weiteres zutrauen [1]).

Welche ungeheure Verwilderung in allen Rechtsbegriffen schafft dieser Krieg? Wird nicht eine Zeit kommen, wo es wenigstens dem

---

[1]) Aus russischen Zeitungen geht hervor, daß die deutschen Gesellschaften gehörigen Fabriken, z. B. die Zellulosefabrik in Waldhof bei Pernau (Livland) auf Befehl des Gouverneurs beschlagnahmt worden sind. („Estnische Ztg.")

Im übrigen erscheint es ungemein schwierig, über die in Rußland ergangenen Handelskriegs-Aktionen im einzelnen authentische Mitteilungen zu erlangen.

besseren Teile des englischen Volkes graut vor solchem Völkerrechtsbruche, zu dem auch wieder England die nächste Veranlassung gegeben hat und dem die andern folgten!

Freilich, das Kapital russischer Unternehmungen in Deutschland ist im Verhältnis zum riesigen deutschen Kapital in Rußland gering, so daß in der Hauptsache nur Privatguthaben in Frage kämen, die bei deutschen Banken wenigstens zeitweise zu konfiszieren wären, um Repressalien gegen jene schändliche Rechtsvergewaltigung zu besitzen.

II. In der Folge wurden noch folgende Maßnahmen der russischen Behörden bekannt: Der dem russischen Handelsministerium unterstehende Konseil für Industrie und Handel hat nach den Mitteilungen des Deutschen Handelsvertragsvereins von Ende Oktober 1914 am 11. September folgenden Beschluß gefaßt:

1. Als verantwortliche Vertreter der in Rußland zugelassenen Aktiengesellschaften dürfen keine Untertanen der mit Rußland Krieg führenden Staaten fungieren.

2. Die verantwortlichen Vertreter werden, unter Androhung von krimineller Bestrafung, verpflichtet, ohne jedesmalige Erlaubnis des Handelsministers kein Geld ins Ausland auszuführen.

3. Der Handelsminister ernennt in allen auf Grund der reichsdeutschen und österreichischen Statuten tätigen und in Rußland zugelassenen Unternehmen besondere Aufsichtsbeamte.

Außerdem sprach sich der Konseil für den Erlaß eines allgemeinen Zahlungsverbotes gegen Deutschland und Österreich aus.

Durch Mitteilungen eines in Rußland ansässigen Rechtsanwalts erhielt das „B. T." die Mitteilung, daß durch einen Ukas des Zaren vom 24. Juli 1914 (alten Stils) die Geltung der Vereinbarung zwischen dem Deutschen Reiche und Rußland aufgehoben worden ist, nach der deutsche Staatsangehörige zur Geltendmachung irgendwelcher Ansprüche vor den russischen Gerichten rechtlich ebenso gestellt sind, wie russische. Aus der russischen Zeitung „Rußkoje Slowo" geht hervor, daß Klagen deutscher und österreichischer Staatsangehöriger von den russischen Gerichten abgewiesen werden, ja daß die russischen Gerichte sogar deutschen und österreichischen Staatsangehörigen die Vollstreckung von zu ihren Gunsten schon vor der Kriegserklärung ergangenen Urteilen in Rußland verweigern: Das ist also die völlige Rechtlosigkeit der Deutschen und Österreicher in allen Rechtssachen!

Ende Oktober wurde in der deutschen Presse folgendes mitgeteilt:

„Das Ministerium des Innern hat dem Ministerrat einen Gesetzentwurf betreffend die Liquidation der Vermögen Ausländischer vorgelegt, der beabsichtigt, die deutschen und österreichischen Untertanen des Rechts zu berauben, unbewegliche Habe außerhalb der Städte in 25 Grenzgouvernements und in den der Ostsee und dem Schwarzen und Asowschen Meer benachbarten Gebieten zu besitzen. Dieses Recht beschränkt sich ebenfalls auf russische Staatsbürger deutscher Abstammung, die nach der Verkündigung des deutschen Gesetzes vom 1. Juni 1870 über die doppelte Staatsangehörigkeit Eigentum erworben haben. Außerhalb der genannten Städte ist den bezeichneten Personen Miete und Pacht der Immobilien ebenso untersagt wie das Recht, als Stellvertreter für einen anderen Grundstückseigentümer zu fungieren. Der Gesetzentwurf sieht für die Liquidation eine Frist von mehreren Monaten vor."

Man sieht aus alle dem, daß die obigen Direktiven der „Nowoje Wremja" auch hier von dem jetzigen russischen Ministerium allmählich restlos befolgt werden sollen. Es steht nach obigem außer Frage, daß schon jetzt die österreichischen und reichsdeutschen Staatsangehörigen extra legem gestellt sind. Öffentliches und Zivilrecht, Völkerrecht, geschriebenes und ungeschriebenes, — das erstere vor allem in den oft zitierten Art. 46—56 der Landkriegsordnung enthalten (s. den Wortlaut Kap. 16 und 17), sind in gleicher Weise gröblich mißachtet.

D. Über die Aufhebung der Geltung des Haager Abkommens über den Zivilprozeß während des Krieges s. D. J.-Z. 1914 S. 1201 und S. 1296. Die Ausnahme des § 110 Abs. 2 Nr. 1 R.-Z.-Pr.-O. hat materielle Gegenseitigkeit zur Voraussetzung. Da sie durch die Nichtanerkennung Rußlands aufgehoben ist, ist das Abkommen tatsächlich weggefallen.

E. In dieses Kapitel gehört auch die Aufhebung und Suspendierung von Patenten und Marken, vor allem in Frankreich und England. Im allgemeinen ist zu bemerken, daß die internationalen Konventionen über den gewerblichen und geistigen Rechtsschutz im Kriege zwischen den kriegführenden Parteien ohne weiteres außer Kraft getreten sind. Zwar werden die Angehörigen der betreffenden Länder nicht rechtlos, aber die Schutzbestimmungen, die auf Vertrag beruhen, treten außer Kraft (s. D. J.-Ztg. 1914 Nr. 16/18 S. 1074). Auch hier gilt der oben bereits wiederholt zitierte Art. 23

litt. h des Haager Abkommens insofern, als bereits begründete Ansprüche bestehen bleiben und nicht annulliert werden können. Er hindert aber natürlich nicht, daß die Vertragsrechte aus Staatsverträgen über Urheberrecht, Muster- und Markenschutz außer Wirksamkeit treten, solange der Kriegszustand währt. Dadurch wird leider, da für den Krieg eine Lücke in der Gesetzgebung besteht, dem Nachdrucke, der widerrechtlichen Nachbildung und dem unlauteren Wettbewerbe Tür und Tor geöffnet. Der große moralische und wirtschaftliche Schaden ist nicht zu verkennen — vielleicht über die Kriegszeit hinaus. Die unlautern Elemente, insbesondere in England, werden versuchen, die Zeit zum geistigen und gewerblichen Piratentum zu benutzen. Eine Abmachung dagegen, wie sie Dr. Osterrieth a. a. O. vorschlägt, erscheint mir vorerst aussichtslos.

In England ist durch ein Gesetz das Board of Trade ermächtigt worden, Bestimmungen über die völlige oder teilweise Umstoßung oder zeitweilige Aufhebung von Patenten und Marken zu treffen, die für Angehörige einer im Kriege mit England befindlichen Macht geschützt sind. Die demgemäß vom Board of Trade erlassenen Rules, deren Inhalt bisher allerdings nur aus Mitteilungen der englischen Presse bekannt ist, überlassen es den Beteiligten, diejenigen Patente und Marken anzugreifen, welche Angehörigen der mit England Krieg führenden Staaten gehören und englischen Interessen im Wege stehen. Zu diesem Zweck ist ein Antrag bei dem Patentamt erforderlich. Auf Verlangen des Board of Trade, der dazu ermächtigt ist (may), hat der Antragsteller glaubhaft zu machen, daß er die ernste Absicht hat, das Patent auszuführen, oder die Waren, für die das Zeichen geschützt ist, zu vertreiben, sowie ferner, daß dies im öffentlichen Interesse liegt. Sind diese Voraussetzungen erfüllt, so kann das angefochtene Patent oder Zeichen für ungültig erklärt oder bis auf weiteres außer Kraft gesetzt werden.

In Frankreich sind auf Grund gesetzlicher Ermächtigung durch eine Verordnung des Präsidenten der Republik vom 14. August 1914 die gesetzlichen Fristen, innerhalb deren zur Aufrechterhaltung der Patente Jahresgebühren zu zahlen sind, vom 1. August 1914 an bis zu einem beim Aufhören der Feindseligkeiten zu bestimmenden Zeitpunkt außer Lauf gesetzt; die gleiche Vergünstigung kommt der bei der Anmeldung eines Patents zu leistenden Zahlung zu. Die gesetzlichen

Fristen, die für die Patentausführung in Frankreich, für den Ausstellungsschutz und für die Verlängerung des Musterschutzes gelten, sind ebenso verlängert worden. Einen Unterschied zwischen Inländern und Ausländern macht die Verordnung nicht.

Ob es für Deutschland ratsam erscheint, in Anwendung des § 12 Abs. 2 des Patentgesetzes das Vorgehen Englands mit Vergeltungsmaßregeln zu beantworten, unterliegt der Prüfung. Nach dieser Bestimmung kann unter Zustimmung des Bundesrats durch einfache Anordnung des Reichskanzlers bestimmt werden, daß gegen die Angehörigen eines ausländischen Staates ein Vergeltungsrecht in Anwendung gebracht werde. Über das Warenzeichengesetz s. § 23 Abs. 1 des Warenzeichengesetzes und die Entscheidung des Reichsgerichts vom 11. Juli 1913 II 223/13. Danach würde die eventuelle Aufhebung des Schutzes aller für Engländer in Deutschland eingetragenen Warenzeichen wegen der zweijährigen Sperrfrist eine für uns unbefriedigende Lösung finden. Es muß daher wohl eine Änderung des § 4 Abs. 2 des Warenzeichengesetzes stattfinden [1]).

F. Im übrigen wird es bei Festsetzung der Friedensbedingungen Zeit sein, der unerhörten Art wirtschaftspolitischer Kriegführung entsprechend zu gedenken.

---

[1]) Im Jahre 1903 wurden in Großbritannien 2751 Patente an Deutsche, im Jahre 1904 in Deutschland nur 574 Patente an Engländer erteilt. Das Verhältnis wird sich nicht wesentlich verschoben haben. Natürlich werden durch den gewissenlosen Diebstahl an geistigem und gewerblichem Eigentum seitens Englands auch die Neutralen ziemlich erheblich geschädigt. Vor allem wird auch die chemische Industrie betroffen werden: In der Deutschen Medizinischen Wochenschrift wird z. B. darauf hingewiesen, daß ein solcher Raub auch an einem der wichtigsten und wertvollsten pharmazeutischen Handelsgegenstande versucht wird, am Salvarsan. Die auch deutschen Ärzten wohlbekannte Firma Burroughs, Wellcome u. Co. hat den Antrag gestellt, daß ihr eine Lizenz auf das Salvarsan-Patent der Höchster Farbwerke gegeben werde und sie das Recht erhalte, ihre Produkte unter dem Namen Salvarsan und Neosalvarsan zu verkaufen. Dabei handelt es sich nicht etwa nur darum, während der Kriegszeit den Engländern das wohl auch in Großbritannien unentbehrliche Mittel zu liefern, sondern die Firma hat ausdrücklich erklärt, sie könne nur dann die Fabrikation aufnehmen, wenn ihr die alleinige Lizenz für England während der ganzen Patentdauer zugesprochen werde. Es scheint wenig Aussicht vorhanden, daß das Handelsamt die Proteste der deutschen Firma anerkennt; höchstwahrscheinlich wird die Erlaubnis der Salvarsan-Fabrik erteilt werden. Man wird staunen, welche neue „englische Krankheit" aus diesem geistigen Diebstahle entstehen wird!

Nach Anschauung der beteiligten Kreise werden bei der Frage der Festsetzung der Kriegsentschädigung u. a. folgende Hauptpunkte in Betracht kommen:

a) Ersatz aller Schäden, die durch Verlust oder Beschädigung der auf dem Transport befindlichen Sendungen entstanden sind.

b) Ersatz aller Verluste aus Forderungen an die Kunden der kriegführenden Länder.

c) Ersatz aller Verluste, die deutsche Firmen durch Maßnahmen der feindlichen Regierungen zum Schaden des deutschen Handels getroffen haben.

d) Ersatz aller Verluste derjenigen deutschen Werte, die im Auslande noch in Form von Waren lagern.

Dazu kommt u. a. wohl noch e) Ersatz der Schädigungen aus Versicherungsverträgen aller Art mit ausländischen Gesellschaften.

Im einzelnen wird freilich die Geltendmachung insbesondere der Forderungen sub b gewaltige, vielleicht teilweise unüberwindliche Schwierigkeiten bereiten. Jedenfalls aber kann nach der jetzigen Art der Kriegführung die Entschädigung nicht so einfach wie im Reichsgesetze vom Jahre 1871 berechnet werden, sondern sie wird ein langes, ernstes Vorstudium einer Kommission von wirtschaftlichen und finanziellen Autoritäten notwendig machen, die das Riesenmaterial zu studieren und zu prüfen haben wird.

Daß trotz allen Raffinements und aller Rücksichtslosigkeit dieser finanziellen und wirtschaftlichen Kriegsmaßregeln Deutschland keine Angst zu haben braucht, daß es mit Recht der Meinung ist, daß dieses Vorgehen nur plumpe Kurzsichtigkeit bedeutet, die dem englischen Handel und der englischen Industrie selbst tödliche Wunden schlagen wird [1]), verrät eine sehr charakteristische Äußerung der „Times" von Ende September:

Die Times schreiben dort in einer Besprechung des Buches von William Dawson: „Über die Entwicklung des modernen Deutschlands wird jetzt viel von

[1]) Beweis u. a.: Die Ausfuhrwerte in der Textilindustrie Englands gingen nach der Veröffentlichung der Handelskammer Manchester über die Ausfuhr vom Oktober in Stückwaren von 8,8 Mill. £ im Jahre 1912 und 8,7 Mill. £ 1913 auf 4,937 Mill. £ im Oktober 1914 herab. In Garnen von 19,95 Mill. auf 8,01; in Weberwaren von 631 Mill. Yards auf 370. In anderen Baumwollwaren von 9,8 auf 5,6 Mill. £.

der Gelegenheit gesprochen, die der Krieg bietet, um sich des deutschen Handels und der deutschen Absatzgebiete zu bemächtigen. Hiervon ist viel törichtes Geschwätz. Die Handelsbeziehungen, deren wir uns dank unserer Flotte bemächtigen können, werden nicht lange in unseren Händen bleiben, wenn der normale Zustand wieder eintritt. Wie soll dann das dabei festgelegte Kapital wieder herauskommen? Deutschland hat sich seinen Handel ehrlich durch Kenntnisse, Intelligenz, Fleiß und Anpassungsfähigkeit seiner Kaufleute und Ingenieure gesichert. Nur durch die gleichen Eigenschaften können wir die Absatzgebiete uns erobern und dauernd behalten." Die Times empfehlen schließlich den englischen Industriellen das Studium des Buches und die Nachahmung deutscher Geschäftsmethoden.

Ja, wenn diese Nachahmung gegenüber jahrzehntelangen Unsitten und Unterlassungen des englischen Hochmuts so rasch möglich wäre! Geistlose Kopie! Der Krieg vergeht, die deutsche Intelligenz, Tüchtigkeit und Rührigkeit bleibt nicht nur — nein, sie erhält durch diesen von England angezettelten Krieg den denkbar größten Ansporn! Englischer Übermut ist die Kraft, die das Böse für uns will und das Gute schafft!

Herr Simons, der Vertreter des uns ziemlich feindlichen Amsterdamer „De Telegraaf", hat ganz recht, wenn er sagt, daß dieser ganze nur mörderischen deutschen Haß erweckende sog. „Aushungerungsfeldzug" kläglich mißlingen und in erster Linie die kleinen neutralen Staaten, vor allem Holland und die Schweiz, dann aber die drei skandinavischen Länder schwer schädigen, Deutschland aber verhältnismäßig außerordentlich wenig schaden wird. So wenig wie die unerhörte offiziöse concurrence déloyale und das amtliche dénigrement, das systematisch in der Dreiverbandspresse gegen unser Wirtschaftsleben vertreten wird, uns auf die Dauer schädigt! Denn die selbst von dem „Times" gepriesene Intelligenz, der Fleiß und die Anpassungsfähigkeit werden uns neue Mittel und Wege suchen lassen, um dieses riesige organisatorische Wunderräderwerk, genannt deutsches Wirtschaftsleben, in Ordnung zu halten: Ein Volk, das mit solcher Begeisterung solche titanenhafte Anstrengungen macht und solche Riesenopfer in diesem Kriege bringt, ist nicht zu besiegen! [1])

---

[1]) Der interessante Artikel Simons' endet mit folgenden Worten: „Hier (in Deutschland) leidet man keinen Hunger, hier gibts keine Opposition, hier ist hoffnungsvolles Vertrauen auf einen schnellen, ehrlichen Frieden, Vertrauen zur Regierung, Vertrauen zum Heer. Das ist die Psyche dieses Volkes! Behelft Euch damit!"

28. Kapitel.

Die Verletzung der Schweizer Neutralität.

Es hat sich durch die Ereignisse der letzten Tage als nötig erwiesen, über dieses Thema ein kurzes Kapitel anzufügen — gegen die ursprüngliche Absicht des Verfassers und Anordnung dieser Arbeit.

Nicht etwa, als wenn die Neutralität zweifellos von den kriegführenden Parteien eingehalten worden und daher eine solche Untersuchung überflüssig wäre! Im Gegenteil! Frankreich hat von Anfang an in sehr bedenklicher Weise die Neutralität der Schweizer Republik [1]) durch die systematische fortgesetzte Ausgestaltung der Spionage von Basel aus verletzt (s. oben Kap. 26). Auch das Vorgehen gegen Schweizer Staatsbürger, denen man die Alternative „freiwillige Kriegsdienste", „Ausweisung" oder „Verwaltungsschikanen" nach unwidersprochenen Mitteilungen zahlreicher Schweizer Zeitungen stellte (August und September 1914), erscheint vom Standpunkte der Art. 1, 17 Abs. 1 litt. b usw. des zitierten 5. Abkommens der II. Friedenskonferenz vom 18. Oktober 1907 bedenklich.

Rohes, gewalttätiges Vorgehen gegen deutschsprechende Schweizer Staatsangehörige seitens der französischen Bevölkerung wurde in zahlreichen Fällen gemeldet.

Ganz klar und akut wurde die Verletzung der Schweizer Neutralität durch die Überfliegung des Schweizer Gebiets bei dem Angriff dreier englischer Flugzeuge auf die Zeppelinwerft in Friedrichshafen am 21. November 1914, der anscheinend (nach den Mitteilungen der „Frankf. Ztg." über den Besuch des englischen Gesandten Grant Duff in Bern auf dem Kirchturm in Romanshorn usw.) eine lange, unzulässige Spionage vom Schweizer Gebiet aus vor-

---

[1]) Über die Schweizer Neutralität s. Ullmann a. a. O. S. 116; Hilty, Die Neutralität der Schweiz (1889); Morel, Handbuch, III. S. 378 ff.; v. Liszt, 6. Aufl. S. 19, 75, 171.

Über das Vorgehen der französisch-schweizerischen Presse, das schlecht zur loyalen Einhaltung der Neutralität seitens der Bundesregierung stimmt, sprechen wir hier nicht weiter. Es würde sich aber wohl eine etwas größere Strenge gegen die teilweise schändlichen Taktlosigkeiten dieser Presse empfehlen.

hergegangen ist [1]). Das offensichtliche Überfliegen eines Teiles des Schweizer Grenzgebietes machte der „Harmlosigkeit" dieses ganzen Vorgehens ein Ende!

Das Überfliegen eines neutralen und als solchen unverletzlichen Gebietes ist nach der jetzigen Entwicklung der Kriegstechnik unzweifelhaft ein „Hinüberführen" einer Truppe im Sinne des Art. 2 des zitierten Abkommens.

Die Schweiz durfte nach Art. 5 das Vorgehen der Flieger nicht dulden, und ihr Protest war das Minimum, wenn sie nicht unter Umständen unheilvolle, unabsehbare Folgen zeitigen wollte. Die völlige Parität der Duldung, die das selbstverständliche Recht für einen Gegner der die Neutralität zuerst brechenden Kriegspartei bildet, wäre für uns das Wenigste gewesen, was wir anzusprechen hatten.

Der Erfolg des Protestes der Schweiz zeigte seine volle Berechtigung von selbst.

Unterm 7. Dezember 1914 teilte das W. T. B. amtlich den Ausgang der Affäre wie folgt mit:

Auf die Vorstellung, welche der Bundesrat bei der britischen und der französischen Regierung wegen des Überfliegens schweizerischen Gebiets durch die englischen Flugzeuge erhob, gab der französische Gesandte eine Erklärung des französischen Außenministers ab, dahingehend, daß derselbe den Vorfall, sofern er erwiesen sei, aufrichtig bedauere. Der Vorfall könne gewiß nur der Unachtsamkeit zugeschrieben werden. Im übrigen lege die französische Regierung mehr als je Gewicht auf die schweizerische Neutralität, und sie wolle, daß diese durch ihre Truppen beobachtet werde, einerlei, ob es sich um eigentliches Gebiet der Eidgenossenschaft oder den darüber liegenden Luftraum handle.

Die englische Regierung ließ durch ihren Gesandten dem Bundesrat eine Note überreichen, worin sie ausführt, daß die Flieger, welche an dem Angriff auf die Zeppelinwerft teilnahmen, die bestimmte Weisung hatten, schweizerisches Gebiet nicht zu überfliegen. Wenn sie es dennoch taten, sei das auf Unachtsamkeit und auf die Schwierigkeiten zurückzuführen, in großer Höhe die wirkliche Lage

---

[1]) Das behauptete beispiellose Vorgehen des englischen Gesandten betreffs Benutzung der Schweizer drahtlosen Telegraphenstation wird amtlich in Abrede gestellt; — doch zuerst auch das Überfliegen von Schweizer Gebiet? Auch der 1½stündige Aufenthalt auf dem Kirchturm zu Romanshorn am 3. November?

Oberstleutnant Emerson, der Gewährsmann der „Frkf. Z." beharrt bei seiner Darstellung, die freilich den kecksten Angriffsversuch auf schweizerische Neutralität und das Völkerrecht bedeuten würde, den die Welt sah (s. Art. 1, 3, 5 und 9 des 5. Haager Abkommens von 1907).

des Luftfahrzeugs festzustellen. Auf Grund der ihr von schweizerischer Seite unterbreiteten Beweise für das Überfliegen des schweizerischen Gebiets halte die britische Regierung darauf, dem Bundesrat zu versichern, daß dies entgegen ihren Absichten geschah, und spreche ihm dafür ihr lebhaftes Bedauern aus. Die englische Regierung wünscht im Anschluß daran festzustellen, daß aus den ihren Fliegern erteilten Instruktionen und dem dem Bundesrat ausgesprochenen Bedauern wegen ihrer Nichtbeachtung keine allgemeinen Schlüsse auf ihre Anerkennung eines nicht unbestritten geltenden völkerrechtlichen Grundsatzes betreffend die Gebietshoheit über den Luftraum gezogen werden können.

Der Bundesrat dankte beiden Regierungen für die Erklärung und benutzte die Gelegenheit, der englischen Regierung neuerdings mitzuteilen, daß er mit Rücksicht darauf, daß keine völkerrechtliche Beschränkung der Gebietshoheit über den Luftraum bestehe, er die letztere in vollem Umfang geltend machen müsse und schon bei Gelegenheit der Mobilisation der Truppen eine entsprechende Weisung zum Schutze derselben erließ.

Die zuletzt aufgeworfene Streitfrage ist eine sehr interessante —, aber sie ist wohl heute völlig klar. Der schweizerische Standpunkt, den Frankreich ausdrücklich als richtig anerkannte, wird unzweifelhaft auch von der deutschen und österreichisch-ungarischen Regierung anerkannt. Gerade das Überfliegen des neutralen Gebietes Belgien vor dem Kriegsbeginn durch französische Flieger wurde mit Recht von der deutschen Regierung als ein krasser Völkerrechtsbruch angesehen. Warum soll eine Handlungsweise, die militärisch unendlich gefährlicher ist als das Marschieren einer vielleicht kleinen Abteilung von Infanterie oder Kavallerie über das Gebiet, anders beurteilt werden? Die gegenteilige Annahme wäre unlogisch, militärisch unhaltbar, ja hochgefährlich, zudem dem Sinne und Wortlaut des 5. Abkommens widersprechend, das den Kriegführenden untersagt, „Truppen oder Munitions- oder Verpflegungskolonnen durch das Gebiet einer neutralen Macht hindurchzuführen". Auch das Überfliegen eines Gebietes mit einem Luftschiff oder Flugzeug ist ein „Durchführen" eines Kriegsapparats, einer technischen Kampfeinheit, einer „Truppe" über das Gebiet und als solches streng verboten. Die Schweiz war, ohne daß man eine feindselige Haltung ihrerseits annehmen durfte (s. Art. 10 l. c.) sogar berechtigt, die Flieger ohne weiteres herunterzuschießen.

Über die lufttechnische und völkerrechtliche Bedeutung der Frage s. auch die Broschüre „Die Luftschiffahrt in staats- und völkerrechtlicher Hinsicht", von Dr. E. Daus, Hamburg 1909, sowie die dort aufgeführte Literatur. Unzweifelhaft entspricht es den heutigen allgemeinen Rechtsanschauungen, daß der Luftraum oberhalb der durch die Staatsgrenzen umschriebenen Erd- und Wasseroberflächen zum Staatsgebiete selbst gehört, über das der Staat seine Souveränitätsrechte ausübt. Eine allgemeine Freiheit der Luft ohne solche Rechte des betreffenden Staates auch für den Luftraum würde bei der heutigen Militärlufttechnik zu ganz unhaltbaren völkerrechtlichen Zuständen führen (s. auch Rivier, Lehrbuch des Völkerrechts, 1889 S. 123 und Ullmann, Völkerrecht, 2. Aufl. 1908 S. 288; v. Liszt, 6. Aufl. S. 78, 79, 290, 291, 311). Der Rechtsstandpunkt der Schweiz muß daher auch von diesem Standpunkt aus als völlig korrekt bezeichnet werden. Der englische unhaltbare Standpunkt stützt sich auf den des Belgiers Nys auf den Tagungen des „Institut de droit international" zu Brüssel (1902) und Edinburg (1907) mit der Forderung der Erklärung der „Freiheit der Luft" durch eine internationale Aktion. Diese Erklärung ist niemals erfolgt; die noch weiter gehende Meinung des Franzosen Mérignhac (Rouen 1903) wurde von der französischen Regierung selbst wie von allen andern Mächten zurückgewiesen. Die englische Auffassung würde auch den Wert der Neutralität bis auf ein Minimum herunterdrücken, die nicht ohne starken Einfluß auf die Sicherheit neutraler Staaten überhaupt bleiben könnte.

Im übrigen müssen wir uns hier auf diese kurzen Bemerkungen beschränken (s. auch S. 276).

II. Teil.

Seekriegsrechtliche Fragen.

29. Kapitel.

Allgemeines: England — das Seekriegsrecht und wir!

Motto: „Das arme Land England muß in ein Handeltreiben, Kolonisieren, Ansiedeln in der Fremde hineingeraten, sich in einen allgemeinen Aufruhr von Maschinerien, Eldorados, beispiellosem Wohlstand stürzen, der eben heutzutage sehr viel von sich reden macht. Ein Wohlstand, der offenbar nicht besonders erhabener Art ist, der vorläufig das einst so ehrbar-reinliche und verständige Gesicht Englands mit Schmutzflecken, Rußflecken und allerhand Unflat und Greueln bedeckt hat." Thomas Carlyle.

1. Auf dem Gebiete des **Landkriegs** sind die Hauptnormen über die Kriegführung in der sog. Landkriegsordnung, völkerrechtlich immerhin ziemlich klar und deutlich niedergelegt. Lückenhaft, wie es bei der Schwierigkeit der ganzen Materie und der Neuheit der Regelung nicht anders sein kann! Aber bei gutem Willen sind sie ein treffliches Mittel zu einer humanen Kriegführung. Anders liegt die Sache im Seekriege. Dort verteidigte bis zur Mitte des 19. Jahrhunderts England unter dem scheinheiligen Nimbus des Verdienstes um die Freiheit Europas das Seebeuterecht. Alle Kämpfe dagegen, insbesondere auf dem Kongresse zu Chatillon (1814) scheiterten: „Niemals — rief echt englisch Lord Cathcart, wird Großbritannien auf dem Meere ein anderes Gesetz anerkennen, als die — allgemeinen Regeln des Völkerrechts!" Als eine „allgemeine Regel des Völkerrechts" sah England das Seebeuterecht an!

Die Gesetzgebung begann mit der Pariser Seerechts-Deklaration vom 16. April 1856 (Preuß. Ges.-S. 1856 S. 585). Diese bestimmte im Hinblick auf die ernsten Schwierigkeiten und schweren Konflikte, die aus der Ungewißheit des geltenden Rechts drohen, als obersten Grundsatz, daß „**die Kaperei abgeschafft ist und bleibt**". Zwei andere wichtige Grundsätze bestimmen, daß die neutrale Flagge das feindliche Gut deckt, mit Ausnahme der Kriegskonterbande, und daß neutrales Gut unter feindlicher Flagge, ebenfalls mit Ausnahme der Kriegskonterbande, nicht mit Beschlag belegt werden darf. Der vierte Grundsatz setzt fest, daß die Blockade eine wirksame sein muß, wenn sie rechtsverbindlich sein will, d. h. durch eine Streitmacht aufrecht erhalten werden muß, die hinreicht, um den Zugang zur Küste des Feindes wirklich zu verhindern. In weiterer Ausführung dieser edlen Grundsätze, zu denen sich unterschriftlich neben Preußen, Österreich, Frankreich, Rußland, Italien und der Türkei auch England bekannte, wurde zunächst auf der ersten Friedenskonferenz von 1899 das Abkommen über die Anwendung der Genfer Konvention auf den Seekrieg beschlossen, das später im 10. Abkommen der II. Konferenz nach der Revision des Genfer Abkommens vom 6. Juli 1906 neuredigiert wurde (R.-G.-Bl. 1910 S. 283).

Unterm 18. Oktober 1907 gelang es, eine Reihe weiterer Abkommen anläßlich der zweiten Haager Friedenskonferenz abzuschließen, die vor allem die Behandlung der feindlichen Kauffahrteischiffe beim Ausbruche der Feindseligkeiten (6.), die Umwandlung von Kauffahrteischiffen in Kriegsschiffe (7.) (R.-G.-Bl. 1910 S. 207), die Legung von unterseeischen selbsttätigen Kontaktminen (8.) (R.-G.-Bl. 1907 S. 231), die Beschießung durch Seestreitkräfte in Kriegszeiten (9.) (R.-G.-Bl. 1910 S. 256), gewisse Beschränkungen in der Ausübung des Beuterechts im Seekriege (11. Abkommen) (R.-G.-Bl. 1907 S. 316) und vor allem die Rechte und Pflichten der Neutralen im Falle des Seekrieges (13. Abkommen) betrafen. Alle diese Abkommen sind von den jetzt in Krieg liegenden Staaten (mit ganz geringen Ausnahmen, z. B. hat Rußland das 11. Abkommen nicht unterzeichnet), insbesondere von Deutschland, Österreich, Belgien und Frankreich unterzeichnet und ratifiziert worden. Die Vorbehalte sind minimal und interessieren hier nicht weiter. Charakteristisch ist aber, daß England, die Hauptmacht zur See, diese Abkommen, die größtenteils nur bestehendes Völker-Gewohnheitsrecht kodifizierten, teilweise nicht ratifiziert hat, so z. B. nicht das 10., und vor allem das 13. Abkommen. England verstand es stets, sich mit großer Gewandtheit bei rechtlichen Situationen, die ihm möglicherweise nachteilig werden konnten, seitwärts in die Büsche zu schlagen und die anderen Mächte die Geschäfte der Humanität allein treiben zu lassen.

Unterzeichnet hat England sämtliche Abkommen, ratifiziert

hat es von den oben genannten das 6., 7., das 8. (mit Vorbehalt, s. unten), das 9. und das 11. Abkommen [1]).

Auch seine völkerrechtliche Stellung ist nur diktiert von dem obersten Dogma seiner Seepolitik: Jede Macht, wie sie auch heiße, ist Englands Todfeind, die seine Weltstellung bedrohen, die seine Sicherheit am Kanal gefährden könnte! Das ist der rote Faden der englischen Politik seit vier Jahrhunderten! Nach Spanien, Holland, Frankreich, jetzt — Deutschland. Und dieser militärisch-nautischen und wirtschaftlichen Generalidee opfert es jede kulturelle, jede rechtliche Pflicht.

Von großer Wichtigkeit für das ganze Seekriegswesen sollte die Londoner Erklärung über das Seekriegsrecht vom 26. Februar 1909 werden. Sie sollten eine größere Klarheit und Einheitlichkeit der allgemeinen Grundsätze des internationalen Seerechts vor allem über die Blockade (Art. 1—21), über die Kriegskonterbande (Art. 22 ff. bis 44), über neutralitätswidrige Unterstützung (Art. 45—47), über die Zerstörung neutraler Prisen (Art. 48), Flaggenwechsel (Art. 55, 56), über „die feindliche Eigenschaft" der Waren und Schiffe (Art. 57 ff.), Geleit, Widerstand gegen Durchsuchung und über Schadenersatz geben. Die Grundsätze wurden zwar von sämtlichen Konferenzstaaten, zu denen sämtliche jetzigen sechs Großmächte als Kriegsstaaten gehörten, signiert, aber infolge des Widerstandes des englischen Oberhauses leider nicht ratifiziert. So blieb es formal bei den Abkommen von 1907, die an Vollständigkeit und Klarheit teilweise sehr stark zu wünschen übriglassen. Die Bestimmungen der Londoner Seerechtsdeklarationen sind aber unzweifelhaft materiell wertvollstes Auslegungsmaterial für die bis jetzt geltenden Gebräuche des modernen Seekriegs. Die deutsche Reichsregierung ist hier mit gutem Beispiele vorangegangen, und hat die klaren und menschlichen Bestimmungen der Deklaration im wesentlichen in die neue Prisenordnung vom 30. September 1909 (R.-G.-Bl. 1914 S. 275) aufgenommen und sie so für die deutsche Seekriegführung für maßgebend erklärt. Auch sonst richten sich fast durchweg die neutralen Staaten nach der Deklaration und bestätigen damit ihre innere Bedeutung. Ob freilich das Deutsche

---

[1]) Das 12., das bisher überhaupt nicht ratifiziert wurde (Abkommen über die Errichtung eines internationalen Prisenhofs), interessiert hier nicht. Die Erklärung betreffend das Verbot des Werfens von Geschossen s. oben Kap. 10.

Reich angesichts des Vorgehens Englands bei seiner seekriegsrechtlichen Noblesse in der Prisenordnung stehen bleiben kann, erscheint mehr als fraglich.

2. Nach dem heutigen Rechtszustande fallen zwar die Kaper als eigentliche Korsaren weg, sie werden aber ersetzt durch die Ermächtigung des Privatschiffes seitens des Staates, der freilich für das Verhalten dieser einen Teil seiner Kriegsmarine bildenden Streitkräfte verantwortlich ist (s. im übrigen u. a. Völkerrecht von Ullmann S. 504 ff.). Das Seebeuterecht ist zwar vertragsrechtlich erheblich beschränkt; aber dieses wie überhaupt alle internationalen Rechtsregeln über den Seekrieg leiden vor allem an der natürlichen Schwierigkeit der Durchführung der Kontrolle. Wo kein Kläger ist, ist kein Richter; wo aber kein Richter ist, da ist auch der Kläger vogelfrei. Wer soll in Kriegszeiten über Geschehnisse zur See, die sich oft bei Nacht und Nebel abspielen, objektiver Zeuge sein? Nur die allerschwersten Verletzungen der internationalen Abkommen gelangen hier in die Öffentlichkeit. Noch mehr wie beim Landkriege sind der gute Wille, der internationale Anstand und der Edelsinn die ausschlaggebenden Faktoren [1]).

[1]) Wie vor den englischen Prisengerichten Recht gesprochen wird, darüber geben die in der „Mercantile and Shipping Gazette" wiedergegebenen Verhandlungen und Entscheidungen über einige beschlagnahmte deutsche Schiffe Auskunft.

In dem über den Fall des deutschen Segelschiffes „Möwe" ergangenen Urteil hat der Präsident des Prize Court, Sir S. Evans, anerkannt, daß auch die einer feindlichen Nation angehörende Partei unter gewissen Umständen vor dem Prisengericht zugelassen werden kann, und zwar dann, wenn sie auf Grund eines der Haager Abkommen einen Anspruch auf Schutz, auf ein Privileg oder auf Schadenersatz zu haben glaubt. Erforderlich ist weiter, daß der Grund des geltend zu machenden Anspruches in einer eidlichen Erklärung entsprechend den Erfordernissen der englischen Prisengerichtsordnung von 1914 dargelegt wird. Mit dieser Entscheidung weicht das Gericht von seinem früheren Standpunkt ab. Die Vergünstigung ist aber im Falle „Möwe" dadurch illusorisch gemacht worden, daß das Gericht das Vorbringen der deutschen Partei für unerheblich erklärte und in einer Nebenbemerkung weiter ausführte, daß selbst bei vorhandener Erheblichkeit der deutsche Einwand nichts genützt haben würde, weil dieser von einem Engländer bestritten worden und dessen Aussage für das Gericht maßgebend gewesen wäre.

Ein weiterer Fall betraf das deutsche Fischerfahrzeug „Berlin", das von einem englischen Handelsdampfer eingeschleppt worden ist. Für die Rechtmäßigkeit der Aufbringung waren keinerlei Beweise vorhanden; keine Prisenbesatzung, keine Notiz im Schiffstagebuch; auch die Feststellung des Zeitpunktes der Auf-

Die Anschauung ist nicht von der Hand zu weisen, daß das starre Festhalten Englands am Seebeuterechte mit eine der Hauptursachen dieses Krieges ist. Denn infolge dieses Piratenrechts wurde Deutschland zur Notwehr, d. h. zur Schaffung einer großen Flotte gezwungen, die England seinerseits als Bedrohung seiner vitalen Interessen ansah.

England hat gleich vom Beginne der Feindseligkeiten an den altenglischen Grundsatz rückhaltslos verfolgt: „Die Gesetzbücher sind im Kriege geschlossen; da gibt England Recht und Gesetz." Es hat sich über die oben kurz zitierten Abkommen vom Jahre 1907 teilweise schlank hinweggesetzt und seinen Vorteil und sein höchstes Ziel, die Vernichtung seines Rivalen zur See auch zum obersten Grundsatz seiner Kriegführung erklärt. Dabei sind Haß und Angst seine Hauptberater! Sie waren stets schlechte Ratgeber! Dieses Vorgehen ist um so mehr zu bedauern, als England, wie amtliche norwegische und schwedische Mitteilungen ersehen lassen, am 20. August, also lange nach der Kriegserklärung an Deutschland, die Erklärung abgab, daß es nach der Londoner Seerechtserklärung von 1909 die wichtigsten Fragen des Seerechts, insbesondere die Fragen der Kriegskonterbande, behandeln wolle. In Vollzug dieser Erklärung hat England auch zunächst (s. unten) Erlasse herausgegeben, in denen es ausdrücklich die Gegenstände, die Art. 22 und 24 der Londoner Erklärung benannte, als Kriegskonterbande für diesen Krieg erklärte. Es hat aber diese Erklärungen später stark modifiziert und schließlich sie gänzlich zurückgezogen (s. die Order vom 20. August, sowie die englischen Konterbandeerklärungen vom 4. August, 21. September und 29. Oktober 1914 in Prof. Dr. Pohls neuester Schrift „England und die Londoner Deklaration" (Anlage).

England hat durch seinen Ministerpräsidenten Asquith während der Unterhausdebatte im Jahre 1911 erklären lassen, daß er und

bringung war unmöglich. Dennoch wurde die Wegnahme des Schiffes ausgesprochen. Das Gericht erklärte nämlich, es sei „glücklicherweise" überhaupt an keine Beweisregeln gebunden und entscheide daher, wie es ihm gut und sicher erscheine. Denn das Prisengericht sei mit andern Gerichten nicht zu vergleichen, und sei daher auch frei von den „engbegrenzten Fesseln" jener Gerichte. Auf Grund dieses Standpunktes vermutete das Gericht sodann, daß die Aufbringung des Schiffes rechtmäßig gewesen sei und auch nach Kriegsausbruch stattgefunden habe. Die Folge war die Einziehung des Schiffes. („Fr. Ztg." vom 7. Dezember 1914.) Ein solches Scheinverfahren nennt man in England „Recht".

seine Kollegen nach sorgfältiger Prüfung gefunden hätten, daß ein großer internationaler Vertrag wie die Londoner Deklaration im höchsten Interesse des Weltfriedens wie auch der Vorherrschaft Englands zur See liege. Der Premierminister fügte bei, die Regierung würde sich einer groben Pflichtversäumnis schuldig machen, wenn sie nicht alles täte, um die internationale Richtschnur einführen zu helfen. So wurde die Deklaration vom Unterhaus mit großer Mehrheit angenommen. Und heute glaubt England einfach sich allen rechtlichen und moralischen Forderungen dieses anerkannten Seegewohnheitsrechts einseitig entziehen zu können? Freilich besser konnte England nicht zeigen, daß ihm am „Weltfrieden" nichts liege, als durch die Lossagung von den Regeln der sog. Londoner Erklärung.

3. England verfolgt bei all seinen Verletzungen der Gebräuche und Gesetze des Seekriegs mit Raffinement zwei ganz konträre Systeme, die ihm gegenüber Vorwürfen jederzeit den Anschein eines gewissen Rechtes geben. Wir haben erlebt, wie ein Volk, das in seinem privaten und geschäftlichen Leben im Frieden im ganz überwiegenden Durchschnitte auf Anstand und Zuverlässigkeit hält, in der Politik und vor allem bei der Fortsetzung der Politik durch den Krieg die brutalsten, unmenschlichen Maximen zur Durchführung bringt, die für uns übrigen Europäer teilweise in ihrer ganzen Gehässigkeit unbegreiflich und unverständlich sind. Der Engländer ist unzweifelhaft in allen seinen Geschäften außerordentlich formal. Dieser Formalismus hat auf dem Gebiete des Rechtswesens teilweise zopfige, bizarre Formen gezeitigt und zäh festgehalten. Der Engländer liebt es vielfach nicht, in das innere Wesen der Dinge allzusehr einzudringen. Da ist ihm die Form genügend und zur Umgehung des materiellen Rechts oft sehr geeignet. Ist äußerlich die Sache in Ordnung, so ist sie ihm auch innerlich gefestigt genug, um sie zu vertreten. Dieser Standpunkt ist zu Zeiten sehr bequem und hilft über Gewissensskrupel leicht hinweg. Auch der englische Jurist weiß genau, daß das, was in den verschiedenen Abkommen der zweiten Haager Konferenz von 1907 niedergelegt ist, längst gültiges Seegewohnheitsrecht ist. Es genügt ihm aber nach außen, daß Montenegro, der große Seestaat, oder Serbien diese Abkommen nicht ratifizierte, um sich — so lächerlich bei einigem Nachdenken auch für ihn dieser Standpunkt sein mag —

zu trösten, daß darum die Abkommen auch für England nicht bindend seien, soweit die bekannte Solidaritätsklausel in den Abkommen enthalten ist. Im 6., 8., 10., 11. und 13. Seerechtsabkommen ist sie enthalten.

Diese formalistische Behandlungsweise der Dinge zu seinen Gunsten hält die britische Seemacht freilich auf der andern Seite durchaus nicht ab, sich seinerseits auf dieselben Abkommen, auf deren Ungültigkeit sie ihre brutale Kriegführung aufbaut, da als gültig zu berufen, wo sie ihm augenblickliche Vorteile versprechen, wie wir dies unten in einer Reihe von Fällen nachzuweisen in der Lage sind. So wendet England z. B. jetzt u. a. auch die Bestimmungen des 13. Abkommens über die Rechte und Pflichten der Neutralen im Seekriege von 1907 in den Artikeln über die Kohlenversorgung und den Aufenthalt der fremden Schiffe (Art. 12, 14, 20 sowie Art. 5 und 8) mit größter Energie an, obwohl England das Abkommen gar nicht unterzeichnet hat und es dieselbe Solidaritätsklausel aufweist, auf die sich England sonst zum Nachweise der Ungültigkeit des Abkommens stützt: Alles, weil die betreffenden Bestimmungen für England in concreto günstig erscheinen. Also der Zweck geht ihm in der Politik wie in der Kriegführung, die ja nichts anderes sein kann und darf, als die Fortsetzung der Politik, über alles! Lächerlicher Formalismus wie weitherzigste Auslegung müssen ihm beide zugleich zum Besten dienen! Es braucht nur den Gegner, der ihm, dem Mächtigen, all' diese behaupteten Rechte gläubig und nachgiebig einräumt. Und mit dieser mangelnden Rücksichtslosigkeit auf seiten seiner Gegner hat der Engländer in der Vergangenheit leider nur allzu gute politische Geschäfte gemacht und die Welt erobert. Am meisten hat diese Rücksichtslosigkeit ihm als Waffe gegen uns Deutsche, die er daher stets als politisch minderwertig angesehen hat, gedient. Dabei fällt es ihm leicht, den Spieß herumzudrehen und in der ganzen Welt das Märchen vom mad dog of Germany zu verbreiten, der mit Schaum vor dem Maule überall in der Welt blindwütig umherschnappt, um das friedliche, gerechte, jeder Gewalt abholde England zu beißen, das die Völker ihres eigenen Vorteils wegen zu Hörigen macht: Alles im Dienste uneigennützigster „Kultur" und „Freiheit"! Und da es immer Toren fand, die seine „Industrie- und

Handelskriege", wie den jetzigen, mit ihrem Blute zu führen bereit waren, da es meisterhaft französische Eitelkeit und Ruhmsucht und moskowitische Machtgier zu gängeln wußte, konnte es solche Praktiken erfolgreich immer wieder verfolgen. [1])

Freilich, jetzt ist zunächst das Staunen des englischen Volkes groß! Wie es dem ganzen elementaren Hasse, dem ein großes Volk wie das deutsche, das man dauernd schmählich in seiner natürlichen Entwicklung geknebelt und beleidigt hat, sich heute hingibt, verständnislos gegenübersteht, wie es — das Land des Söldners — die Ethik dieses großen Krieges zunächst nicht begreift (das Verständnis wird ihm aufgehen, wenn unsere Bomben auf englisches Land herniederfallen und das Söldnersystem der allgemeinen Wehrpflicht weicht!), so steht es staunend der Tatsache gegenüber, daß Deutschland es wagt, diejenigen Mittel anzuwenden, die es bisher als ihm eigentümlich, ja für heilige Sonderrechte angesehen hat. Unsere wackeren kleinen Kreuzer „Emden", „Karlsruhe", „Königsberg" „Nürnberg" usw. führten und führen jetzt den Krieg „englisch": sie nutzen das Kaperrecht aus, nicht rücksichtslos, sondern menschlich, anständig, so daß auch das Staunen des englischen Volkes darüber charakteristisch ist! Während man auf Englands Seite friedfertige Bürger von neutralen Schiffen weg in harte Gefangenschaft setzt, lassen unsere Kreuzer die Besatzungen, ausgerüstet und wohlversehen, ruhig laufen!

---

[1]) Die „Kreuzzeitung" erinnert in diesen Tagen mit Recht an ein Wort des der Akademie Française angehörigen, hauptsächlich durch seine Veröffentlichungen über Napoleon bekanntgewordenen Historiker Frédéric Masson, der sich in seinem im Jahre 1912 in 6. Auflage erschienenen Werke Napoleon à Sainte Hélène über die englische Politik folgendermaßen äußerte:

„Europa ist gut genug, sein Blut zum Besten Englands zu vergießen. Helfershelfer und im Solde von England, das ist Europas Rolle; durch die Brutalität seiner Handlungsweise hat England den Europäern immer und immer wieder die Fabel „Bertrand et Raton" vor Augen geführt, sie plappern sie unaufhörlich her, aber verstehen werden sie sie niemals."

Bertrand und Raton sind die beiden Helden der bekannten La Fontaineschen Fabel „Der Affe und die Katze". Raton zieht die Kastanien aus dem Feuer, während Bertrand sie ruhig verzehrt. Diese beiden Namen werden in Frankreich häufig gebraucht zur bildlichen Bezeichnung des Betrügers (dupeur) und des Betrogenen (dupés). Die Franzosen selbst scheinen allerdings die letzten zu sein, welche die La Fontainesche Fabel verstanden haben.

Daß wir in den ersten Tagen nach der Kriegserklärung es wagten, die ganze englische Ostküste bis zu den Shetlandsinseln mit Minen zu bepflastern, — das findet der Engländer ruchlos! Wir hatten doch die Pflicht, zu warten, bis er es bei uns tat (s. das nächste Kapitel). Wie beim „neutralen Belgien"! Es hilft nichts! Der hochmütige Brite wird umlernen müssen — selbst wenn der Krieg günstiger für ihn ausgehen sollte, als wir dies für möglich halten. Der „englische Marinismus", der für den Völkerfrieden unendlich gefährlicher ist als der deutsche „Militarismus", möchte rule the waves und dabei waves the rules, d. h. erschüttert er das Völkerrecht und macht es zunichte.

Im Falle des siegreichen Ausganges des Kampfes mit England ist eine der ersten Forderungen, die die ganze zivilisierte Welt, für die heute Deutschland auch in dieser Richtung kämpft, stellen muß: der Verzicht auf das Seebeuterecht durch England! Hoffen wir, daß das Wort in Erfüllung gehe, das Dr. Oppenheimer vor einigen Tagen schrieb: „Piraten und Flibustier wie Francis Drake und Warren Hastings haben das britische Reich geschaffen, Piraten und Flibustier müssen die Engländer bleiben — bis eine stärkere Macht über sie kommt." Möge Deutschland diese Macht sein! —

---

30. Kapitel.

Die Legung von Seeminen.

Wir haben im vorstehenden vom Staunen der Engländer gesprochen, daß die Deutschen es wagten, an der Ostküste Englands unzählige Minen zu legen. Wir haben englische Politik getrieben — und siehe da: England ist tief empört; es protestiert!

Interessant auch vom Standpunkte der allgemeinen Geltung der „Solidaritätsklausel" im Sinne des Art. 2 des IV. Abkommens und im Sinne der Ausführung zum Beweise der Gültigkeit des Abkommens trotz des Fehlens der Ratifikation seitens einer kriegführenden Macht in Kapitel 1 ist das Verhalten Englands in der Frage der Legung von Kontaktminen. Das Abkommen von 1907 ist weder von Montenegro noch von Rußland unterzeichnet und ratifiziert. Trotz Art. 7 mit derselben Klausel, daß nur dann, wenn sämtliche Kriegführenden auch Vertragsparteien seien, das Abkommen Anwendung finden soll (s. auch die deutsche Erklärung vom 14. November 1914 in der „Nordd. Allg. Ztg."), hat England gegen die Legung solcher Minen an der Ostküste Englands protestiert auf Grund der Bestimmungen dieser sonst nach seiner Meinung gültigen Konvention[1]): gültig, obwohl sein großer völkerrechtlicher Bundesgenosse und Schirmherr Montenegro das Abkommen nicht unterzeichnete! Daher eigentlich nach englischer Meinung ungültig. Wie es eben trifft!

1. Über diese Frage der Legung von Seeminen hat v. Liszt vor kurzem in der „Vossischen Ztg." historische Ausführungen gemacht, die sich gegen die englischen Proteste wenden. Ihnen gegenüber sagt auch eine offiziöse deutsche Notiz:

„Gegenüber anders lautenden englischen Nachrichten des „Foreign Office" sind wir von maßgebender Stelle ermächtigt, zu erklären, daß keineswegs in der Nordsee deutsche Kontaktminen gelegt sind, die den neutralen Handel gefährden, sondern einzig und allein in unmittelbarer Nähe der englischen Küste."

Das VIII. Abkommen über die Legung von unterseeischen selbsttätigen Kontaktminen wurde von Deutschland und Großbritannien ratifiziert. Dort ist das Recht, automatische Kontaktminen zu legen, also Minen, die durch den Aufstoß des sie berührenden Schiffes zur Entzündung gebracht werden (im Gegensatze zu denen, die von einem Schiffe oder vom Ufer aus durch elektrische Leitungen zur Entzündung gebracht werden), ausdrücklich anerkannt. Liszt betont a. a. O. mit Recht, daß solche Minen auch in der offenen See gelegt werden dürfen. Auch innerhalb des Bereiches der Küstengewässer an der Küste dürfen diese verankerten Kontaktminen gelegt werden. Art. 1 des Abkommens untersagt im Interesse des neutralen Handels bestimmte Arten von

---

[1]) Der mir erst heute zugegangene Wortlaut des englischen Originalprotestes vom 20. September 1914 wird als interessantes Kriegsdokument bei späterer Gelegenheit veröffentlicht werden. Er beruft sich auf Äußerungen des Baron Marschall in der 3. Kommission der II. Friedenskonferenz und „with added emphasis", gemacht in der 8. Plenarsitzung der Konferenz. Die Regierung protestiert zuletzt gegen die illegitime Art der Kriegführung: „They feel that its manifest inhumanity must call down upon its authors the censure and reprobation of all civilised peoples."

Kontaktminen und die Verwendung von Torpedos, wenn diese nicht unschädlich werden, nachdem sie ihr Ziel verfehlt haben! (S. im einzelnen die Art. 1—6 des Abkommens R.-G.-Bl. 1907 S. 231 ff.)

Sehr wichtig ist die Bestimmung des Art. 2, auf die sich scheinbar der englische Protest bezieht: „Es ist untersagt, vor den Küsten und Häfen des Gegners selbsttätige Kontaktminen zu legen — zu dem alleinigen Zweck, die Handelsschiffahrt zu unterbinden.“ Es ist außerordentlich schwer, nachzuweisen, ob die Legung solcher Minen nur zu dem Zwecke geschieht, die Handelsschiffahrt zu unterbinden. Jedenfalls kann das nicht von der Legung der Minen an der englischen Ostküste gesagt werden. Die Unterbindung des englischen Handels ist vielleicht einer der Gründe mit gewesen, die die deutsche Flottenleitung geleitet haben mögen: der Hauptgrund ist es sicherlich nicht gewesen. Der Hauptzweck ist so naheliegend für England, daß es lächerlich wäre, ihm diesen erst besonders zu nennen. Er liegt in dem Stärkeverhältnis der beiderseitigen Kriegsflotten geradezu naturgemäß vorgezeichnet.

Deutschland hat also das Verbot des Art. 2 nicht verletzt. Dazu kommt, daß Deutschland wie Frankreich wegen der Geltung dieses unklaren Artikels ausdrücklich ihren Vorbehalt machten. Gegen diesen Artikel hat die deutsche Delegation von allem Anfang an Widerspruch erhoben (s. Liszt a. a. O.). Der deutsche Delegierte Freiherr Marschall v. Bieberstein hat in der Kommission wie im Plenum darauf hingewiesen, daß durch die Hervorhebung des Zweckes der Maßregel ein subjektives Moment in die Rechtsnorm hineingetragen werde, das in den andern Bestimmungen des Abkommens sich nicht finde, und das notwendig zu Schwierigkeiten bei der praktischen Handhabung führen müsse, um so mehr, als der Artikel von dem „alleinigen Zwecke“ der Maßregel spreche. Und der französische Delegierte Léon Bourgeois hat sich ausdrücklich dieser Erklärung angeschlossen. Die beiden Mächte haben das Abkommen daher auch nur unter Vorbehalt zu Art. 2 unterzeichnet; und das Deutsche Reich hat diesen Vorbehalt auch bei der Ratifikation aufrecht erhalten.

Das Deutsche Reich ist also an die Vorschrift des Art. 2 nicht gebunden. Unsere Kriegsmarine wäre sonach völkerrechtlich nicht verhindert, Minen zu legen, die nicht den Bewegungen der feindlichen Flotte Beschränkungen auferlegen, sondern lediglich den Handel des Kriegsgegners gefährden sollen. Und gerade England, das an dem Seebeuterecht zähe festhält, hat, wie v. Liszt a. a. O. mit Recht feststellt, kein Recht, uns deswegen Vorwürfe zu machen. Auch die Jagd auf feindliche Handelsschiffe hat mit den kriegerischen Operationen unmittelbar gar nichts zu tun. Das Beuterecht wird nur durch den Gedanken gerechtfertigt, daß der Seekrieg gerade auch durch die Unterbindung des feindlichen Handels den Kriegsgegner zur Unterwerfung zwingen soll, daß also der Kampf gegen den Handel die unentbehrliche Ergänzung des Kampfes gegen die feindliche Kriegsflotte zu bilden bestimmt ist. Aber derselbe Gedanke rechtfertigt auch die Blockierung der feindlichen Küsten durch Ausstreuung von Minen. „Die Haltung Englands ist durchaus verständlich, wenn man vom Standpunkte der englischen Interessen ausgeht; das Seebeuterecht verstärkt seine Seegeltung, während der Minengürtel um die Küsten des Inselreichs seiner Widerstandskraft gefährlichen Abbruch tut. Für das Deutsche Reich liegt die Sache aber gerade umgekehrt. Und wir haben gar keinen Anlaß, die englischen Interessen über die deutschen zu stellen."

Mit diesen Ausführungen hat v. Liszt den springenden Punkt getroffen: England legt sich alle Abkommen, gleichviel, ob es dieselben selbst ratifiziert hat oder nicht, nur so aus, wie sie ihm momentan passen. Ein Staat, der am Seebeuterecht festhält und der eigentliche Hemmschuh jeder Vorwärtsentwicklung des modernen Seekriegsrechts ist, hat am letzten ein Recht, über Verletzung der Menschlichkeit in der Seekriegführung zu klagen. Jedenfalls ist das Verfahren der deutschen Flotte bei der Legung von Minen so, daß es dem Art. 3 des Abkommens, der „für die Sicherheit der friedlichen Schiffahrt alle möglichen Vorsichtsmaßregeln" verlangt, vollkommen entspricht, wenn wir auch den Zorn und die Überraschung der Engländer wohl begreifen können, daß die kleinere deutsche Flotte den Monat August in so virtuoser Weise zur Minenlegung an der englischen Küste verwandte.

Es ist interessant, auch darauf zu verweisen, daß England ohne den Vorbehalt gegen Art. 2 mit einem allgemeinen Vorbehalt dem VIII. Abkommen über die Minenlegung beigetreten ist, der lautet:

„daß der bloßen Tatsache, daß das Abkommen irgendein Handeln oder ein Vorgehen nicht verbietet, nicht die Bedeutung beigemessen werden darf, als ob die Regierung Seiner Britischen Majestät des Rechts beraubt würde, die Rechtmäßigkeit solchen Handelns oder Vorgehens zu bestreiten" (R.-G.-Bl. 1910 S. 253). Das heißt auf gut Deutsch, daß England sich vorbehält, zu verbieten und zu tun, was ihm betreffs der Minenlegung gefällt. Und danach handelt es scheinbar auch hier wieder.

2. Das Londoner Preßbureau teilt mit: Der Sekretär der englischen Admiralität veröffentlicht 5. Oktober nachfolgendes:

Ein Minenfeldersystem wurde ausgelegt und in großem Maßstabe entwickelt. Um die Gefahr für die Nichtkämpfer zu verringern, teilt die Admiralität mit, daß es von jetzt ab für die Schiffe gefährlich sei, das Gebiet zwischen 51. Grad 15 Minuten und 51. Grad 40 Minuten nördlicher Breite und zwischen 1. Grad 35 Minuten und 3. Grad östlicher Länge zu durchfahren. Im Zusammenhang damit wird daran erinnert, daß die südliche Grenze der deutschen Minenfelder am 52. Grad nördlicher Breite liegt. Obgleich die Grenzen der gefährlichen Gebiete hierdurch bestimmt sind, darf nicht angenommen werden, daß die Schiffahrt in irgendeinem Teile der Gewässer südlich und nördlich davon ungefährlich sei. Den englischen Schiffen ist befohlen, ostwärts segelnde Schiffe vor neu ausgelegten Minenfeldern zu warnen.

Zu der vorstehenden Bekanntmachung erfährt WTB. an zuständiger Stelle, d. h. doch wohl im Reichsmarineamt: Die Behauptung der englischen Admiralität, die deutschen Minenfelder gingen bis zum 52. Grad nördlicher Breite, ist frei erfunden. Deutsche Minen liegen nur an der englischen Küste. Das eben angekündigte Verfahren Englands, die internationalen Gewässer der südlichen Nordsee durch Minen zu verseuchen, ist ein flagranter Völkerrechtsbruch. Übrigens wird nicht Deutschland dadurch geschädigt, sondern die Neutralen, in erster Linie Holland.

Hier handelt also England selbst, das, wie erwähnt, keinen Vorbehalt gegen Art. 2 erhoben hat wie Deutschland, nicht nur gegen Art. 2, indem es, um die Handelsschiffahrt zu unterbinden, vor den Küsten Kontaktminen auslegt, sondern es verletzt dabei auch den Art. 3 Abs. 2 des Abkommens durch die ungenügende Angabe der gefährlichen Gegenden.

Der Protest, den England anfangs Oktober durch seinen Haager Gesandten gegen Deutschland erhoben har, dürfte daher wenig Erfolg haben; er zeigt nur den Zorn Englands, daß es mit seinen eigenen Waffen geschlagen wird.

Rußland ahmte Mitte Oktober 1914 das Vorgehen Englands in der Ostsee nach.

3. England ging aber anscheinend in der Folgezeit noch weiter und

legte rücksichtslos in der ganzen Südhälfte der Nordsee große Minenfelder — nicht bloß um die Annäherung deutscher Kriegsschiffe gegen die Ostküste Englands zu verhindern, sondern um die neutralen Schiffe zu zwingen, durch den Kanal zu fahren und sich der für England leichtesten Kontrolle in Dover zu unterwerfen. Dieses Vorgehen ist eine klare Verletzung der Bestimmungen des VIII. Abkommens von 1907 (Art. 2, 3, 4) und ein Bruch der Rechte der neutralen Staaten, wie er größer kaum gedacht werden kann (s. auch unten Kapitel 31).

Der britische Zwang führte, wie der Untergang einer großen Anzahl neutraler Schiffe zeigte, diese auch gerade auf die allergefährlichste Straße. Den Schadensersatz hat unzweifelhaft England zu tragen, das auch in diesen Anweisungen unverantwortlich gegen die Neutralität der skandinavischen Staaten, Hollands und der Vereinigten Staaten von Nordamerika sündigte.

Eine Bestätigung der vorstehenden Ausführungen gibt die in der "Nordd. Allg. Ztg." vom 14. November 1914 veröffentlichte Erwiderung der deutschen Regierung auf den Protest der britischen Regierung. Dort heißt es u. a.:

„Obgleich das 8. Haager Abkommen vom 18. Oktober 1907, auf das sich die britische Regierung beruft, völkerrechtlich in dem gegenwärtigen Kriege für keinen Beteiligten bindend ist, hat sich die deutsche Regierung an seine Bestimmungen, abgesehen von dem Artikel 2, den sowohl Deutschland wie Frankreich ausdrücklich sich vorbehalten haben, freiwillig gebunden. Die Behauptung der britischen Regierung, daß diese Bestimmungen deutscherseits verletzt worden seien, wird auf das entschiedenste bestritten. Die Behauptung der britischen Regierung, daß die deutschen Minen offenbar durch Fischerboote, vielleicht sogar unter neutraler Flagge gelegt worden seien, ist völlig aus der Luft gegriffen. Die deutschen Minen sind ausschließlich von deutschen Kriegsschiffen gelegt worden.

Daß weit von der Küste und den Häfen des Gegners keine Minen verankert werden dürfen, ist in dem Haager Abkommen nicht bestimmt, auch nicht durch eine völkerrechtliche Übung festgelegt. Die englische Angabe über die Entfernung der deutschen Minen von der bedrohten Küste ist weit übertrieben, vielmehr sind die Minen so nahe gelegt worden, wie es die Gestaltung des Ankergrundes und die Verhältnisse der Küste gestatten. Unwahr ist die Behauptung über die Sperrung neutraler Zufahrtsstraßen, keine deutsche Mine ist auf der Zufahrtsstraße von der hohen See zu einem neutralen Hafen gelegt worden. Deutscherseits sind die Minen mit aller möglichen Sorgfalt verankert worden; sollten einzelne infolge der Strömung oder der Stürme ins Treiben gekommen sein, so sind diese Fälle weit weniger zahlreich, als die englischerseits gelegten Minen, die an der belgischen und niederländischen Küste angetrieben sind und dort Schaden getan haben. Die Pflicht, die Minen zu überwachen, wird in der Regel nur für Defensivminen, nicht aber für Offensivminen gegeben sein.

Der Vorwurf in dem britischen Proteste, daß die deutsche Regierung eine Bekanntmachung über den Ort der Minenlegung niemals erlassen habe, wird durch die Mitteilung der deutschen Regierung vom 7. August 1914 an alle neutralen Mächte widerlegt, daß die Zufahrtsstraßen zu den englischen Häfen deutscherseits durch Minen gesperrt werden würden.

Der Protest der britischen Regierung ist offenbar nur ein Mittel, um die englischerseits beliebten schweren Verletzungen des geltenden Völkerrechts zu verdecken und die inzwischen erfolgte völkerrechtswidrige Schließung der Nordsee, die in ihrer wirtschaftlichen Bedeutung der Blockade neutraler Küsten gleichkommt, in der öffentlichen Meinung vorzubereiten."

Die englische Admiralität wie die Gesandtschaft im Haag, ließen sich so weit fortreißen, daß sie ohne Spur eines Beweises die Behauptung aufstellten, daß deutsche Handelsschiffe auch im Mittelländischen Meer unter neutraler Flagge Minen gelegt hätten. Mit Recht weist die deutsche Regierung diese wissentlich unwahren Behauptungen aufs schärfste zurück. Trotz aller Aufforderung zur Beweisführung erfolgte solche nicht.

Die Zurückweisung der englischen Vorwürfe fand eine klassische Bestätigung durch folgende halbamtliche Mitteilung aus dem Haag vom 22. November 1914: „Die Untersuchung hat ergeben, daß die angeschwemmten Minen (etwa 100) durchgehends englische sind, nicht eine deutsche war dabei!"

Armer Herr Asquith! So geht es aber fast mit jeder englischen Ministerbehauptung, die eigenes Unrecht durch Angriffe verdecken will!

Wie Englands Marinekreise wirklich über das Minenlegen denken, spricht Fred Jane aus: „Es sei allerdings ungesetzlich, Minen auf hoher See oder sonstwo außerhalb der Dreimeilenzone zu legen, aber kein Seeoffizier wird zögern, das Verbot zu übertreten (!). Denn eine Mine, die dahin gelegt wurde, wo der Feind sie erwartet, ist eine nutzlose Waffe." Ganz wie Lord Selborn, der frühere Marineminister, als die Meinung des ganzen englischen Offizierkorps verkündete: „Bei Ausbruch des Krieges fliegen alle diese Paragraphen des Völkerrechts wie Fetzen über das Wasser."

31. Kapitel.

Verletzungen der Neutralität durch England und die anderen Dreiverbandstaaten zur See.

I. Kriegskonterbande.

Das Material an Klagen, soweit es insbesondere die neutrale Schiffahrt anlangt, wächst von Tag zu Tag; es kann aber, da es sich größtenteils in der Auslandspresse findet und nach der Seite der Glaubwürdigkeit schwer geprüft werden kann, hier nur in ganz beschränkter Weise kritische Aufnahme finden. Der Verfasser beschränkt sich daher in dieser Schrift auch nur auf einige der Hauptklagen gegen die englische Seekriegsführung und überläßt es insbesondere den neutralen Staaten und ihrer Presse, die schweren Schädigungen und Verletzungen des XIII. Abkommens zur II. Friedenskonferenz seitens der englischen Flotte zur Anklage zu bringen. Außerordentlich interessant ist es aber, auch hier von neuem darauf zu verweisen, daß England in verschiedenen Fällen selbst auf die Haager Abkommen von 1907, ja selbst auf diejenigen, die es wie das XIII. über die Rechte und Pflichten der Neutralen nicht ratifiziert hat, sich bezieht.

Soviel steht fest, daß England versucht, analog seinem rücksichtslosen Vorgehen auf zivilrechtlichem Gebiete (s. oben Kap. 27), Deutschland von jedem Handelsverkehr mit der Außenwelt, auch mit neutralen Staaten, völlig abzuschneiden, die „umgekehrte Kontinentalsperre" und zugleich die Seesperre, zur Durchführung zu bringen. Daher die fortgesetzten ungerechtfertigten Klagen gegen Dänemark, die skandinavischen Staaten, vor allem aber Holland und Italien, ja sogar gegen die Türkei, Spanien und die Vereinigten Staaten von Nordamerika. Dasselbe England aber versucht seinerseits, für sich und seine Bundesgenossen die Verletzung der Neutralität durch Handlungen seitens Angehöriger dieser Staaten zu erreichen und beklagt sich bitter gekränkt über „feindselige Haltung", wenn diese Staaten an ihrem Handelsverkehr mit Deutschland und Österreich nach Maßgabe der internationalen Völkerrechtsbestimmungen festhalten.

Die Bürger der neutralen Staaten können Handel mit gesetzlich zugelassenen Waren mit jedem Lande treiben, gleichgültig, ob dieses Krieg hat, und jeden Hafen anlaufen, falls er nicht faktisch gesperrt ist oder von den Behörden des betreffenden Landes geschlossen oder effektiv vom Feinde blockiert ist. Wünscht eine kriegführende Macht einer andern die Ausfuhr zu sperren und ihre Versorgung mit andern Waren als mit Kriegskonterbande zu hindern, so ist hierzu der einzige Weg, über die Häfen des betreffenden Landes den Blockadezustand zu erklären und die effektive Blockade zu verhängen. Selbstredend muß das neutrale Land freiwillig die größte Rücksicht nach allen Seiten bei Verfolgung seiner Rechte zeigen, damit es nicht den Interessen der Kriegführenden zu nahe tritt. Die Einstellung des Handels, die von neutralen Ländern ausgeht, ausgenommen Kriegskonterbande, kann aber keine Macht verlangen, da diese gegen das Völkerrecht und letzten Endes gegen die Interessen der Kriegführenden ist. So schreibt mit Recht die norwegische Zeitung „Norges Handel of Soefartstitende".

A. Eine eingehendere Darlegung der **Kriegskonterbande** erscheint im Hinblick auf die grundlegenden Bestimmungen der Pariser Seerechtsdeklaration vom 16. April 1856 (s. Preuß. G.-S. 1856 S. 585) dringend notwendig. Sie sind, wie erwähnt, in der Londoner Erklärung über das Seekriegsrecht vom 26. Februar 1909 (abgedruckt in Drucks. d. Reichst. 12. Legisl.-Per. I. Sess. 1907/1909 Nr. 1286) enthalten, das auch ohne Ratifikation und formale Vertragsgültigkeit den jetzigen Standpunkt des bestehenden Völkergewohnheitsrechts eingehend in den Art. 22—44 bezeichnet.

Man unterscheidet darnach drei Kategorien von Waren bei der Prüfung der Frage des Vorhandenseins von Konterbande:

1. Gegenstände, die ausschließlich oder vorwiegend zu Kriegszwecken dienen (Art. 22, 23, 30, 31) „**absolute Konterbande**");

2. Gegenstände, die sowohl für friedliche wie für kriegerische Zwecke verwendbar sind („**relative Konterbande**") (Art. 24 ff., 33, 34, 35);

3. Gegenstände, die niemals als Kriegskonterbande erklärt werden können (Art. 28, 29).

Über die Beschlagnahme und Einziehung sprechen die Art. 38—44 l. c. Auf alle Einzelheiten können wir hier selbstverständlich nicht eingehen. Sie mögen in der Londoner Erklärung selbst nachgelesen werden (s. auch Sartorius, Mod. Kriegsrecht S. 90 ff.).

Art. 23 sieht vor, daß Gegenstände und Stoffe, die ausschließlich für den Krieg verwendet werden, in die Liste der absoluten Kriegskonterbande mittels einer öffentlichen Erklärung aufgenommen werden können. Die Bekanntgabe wird an die Regierungen der andern Mächte, nach Beginn der Feindseligkeiten nur an die neutralen Mächte gerichtet. In Ausführung dieser Bestimmung hat Anfang September 1914 die niederländische Regierung bekannt gemacht, daß Großbritannien und Frankreich im gegenwärtigen Kriege die nachstehend aufgeführten Gegenstände und Stoffe als Kriegskonterbande ansehen werden.

I. Als absolute Kriegskonterbande: 1. Waffen jeder Art, mit Einschluß der Jagdwaffen, und ihre als solche kenntlichen Bestandteile; 2. Geschosse, Kartuschen und Patronen jeder Art sowie ihre als solche kenntlichen Bestandteile; 3. Schießpulver und Sprengstoffe, die besonders für den Krieg bestimmt sind; 4. Lafetten, Munitionswagen, Protzen, Proviantwagen, Feldschmieden und ihre als solche kenntlichen Bestandteile; 5. militärische als solche kenntliche Kleidungs- und Ausrüstungsstücke; 6. militärisches als solches kenntliches Geschirr jeder Art; 7. für den Krieg benutzbare Reit-, Zug- und Lasttiere; 8. Lagergerät und seine als solche kenntlichen Bestandteile; 9. Panzerplatten; 10. Kriegsschiffe und sonstige Kriegsfahrzeuge sowie solche Bestandteile, die nach ihrer besonderen Beschaffenheit nur auf einem Kriegsfahrzeuge benutzt werden können; 11. Luftschiffe und Flugmaschinen, ihre als solche kenntlichen Bestandteile sowie Zubehörstücke, Gegenstände und Stoffe, die erkennbar zur Luftschiffahrt oder zu Flugzwecken dienen sollen; 12. Werkzeuge und Vorrichtungen, die ausschließlich zur Anfertigung von Kriegsmaterial oder zur Anfertigung und Ausbesserung von Waffen und von Landkriegs- oder Seekriegsmaterial hergestellt sind. II. Als relative Kriegskonterbande: 1. Lebensmittel; 2. Fourage und zur Viehfütterung geeignete Körnerfrüchte; 3. für militärische Zwecke geeignete Kleidungsstoffe und Schuhwerk; 4. Gold und Silber, geprägt und in Barren sowie Papiergeld; 5. für den Krieg verwendbare Fuhrwerke jeder Art und ihre Bestandteile; 6. Schiffe, Boote und Fahrzeuge jeder Art, Schwimmdocks und Vorrichtungen für Trockendocks sowie ihre Bestandteile; 7. festes oder rollendes Eisenbahnmaterial, Telegraphen-, Funkentelegraphen- und Telephonmaterial; 8. Feuerungsmaterial und Schmierstoffe; 9. Schießpulver und Sprengstoffe, die nicht besonders für den Krieg bestimmt sind; 10. Stacheldraht sowie die zu dessen Befestigung dienenden Werkzeuge; 11. Hufeisen und Hufschmiedegerät; 12. Geschirr und Sattelzeug; 13. Doppelgläser, Fernrohre, Chronometer und nautische Instrumente aller Art.

Dieser Liste (s. l. c. Order in Council vom 4. August 1914) sind also fast ganz die Londoner Beschlüsse zugrunde gelegt. Die Bestimmungen über die „absolute Konterbande" enthalten nur die Abweichung, daß auch die „Luftschiffe und Flugmaschinen und ihre Bestandteile" (s. sub Z. 11) als „absolute" Konterbande erklärt werden, während sie nach Art. 24 Z. 8 der Londoner Erklärung dort zur relativen Konterbande gezählt werden. Hier spielt die Angst vor der Superiorität des deutschen Flugzeugwesens eine gewisse Rolle.

Auch die Bestimmungen über die „relative Konterbande“ entsprechen den Londoner Beschlüssen. Die Order in Council vom 20. August 1914, die zunächst die Grundlage der Konterbandebehandlung war, spricht eingangs von der Mitteilung der Absicht der französischen und russischen Regierung, „to act in accordance with the provisions of the Convention known as the Declaration of London (vom 26. Februar 1909), so far as may be practicable“ und bringt dann in der Folge eine Reihe (5) von „additions and modifications“, die freilich durch die spätere Order in Council vom 30. Oktober 1914 wesentlich geändert und aufgehoben wurden. Durch die Liste vom 4. August 1914 sollen die Art. 22—24 der Londoner Deklaration ersetzt werden. Modifizierende Normen galten den Art. 33, 34 und 35 der Deklaration und den „Präsumptionen der Existenz der Blockade“ (Ziff. 4). (S. über ihren wesentlichen Inhalt auch die Antwort der deutschen Regierung in der Denkschrift über die Stellung Englands und Frankreichs zur Londoner Seekriegserklärung unten S. 340 ff. und Pohl a. a. O.) Sie erkennt, was wir ausdrücklich unterstreichen, das in der Londoner Erklärung niedergelegte Recht als bestehendes Gewohnheitsrecht an, wie das die deutsche Regierung in den gesetzlichen Bestimmungen der deutschen Prisenordnung vom 30. September 1909 getan hat: „The General Report of the Drafting Committee on the said (Londoner) Declaration presented to the Naval Conference, and adopted by the Conference at the 11. plenary meeting of 25 February 1909 shall be considered by all Prize Courts as an authoritative statement of the meaning and intention of the said Declaration and such Courts shall construe and interpret the provisions of the said Declaration by the light of the commentary given therein“, heißt es in der Order in Council vom 20. Augnst 1914 wörtlich.

1. Absolute Konterbande unterliegt nach der Londoner Deklaration der Beschlagnahme, wenn nachgewiesen wird, daß sie für das feindliche oder vom Feinde besetzte Gebiet oder für die feindliche Streitmacht bestimmt ist.

Es bleibt sich gleich, ob die Zuführung dieser Gegenstände unmittelbar erfolgt, oder ob sie noch eine Umladung oder eine Beförderung zu Lande erfordert. (Art. 30 der Londoner Erklärung.)

Die Schiffspapiere begründen vollen Beweis in Ansehung der Fahrt des Schiffes, das absolute Konterbande an Bord hat (Art. 32), es sei denn, daß das Schiff ohne hinreichenden Grund von seiner Fahrt abgewichen ist.

2. Die Gegenstände der relativen Konterbande unterliegen der Beschlagnahme, wenn bewiesen wird, daß sie für den Gebrauch der Streitmacht oder der Verwaltungsstellen des feindlichen Staates bestimmt sind (Art. 33).

Die feindliche Bestimmung wird vermutet, wenn die Sendung an die feindlichen Behörden oder an einen im feindlichen Lande ansässigen Händler gerichtet ist, von dem es feststeht, daß er dem Feinde Gegenstände und Stoffe dieser Art liefert. Das Gleiche gilt für eine Sendung, die nach einem befestigten Platze des Feindes oder nach einem andern, der feindlichen Streitmacht als Basis dienenden Platze bestimmt ist. Diese Vermutung findet jedoch keine Anwendung für das Kauffahrteischiff selbst, das nach einem dieser Plätze fährt und dessen Eigenschaft als Konterbande bewiesen werden soll. Treffen diese Vermutungen nicht zu, so wird vermutet, daß die Bestimmung unschädlich ist. Die in diesem Art. 34 aufgestellten Vermutungen lassen also den Gegenbeweis zu.

Ganz besonders wichtig für diesen Krieg ist die Bestimmung des Art. 35. Darnach unterliegen die Gegenstände der relativen Konterbande der Beschlagnahme nur auf einem Schiffe, das sich auf der Fahrt nach dem feindlichen oder vom Feinde besetzten Gebiet oder zur feindlichen Streitmacht befindet und das diese Gegenstände nicht in einem neutralen Zwischenhafen ausladen soll. Die Schiffspapiere begründen auch hier wieder vollen Beweis für Fahrt und Ort der Ausladung — mit Ausnahme von Fahrtabweichungen ohne genügenden Grund. Im Gegensatze zu diesen Bestimmungen der Londoner Deklaration in Art. 33, 34 und 35 stehen die nunmehrigen englischen Regeln vom 20. August (Ziff. 3—5) und 29. Oktober (Ziff. 1 und 2), die a. a. O. abgedruckt sind, die das ganze Konterbanderecht der Neutralen von Grund aus abändern. Ihre eingehende Darlegung würde an dieser Stelle zu weit führen. Wir haben den Wortlaut der Order vom 20. August in der Anlage II abgedruckt.

3. Unter keinen Umständen dürfen Gegenstände und Stoffe, die für kriegerische Zwecke nicht verwendbar sind, als Konterbande erklärt werden (Art. 27). Art. 28 bestimmt dazu ausdrücklich, daß folgende Gegenstände als Konterbande nicht erklärt werden **können**, d. h. doch auch wohl nicht erklärt werden **dürfen**, ohne einen Völkerrechtsbruch zu begehen:

1. Rohbaumwolle, Rohwolle, Rohseide, rohe Jute, roher Flachs, Hanf und andere Rohstoffe der Textilindustrie sowie die daraus gesponnenen Garne.
2. Ölhaltige Nüsse und Sämereien, Kopra.
3. Kautschuk, Harz, Gummi und Lack, Hopfen.
4. Rohe Felle usw.
5. Dünger usw.
6. Erze.
7. Erde, Tone, Kalk usw.
8. Porzellan- und Glaswaren.
9. Papier und die Hilfsstoffe.
10. Seife, Farben usw.
11. Chlorkalk, Ätznatron, Ammoniak usw.
12. Maschinen für Landwirtschaft, Bergbau, Textilindustrie und Buchdruckerei.
13. Edelsteine usw.
14. Uhren außer Chronometer.
15. Mode- und Galanteriewaren.
16. Federn, Haare und Borsten.
17. Gegenstände zur Wohnungseinrichtung usw., Bureaumöbel und Bureaubedarf.

(Die einzelnen Ziffern sind zusammengezogen, nicht wörtlich zitiert; s. Art. 28 l. c.)

Danach ist also die Erklärung von Baumwolle und Eisenerz, die England teils als Konterbande behandelt hat, teils noch behandelt, als solche **völkerrechtlich unzulässig**. Infolge der Vorstellungen von amtlicher schwedischer und norwegischer Seite gegen die fortgesetzte Kaperung von holländischen Schiffen, die nicht etwa nach Deutschland, sondern nach Norwegen und Schweden bestimmt waren — z. B. der Dampfschiffe „Batavier" und „Katwijk", Rotterdamer Reedern gehörig und nach Narvik in Norwegen bestimmt — soll England die Erklärung von Eisenerz als Konterbande unter gewissen, nicht ganz klaren Voraussetzungen zurückgenommen haben. Solche Bedingungen sind, wenn England nicht das ganze Recht der Londoner Deklaration über Bord werfen will, unzulässig. England kann, wie es dies getan hat, Gegenstände, die nur „relative Konterbande" sind, zu „absoluter Konterbande" durch eigene Erklärung machen und auch umgekehrt verfahren. Es kann aber nach ausdrücklicher Konstatierung der Londoner Erklärung die oben aufgeführten Gegenstände der Nichtkonterbande so wenig wie Gegenstände und Stoffe, die ausschließlich zur Pflege der Kranken und Verwundeten dienen — mit einer dort ausdrücklich festgestellten Ausnahme — und die zum Gebrauch des Schiffes oder der Besatzung oder der Passagiere während der Reise bestimmt sind (Art. 29), selbständig als Konterbande erklären. Solche Gegenstände der Nichtkonterbande (s. auch Art. 27 der deutschen Prisenordnung) können von neutralen Schiffen jederzeit in jeden nicht blockierten Hafen einer kriegführenden Macht und selbstverständlich erst recht in jeden neutralen Hafen gebracht werden. Abweichungen davon zeigen, daß England sich auf den Standpunkt der bloßen Gewalt, d. h. der Seeräuberei, stellt.

Freilich, des jetzigen ersten Seelords Lord Fishers Wahlspruch lautet nach den „Times": „Das Wesen des Krieges ist Gewalt; Mäßigung im Kriege ist Blödsinn."

Darnach scheint England jetzt auch in der Frage der Konterbande vorzugehen. Durch die englischen Orders in Council vom 21. September und 29. Oktober ist in neuen Konterbandeverzeichnissen in 26 Abteilungen die unbedingte (absolute) Konterbande behandelt, worunter sich ganz neue Gegenstände befinden. Unter anderem werden genannt: Schwefelsäure, Hämatiteisenerz, Hämatitroheisen, Nickel und Nickelerz, Ferrochrom, Chromerz, Rohkupfer, Blei, Aluminium, Kieseleisen, Stacheldraht und alle Apparate zum Befestigen und Abschneiden desselben, alle Arten Motorwagen sowie Teile dazu, Motorsprit sowie Mineralöle mit Ausnahme von Leuchtöl. Die Liste der bedingten Konterbande enthält außer den ursprünglichen folgende neuen Artikel: Schwefel, Glyzerin und Häute aller Art. [1])

---

[1]) Die mir bei Abschluß der Arbeit in Original zugegangene „Proclamation Revising the List of Contraband of War" vom 30. Oktober 1914 zeigt die Richtig-

Das sind zum Teil Produkte, die Nichtkonterbande bilden (z. B. Rohkupfer, Nickel, Nickelerz, Schwefelsäure, Blei, Aluminium, Kieseleisen); andere, wie Stacheldraht, sind relative Konterbande und können daher wohl von England als absolute Konterbande erklärt werden, wohl auch Mineralöle und Motorsprit.

England ist bisher (anfangs Dezember 1914) nicht in der Lage gewesen, die deutsche Küste zu blockieren. Eine Blockade, die sich auch die Neutralen gefallen lassen müssen, kann auf Grund anerkannten Völkerrechts aber nur effektiv sein, d. h. sie muß durch eine Streitmacht aufrecht erhalten werden, die hinreicht, um den Zugang zur feindlichen Küste in Wirklichkeit zu verhindern. Nach der Pariser Seerechtsdeklaration gibt es keine „fiktive Blockade" mehr. England macht diese „fiktive Blockade" aber jetzt überall geltend. Nach undementierten Nachrichten verlangten (s. auch Triepel in der Wochenschrift „Das neue Deutschland", 1914, S. 596 ff.) die Engländer bereits im Oktober von allen neutralen Schiffen, die aus britischen Häfen auslaufen, für relative Konterbande die Hinterlegung einer Garantiesumme in der dreifachen Höhe des Wertes ihrer Ladung und zahlen diesen Betrag erst dann zurück, wenn der britische Konsul in einem neutralen Hafen die Ankunft des Schiffes bescheinigt hat. Dadurch soll verhindert werden, daß das neutrale Schiff nach einem deutschen Hafen fährt. Diese „Papierblockade" gegenüber neutralen Schiffen ist auf die Dauer unerträglich!

In andern Fällen haben sie bestimmt, relative Konterbande nur gegen eine vom Absender zu unterzeichnende Erklärung zu befördern, daß diese relative Konterbande für die Bedürfnisse des neutralen Landes auch wirklich bestimmt ist. England kommt hier auf seine alte Theorie und Praxis der „einheitlichen Reise" zurück. Diese hat die Londoner Erklärung ausdrücklich auf deutschen Antrag beseitigt. Das soll heißen: relative Konterbande, auch wenn sie schließlich für den Feind bestimmt ist, unterliegt der Beschlagnahme dann

keit obiger Annahme. Ihr angefügt ist ein Protokoll vom 29. Oktober 1914 über eine Order in Council, unterzeichnet Almere Fitz Roy (cited as „the Declaration of London Order in Council" Nr. 2, 1914), die die Order in Council vom 20. August 1914 in zahlreichen Punkten aufhebt und von der Londoner Deklaration wenig übrig läßt. Das Verzeichnis der 26 Nummern absoluter Konterbande und der 15 Nummern relativer Konterbande nach neuester englischer Seeweisung s. auch bei Pohl a. a. O.

nicht, wenn sie in einem neutralen Zwischenhafen ausgeladen werden soll. England nimmt dagegen als Konterbande oder als das, was es dafür ausgibt, selbst unter Verletzung der ausdrücklichen Bestimmungen über positive Nichtkonterbande, Waren auf neutralen Schiffen fort, — auch bei Fahrten nach neutralen Häfen.

Erhöht wird die Unsicherheit und Verwirrung noch durch die Tatsache, daß das englisch-amerikanische Prisenrecht auf dem Domizilprinzip, das französische und russische auf dem Nationalitätsprinzip beruht, so daß Waren nur in Händen von solchen Personen vor Beschlagnahme sicher sind, die sowohl Bürgerrecht als Wohnsitz im neutralen Auslande haben.

B. England scheint durch die Auslegung der bisherigen Gebräuche, wie sie in der Londoner Erklärung niedergelegt sind, geradezu darauf auszugehen, die Neutralen vor den Kopf zu stoßen und ihnen die englische Seegewalt recht drastisch in ihrer ganzen Brutalität vor Augen zu führen. Dies alles in vollem Gegensatze zu den Bestimmungen der deutschen Prisenordnung! Wer ist hier der „Barbar", der mad dog? Wohl der, der am alten Seebeuterecht der Flibustier mit einigen Modifikationen auch heute noch festhält [1]).

Im einzelnen seien hier aus der Fülle behaupteter Neutralitätsverletzungen nur folgende spezielle Fälle aufgeführt.

1. Bereits vor der Kriegserklärung durch England (4. August) hat England anscheinend in zahlreichen Fällen die Bestimmungen über die Neutralität verletzt und sich als Kriegspartei benommen. So wurde in der „Tägl. Rundschau" unwidersprochen mitgeteilt, daß z. B. der „Cecilie" der Hapag bereits am 31. Juli von französischer Seite der Weg verlegt wurde, so daß sie in den damals noch neutralen englischen Hafen Falmouth einlief. Am Sonntag, den 2. August,

[1]) Wenn in den Kriegen anderer die britische Regierung Neutralität beobachtete, dann war ihr, wie Triepel in der „Köln. Ztg." mit Recht erinnert, keine Sprache scharf genug, um sich über wirkliche oder angebliche Neutralitätsverletzungen der Kriegführenden zu beschweren. Man erinnert sich aus der Zeit des russisch-japanischen Krieges der energischen Proteste des Kabinetts von St. James, als die „Petersburg" und die „Smolensk", zwei Schiffe der sogenannten russischen freiwilligen Flotte, die Meerengen und den Suezkanal unter der Handelsflagge durchfahren, sich in Kriegsschiffe umgewandelt und den britischen Dampfer „Malacca" wegen Verdachts der Konterbandeführung aufgebracht hatten. Man denkt an die scharfen Noten, die Lord Granville im Jahre 1885 an Frankreich richtete, usw.

wollte sie die Fahrt fortsetzen, doch wurde ihr von den englischen Behörden die Ausfahrt verboten und das Schiff dann festgehalten. Dasselbe geschah mit dem Hapagdampfer „Prinz Adalbert". Diese Fälle stehen nicht vereinzelt da.

Vizeadmiral Kirchhoff wies Ende August in einem Artikel darauf hin, daß „kaum ein Tag vergeht, daß man nicht von Vergewaltigung neutraler Schiffe und in neutralen Gewässern höre, von Beschlagnahme deutscher Schiffe in englischen Häfen, auch schon vor der Kriegserklärung; von Gefangennahme deutscher Heeresangehöriger, die sich auf neutralen Schiffen über neutrale Häfen in die Heimat begeben usw.: „beispiellose Rechtsbrüche", wie Kirchhoff sie nennt!

Damit komme ich auf die Fälle, die mit dem des „Highflyer" der bedenklichste und traurigste bisher für die englische Seekriegsführung waren und große prinzipielle Bedeutung besitzen.

2. Das Abfangen deutscher und österreichischer Staatsangehöriger auf englischen und neutralen Schiffen.

C. Am schmählichsten erscheint das Benehmen der englischen Behörden gegenüber den auf neutralen Schiffen befindlichen, von Reisen ins Ausland in den ersten Tagen nach der Kriegserklärung zurückkehrenden deutschen und österreichischen Staatsangehörigen, insbesondere Nichtwehrpflichtigen und Nichtwehrfähigen. Das Vorgehen Englands ist um so frivoler, als es auf dem Mangel einer englischen allgemeinen Wehrpflicht sich aufbaut, so daß eine direkte entsprechende Repressalie schwierig oder unmöglich ist. Sie müßte auf andern Gebieten gesucht werden.

Die Heldentaten der englischen Flotte haben sich bis anfangs Dezember 1914, abgesehen von der Helgoländer „Tat", bei der eine erdrückende Übermacht bei Nebel den Untergang dreier kleiner Kreuzer und eines Torpedobootes herbeiführte, im wesentlichen darauf beschränkt, friedliche „Gefangene" auf neutralen Schiffen zu machen, die man jetzt in den großen Konzentrationen der schmählichsten Behandlung aussetzte, obwohl sie nichts getan haben — als daß sie als Deutsche geboren wurden!

Einen Normalfall bildet der des holländischen Dampfers „Tubantia". Darüber berichtete unwidersprochen die neutrale Presse Mitte August folgendes:

Der holländische Dampfer „Tubantia" befand sich zu Anfang August, von Argentinien kommend, an der spanischen Küste. Von dort fuhr er über Lissabon nach Norden, um seinen Bestimmungsort Amsterdam zu erreichen. Am 5. August wurde die „Tubantia" im Atlantischen Ozean von dem englischen Kreuzer „Highflyer" aufgebracht und gezwungen, mit ihm nach Plymouth zu gehen. Am 6. August kam man dort an. In Plymouth durchsuchte die englische Behörde die „Tubantia" und nahm 28 deutsche Wehrpflichtige fest, die sich als Passagiere an Bord des Schiffes befanden; die Deutschen wurden als Kriegsgefangene nach Devonport gebracht. Des weiteren beschlagnahmte die britische Behörde eine Ladung Gold in Barren, welches für deutsche Banken bestimmt war. Am nächsten Tag wurde der „Tubantia" ihre Funkentelegraphie-Einrichtung abgenommen, und sie durfte danach die Fahrt nach Amsterdam fortsetzen; auf dieser Fahrt wurde sie dann noch einmal von englischen Torpedobootszerstörern angehalten und untersucht und durfte nunmehr erst nach Amsterdam einlaufen.

Die Kriegführenden sind nach Art. 1 des XIII. Abkommens der II. Friedenskonferenz betreffend die Rechte und Pflichten der Neutralen im Falle eines Seekrieges vom 18. Oktober 1907 verpflichtet, die Hoheitsrechte der neutralen Staaten zu achten.

Nach Art. 45 der Londoner Erklärung kann ein neutrales Schiff ebenso behandelt werden, wie wenn es Konterbande führt, falls es mit Wissen des Kapitäns, des Eigentümers oder des Charterers eine feindliche geschlossene Truppenabteilung an Bord führt oder wenn es die Reise *eigens zum Zwecke* der Beförderung einzelner in die feindliche Streitmacht eingereihter Personen ausführt. Auf die „Tubantia" trafen diese Fälle nicht zu, denn die Deutschen, die sie an Bord führte, gehörten keiner Truppenmacht an, hatten nicht die geringste militärische Eigenschaft oder Beziehung, sondern befanden sich lediglich im wehrpflichtigen Alter. Bei der Beratung der Londoner Deklaration wurde allseitig und ausdrücklich festgestellt, daß unter den „in die feindliche Streitmacht eingereihten Personen" nur solche verstanden sind, die bereits in militärischem Dienste sich befinden, nicht solche, die *erst eine Reise machen müssen*, um sich zum Dienste zu stellen. Sogar auf englischer Seite hat man stets zugestanden, daß sich ein neutrales Schiff nur dann schuldig mache, wenn es *wissentlich* Militärpersonen befördere und nicht, wenn diese nur unter den gewöhnlichen Bedingungen und auf ihre Kosten als einfache Privatpassagiere reisen. Jedenfalls aber durfte die Aufbringung stets nur dann erfolgen, wenn das Schiff sie nach einem *feindlichen*, nicht aber, wenn es sie, wie hier, nach einem *neutralen* Hafen beförderte. Selbst die englischen Schriftsteller haben, wie Triepel a. a. O. konstatiert, es bis jetzt für ausgeschlossen erklärt, die Lehre „von der einheitlichen Reise" auf solche Fälle anzuwenden. In dem offiziellen, von dem französischen Professor Renault verfaßten Kommentar werden wehrpflichtige Passagiere auch ausdrücklich als vom Art. 45 nicht betroffen bezeichnet. Diese deutschen Privatleute als Kriegsgefangene abzuführen und zurückzuhalten, steht also in scharfem Widerspruch zur Londoner Erklärung, außerdem aber zu allen völkerrechtlichen Bräuchen. Die Goldladung war für deutsche Banken bestimmt. Gold gehört nach Art. 24 der Londoner Erklärung zur Kategorie der „relativen" Konterbande; die in ihr zusammengefaßten Gegenstände und Stoffe waren in der Londoner Erklärung als „für kriegerische und friedliche Zwecke verwendbar" bezeichnet. Art. 35 der Londoner Erklärung sagt: „Die Gegenstände der relativen Konterbande unterliegen der Beschlagnahme nur auf einem Schiff, das sich auf der Fahrt nach dem feindlichen oder vom Feinde besetzten Gebiet oder zur feindlichen Streitmacht befindet und das die Gegenstände nicht in einem neutralen Zwischenhafen ausladen soll." Die „Tubantia" war nach dem neutralen Hafen Amsterdam bestimmt; folglich stand die Beschlagnahme der Goldladung ebenfalls in striktem Widerspruch zur Londoner Erklärung und zur Pariser Deklaration von 1856. „Relative Konterbande" darf nur bei „feindlicher Bestimmung" beschlagnahmt werden. Diese ist noch nicht gegeben, wenn das feindliche Gebiet das Endziel ihrer Beförderung ist. Sie ist nur gegeben, wenn die Ware für die feindlichen Streitkräfte oder für die Verwaltung des feindlichen Staats bestimmt ist, nicht aber, wenn sie an einen Privaten ins Feindesland geht, es sei denn, daß dieser ein Händler, von dem feststeht, daß er Waren solcher Art dem Feinde, d. h. dem Staate liefere. Das war hier nicht der Fall.

England hat hier wie in einer großen Anzahl von andern Fällen klare Bestimmungen der Londoner Erklärung, die lediglich das bisher bestehende und längst anerkannte Seekriegsgewohnheitsrecht kodifiziert, wiederum ignoriert und nach Seeräubermanier Privateigentum von neutralen Schiffen weggenommen sowie dort Personen für kriegsgefangen erklärt, die überhaupt nicht oder noch nicht der feindlichen Streitmacht angehörten.

Selbstverständlich mußte Deutschland nach diesem Gebaren zu

Repressalien im gleichen Sinne vorgehen, hat sie aber leider nur außerordentlich milde und lückenhaft zur Ausführung gebracht.

Übrigens hat jetzt Frankreich dieselbe Jagd auf deutsche Staatsangehörige auf neutralen Schiffen begonnen.

D. Noch viel schlimmer sind aber jene Fälle, in denen England und Frankreich ebenfalls auf neutralen Schiffen offenbar nicht mehr wehrpflichtige oder untaugliche, d. h. nicht wehrfähige deutsche und österreichische Staatsangehörige verhaften und in England einsperren ließ, z. B. auf dem holländischen Dampfer „Zeelandia" u. a. den 57 jährigen Landgerichtspräsidenten H. und den ebenfalls dienstuntauglichen 52jährigen Professor Br., ferner den Geheimrat Dr. F., Leipzig; in einem andern Falle wurden 25 Deutsche auf dem italienischen Dampfer „Ancona" (29. August) bei Gibraltar auf hoher See festgenommen. S. auch die Darstellung des Hofrats Dr. Uhl-München über seine Erlebnisse auf der „Potsdam" in Falmouth. Dort wurden 400 Männer, teilweise überhaupt nicht wehrfähige, gefangen genommen, auf der Rückreise von den Vereinigten Staaten von Frau und Kind gerissen. Diese widerrechtliche Freiheitsberaubung entbehrt jeglichen Scheins eines Rechtstitels und zeigt, mit welcher Willkür bisher England im Bewußtsein seiner Macht sich ein eigenes Recht, das die Rechtlosigkeit der Angehörigen der andern Nationen bedeutet, zurechtlegt.

Wenn nach dem VI. Abkommen der II. Friedenskonferenz über die Behandlung der feindlichen Kauffahrteischiffe beim Ausbruch der Feindseligkeiten vom 18. Oktober 1907 sogar die Kauffahrteischiffe einer kriegführenden Macht, die sich beim Ausbruch der Feindseligkeiten in einem feindlichen Hafen befinden, das Recht haben, binnen einer ihnen zu vergönnenden Frist noch frei auszulaufen und ihren Bestimmungsort oder einen sonstigen, ihnen bezeichneten Hafen aufzusuchen (Art. 1), so muß man doch erst recht einem neutralen Schiffe das Recht geben, seine schon vor der Kriegserklärung aufgenommenen Passagiere an ihren Bestimmungsort zu bringen. Auch die andern Bestimmungen in Art. 2—5 dieses Abkommens zeigen durch Beweisführung a minori ad maius, daß hier zugleich eine harte Verletzung der Neutralität, d. h. der berechtigten Interessen der neutralen Staaten, seitens Englands und Frankreichs vorliegt, die nur durch den Satz gerechtfertigt werden kann: „Macht geht vor Recht!"

Auch hier haben die deutschen „Barbaren" wieder klare und menschliche Bestimmungen. Z. 49 der deutschen Prisenordnung vom 30. September 1909 schreibt vor, daß Reservisten, Rekruten und Kriegsfreiwillige auf dem Wege zum Gestellungsort nicht als „in die feindliche Kriegsmacht eingereihte Personen" anzusehen sind. Dies entspricht dem bisherigen Gewohnheitsrecht aller kultivierten Nationen. Der deutschen Regierung gelang es bisher trotz aller Bemühungen lediglich, die Passagiere von zwei Schiffen durch die Vermittlung der holländischen Regierung freizubekommen. England und seine Trabanten pochen auf das Recht der stärkeren Macht [1]).

Am 28. Oktober 1914 behauptete die englische Presse, daß die Admiralität den Transport deutscher Wehrpflichtiger auf neutralen Schiffen gestattet habe; dann wurde behauptet, daß es 50 Reservisten auf einem neutralen Schiff erlaubt sei, überzusetzen. Wenige Tage darauf wurde gemeldet, daß diese Konzession zurückgezogen sei, d. h. daß England bei seinem völkerrechtswidrigen Tun verharre. Zu gleicher Zeit wurde erklärt, daß England überhaupt seine Bereitwilligkeit, die Londoner Seerechtserklärung anzuerkennen, zurückgezogen habe. Das ist in dieser radikalen Fassung unrichtig. Die Order vom 29. Oktober 1914 mit ihren starken Modifikationen der Art. 34 und 35 der Deklaration von 1909 (s. Pohl a. a. O.) zeigt aber die echt englische Rechtsauffassung. (Diese Modifikationen sind abgedruckt in Anlage III unten.) Wenn es sich herausstellt, daß ein Recht, das auf Vertrag

---

[1]) Hierher gehört auch die Kaperung bzw. Ingrundbohrung von sechs holländischen Fischerbooten, bei der nach der „Gazette de Holland" am 27. August 37 holländische Fischer gefangen und 5 Tage eingesperrt und nach achttägiger Gefangenschaft in Edinburg entlassen worden sein sollen. Der ganze Vorfall ist freilich im Hinblick auf den klaren Art. 3 des 11. Abkommens über die Beschränkungen in der Ausübung des Beuterechts, die alle der Küstenfischerei und der Lokalschiffahrt dienenden Fahrzeuge von der Wegnahme befreit, bei solchen Schiffen neutraler Eigentümer vollständig unerklärlich, da nicht angenommen werden kann, daß diese holländischen Fischer sich an den Feindseligkeiten beteiligt haben.

Ebenso unverständlich ist die Nachricht über die Anhaltung und Aufbringung der holländischen Armeedampfer „Slotedyk" und „Sommelsdyk", die von Rotterdam unterm 25. September gemeldet wurde.

Anfangs Oktober wird gemeldet, daß Großbritannien das Verbot der Heringsfischerei an der englischen Ostküste, wo sich die Heringe im Oktober aufhalten, habe ergehen lassen, das vor allem Holland gewaltig schädigt.

beruht und eine Pflicht enthält, England schadet, auch wenn es sich nur um Kodifizierung alten Gewohnheitsrechts handelt, das der Gegner in Gesetzesform aufgenommen hat, so erklärt England, daß es sich nicht daran kehre. Wie sagte der englische König: „Mein Reich betrachtet die absolute Respektierung des einmal gegebenen Wortes (das Abkommen ist von England unterzeichnet!) in Verträgen als ein gemeinsames Erbteil." Bernhard Shaw spricht von der englischen Heuchelei wie von der Nationalkrankheit!

E. Überhaupt gebärdet sich England von Tag zu Tag mehr, als wenn andere Nationen überhaupt nicht mehr auf den Meeren vorhanden wären und es die unbeschränkte Gewalt über diese hätte. Und zwar ohne jede Blockade, die, wie erwähnt, die Grundlage all dieser Sperrmaßregeln wäre. Nach Art. 1 der Londoner Erklärung muß sich die Blockade auf feindliche oder vom Feinde besetzte Häfen und Küsten beschränken, und in Art. 18 wird bestimmt, daß die blockierenden Streitkräfte nicht einmal den Zugang zu neutralen Häfen und Küsten versperren dürfen. Die „Times" erklären aber in diesen Tagen ganz zynisch, die ganze Nordsee müsse als gesperrt gelten. Kein Wunder, daß sich allmählich der kleineren neutralen Länder Norwegen, Holland und Dänemark wie der Vereinigten Staaten von Nordamerika eine wachsende Erregung bemächtigt.

Eisenerz wurde auf Schwedens energischen Einspruch als Konterbande unter gewissen Voraussetzungen wieder freigegeben, dafür Baumwolle in vielen Fällen, obwohl auch sie nach Art. 28 Z. 1 l. c. Nichtkonterbande ist, für Konterbande erklärt. Später soll auch diese Verfügung aufgehoben worden sein, da die Vereinigten Staaten darauf bestanden. Dann wurde gegen die Petroleumschiffe der Standard Oil Company — Petroleum ist relative Konterbande — mit rücksichtsloser Schärfe vorgegangen und eine Reihe von amerikanischen Schiffen, die für neutrale Häfen zum Öltransport bestimmt waren, aufgebracht.

Ein anderes Mal hat es Nürnberger Spielwaren, die ein holländisches Schiff für Rotterdam nach Nordamerika verladen sollte, angehalten. Die Schikanen, die vor allem holländische, dänische, norwegische und schwedische Schiffe durchzumachen haben, sind Legion. Man hält sie, wie ich aus zuverlässigen Privatbriefen weiß, rücksichtslos womöglich an einem Tage innerhalb weniger Stunden immer wieder von neuem auf, man quält sie mit Durchsuchungen von Personen und von Frachten und mit Fragen, so daß es ein wahres Wunder ist und nur die moralische und politische Abhängigkeit aller dieser Nationen von England beweist, daß sie sich alle diese Schikanen ziemlich geduldig gefallen lassen.

So ist es wohl zu verstehen, daß die Ausfuhr der Vereinigten Staaten, die vor allem in Baumwolle (jährlich um 450 Mill. M.), Kupfer, Holz, Schweineschmalz, Petroleum, Getreide, Baumwollsamen und Tabak besteht, empfindlich unter diesen Schikanen, die auf den Zwischenhandel mit und durch neutrale Staaten ausgedehnt worden sind, leidet. Am 29. Oktober 1914 meldet „Reuter" aus Washington über London, daß der britische Botschafter dem amerikanischen Staatsdepartement zwei Noten übermittelt hätte, in denen erklärt werde, daß Baumwollladungen nicht beschlagnahmt werden würden. Es sei nicht die Absicht der britischen Regierung, Baumwolle auf die neue in Vorbereitung befindliche Konterbandeliste zu setzen. Was Mineralöle und andere in der Konterbandeliste aufgeführte Güter betreffe, werde England keine Ladung beschlagnahmen, wenn die Schiffspapiere bewiesen, daß das Bestimmungsland neutral sei. Nur wenn die Güter „auf Order" konsigniert seien, werde England eine Durchsuchung vornehmen. Zugleich wird den amerikanischen Verfrachtern empfohlen, ihre Sendungen an neutrale Regierungen oder andere bestimmte Empfänger zu richten.

Während England auf diese Art Aufklärung über alle neutralen Ladungen verlangt, haben die Vereinigten Staaten angeordnet, daß keine Aufklärungen über Ladungen ausfahrender Schiffe vor dem 30. Tage nach deren Ausreise zu geben seien; sie fordern ihrerseits Aufklärung für jede Anhaltung oder Beschlagnahme amerikanischer Schiffe. Die Gegensätze werden trotz der größten Geduld der Amerikaner von Tag zu Tag größer werden [1]) [2]).

[1]) Auch gegen italienische Schiffe beginnen Ende Oktober England und Frankreich Gewalttätigkeiten. Gegen die Wegnahme des Dampfers „Enrico Millo" durch die Franzosen in den italienischen Gewässern hat Italien mit Recht Protest bei der französischen Regierung eingelegt.

[2]) Interessant ist die Einschätzung der englischen Seepolitik durch den bekannten französischen Völkerrechtslehrer Bonfils: „Die Hauptquelle des Wohlstandes und der Stärke Englands ist sein Seehandel. Alle Mittel, selbst die

F. Auch zahlreiche andere italienische Schiffe, die auf der Fahrt von Amerika nach Genua usw. waren, wurden von den Engländern aufgehalten und zur Durchsuchung nach Gibraltar und nach andern Orten gebracht. Ganz besonders kraß ist die Aufbringung des norwegischen Amerikadampfers „Bergensfjord“, auf dem für 60000 Kronen Gummi konfisziert wurde, obwohl auch Gummi ausdrücklich Nichtkonterbande ist. Auch sonst war, wie ein Zeuge, der norwegische Parlamentspräsident, konstatiert, das Auftreten der Engländer „eine einzig dastehende Rücksichtslosigkeit“. Besonders rücksichtslos scheint England mit Rücksicht auf die einseitigen englisch-französischen Sympathien des Volks mit Brasilien zu verfahren [1]).

Das größte See- und Handelsvolk verhöhnt mit seinem ganzen Vorgehen Schillers Worte:

„Euch, o Götter, gehört der Kaufmann,
Güter zu suchen geht er,
Doch an sein Schiff
Knüpfet die gute Sache sich an.“

---

ungesetzlichen, scheinen ihm geeignet, wenn es gilt, den Grundpfeiler seiner Größe zu verteidigen. Der einzige Beweggrund, der England leitet, ist sein selbstsüchtiges materielles Interesse. Mit seiner Macht wachsen seine Anmaßungen. Hält es sich für stark genug, um seinen verwegenen Plänen freien Lauf zu lassen, so erklärt es, daß die Sorge um seine Seemachtstellung die Grundsätze seines Seerechts bestimme. Um seinen Handel auszudehnen, fühlt es sich gedrungen, gegen neutrale Völker unbillige Bestimmungen zu erlassen.“ Eine scharfe, aber richtige Beurteilung durch den Bundesgenossen!

[1]) Auch Brasilien scheint es mit der Neutralität nicht sehr ernst zu nehmen, was auch die Behandlung der „Glasgow“ zeigt, sowie die Verproviantierung der englischen Schiffe. Das ist um so merkwürdiger, als England die nationale Würde Brasilens rücksichtslos verletzt. Die Zeitung „Republica“ wirft anläßlich des Verhaltens des Dampfers „Ceara“, der dem Lord Brazileiro gehört, in den brasilianischen Territorialgewässern den Engländern vor, daß sie Brasilien als englische Kolonie behandelten und die nationale Würde des Landes auf das gröblichste verletzen. Und das größte Blatt Brasiliens, das „Jornal do Commercio“, weist darauf hin, daß die englischen Kriegsschiffe in den brasilianischen Häfen aus- und einliefen, sich mit Nahrungsmitteln und Kohlen versorgten, blieben so lange sie wollten, kurz, sich den Teufel um alle völkerrechtlichen Abmachungen kehren. Das große Blatt erhebt ernste Vorwürfe gegen die brasilianische Regierung, die sich gegenüber diesen offenkundigen Rechtsverletzungen in einer tadelnswerten Untätigkeit gefiele. S. die interessante Rede des Abg. de Abranches in der brasilianischen Deputiertenkammer vom 27. September 1914, die die scharfe Opposition der Mehrheit hervorrief.

England droht von neuem Anfang November mit der „Schließung der Nordsee" für den ganzen Handelsverkehr. Nach einer Mitteilung des „Reuter-Bureaus" erließ die englische Admiralität unterm 3. November 1914 folgende Bekanntmachung:

„Infolge der willkürlichen Minenlegung durch deutsche Schiffe unter neutraler Flagge muß die ganze Nordsee als Kriegsgebiet angesehen werden. Vom 5. November an sollen alle Schiffe, die vom Nordpunkt der Hebriden durch die Farör-Inseln nach Island fahren, solches auf eigene Gefahr tun, wenn sie nicht die Admiralitätsvorschriften befolgen. Den Handelsschiffen aller Nationen nach Norwegen, der Ostsee, Dänemark und den Niederlanden wird geraten, durch den Ärmel-Kanal nach Dover zu gehen. Dort werden ihnen sichere Wege angegeben, von Großbritannien bis Farne-Island, von wo aus ihnen eine möglichst sichere Route nach dem Feuerschiff Lindesnäs gewiesen wird, der norwegischen Küste zu. Von hier aus muß so dicht wie möglich an der Küste entlang gefahren werden."

Durch die Maßregel, die jetzt England zu erzwingen sucht, wird das Recht der Neutralen, nach welchem Konterbande auf neutralen Schiffen doch mindestens für Feindesland bestimmt sein muß, völlig außer acht gelassen, es wird die fiktive Handelsblockade des neutralen Auslandes behauptet, die nach Art. 18 der Londoner Erklärung, der dem Standpunkte der Pariser Deklaration von 1856 völlig entspricht, absolut verboten ist („die blockierenden Streitkräfte dürfen den Zugang zu neutralen Häfen und Küsten nicht versperren"). Das Vorgehen ist um so unerhörter, als nicht bloß ein einzelner neutraler Hafen, nicht bloß sämtliche Häfen eines neutralen Staates — nein: beinahe alle Häfen fast sämtlicher neutraler europäischer Staaten durch die Maßregel versperrt werden. Die Maßregel steht auch in vollkommenem Widerspruch mit dem Grundsatze des freien Ausfuhrhandelsrechts der neutralen Staaten, wie er in Art. 1 des 13. Abkommens der II. Haager Konferenz niedergelegt und verbürgt ist. Drittens ist natürlich auch das Recht der Minenlegung nach dem 8. Abkommen durch die massenhafte Niederlegung von Kontaktminen auf offener See, d. h. auf internationalem Fahrwasser, die von den Deutschen vermieden wurde, gröblich verletzt. Das von England gelegte Minenfeld erstreckt sich auf etwa 5000 qkm (s. oben Kap. 30). Das „vertragsheilige" England hat sonach in Idealkonkurrenz gegen drei Verträge zugleich durch seine Behandlung der Nordsee als eines geschlossenen feindlichen Wassers gesündigt und dem neutralen Handel den Krieg erklärt. Es ist völlig richtig, was der Kapitän Holmstroem, der Vorsitzende des schwedischen Schiffsführervereins, ausführt, daß „der Schritt Englands gleichbedeutend sei mit dem Todesurteil der neutralen Schiffahrt".

Und ebenso richtig ist, was der deutsche Protest vom 14. November 1914 sagt:

„Ein friedlicher Handel ist augenscheinlich für das im Kriege befindliche England nur derjenige neutrale Handel, der Ware nach England bringt, nicht aber derjenige, der Waren seinen Gegnern zuführt oder möglicherweise zuführen könnte. Die deutsche Regierung ist sich bewußt, ihrerseits bei den durch die militärische Notwendigkeit gebotenen Maßnahmen die Gefährdung oder Schädigung neutraler Schiffahrt in möglichst engen Grenzen gehalten und sich dabei streng nach den Regeln gerichtet zu haben, die bisher zwischen zivilisierten Völkern für die Seekriegführung galten. Dagegen rechtfertigt sich die Beeinträchtigung der neutralen Lebensinteressen von englischer Seite durch keinerlei militärische Notwendigkeit, da sie mit den kriegerischen Maßnahmen nicht im Zusammenhange steht und lediglich die Volkswirtschaft des Feindes durch die Lahmlegung des legitimen neutralen Handels treffen will. Diese grundsätzliche Mißachtung der von ihr angerufenen Meeresfreiheit nimmt der britischen Regierung jedes Recht, in der Frage der die Neutralen ungleich weniger schädigenden Minenlegung als Anwalt dieser Freiheit aufzutreten." [1])

[1]) **Die Vereinigten Staaten — Privatlieferungen — und die Neutralität. — Die Monroe-Doktrin.** Sollte die Mitteilung richtig sein, daß die Fallriver Shipbuilding Cie. Unterseeboote und Material dazu, sowie andere amerikanische Firmen (nach der „New Yorker Handelsztg." um sehr hohe Beträge) anderes Kriegsmaterial an England und Frankreich liefern, so läge darin selbstverständlich ein Bruch der Neutralität seitens der Regierung der Vereinigten Staaten von Nordamerika vor. Wohl sagt das von den beteiligten Staaten (außer England) ratifizierte 5. Haager Abkommen und dementsprechend für den Seekrieg das 13. Abkommen, daß eine neutrale Macht nicht verpflichtet ist, die für Rechnung des einen oder des andern Kriegführenden erfolgende Ausfuhr von Waffen, Munition und überhaupt von allem, was für ein Here oder eine Flotte nützlich sein kann, zu verhindern (Art. 7), aber die Lieferungen müssen dann beiden Teilen in gleicher Weise zugänglich sein. Wenn, wie hier, durch die von England behauptete Blockade es Deutschland unmöglich gemacht ist, ebenfalls solche Gegenstände zu beziehen, so kann die Regierung der Vereinigten Staaten ohne einen Bruch des Abkommens und der Neutralität es nicht gestatten, daß England allein von amerikanischen Firmen Kriegsmaterialien bezieht. (Auch die Art. 17 b und 18 l. c. des 5. Abkommens für den Landkrieg stehen dieser Auffassung nicht entgegen, da sie lediglich die Rechte und Pflichten der einzelnen neutralen Lieferanten, nicht aber des Staates im Auge haben, der über die rechtliche und tatsächliche Parität der Lieferungen seinerseits zu wachen hat und für den nur das 1. Kapitel des 5. Abkommens gilt.) Für den Seekrieg zeigen die Art. 6 und vor allem Art. 8 des 13. Abkommens klar den Bruch der Neutralität. Art. 8 bestimmt, daß die neutrale

Zum Versuche der Schließung der Nordsee noch folgendes: Der Ärmelkanal ist durch die unvorsichtige Legung von englischen Minen und trotz der Aufforderung Englands, dorthin den ganzen neutralen Verkehr zu leiten, nahezu für die neutrale Schiffahrt gesperrt. Die schwedische Regierung hat das bereits offiziell erklärt. Es stand

Regierung verpflichtet ist, die ihr zustehenden Mittel anzuwenden, um in ihrem Hoheitsbereiche die Ausrüstung und Bewaffnung eines Schiffes zu verhüten, bei dem sie triftige Gründe zur Annahme hat, daß es zur Teilnahme an feindlichen Unternehmungen gegen eine Macht, mit der sie in Frieden lebt, bestimmt ist. Sie muß auch das Ausliefern eines hergerichteten Schiffes verhüten. Ein Protest gegen dieses Vorgehen wäre also völlig gerecht, zumal die Vereinigten Staaten nachträglich noch dem 13. Abkommen beigetreten sind. England hat dieses Abkommen zwar nicht ratifiziert, dessen Inhalt aber allüberall für sich geltend gemacht, z. B. im Falle „Highflyer".

Soeben meldet (9. Dezember) Reuter aus Washington, daß Staatssekretär Bryan im Kongreß ankündigte, daß die genannte Schiffbaugesellschaft sich den Wünschen des Präsidenten unterwerfe und keine Unterseeboote für England bauen wolle.

Nach einer weiteren „Times"-Meldung vom 10. Dezember 1914 hat nicht bloß Schwab, der Präsident der U. St. Steel Comp., den Plan, Unterseeboote zu liefern, aufgegeben, sondern es wurde auch im Senat eine Gesetzesvorlage eingebracht, die den Verkauf von Waffen und Munition an ein Land, das mit einem andern, mit dem die Vereinigten Staaten in Frieden leben, Krieg führt, für ungesetzlich erklärt. Im Repräsentantenhause sei eine Vorlage eingebracht, die den Präsidenten ermächtige, die Ausfuhr solcher Munition zu verhindern. Durch eine Resolution wurden genaue Auskünfte über die Tätigkeit der amerikanischen Firmen auf diesem Gebiete gefordert. — Sind diese Mitteilungen richtig, so wäre der von dem Verfasser in einem in der deutschen Presse Mitte November vertretene Standpunkt (s. z. B. Neue Bad. Landesz. Nr. 596) in den Vereinigten Staaten geteilt worden, daß solche Munitionslieferung Verletzung der Neutralität wäre.

Die immer stärkere Hereinziehung des amerikanischen Festlandes, insbesondere die Teilnahme Kanadas, die scheinbare Verletzung der Neutralität durch Brasilien und amerikanische Firmen usw. werfen interessante große völkerrechtliche Fragen auf, die vor allem auch mit der sogenannten Monroe-Doktrin in Verbindung stehen.

Das ganze Amerika wird nach der Monroe-Doktrin als ein einziges und einheitliches Wirtschaftsgebiet mit gemeinschaftlichen politischen Interessen angesehen. Danach erscheint eine Handlung, welche ein Einzelglied dieses Gesamtamerika unternimmt, als eine solche, für welche auch dieses Gesamtamerika und insbesondere auch die Vereinigten Staaten von Amerika mit verantwortlich sind. Sollen europäische Staaten nicht das Recht haben, in inneramerikanische Angelegenheiten einzugreifen, auch wenn diese ihre Interessen, seien sie politischer, seien sie wirtschaftlicher Art, berühren, so muß andrerseits gefordert werden, daß sich die bisher fest, daß diese Straße nicht als ein Territorialgewässer aufgefaßt werden dürfe. An die Antwort, mit der der bekannte Vertreter Hollands auf dem II. Friedenskongreß General Den Beer Portugael die, wie die gesamte Presse damals äußerte, „an Wahnsinn grenzende Behauptung" des Vizeadmirals Germinet, daß die Meerenge zwischen Dover und Calais ein Territorialgewässer sei, das für die Schiffahrt vollständig abgesperrt werden dürfe, im September 1912 abfertigte, muß (wie Kapitän Persius im „Berliner Tagebl." vom 6. November 1914 bemerkt) jetzt erinnert werden. Sie lautet:

„Die Straße von Dover-Calais ist 35 km breit. Wiewohl für die Breite eines territorialen Wassers im Völkerrecht kein bindender Vertrag besteht, hat man früher dafür die Entfernung eines Kanonenschusses angenommen, das heißt damals etwa 4000 m. Jetzt hat man allgemein festgesetzt, daß diese Breite drei Seemeilen, also 5556 m beträgt. Der englische „Jurisdiction Act" von 1878 bestimmt sie ausdrücklich auf drei Meilen. Die Annahme, daß die Straße von Dover-Calais Territorialwasser sei, ist also hinfällig und beruht auf einer ungerechtfertigten Anmaßung. Drei französische Autoritäten auf diesem Gebiet, Gérard de Reyneval, Ortolan und Pradier Fodéré, sagen genau dasselbe, und mit ihnen stimmt auch eine amerikanische Autorität, Cabro, überein. Danach scheint mir, daß die Kenntnis des französischen Admirals vom Seekriegsrecht ebenso mangelhaft ist wie das Schießpulver der französischen Marine. Es ist endlich zu bedenken, daß die neutralen Staaten in jedem Kriege wohl die Mehrheit bilden, und es wäre undenkbar, daß sich diese Mehrheit von einer Minderheit das Gesetz vorschreiben ließe. Ein so grober Rechtsbruch könnte sie in den Krieg hineinziehen!"

Der holländische General hat mit seinen derben Ausführungen sicher völlig Recht. Leider trifft aber seine Annahme, daß die neutralen Staaten in jedem Kriege die Mehrheit bilden, hier nicht zu. Und die heutige neutrale Minderheit hat bis jetzt noch immer nicht den Mut zu einem energischen Protest gegen den Bruch des Völkerrechts von seiten Englands gefunden.

Ich bezweifle, ob lediglich theoretische Proteste der neutralen

---

dem ganzamerikanischen Gesamtverbande angehörigen staatlichen Organisationen auch jedes Eingriffes in innereuropäische Konflikte enthalten. Sowie eine auf amerikanischem Boden befindliche Organisation durch Truppensendung nach Europa in den europäischen Konflikt eingreift, fordert sie militärische Maßnahmen, welche sich auf amerikanische Territorien erstrecken, heraus.

Dieser von Justizrat Dr. Paul Alexander Katz in der „Vossischen Zeitung" vom 3. Oktober 1914 ausgesprochenen Ansicht ist unbedingt zuzustimmen. Die Vereinigten Staaten werden nicht umhin können, falls sie die Neutralität wirklich wahren wollen, diesen wichtigen Fragen ernstlich näherzutreten.

Staaten gegenüber der Brutalität Großbritanniens irgend etwas ausrichten. Nur ein offenes, energisches, eventuell die äußersten Konsequenzen ziehendes Vorgehen der Neutralen, die den Schaden aus dem Kriege ohne seinen gleichzeitigen etwaigen Nutzen tragen, kann hier Remedur schaffen: ein System der bewaffneten Neutralität, das den Engländern die Zähne zeigt [1]).

Auch Professor de Louter („Utrechter Tagebl.") erklärt, daß die englische Erklärung der Nordsee als militärisches Gebiet dem Grundprinzip der Freiheit der offenen See und der Nordsee (Erklärung der Mächte vom 23. April 1908) widerspreche.

Dies ist unzweifelhaft richtig. Das Abkommen über die Erhaltung des territorialen Status quo an den Küsten der Nordsee vom 23. April 1908 ist zu Berlin abgeschlossen von Deutschland, Dänemark, Frankreich, Großbritannien, Holland und Schweden (s. Liszt a. a. O. S. 37; Revue générale de droit international public von Pillet und Fauchille XV 13, 18).

G. Die Denkschrift der deutschen Reichsregierung über die Stellung Englands und Frankreichs zur Londoner Erklärung. Nach Vollendung des vorstehenden Teiles der Schrift gab die deutsche Reichsregierung an die neutralen Mächte eine Denkschrift heraus, die die Rechtsauffassung des vorstehenden Abschnitts bestätigt und sich mit ihr im wesentlichen deckt, die selbstverständlich die britische Verordnung vom 29. Oktober 1914 nicht mehr berücksichtigen konnte, die in dieser Schrift noch spätere Berücksichtigung fand.

Diese „Denkschrift über die Stellung Englands und Frankreichs zu der Londoner Seekriegsrechts-Erklärung" (erschienen in der deutschen Presse am 26. Oktober 1914) lautet folgendermaßen:

Nach einer „Order in Council" (Kabinettsbeschluß) vom 20. August 1914 will die britische Regierung während des gegenwärtigen Krieges die Londoner Seekriegsrechts-Erklärung vom 26. Februar 1909 mit einigen Zusätzen und Abänderungen beobachten. Diese Zusätze und Abänderungen sind aber

---

[1]) Die „Frkf. Ztg." verweist in Nr. 315 (1. Morgenbl.) auf einen Treppenwitz der Geschichte. Die Beschlagnahme des russischen Getreideschiffes „Nicolaus" (1780) gab den letzten Anlaß „zu einer Art Explosion, aus welcher das glänzende weltgeschichtliche Phänomen der bewaffneten Neutralität hervorging". Der damalige „wi de englische Seeraub" gab den Anlaß zu der Vorbereitung der Rechte der Neutralen. Jetzt geht „der englische Seeraub" mit dem „Nikolaus" Hand in Hand gegen die Neutralen.

derart, daß sie die Londoner Erklärung in wesentlichen Punkten aufheben und dadurch gleichzeitig in das geltende Völkerrecht eingreifen. Weitere sehr erhebliche Abweichungen von der Londoner Erklärung sind in einer britischen Proklamation vom 21. September 1914 enthalten.

Die einschneidendste Abänderung der Londoner Erklärung findet sich, wie in der Denkschrift ausgeführt wird, in den Bestimmungen über die relative Konterbande unter Nr. 3 und 5 der Order in Council.

Die Londoner Erklärung bestimmt in Art. 33, daß der Begriff der relativen Konterbande nur dann Anwendung findet, wenn die verfrachteten Gegenstände für den Gebrauch der Verwaltungsstellen oder der Streitmacht des feindlichen Staates bestimmt sind. Ferner soll nach Art. 35 der Begriff der relativen Konterbande ohne weiteres ausgeschlossen sein, wenn sich das Schiff auf der Fahrt nach einem neutralen Hafen befindet.

Diese Bestimmungen, die im wesentlichen dem geltenden Völkerrecht entsprechen und auf einer billigen Abwägung der Interessen der kriegführenden Staaten einerseits und der neutralen Staaten anderseits beruhen, sind durch die Order in Council so gut wie aufgehoben worden. Denn nach Nr. 3 der Order soll die Vermutung für die feindliche Bestimmung der Güter in jedem Falle Platz greifen, wo der Empfänger der Ware unter der Kontrolle der Behörden des feindlichen Staates steht; das bedeutet aber nichts anderes als daß jede nach dem feindlichen Lande gerichtete Sendung der Beschlagnahme ausgesetzt ist, da sich dort sämtliche Bewohner unter der Kontrolle der Landesbehörden befinden.

Diese Bestimmung erhält ihre Ergänzung in Nr. 5 der Order, wonach auch das auf der Fahrt nach einem neutralen Hafen befindliche Schiff wegen relativer Konterbande aufgebracht werden kann; hier wird also entgegen dem Art. 35 der Londoner Erklärung der nur auf die absolute Konterbande anwendbare Begriff der fortgesetzten Reise auf die relative Konterbande ausgedehnt.

Auf diese Weise werden die milderen Regeln der Londoner Erklärung für die relative Konterbande beseitigt und letztere im Ergebnis der absoluten Konterbande völlig gleichgestellt. Damit wird der zur Versorgung der Bevölkerung eines kriegführenden Staates bestimmte neutrale Handel mit Gegenständen der relativen Konterbande, also insbesondere mit Lebensmitteln, der im geltenden Völkerrecht als legitim anerkannt, nahezu illusorisch gemacht und so das Interesse des Kriegführenden wie der Neutralen in völkerrechtswidriger Weise verletzt.

Eine weitere Verschärfung der Bestimmungen über die Konterbande ergibt sich aus Nr. 2 der Order in Council. Denn der Art. 38 der Londoner Erklärung läßt, entsprechend dem geltenden Völkerrecht, eine Beschlagnahme des Schiffes wegen Konterbande nur zu, solange sich diese an Bord befindet; dagegen will die britische Regierung, wenn die Beförderung der Konterbande unter Mitnahme falscher Papiere erfolgt ist, das Schiff während der ganzen Dauer der Reise mit Beschlag belegen.

Nach einem in der Londoner Erklärung bestätigten völkerrechtlichen Grundsatz dürfen an Bord eines neutralen Kauffahrteischiffs nur solche Personen zu Kriegsgefangenen gemacht werden, die bereits in die feindliche Streitmacht eingereiht sind. Trotzdem haben die britischen Seestreitkräfte deutsche Wehrpflichtige, die nicht in die Streitmacht eingereiht waren, von Kauffahrteischiffen der niederländischen, der norwegischen und der italienischen Flagge weggenommen und zu Kriegsgefangenen gemacht.

Nach einem im „Journal Officiel" vom 26. August 1914 veröffentlichten Dekret des Präsidenten der französischen Republik hat sich Frankreich auf denselben Standpunkt gestellt.

Die Verordnungen und darüber hinausgehend die Seestreitkräfte Großbritanniens und Frankreichs setzen sich hiernach über die in der Londoner Seekriegsrecht-Erklärung niedergelegten Regeln in willkürlichster Weise hinweg. Sie verfolgen ausgesprochenermaßen den Zweck, durch Lahmlegung des neutralen Handels nicht nur die Kriegführung, sondern auch die Volkswirtschaft ihrer Gegner zu treffen und greifen dabei in unzulässiger Weise sowohl in den legitimen Handel der Neutralen mit dem Gegner als auch in den Handel der Neutralen untereinander ein. Die Londoner Erklärung ist zwar bisher nicht ratifiziert worden; wie indes die Bevollmächtigten der Signatarmächte mit Einschluß der britischen und französischen in der einleitenden Bestimmung ausdrücklich festgestellt haben, entsprechen die Regeln der Londoner Erklärung im wesentlichen den allgemein anerkannten Grundsätzen des internationalen Rechtes. Die von Großbritannien und Frankreich beliebten Verletzungen der Londoner Erklärung stellen sich daher zugleich als Verletzungen des Völkerrechts dar, die um so schwerer ins Gewicht fallen, als Großbritannien in Kriegen, in denen es neutral war, wie beispielsweise im russisch-japanischen Kriege, gegen solche Rechtsverletzungen auf das nachdrücklichste Einspruch erhoben hat.

Die Denkschrift schließt:

„Die deutsche Regierung hat bisher die Bestimmungen der Londoner Erklärung streng beobachtet, auch deren Inhalt in der deutschen Prisenordnung vom 30. September 1909 sinngetreu wiedergegeben; an dieser Haltung hat sie sich selbst durch die flagranten Rechtsverletzungen ihrer Gegner nicht irre machen lassen.

Sie muß sich indes die Frage vorlegen, ob sie an diesem Standpunkte noch länger festhalten kann, wenn die feindlichen Mächte das von ihnen eingeschlagene Verfahren fortsetzen und die neutralen Mächte sich solche Neutralitätsverletzungen zuungunsten deutscher Interessen gefallen lassen. Für die deutsche Regierung würde es daher von Wert sein, zu erfahren, welche Stellung die neutralen Mächte zu dem völkerrechtswidrigen Verhalten Großbritanniens und Frankreichs einzunehmen gedenken und ob sie insbesondere gegen die an Bord ihrer Schiffe vorgenommenen Gewaltakte an deutschen Personen und deutschem Gut einschreiten wollen."

Berlin, 10. Oktober 1914 (abgedruckt „Nordd. Allg. Ztg." Nr. 262 vom 25. Oktober).

Auf die Antwort der neutralen Staaten, insbesondere der Vereinigten Staaten von Nordamerika und Holland, kann man gespannt sein.

H. Der „Highflyer"-Fall insbesondere.

Über das Gefecht zwischen dem Hilfskreuzer „Kaiser Wilhelm der Große" und dem englischen Kreuzer „Highflyer" wurden amtlich auf Grund zuverlässiger Meldungen folgende nähere Einzelheiten mitgeteilt:

Am 26. August lag der Hilfskreuzer „Kaiser Wilhelm der Große" in dem spanischen Hafen Rio de Oro. Die gesamte Besatzung war seit Tagen mit der Kohlenübernahme beschäftigt. Die Bunker waren noch nicht zur Hälfte aufgefüllt, als gegen Mittag ein Schiff in Sicht kam, das sich später als der geschützte englische Kreuzer „Highflyer" herausstellte. Zwischen den beiden Schiffen fand alsbald folgender Signalverkehr statt:

Highflyer: Ergeben Sie sich!

Kaiser Wilhelm der Große: Keine Antwort.

H.: Ich fordere Sie auf, sich zu ergeben!

K. W. d. Gr.: Deutsche Kriegsschiffe ergeben sich nicht. Ich ersuche Sie, die spanische Neutralität zu achten.

H.: Sie kohlen zum zweiten Mal in diesem Hafen. Ich fordere Sie auf, sich zu ergeben. Wenn nicht, werde ich sofort auf Sie feuern.

K. W. d. Gr.: Ich kohle hier zum ersten Male; im übrigen ist das eine spanische Angelegenheit.

H.: Ergeben Sie sich sofort!

K. W. d. Gr.: Ich habe Ihnen nichts mehr zu sagen.

Hierauf eröffnete um 1.16 Uhr „Highflyer" das Feuer, das vom „Kaiser Wilhelm der Große" sofort erwidert wurde. Der Kampf wurde von letzterem geführt, während das Schiff etwa 2000 m von der Küste vor Anker lag.

.... „Highflyer" hatte das Feuer auf beträchtliche Entfernung — etwa 9000 m — unterhalten und zog sich dann unter gleichmäßiger Annäherung von der Steuerbord- auf die Backbordseite des Hilfskreuzers hinüber, entfernte sich jedoch wieder, als er eine Anzahl von Treffern erhalten hatte.

Nach etwa 1½ stündigem Gefecht kam das Feuer des „Kaiser Wilhelm des Großen" zum Schweigen, und zwar wegen vollständigen Munitionsmangels.... Als die Munition der Achtergeschütze verbraucht war, befahl der Kommandant, das Schiff zu versenken, um es nicht in Feindeshand fallen zu lassen. Das geschah.

Beim Verstummen der Geschütze des „Kaiser Wilhelm des Großen" stellte auch „Highflyer" sein Feuer ein und näherte sich langsam bis auf 5600 m.....

.... In drei Rettungsbooten landete der Teil der Besatzung, der an dem Gefecht teilgenommen hatte — außer dem Kommandanten 7 Offiziere, 2 Vizesteuerleute und 72 Unteroffiziere und Mannschaften — an der spanischen Küste von Rio de Oro. Der englische Kreuzer hatte sich inzwischen dem deutschen Hilfskreuzer auf 3000 bis 4000 m genähert und zwei Boote ausgesetzt, die den deutschen Booten folgten, jedoch erst landeten, als die deutsche Besatzung bereits den Marsch nach dem Fort angetreten hatte. Die englischen Boote kehrten dann auf ein Signal hin an Bord ihres Schiffes zurück.

Aus dieser Darstellung geht hervor, daß die Engländer sich nicht bloß zur See, sondern auch zu Lande eine klare Völkerrechtsverletzung, d. h. Neutralitätsverletzung, haben zuschulden kommen lassen. Sie haben nicht nur in spanischen Gewässern ein deutsches Schiff angegriffen, sondern haben die Verletzung noch bis zum Lande und auf neutralem Boden fortgesetzt. Sie haben damit in gleicher Weise das 5. und 13. Haager Abkommen über die Rechte und Pflichten der neutralen Mächte im Falle des Land- und des Seekriegs verletzt.

Freilich hat England die beiden Abkommen, wie wiederholt betont, nicht ratifiziert. Wie der Tatbestand ergibt, hat sich aber der „Highflyer" selbst auf Art. 20 des 13. Abkommens berufen, der bestimmt, daß die Kriegsschiffe von Kriegführenden, die in dem Hafen einer neutralen Macht Feuerungsmaterialien eingenommen haben, ihren Vorrat in einem Hafen derselben Macht erst nach drei Monaten erneuern dürfen. Also auch hier das immer wieder hervorgehobene englische Spiel, Verträge — selbst solche, die es nicht ratifiziert und die streng formal genommen nicht für England gelten, zu seinen eigenen Gunsten auszulegen und zu verwerten. Die logische Folgerung muß sein, daß alsdann England den übrigen Inhalt des Abkommens, das es gegen Deutschland geltend macht, ebenfalls anerkennt und dann natürlich auch gegen sich anwenden lassen muß. Man sollte meinen, das sei eine so klare Deduktion, daß auch eine Erklärung, daß England sich an die internationalen Abkommen nicht mehr gebunden halte, bei einem solchen von ihm anerkannten Vertrage und seerechtlichem Gebrauche ihm nicht das Recht geben kann und darf, denselben Vertrag bald nicht anzuerkennen, wo er ihm schädlich erscheint, bald aber wieder anzuerkennen, wo er ihm nützt. England läßt ruhig unter seiner ausdrücklichen Berufung auf sein Recht Italien, die Vereinigten Staaten und alle anderen neutralen Staaten zu seinen Gunsten die sämtlichen Bestimmungen über die Kohlenversorgung unserer Auslandkreuzer und ihren Aufenthalt in neutralen Häfen nach dem Haager Abkommen anwenden, obwohl es seine Zustimmung zu dem 13. Abkommen verweigert hat (s. auch „D. J.-Z." 1914 S. 1252 ff.). Das zwingt, wie wiederholt betont sei, auch England, die Bestimmungen des betreffenden Abkommens der Haager II. Konferenz, die es nicht unterzeichnet hat oder deren Vollzug es wegen des Nichteintretens der „Solidaritätsklausel" (s. oben Kapitel 1) verweigert, auch unbedingt in allen Teilen und gegen sich anzuerkennen. Geschieht dies, dann hat England in unerhörter Weise die wichtigsten Bestimmungen der beiden Abkommen auch im Fall „Highflyer" verletzt. Es hat das unverletzliche neutrale spanische Gebiet mit Truppen betreten (Art. 1 und 2 des 5. Abkommens). Es hat auch die entsprechenden Bestimmungen des 13. Abkommens verletzt [1]). Art. 1 und 2 des 13. Abkommens der Haager Konferenz über die Rechte und Pflichten der Neutralen (unterzeichnet auch von England, ratifiziert von 25 Staaten, darunter von fast allen andern Großstaaten) sagen:

„Die Kriegführenden sind verpflichtet, die Hoheitsrechte der neutralen Mächte zu achten und sich in deren Gebiet und Gewässern jeder Handlung zu enthalten, welche auf seiten der Mächte, die sie dulden, eine Verletzung der Neutralität darstellen würde. Alle von Kriegsschiffen der Kriegführenden innerhalb der Küstengewässer einer neutralen Macht begangenen Feindseligkeiten, mit Einschluß der Wegnahme und der Ausübung des Durchsuchungsrechts stellen eine Neutralitätsverletzung dar und sind unbedingt untersagt."

Auch hier zeigt die Haltung Englands, daß es sich über Recht und Gewohnheiten kühn hinwegsetzt. England mißbraucht in solcher Weise seine Seemacht gegenüber dem Schwächeren, wie in Ägypten und im Suezkanal, so hier im spanischen Hoheitsbereich Westafrikas, so auf dem ganzen Ozean.

Die Handlung Englands ist um so unnobler, als der deutsche Hilfskreuzer erst am Tage vorher englische Schiffe mit ihren Passagieren freigegeben hatte, die aus Dank dafür ihm die Verfolger auf den Weg gegeben haben. Englische Fairness!

Damit vergleiche man aber auch das Geschrei, das die englische Presse erhob, als Italien in völkerrechtlich völlig einwandfreier Weise und genau nach den Bestimmungen des Abkommens von

---

[1]) Mit dem wenig vornehmen, völkerrechtswidrigen Benehmen des englischen Schiffes vergleiche man die selbst von der englischen Presse hochgerühmte Ritterlichkeit, Noblesse und fast ängstliche Wahrung der Bestimmungen der Londoner Deklaration, vor allem über die Zerstörung der Prisen, die Kriegskonterbande, der deutschen „kleinen Kreuzer", insbesondere der „Emden", „Karlsruhe", „Königsberg" usw.

1907 die Neutralitätsrechte gegenüber der „Göben" und der „Breslau" im August 1914 ausübte. Es ist das um so interessanter, als Italien allein von allen festländischen Großstaaten das 13. Abkommen nicht unterzeichnet hatte, sich aber trotzdem strikte an dasselbe wie alle andern Staaten, insbesondere die Vereinigten Staaten (s. Fall „Geier" in Honolulu) hielt, und andrerseits, daß England sich ebenfalls auf die genauen Bestimmungen des Abkommens stützte, um darzutun, daß Italien einseitig, d. h. zu freundschaftlich diese Neutralitätsnormen gegenüber den deutschen Schiffen ausgelegt habe. Hier haben wir also wiederum den Fall, daß gerade die beiden nicht ratifizierenden Staaten sich auf das Abkommen der andern Staaten als auch für sie rechtsgültig stützten: ein Beweis, wie richtig die eingangs dieser Schrift (Kap. 1) vertretene Anschauung ist, daß diese völkerrechtlichen Normen auch ohne die Ratifizierung seitens sämtlicher Vertragsparteien (s. Art. 28 dieses Abkommens) als bindend gelten müssen, da sie eben im wesentlichen nur kodifiziertes Gewohnheitsrecht, „Seebrauch", festsetzen, so daß eine formale Signierung zur Gültigkeit absolut nicht notwendig ist.

J. Verletzungen der Postrechte der Neutralen.

Aber England verletzt auch andere Abkommen, die es unterzeichnet und ratifiziert hat. Das 11. Abkommen der Haager Konferenz über gewisse Beschränkungen in der Ausübung des Beuterechts im Seekriege bestimmt in Art. 1 und 2:

„Die auf See auf neutralen oder feindlichen Schiffen vorgefundenen Briefpostsendungen der Neutralen oder der Kriegführenden, mögen sie amtlicher oder privater Natur sein, sind unverletzlich. Erfolgt die Beschlagnahme des Schiffes, so sind sie von dem Beschlagnehmenden möglichst unverzüglich weiterzubefördern.

Die Bestimmungen des vorstehenden Absatzes finden im Falle des Blockadebruchs keine Anwendung auf die Briefsendungen, die nach dem blockierten Hafen bestimmt sind oder von ihm kommen."

Wenn diese Bestimmung eintreffen soll, so muß nach der Pariser Seerechtsdeklaration von 1856 die Blockade eine wirksame sein! Eine solche wirksame Blockade ist, wie wiederholt betont, bisher, d. h. bis Anfang Dezember 1914, nicht vorhanden. Es handelt sich stets nur um die „Papierblockade".

Die Unverletzlichkeit der Briefpostsendungen entzieht die neutralen

Postdampfer nicht den Gesetzen und Gebräuchen des Seekriegs, welche die neutralen Kauffahrteischiffe im allgemeinen betreffen. Doch soll ihre Durchsuchung nur im Notfall unter möglichster Schonung und mit möglichster Beschleunigung vorgenommen werden (Art. 2).

Obwohl nun die Blockade bis heute de facto noch nicht wirksam ist, übt die englische Kriegführung eine Zensur über die Briefpostsendungen von Amerika und Asien aus, zu der sie in keiner Weise befugt ist. Sie geht aber noch weiter und hat in einer Reihe von Fällen (s. auch Mitteilungen des Handelsvertragsvereins vom September 1914 und „Kölnische Ztg." vom 27. September) Briefpostsendungen auf neutralen (holländischen) Schiffen durch ihre Kriegsschiffe beschlagnahmt, die nach Deutschland bestimmt waren. Ebenso wurde ohne Dementi mitgeteilt, daß unter gleichzeitigem Bruch der Suezakte durch die Engländer im Suezkanal die aus Deutschland stammende sowie die an Deutschland gerichtete Post vernichtet wurde. Es sollen dort Mitte September 1100 Postsäcke mit deutscher Post auf einem italienischen Schiffe vernichtet worden sein. Es ist unerklärlich, wenn diese Mitteilung richtig ist, wie sich Italien eine solche Behandlung gefallen lassen konnte.

Dieselben Klagen kommen jetzt (Mitte November) aus Athen von Banken und zahlreichen Geschäftshäusern. Vermerke: „Vom Zensor geöffnet." „Unbestellbar zurück." Die Öffnung der Postsäcke wurde auf neutralen griechischen Schiffen begangen! Ähnliche Klagen kommen aus Brasilien und andern neutralen Staaten.

Nach einer an das Reichspostamt gelangten Mitteilung sind die mit dem holländischen Dampfer „Tambora" (ab Batavia am 30. Juli nach Rotterdam) beförderten Briefposten von Niederländisch-Indien für Deutschland auf Veranlassung der französischen Admiralität in Brest beschlagnahmt worden. Über das weitere Geschick der Posten ist nichts bekannt geworden.

32. Kapitel.

Verschiedene andere seerechtliche Fragen.

I. Die Wegnahme und Beschädigung deutscher Schiffe, insbesondere der „Gneisenau" in Antwerpen.

Das ursprüngliche Gerücht, daß England 34 deutsche Handelsschiffe in die Luft gesprengt habe, erwies sich als unwahr. Nur die „Gneisenau", Eigentum des Bremer Lloyd, wurde versenkt, den andern deutschen Schiffen wurden Maschinenteile entnommen.

Nach Art. 2 des 6. Haager Abkommens von 1907, das von den 6 kriegführenden Staaten Europas (außer Serbien) ratifiziert wurde (über die Behandlung der feindlichen Kauffahrteischiffe beim Ausbruch der Feindseligkeiten), dürfen feindliche Kauffahrteischiffe, die infolge höherer Gewalt den feindlichen Hafen innerhalb der im Art. 1 l. c. zu stellenden Frist nicht verlassen konnten oder denen das Auslaufen nicht gestattet wurde, nicht konfisziert, sondern nur mit Beschlag belegt und während des Krieges zurückbehalten werden. Enteignung ist nur gegen Entschädigung möglich. Die Zerstörung der „Gneisenau" ist daher ein völkerrechtswidriger Akt (s. auch Dr. Kohler in der „D. J.-Z." 1914 Nr. 21/22 S. 1225, wo Kohler die im Kapitel 1 hier vertretene Ansicht seinerseits teilt). Für ihn wie für die Beschädigungen der Maschinen der andern Schiffe kann voller Schadenersatz verlangt werden. Die Frage der Beschlagnahme nichtdeutscher Schiffe durch die deutsche Regierung, die Kohler a. a. O. als Doktorfrage behandelt, kommt hier praktisch nicht weiter in Betracht. Unzweifelhaft durfte Deutschland die Schiffe kriegführender Staaten als feindliche prisenrechtlich beschlagnahmen und konfiszieren.

Über den Angriff auf die Yacht „Beyruth" vor der türkisch-englischen Kriegserklärung durch zwei englische Torpedobootszerstörer am 1. November 1914, obwohl die „Beyruth" im internationalen wissenschaftlichen Dienste (zur Legung von Bojen) beschäftigt war bzw. von dieser Tätigkeit heimkehrte, s. oben Kapitel 7.

II. Der Verkauf der „Göben" und „Breslau" an die Türkei.

England hat rechtswidrig zwei Dreadnoughts, die die Türkei in England gekauft hatte, kurz vor Fertigstellung sich zugeeignet; ein ähnliches Verfahren scheint es gegenüber der chilenischen, brasilianischen und neuerdings der norwegischen Regierung angewendet zu haben. Die Zurückzahlung gezahlter Raten ändert nichts an dem einfachen Tatbestande des Diebstahls gegenüber neutralen Staaten. Dieses skrupellose Verhalten verhindert natürlich nach alter englischer Taktik andrerseits nicht, über völkerrechtliche Untaten Deutschlands in dieser Richtung zu klagen.

Die Abtretung unserer beiden Kampfschiffe „Göben" und „Breslau" an die Türkei hat für England und Frankreich eine unerfreuliche Überraschung gebracht. Gegen diesen Vorgang haben die Mächte des Dreiverbandes, namentlich England und Frankreich, Verwahrung eingelegt unter Berufung auf angeblich unbezweifelbare Sätze des Völkerrechts, die ihrem Auftreten zur Seite stünden; ja, sie sind nach dem Verkauf so weit gegangen, daß sie erklärten, sie würden die beiden Schiffe noch als deutsche Schiffe behandeln und ohne weiteres wegnehmen! (S. im englischen Weißbuch über die Vorgeschichte des Kriegsausbruchs zwischen der Türkei und England die Äußerungen vom 3. August über das türkische Kriegsschiff Osman I. und vom 11. August.)

In der Nr. 226 vom 17. August der in Bologna erscheinenden Zeitung „Il Resto del Carlino — La Patria" untersucht der Völkerrechtslehrer Enrico Catellani die Stichhaltigkeit des rechtlichen Vorbringens unserer Feinde und legt schlagend dar, daß ihre Gründe unhaltbar sind.

Der Art. 6 des 13. Abkommens der Haager Konferenz von 1907 lautet:

„Die von einer neutralen Macht an eine kriegführende Macht aus irgendwelchem Grunde unmittelbar oder mittelbar bewirkte Abgabe von Kriegsschiffen, Munition oder sonstigem Kriegsmaterial ist untersagt!"

Dieser Artikel ist aber hier unanwendbar, weil nicht die Abgabe von Kriegsschiffen durch eine neutrale Macht an eine kriegführende, sondern umgekehrt durch eine kriegführende an eine zur Zeit der Abgabe neutrale in Frage kommt. Für diesen umgekehrten Fall gibt es weder eine Vereinbarung noch eine Regel des Völkerrechts.

Der Fall ist so klar, daß darüber kein Wort mehr verloren zu werden braucht. Auch die gleichzeitige Verwendung eines Teiles der Besatzung kann an dem Tatbestande nichts ändern. Die Türkei (s. engl.

Weißbuch) hat ausdrücklich erklärt, daß sie die Schiffe erwartetermaßen gegen Griechenland benötige und die für sie neuen Schiffe ohne deutsche Fachleute nicht zu lenken verstehe. (Erklärung des Großwesirs vom 16. August.)

Wir erwähnen den Fall an dieser Stelle vor allem deshalb, weil er ein neuer schlagender Beweis für die Mannigfaltigkeit englischer Völkerrechtsausübung ist. Hier beruft sich England direkt auf die analoge (!) Anwendung der Art. 55 und 56 (über den Flaggenwechsel) — der Londoner Seerechts-Erklärung vom 16. Februar 1909, d. h. der Ausdehnung derjenigen Erklärung, die, soweit sie nicht — wie von Deutschland — in die einzelnen Prisenordnungen als Landesgesetz aufgenommen worden ist, formal unwirksam ist, weil — England bisher die Ratifikation verweigert hat. Sobald das englische Oberhaus die Einwilligung gegeben hätte, wäre die Ratifikation von seiten aller Großmächte rasch erfolgt. England berief sich auf jene Norm, obwohl es jetzt ausdrücklich erklärt, daß es sich an die Londoner Deklaration in weiterem Umfange überhaupt nicht mehr gebunden halte. Was gilt nun eigentlich? Wenn es sich aber auf den Standpunkt des nur modifizierten Gewohnheitsrechts stellt, muß es auch die andern Bestimmungen der Deklaration als solches Gewohnheitsrecht anerkennen. Das berechtigt aber noch nicht, durch sogenannte „analoge Anwendung" eine für England momentan bequeme, gegensätzliche Rechtsanwendung geltend zu machen, wie sie hier versucht wird, die völlig singulär ist, da auch der Tatbestand ein ungewöhnlicher, bisher noch nicht registrierter ist.

Nach Wickinger- und Flibustierart Seeräuberei treiben — und für sich neues Seekriegsrecht konstruieren, das man den Gegnern vorenthält, ist selbst für englische Methode ungewöhnlich! Es ist wahrlich Zeit, dieser Macht, die sich das Weltrichtertum trotz all ihrer inneren Ungerechtigkeiten so gern usurpiert, baldigst ein Ende zu bereiten und die Welt von diesem drückenden System zu befreien!

Da die Dreiverbandsmächte zu wiederholten Malen erklärten, daß sie die zwei von der Türkei gekauften Schiffe als feindliche ansehen und damit die türkische Flotte angreifen würden (s. Weißbuch Englands vom 3. September 1914), gab diese Erklärung de jure der Türkei den materiellen Grund, die kriegerischen Unternehmungen zu beginnen, da sie eine offene Kriegsdrohung an die Türkei bedeutete. Die Türkei scheint auch diese Erklärung wie die Minenlegung durch russische Schiffe in ihren Gewässern als den eigentlichen casus belli angesehen zu haben. —

So hatte ich diesen Abschnitt beendet, als in dem „Daily Telegraph" Archibald Hurd schreibt: „Die an den Seegefechten (Ende Oktober 1914) teilnehmenden drei Monitore „Mersey", „Humber" und „Severn" waren für Brasilien gebaut und wurden nunmehr von der Admiralität gekauft." Der Kauf geschah jedenfalls erst nach der Kriegserklärung vom 4. August. Vorher schon hat man von solchen „Verkäufen" mit andern neutralen Staaten (Spanien usw.) gehört. Hier hat also England wiederholt das getan, was es soeben selbst für völkerrechtswidrig erklärt hatte. Ja, es hat wahrscheinlich sogar mit einem mehr oder weniger sanften Drucke die neutralen Staaten gezwungen, die Schiffe zu „verkaufen". Eine bessere Form für den Diebstahl an neutralen Schiffen!

Man sagt wahrhaftig nicht zu viel, wenn man von einem System völkerrechtlicher Taschenspielerei in der britischen Seepolitik spricht: Sie wendet das Recht an, wie es der Macht frommt!

III. Kriegslist deutscher Schiffe. - Führung der Flagge.

Schon im ersten Teile haben wir die „Kriegslist" als ausdrücklich nach den Beschlüssen der beiden Haager Konferenzen (Art. 24 der Landkriegsordnung) erlaubt behandelt. Im Seekriege ist sie selbstverständlich erst recht erlaubt. Sie wird von allen Seemächten in reichem Maße angewendet. Ein typisches Beispiel ist die Veränderung der äußeren Erscheinung unseres kleinen Kreuzers „Emden" durch Beilegung eines vierten Schlotes usw. Auch die Führung einer feindlichen Flagge bis zum Beginn der Feindseligkeiten ist eine erlaubte Kriegslist, die auch die „Times" ausdrücklich als durchaus „fair" erklärte. Ein Kriegsschiff, das bei seiner Ankunft in gewissen Küstengewässern unerkannt bleiben oder seine Absicht verschleiern will, kann sich nach der fast allgemein gültigen Auffassung zu diesem Zweck der falschen Flagge bedienen. Auch wenn ein Kriegs- oder Handelsschiff sich durch Hissen der falschen Flagge einem Angriff oder der Verfolgung durch einen überlegenen Gegner entziehen will, hält man im allgemeinen diese Maßregel für berechtigt. Dagegen gilt es als unzulässig, daß ein stärkeres Schiff durch falsche Flagge ein schwächeres aus neutralem Wasser oder aus sicherer Ferne heranlockt, um es dann anzugreifen.

Nach allgemein anerkanntem Seebrauche, dem auch die deutschen Schiffe folgten, kann jedoch dieser Unklarheit der Nationalität ein kurzes Ende gesetzt werden. Der erste von einem Schiff abgegebene Schuß, gleichviel ob blind oder scharf, schließt nämlich für das feuernde Schiff die zwingende Verpflichtung ein, die richtige Flagge zu zeigen. Dieser Schuß, the affirming gun, le canon affirmatif, vertritt also die ehrenwörtliche Versicherung, daß die jetzt wehende Flagge die richtige ist. Er bedeutet zugleich aber auch die offizielle Aufforderung an das andere Schiff, durch einen Schuß auch seinerseits die Echtheit seiner gehißten Flagge ehrenwörtlich zu bestätigen. Bei Nichterfüllung dieser Forderung — eine weiter fortgesetzte Täuschung ist wohl ausgeschlossen — ist das auffordernde Schiff zu feindlichen Maßnahmen ohne weiteres berechtigt. („Frkf. Z.")

IV. Beschlagnahme des Lazarettschiffes „Ophelia".

Nach englischen Pressenachrichten wurde das deutsche Lazarettschiff „Ophelia", das nach dem Untergang der vier deutschen Torpedoschiffe ausgeschickt war, nach Schiffbrüchigen zu suchen, von dem englischen Kreuzer „Yarmouth" an der Ausführung seines Auftrages gehindert und (Mitte Oktober) mit Beschlag belegt. Man begründete die Wegnahme des Lazarettschiffes mit der Behauptung, es habe Minen an Bord. Als die Durchsuchung diesen Vorwand sofort als hinfällig erwies, wurde die an Bord befindliche funkentelegraphische Einrichtung als gefährlich und die Beschlagnahme des Dampfers begründend bezeichnet. Die „Ophelia" wurde in einen englischen Hafen gebracht.

Bezeichnend ist, daß die „Times" unterm 20. Oktober lakonisch folgendes konstatiert:

„Der deutsche Dampfer „Ophelia", nach Hamburg gehörig, wurde gestern auf die Reede von Yarmouth durch einen englischen Kreuzer aus der Nordsee zur Untersuchung eingebracht. Der Dampfer führte die Rote-Kreuz-Flagge, bei Beschlagnahme wurde eine drahtlose telegraphische Einrichtung gefunden, die abgetakelt wurde, außerdem war er mit 100 Betten und voller Einrichtung als Hospitalschiff ausgerüstet."

Das 10. Abkommen der II. Haager Konferenz vom 18. Oktober 1907, das hauptsächlich den Schutz der Lazarettschiffe betrifft, bestimmt, daß solche Schiffe nicht beschlagnahmt werden dürfen. Der Art. 8 des Abkommens erklärt ausdrücklich:

„Der den Lazarettschiffen und den Schiffslazaretten gebührende Schutz hört auf, wenn sie dazu verwendet werden, dem Feinde zu schaden.

Als geeignet, um den Verlust des Schutzes zu begründen, soll weder die Tatsache gelten, daß das Personal dieser Schiffe und Lazarette zur Aufrechterhaltung der Ordnung und zur Verteidigung der Verwundeten oder Kranken bewaffnet ist, noch die Tatsache, daß sich eine funkentelegraphische Einrichtung an Bord befindet."

Diese Sätze sagen klar und unzweideutig, daß Lazarettschiffe mit funkentelegraphischer Einrichtung nicht der Beschlagnahme unterliegen. Das Abkommen, das diese Bestimmung enthält, ist auch von England unterzeichnet. Ratifiziert ist es aber von England nicht, während es von nahezu allen andern unbedenklich ratifiziert, d. h. zur rechtsverbindlichen Norm erhoben wurde. Deutschland, Österreich-Ungarn, Frankreich, Rußland, Japan, selbst Haiti, die mittel- und südamerikanischen Staaten und Siam haben das Abkommen nicht nur unterschrieben, sondern auch ratifiziert; nur England hat sich davon dispensiert.

Durch die Unterzeichnung des Abkommens hat England zunächst anerkannt, daß es sich um allgemein anerkannte alte Grundsätze des Seekriegs handelt, die die Humanität erfordert.

Für den moralischen Tiefstand der englischen Nation kann es kein beschämenderes Dokument geben als die Ignorierung eines Abkommens, das die Anwendung der alten und ehrwürdigen Grundsätze des Genfer Abkommens auf den Seekrieg bringen soll. Augenfälliger kann die brutalste Nützlichkeitspolitik des angeblichen Schützers von „Freiheit, Recht und Menschlichkeit" nicht dargetan werden, als durch die absichtliche Verhinderung der Rettung der tapferen Mannschaften der vier Mitte Oktober untergegangenen deutschen Torpedoboote, die zum großen Teile, wie die in Schwimmwesten aufgefundenen Leichen zeigen, hätten gerettet werden können, wenn England nicht diesen Völkerrechtsbruch begangen hätte.

Die Einwendungen des britischen Auswärtigen Amts vom 4. November, daß der Name der „Ophelia" als Hospitalschiff der britischen Regierung nicht ordnungsgemäß mitgeteilt worden sei und weil es den Pflichten eines solchen entgegengehandelt hätte, wurden in einer amtlichen Mitteilung vom 7. November als völlig unwahr widerlegt: „Der Name wurde am 7. September durch das Staatsdepartment in Washington der britischen Regierung bekanntgegeben (Telegramm vom 26. September). An Bord befand sich nur Krankenpflegepersonal, das überdies völkerrechtswidrig von England interniert wurde (s. Art. 1 ff. des 10. Abkommens vom 18. Oktober 1907). Die Bestimmung der „Ophelia" war ausschließlich, die nach dem Seegefecht überlebenden Verwundeten und Schiffbrüchigen zu bergen."

Die behauptete Legung von Minen durch das Lazarettschiff wurde amtlich als Verleumdung scharf zurückgewiesen.

Die völkerrechtswidrige Behandlung des Sanitätspersonals kann man nicht charakteristischer schildern als im „Daily Telegraph": „Gefangen, erniedrigt, entehrt und gedemütigt, ein Gegenstand der Verachtung, langte der Zug der Gefangenen an, um nach Chatam instradiert zu werden!" So behandelt England die Genfer Konvention und tapfre Gegner!

Diese Völkerrechtsverletzung ist noch von einem andern Standpunkt aus für England besonders beschämend. Zunächst die immer wieder betonte merkwürdige Tatsache: England beruft sich gegenüber Deutschland auch im Falle „Ophelia" auf das 10. Abkommen der II. Friedenskonferenz betreffend die Anwendung der Grundsätze des Genfer Abkommens auf den Seekrieg, obwohl es, wie erwähnt, diesen eigentlich selbstverständlichen, humanen Vertrag — zusammen mit Montenegro — nicht ratifizierte. Aber England ist nobel genug und verzichtet auf diese Einrede und läßt das Abkommen gelten, obwohl die Solidaritätsklausel (Art. 18 l. c.) nicht zutrifft.

Also immer wieder ein neuer Beweis für die Richtigkeit der im Kapitel 1 verfochtenen Geltung aller seerechtlichen Abkommen von 1907! Trotz Serbiens, Montenegros und — Englands Nichtratifizierung der Abkommen!

England handelt hier sogar ausnahmsweise einmal konsequent, da es ihm momentan nützte, so zu handeln. Als es sich nämlich darum handelte, die geretteten Seeleute der von dem wackeren deutschen U 9 in Grund geschossenen drei englischen Panzerkreuzer aus dem holländischen Neutralitätslager zu befreien, berief sich dasselbe England auf § 15 des Abkommens, das es nicht unterzeichnet hatte, indem es ausführte, daß die Schiffbrüchigen, d. h. die englischen Seeleute nicht durch Kriegsfahrzeuge, die § 15 l. c.

im Auge hat, sondern durch Neutrale im neutralen Gewässer gerettet worden seien. Und es erreichte seinen Zweck. Das tut wiederum England, welches das Abkommen über die Neutralitätspflichten zur See nicht ratifiziert hat und allüberall seinerseits (wie im Falle des deutschen Dampfers „Wilhelm der Große") die Neutralität mißbraucht und verletzt!

Ganz köstlich ist, um dies auch an dieser Stelle hervorzuheben, wie die englische Presse sich entrüstet aufbäumte, daß U 9 die zwei andern englischen Schiffe torpedierte, als sie die Schiffbrüchigen des ersten retteten. Abgesehen von der ungeheuren Naivität, die darin liegt, zu verlangen, — daß ein in die Luft geschossenes Schiff dem Gegner völlig genügen müßte und er dann — natürlich nur aus Respekt vor England — bei selbstverständlichen Rettungsversuchen seitens der andern sofort die Feindseligkeiten einstellen müßte, hat ein Staat, der sogar die Ausdehnung der Genfer Konvention auf den Seekrieg verweigert, von allen am wenigsten Anspruch auf irgendwelche besondere Schonung!

Und hier beruft sich Englands Presse auf einen „Brauch", ein Gewohnheitsrecht, das England am allerwenigsten anerkennt!

England kann unbesorgt sein, die deutsche Flotte wird sich von ihr an Edelsinn nicht übertreffen lassen. Das zeigt die ausgezeichnete Haltung der wackeren, leider dahingegangenen „Emden", die alle Gefangenen freiließ und die Engländer nur mit ihren eigenen Waffen schlug. Die andern deutschen kleinen Kreuzer machten es nicht anders.

Was Herr v. Marschall am 8. Oktober 1907 bei der Beratung des Abkommens über das Legen der Kontaktminen im Haag aussprach, gilt für unsere ganze Marine:

„Die Handlungen der Kriegführung werden nicht nur durch die Bestimmungen des Völkerrechts beherrscht. Es gibt noch andere Faktoren: das Gewissen, der gesunde Menschenverstand und das Bewußtsein der Pflichten, die durch die Grundsätze der Menschlichkeit auferlegt werden, sind die sichersten Führer für das Verhalten der Seesoldaten und werden die zuverlässigste Gewähr gegen Mißbräuche bilden. Die Offiziere der deutschen Kriegsmarine werden zu jeder Zeit und auf das Gewissenhafteste die Pflichten erfüllen, die durch das nichtgeschriebene Gesetz der Menschlichkeit und der Zivilisation vorgezeichnet sind."

Wird Englands Flotte Gleiches mit Gleichem vergelten? Wir sind leider nach dem bisherigen Vorgehen unserer Feinde nicht völlig davon überzeugt! Wir fürchten vielmehr, daß die von Gibson Bowles und seinen Anhängern dem Völkerrecht ausgesprochene Kriegserklärung, die in jeder internationalen Bestimmung über den Seekrieg eine Einschränkung englischer Suprematie und damit eine unerträgliche Beleidigung des britischen Volkes erblickt, immer rücksichtsloser und offener zum englischen System wird. Das „Sink, burn and destroy" ist ja angeblich einziger Grundsatz derer, „die wissen, was Krieg ist". Und zu diesen sollen die jetzt maßgebenden Seelords gehören!

---

33. Kapitel.

Schlußbetrachtung.

I.

Wir klagen die französische, belgische, englische und russische Heeresverwaltung an, daß unter ihren Augen, mit ihrer Duldung, ja auf ihre Anordnung sowohl von der Bevölkerung, die nach völkerrechtlichen Grundsätzen sich vom Kampfe fernzuhalten hat, wie von den Angehörigen der offiziellen Armeen das Völkerrecht zu Wasser wie zu Lande fortgesetzt auf das schwerste verletzt worden ist. Alle bisherigen Gebräuche, die unter gesitteten Völkern bestanden, alle Gesetze der Menschlichkeit und die Forderungen des öffentlichen Gewissens sind von ihnen mißachtet worden.

Wir klagen die Regierungen des Dreiverbandes an, daß sie das In- und das Ausland von Anfang an systematisch täuschten, um eigene Frevel zu verdecken und durch Unwahrheiten die Schuld auf diejenigen abzuwälzen, die durch die Herabwürdigung der Kriegführung mit Gewalt zu Repressalien gezwungen wurden, vor denen sie zu Beginn des Feldzugs eindringlichst gewarnt haben und für die sie jede Verantwortung nunmehr mit Recht ablehnen.

Wir klagen sie an, daß sie durch solches Lügengewebe künstliche Schranken des Hasses zwischen unseren und des Feindes Kindern und Kindeskindern aufbauen und damit ein Verbrechen gegen die Zukunft der Menschheit begehen!

Wir klagen insbesondere die englische Regierung an, daß sie aus materiellen Gründen, aus Machtgier ihren Einfluß mißbraucht hat, um diesen Weltbrand, den sie allein noch hätte bannen können, zu entfachen; wir klagen die Zweideutigkeit ihrer angeblichen Friedenspolitik, ihre unwürdige Abhängigkeit vom russischen Despotismus, ihre Hinterlist gegenüber dem eigenen Volke, ihre innere Unwahrhaftigkeit gegenüber Freund und Feind an.

Wir klagen sie an, daß sie in unbegreiflicher Verblendung versucht, ein großes, verwandtes Kulturvolk „aushungern" zu wollen durch Kündigung jeder Geschäftsmoral, ein Unterfangen, das barbarischer und unedler ist als das Niederbrennen von Häusern, freilich auch törichter, als man es einem so klugen Feinde zugetraut hätte.

Wir klagen endlich diejenigen an, die mit augenverdrehender Heuchelei und in der Rechten das gedruckte Gotteswort ein Lippenchristentum treiben, heidnische Negerhorden, japanisches Raubzeug, indische und afrikanische Bestien, jeden Abschaum ihrer Zuchthäuser gegen unsere Gaue senden und sogar in einer wahren Selbstmordmanie in den afrikanischen Kolonien Hereros und Kaffern gegen ein weißes Kulturvolk hetzen: eine Handlungsweise, die so verächtlich ist, daß die Burenbevölkerung Südafrikas mit Ekel die Beteiligung ablehnte und den Aufstand erhob.

Wir beschuldigen sie, daß sie mit Verträgen und Völkerrechten, mit den Völkern heiligen Gebräuchen des Krieges wie mit konventionellen Lügen umgehen!

Die Weltgeschichte werde den unseligen Urhebern dieser Greuel zum Weltgerichte!

II.

Häßliche Bilder von Grausamkeit, Brutalität und Mordgier, von Haß und Bosheit haben wir im vorstehenden entrollen müssen. Das geschriebene Recht der Völker liegt zerfetzt zu Boden. Das geheiligte, niemals bestrittene, auf Moral und Vernunft beruhende altehrwürdige Gewohnheitsrecht, das den Kampf der Nationen mildern und menschlicher gestalten soll, ist mißachtet — ja vielfach verachtet worden! Verspottet und verspeit ist oft das kluge Werk von Generationen, das den stolzen Fortschritt der Kultur mehr als alle andern technischen und sonstigen Errungenschaften sichern sollte!

Und doch! Keiner der Staaten wagt, das gemeinsame Recht zu verleugnen! Jeder schwört, es zu halten! Liegt nicht in der Aufrechterhaltung, ja direkten Anrufung sogar seitens desjenigen Kriegführenden, der es am meisten verrät, die Zukunftshoffnung, ja die Urkunde über die Kraft des Gedankens selbst? Keiner der Staaten sagt: „Ich lache über Euer fein erklügeltes Recht. Das Recht ist meine Macht!" Mancher tut's, aber er wagt nicht, es zu vertreten. Bei allem und trotz allem, was wir erlebt: der internationale Rechtsgedanke und die mit ihm so eng verbundene „Weltmeinung" — (so wollen wir sie einmal kurz nennen) — lebt noch und wird weiterleben, vielleicht verjüngt und kräftiger als je zuvor. Und auch der große Sieg des Staatsgedankens, sogar über den nationalen und Rassenstandpunkt, der das Typische dieses Riesenkampfes ist, zeigt die Macht des Rechtes und seiner Organisation. „Sich der Grundsätze des Völkerrechts erinnern, heißt das gemeinsame Erbe der zivilisierten Nationen wahren und verhindern, daß die Fortschritte, die man mehr als hundertjähriger Arbeit verdankt, verfallen", sagen mit Recht die drei skandinavischen Staaten in ihren Protesten „gegen gewisse Kriegführende".

Deshalb können und brauchen wir auch mit so trüben Bildern diese Schrift nicht zu schließen! Es hieße an der gesunden Vernunft der Nationen, an jedem Fortschritt der Menschheit, den freilich Millionen infolge jenes Gebahrens unserer Feinde heute verneinen wollen, hoffnungslos verzweifeln, wenn der Ausblick in die Zukunft gleich trübe wäre wie die Gegenwart. Aber gerade der Anblick des deutschen Volkes treibt zu hoffnungsvollem Optimismus. Das deutsche Volk hat in heiliger Begeisterung sich selbst gefunden und von allen Spuren nationaler, sozialer, politischer und konfessioneller Versumpfung wie ein junger Held seinen Körper gereinigt. Nicht in Ländergier, zu Eroberungszwecken — nein, zur Organisation eines nach innen und außen höchstentwickelten Staatenlebens! Und auch heute noch ist nirgends die Idee des Staates mit der Idee des Rechts so enge verwachsen wie in Deutschland.

Und weiter: Auch im Leben der Völker gilt der Satz von der Erhaltung der Kraft durchaus! Das Blut, das jetzt allerseits fließt, die riesigen Opfer, die in gleicher Weise von allen Kulturnationen auf den Schlachtfeldern dargebracht werden, werden auf dem Gebiete des Ausbaues des gemeinsamen Völkerrechts die trotz alledem vorhandene, jetzt so grausam gestörte Interessengemeinschaft aller zivilisierten Völker an einer Milderung der Kriegsgreuel in ungeahnter Weise stärken und kräftigen — so paradox der Gegensatz jetzt klingen mag. Die Zukunft wird's erweisen: Das Erleben wird's bewirken! —

Für unser deutsches Volk und Vaterland endlich soll diese große Zeit eine Zeit der Reinigung, der Belehrung für gemachte Fehler, eine Stunde der Probe und Prüfung sein.

Die beispiellos heldenmütige, freie Hingabe der ganzen Nation im Dienste für das Vaterland zeigt, daß der Geist des Volksheeres alle Schichten des Volkes ergriffen hat. Gemeinsame Not schafft riesenhaftes Vertrauen und gemeinsame Tat. „Seit alten Zeiten ist Deutschland das friedliebendste und stärkste unter allen Völkern, die größte Ehrfurcht einflößende Nation gewesen. Deutschland müßte Präsident von Europa sein und wird auch allem Anschein nach wieder auf fünf Jahrhunderte mit diesem Amt betraut werden."

Wir wissen heute nur, daß der erste Satz dieser Äußerung Th. Carlyles, des großen Briten, richtig ist. Ob der zweite prophetische Satz seine Erfüllung findet, wird die Zukunft zeigen.

Jedenfalls wird auch für uns der Krieg nicht nur der große Zerstörer, sondern auch der große Regulator und Baumeister der ganzen inneren und äußeren Struktur Deutschlands werden! Der Krieg von 1813 hat uns die deutsche Freiheit nach außen, der Krieg von 1870 die deutsche Einheit im Innern gegeben. Ob uns der Weltkrieg von 1914, wie behauptet, den sozialen Frieden bringt, weiß ich nicht. Sicherlich soll er uns bringen die gewaltige Prüfung und Festigung all dessen, was wir Deutschen politisch, militärisch, wirtschaftlich und kulturell in den letzten hundert Jahren errungen haben! Das deutsche Heldenvolk hat die Prüfung schon heute wunderbar bestanden! Möge die Politik die Fortsetzung dieser Ruhmestaten bilden!

Vergiß, Du deutsches Volk, nicht, was Deine Heldensöhne erkämpft; vergeßt, Ihr deutschen Fürsten, niemals, daß die große Zeit auch eine neue Zeit schrankenlosen Vertrauens gegen die Nation gebären muß, wenn die großen, neugeschaffenen nationalen Werte, die neu gehobenen, ungeheuren moralischen und ideellen Schätze nicht wiederum zugrunde gehen sollen! Das aber verhüte der gute Geist des einigen deutschen Volkes!

Nachtrag.

(1. bis 15. Dezember 1914.)

Zu Kapitel 2 (Neutralität Belgiens).

1. Am 1. Dezember 1914 veröffentlichte die „Nordd. Allg. Ztg." u. a. folgendes offiziös:

„Es mehren sich die Belege dafür, daß England im Verein mit Belgien den Krieg gegen Deutschland nicht nur diplomatisch, sondern auch militärisch schon im Frieden aufs äußerste vorbereitet hat. Neuerdings erbeuteten unsere Truppen geheime militärische Handbücher über Belgiens Wege und Flüsse, die der englische Generalstab (Belgium road and river reports prepared by general Staff war office) herausgegeben hat. Uns liegen vier Bände dieses Handbuchs vor, von denen Band I bereits 1912, Band II 1913, Band III (in zwei Teilen) und Band IV 1914 gedruckt wurden. Sie haben den Aufdruck „Vertraulich". Dies Buch ist Eigentum der britischen Regierung und ist bestimmt für die persönliche Information von ..., der für die sichere Aufbewahrung des Buches selbst verantwortlich ist. Der Inhalt ist nur berechtigten Personen zu eröffnen.

Die Handbücher enthalten auf Grund militärischer Erkundungen die denkbar genauesten Geländebeschreibungen.... So wird z. B. in Band I Seite 130 ff. die große Straße Nieuport-Dixmuiden-Ypres-Menin-Tourcoing-Tournai besprochen... Wir finden die genauen Entfernungen sowie eingehende Angaben über das einschlägige Wegenetz in bezug auf Steigungen, Brücken, Kreuzungen, Telephon- und Telegraphenstellen, Eisenbahnstationen einschließlich Länge der Plattformen und Rampen, Kleinbahnen, Petroleumtankstellen usw. Stets wird mitgeteilt, ob die Bevölkerung ganz oder teilweise Französisch spricht.

Als Beispiele werden die taktischen Bemerkungen über Dixmuiden auf Seite 151 dort wörtlich mitgeteilt: „Dixmuiden wird von Norden oder Süden schwer zu nehmen sein. Die beste Verteidigungsstellung gegen Süden wäre westlich der Straße und bis zur Straße der Bahndamm, östlich der Straße eine Reihe kleiner Hügel. Westlich der Straße ist das Schußfeld auf 1500 Yard gut, östlich davon ist der Ausblick durch Bäume behindert. Zwei Bataillone würden für die Besetzung ausreichen. Die feindliche Artillerie würde wahrscheinlich nahe Hoogmolen und Beartkani stehen.... Nebenbei bemerkt, werden in der Regel die Kirchtürme als gute Beobachtungsposten angegeben."

In gleich eingehender Weise wird dann der ganze Scheldelauf beschrieben. So bilden die handlichen Bände für den Führer, Generalstabsoffizier und Unterführer jeden Grades einen vortrefflichen Wegweiser. Ihm beigegeben sind 1. eine nach Gemeinden und Dörfern geordnete Einquartierungsübersicht, 2. eine Zusammenstellung von wichtigen Fingerzeigen für Flugzeugführer. Dieses außerordentlich sorgsam und übersichtlich abgefaßte Merkbuch wird durch eine Karte der Landungsplätze ergänzt, trägt die Aufschrift „Geheim" und stammt aus dem Juli 1914.

Die militärgeographischen Handbücher sind nun nicht etwa erst kurz vor oder während des Krieges hergestellt. Das Material dafür wurde vielmehr, wie die Bemerkungen über die einzelnen Abschnitte besagen, seit 1909 durch Einzelerkundungen gesammelt. Der erste Band wurde dann 1912 gedruckt.

Die Leitfäden beweisen somit eine seit fünf Jahren betriebene eingehende Vorbereitung für einen Feldzug."

2. In seiner Rede im Deutschen Reichstag vom 2. Dezember 1914 (Stenogr. Bericht S. 17 ff.) berichtigte der Reichskanzler v. Bethmann Hollweg gewissermaßen seine Stellung vom 4. August und klärt sie näher auf, ergänzt sie im übrigen. Er sprach u. a. aus:

„Die belgische Neutralität, die England zu schützen vorgab, st eine Maske.

Am 2. August, abends um 7 Uhr, teilten wir in Brüssel mit, die uns bekannten Kriegspläne Frankreichs zwängen uns, um unserer Selbsterhaltung willen durch Belgien zu marschieren. Aber schon am Nachmittage dieses 2. August, also bevor in London das Geringste von unserer Demarche in Brüssel bekannt war und bekannt sein konnte, hatte England Frankreich seine Unterstützung zugesagt, und zwar bedingungslos zugesagt für den Fall eines Angriffs der deutschen Flotte auf die französische Küste. Von der belgischen Neutralität war dabei mit keinem Worte die Rede.

Diese Tatsache ist festgestellt durch die Erklärung, die Sir Edward Grey am 3. August im englischen Unterhaus abgab und die mir am 4. August infolge des erschwerten telegraphischen Verkehrs nicht in extenso bekannt war, und bestätigt durch das Blaubuch der englischen Regierung selbst. Wie hat da England behaupten können, es habe das Schwert gezogen, weil wir die belgische Neutralität verletzt hätten? (Lachen. — Rufe: Heuchelei!) Und wie konnten die englischen Staatsmänner, denen doch die Vergangenheit genau bekannt war, überhaupt von belgischer Neutralität sprechen? Als ich am 4. August von dem Unrecht sprach, das wir mit dem Einmarsch in Belgien begängen, stand noch nicht fest, ob sich die Brüsseler Regierung nicht in der Stunde der Not dazu entschließen würde, das Land zu schonen und sich unter Protest auf Antwerpen zurückzuziehen. Sie erinnern sich, daß ich auf den Antrag unserer Heeresverwaltung nach der Einnahme von Lüttich eine erneute Aufforderung in diesem Sinne an die belgische Regierung gerichtet habe. Aus militärischen Gründen mußte die Möglichkeit zu einer solchen Entwicklung am 4. August unter allen Umständen offengehalten werden.

Für die Schuld der belgischen Regierung lagen schon damals mannigfache Anzeichen vor. Positive schriftliche Beweise standen mir noch nicht zu Gebote, den englischen Staatsmännern aber waren diese Beweise ganz genau bekannt. Wenn jetzt durch die in Brüssel aufgefundenen, von mir der Öffentlichkeit übergebenen Aktenstücke festgestellt worden ist, wie und in welchem Grade Belgien seine Neutralität England gegenüber aufgegeben hatte, so ist nunmehr alle Welt über zwei Tatsachen im klaren: Als unsere Truppen in der Nacht vom 3. zum 4. August das belgische Gebiet betraten, da befanden sie sich auf dem Boden eines Staates, der seine Neutralität selbst längst durchlöchert hatte. Und die weitere Tatsache: nicht um der belgischen Neutralität willen, die England selbst mit untergraben hatte, hat uns England den Krieg erklärt, sondern weil es glaubte, zusammen mit zwei großen Militärmächten des Festlandes unser Herr werden zu können. Schon seit dem 2. August, seit seinem Versprechen der Kriegsfolge an Frankreich, war England nicht mehr neutral, sondern tatsächlich im Kriegszustand mit uns. Die Motive seiner Kriegserklärung vom 4. August mit der Verletzung der belgischen Neutralität war nichts als ein Schaustück, geeignet, das eigene Land und das neutrale Ausland über die wahren Beweggründe zum Kriege irrezuführen.

Jetzt, wo der bis in alle Einzelheiten ausgearbeitete englisch-belgische Kriegsplan enthüllt ist, ist die Politik der englischen Staatsmänner vor der Weltgeschichte für alle Zeit gekennzeichnet. Die englische Diplomatie selbst hat ja auch noch ein übriges dazu getan. Auf ihren Ruf entreißt uns Japan das heldenmütige Kiautschau und verletzte dabei die chinesische Neutralität. Ist England gegen diesen Neutralitätsbruch eingeschritten? Hat es da seine peinliche Fürsorge für die neutralen Staaten gezeigt?"

3. Interessant ist auch, was Bernhard Shaw, der sich im August etwas stark chauvinistisch einsetzte, jetzt in einer von der „Frankf. Ztg." zitierten Schrift „Gesunder Menschenverstand über den Krieg" über die Neutralität Belgiens schreibt:

„Was die belgische Neutralität betrifft, so hat sich niemand je zwei Pence um Verträge gekümmert, und es war nicht unsere Sache, über die Heiligkeit von Verträgen zu reden, selbst wenn die Papierkörbe der Auswärtigen Ämter nicht mit zerrissenen „Fetzen Papier" angefüllt wären. Und das ist gut so. Denn General v. Bernhardis Versicherung, daß Umstände Verträge verändern, ist nicht eine Seite aus dem Machiavelli, es ist ein Gemeinplatz aus den Rechtsbüchern, und in unserer Inselsicherheit waren wir gänzlich unfähig, uns die schreckliche Gefahr der geographischen Lage Deutschlands vorzustellen, zwischen Frankreich und England auf der Westseite und Rußland im Osten, alle drei zu seinem Untergang verschworen. Es war unverständig von uns, von Deutschland zu fordern, es solle auch nur den Bruchteil einer Sekunde (viel weniger nach unseres Wiener Botschafters Bunsen naivem Verlangen „wenige Tage") warten, ehe es auf den westlichen Feind losstürmte, da es doch keine Zusicherung über die Absichten der Westmächte erlangen konnte. „Wir sind in einer Notlage, und Not kennt kein Gebot." sagte der Reichskanzler im Reichstag. „Es ist für uns eine Sache auf Leben und Tod," sagte der deutsche auswärtige Minister unserem Botschafter in

Berlin, der plötzlich ein ungewöhnliches Feingefühl für die Heiligkeit des Londoner Vertrags über Belgien vom Jahre 1839 entwickelt hatte. Unser Botschafter scheint der Meinung gewesen zu sein, daß eine solche Eile gar nicht nötig sei. Die Deutschen können ja in Frankreich durch die Festungslinie Verdun und Toul einmarschieren, wenn sie wirklich so aufgeregt seien, daß sie nicht noch ein paar Tage abwarten wollten, ob nicht Sir Edward Greys Überredungskunst und sein liebenswürdiger Charakter Rußland erweichen und Österreich zu einer Erkenntnis seiner Sündigkeit bringen würden."... Herr Asquith, getreu der Gladstone-Tradition, daß ein liberaler Premierminister nichts von der auswärtigen Politik verstehen und sich noch weniger darum kümmern darf, ging auf 1839 zurück und stellte sich auf den Advokatenstandpunkt, angehend „Verletzung der Neutralität Belgiens".... Soweit Volksfreiheiten in Frage kommen, wird die Geschichte keinen Unterschied machen zwischen Herrn Asquith und Metternich.... Die bare Wahrheit ist, daß, abgesehen vom Militarismus, Deutschland in vielen Beziehungen in Wirklichkeit demokratischer ist als England.

Und jetzt, was haben wir für Belgien getan? Haben wir seinen Boden vor der Invasion geschützt? Standen wir mit einer halben Million Mann an seiner Seite, als die Lawine niederging? Oder saßen wir sicher in unserem Lande und priesen Belgiens Heroismus in Artikeln?... Ach, als der belgische Soldat rief: „Wo sind die Engländer?" da war die Antwort eine Sprengstoffmasse, so groß wie ein Zimmer, die aus einem deutschen Mörser in die Luft geschleudert wurde und im Niederfallen die Belgier in die Erde schmetterte, die wir vor den schlimmsten Schrecken des Krieges nicht retten konnten. Nicht wir haben Belgien beschützt, Belgien hat uns beschützt, indem es sich von Deutschland erobern ließ."

4. Die „Nordd. Allg. Ztg." schreibt am 14. Dezember über Englands Spiel mit der Neutralität Belgiens:

Für die englisch-belgische Komplizität haben sich neue, schwerwiegende Schuldbeweise gefunden. Vor einiger Zeit wurde in Brüssel der englische Legationsrat Grant-Watson festgenommen, der im englischen Gesandtschaftsgebäude verblieben war, nachdem die Gesandtschaft ihren Sitz nach Antwerpen und später nach Havre verlegt hatte. Der Genannte wurde nun kürzlich bei dem Versuch ertappt, Schriftstücke, die er bei seiner Festnahme unbemerkt aus der Gesandtschaft mitgeführt hatte, verschwinden zu lassen. Die Prüfung der Schriftstücke ergab, daß es sich um Aktenstücke mit Daten intimster Art über die belgische Mobilmachung und die Verteidigung Antwerpens aus den Jahren 1913/14 handelte. Es befinden sich darunter Zirkularerlasse an die höheren belgischen Kommandostellen mit der faksimilierten Unterschrift des belgischen Kriegsministers und des belgischen Generalstabschefs und noch eine Aufzeichnung über eine Sitzung der Kommission für die Verpflegungsbasis Antwerpen vom 27. Mai 1913.

Die Tatsache, daß sich diese Schriftstücke in der englischen Gesandtschaft befanden, zeigt hinreichend, daß die belgische Regierung in militärischer Hinsicht keine Geheimnisse vor der englischen Regierung hatte, daß vielmehr beide Regierungen dauernd im engsten militärischen Einvernehmen standen. Von besonderem Interesse ist auch eine schriftliche Notiz, die bei den Papieren gefunden wurde, um deren Vernichtung der englische Sekretär besorgt war. Sie lautet (in deutscher Übersetzung) folgendermaßen: 1. Die französischen Offiziere haben Befehl erhalten, am 27. d. M. nachmittags bei ihren Truppenteilen sich einzufinden. 2. Am selben Tage hat der Bahnhofsvorstand von Feignies Befehl erhalten, alle verfügbaren gedeckten Wagen zum Zwecke von Truppentransporten in der Richtung auf Maubeuge abgehen zu lassen. Mitgeteilt durch die Gendarmerie-Brigade in Frameries.

Hierzu ist zu bemerken, daß Feignies eine an der Eisenbahn Maubeuge-Mons, ca. 3 km von der belgischen Grenze gelegene Eisenbahnstation ist; Frameries ist an derselben Bahn in Belgien, 10 km von der belgischen Grenze entfernt. Aus dieser Notiz ist zu entnehmen, daß Frankreich bereits am 27. Juli seine ersten Mobilmachungsmaßnahmen getroffen hat und daß die englische Gesandtschaft von dieser Tatsache belgischerseits sofort Kenntnis erhielt.

Wenn es noch weiterer Beweise für die Beziehungen bedürfte, die zwischen England und Belgien bestanden, so bietet das aufgefundene Material in dieser Hinsicht eine wertvolle Ergänzung. Es zeigt erneut, daß Belgien sich seiner Neutralität zugunsten der Entente begeben hatte und daß es ein tätiges Mitglied der Koalition geworden war, die sich zur Bekämpfung des Deutschen Reiches gebildet hatte. Für England aber bedeutete die belgische Neutralität tatsächlich nichts weiter als ein „Scrap of Paper", auf das es sich berief, soweit dies seinen Interessen entsprach und über das es sich hinwegsetzte, sobald dies seinen Zwecken dienlich erschien. Es ist offensichtlich, daß die englische Regierung die Verletzung der belgischen Neutralität durch Deutschland nur als Vorwand benutzte, um den Krieg gegen uns vor der Welt und vor dem englischen Volk als gerecht erscheinen zu lassen.

Zu Kapitel 10 (Verwendung von Dum-Dum-Geschossen).

1. Um nicht einseitiger Berichterstattung geziehen zu werden, ist es notwendig, zu der Frage der angeblichen Verwendung von Dum-Dum-Geschossen durch deutsche Offiziere einen Artikel der „Nordd. Allg. Ztg.", der die Ansicht der deutschen Heeresleitung wiedergibt, vom 8. Dezember 1914 abzudrucken:

„In ausländischen Zeitungen ist behauptet worden, daß die für die deutsche Armeepistole ausgegebenen Patronen Dum-Dum-Geschosse seien. Das ist ein vollkommener Irrtum. Mit demselben Recht oder vielmehr Unrecht könnte man die Behauptung für das niederländische Heer aufstellen; denn dieses erhält ganz gleichartige, von der niederländischen Heeresverwaltung ausgegebene Munition. Für die deutsche Armeepistole werden von der deutschen Heeresverwaltung nur Patronen mit Vollmantelgeschossen bezogen. Ihre vorschriftsmäßige Anfertigung wird durch peinliche Prüfung der militärischen Abnahmekommission verbürgt. Diese Vollmantelgeschosse sind ebenso wie die im niederländischen Heere eingeführten an der Spitze etwas abgestumpft. Wie die Erfahrung und zahlreiche Versuche ergeben haben, deformieren sich solche Geschosse bei dem Auftreffen im Körper nicht. Sie entsprechen durchaus den Vorschriften des Kriegsrechtes. Diese verbieten bekanntlich, Geschosse zu verwenden, die sich leicht im menschlichen Körper ausdehnen oder plattdrücken derart, wie die Geschosse mit hartem Mantel, der den Kern nicht ganz umhüllt oder mit Einschnitten versehen ist. So ist es in der auf der ersten Haager Friedenskonferenz vereinbarten Erklärung vom 29. Juli 1899 bestimmt. Dazu tritt die Bestimmung der auf den Haager Friedenskonferenzen ausgearbeiteten Landkriegsordnung Nr. 23 c, wonach der Gebrauch von Geschossen verboten ist, die geeignet sind, unnötig Leiden zu verursachen. All dies trifft auf die im deutschen und niederländischen Heere eingeführten Vollmantelgeschosse mit abgestumpfter Spitze in keiner Weise zu. Übrigens haben auch die Patronen der russischen Armeerevolver einen Stahlmantel mit abgeplatteter Spitze.

In einem Falle soll bei einem deutschen Offizier, der in Gefangenschaft geraten ist, eine Schachtel mit Dum-Dum-Patronen gefunden worden sein, die angeblich nach dem Aufdruck auf der Schachtel von den Deutschen Waffen- und Munitionsfabriken in Karlsruhe zur Mauser-Selbstlade-Pistole Kaliber 7,63 mm angefertigt waren. Die Mauser-Selbstladepistole ist durchaus nicht die eingeführte deutsche Armeewaffe; sie wird aber, wie jedes andere Pistolenmodell in Deutschland, vielfach von Privatleuten zum Scheibenschießen, in den Kolonien vielfach auch zur Abwehr von Raubwild benutzt. Zu diesem Zwecke werden in Friedenszeiten häufig Teilmantel- oder Lochgeschosse verwendet, um auf der Jagd wirksamere Verwundungen zu erzielen und das Hintergelände nicht zu gefährden, oder um auf Schießständen die Durchschlagswirkung gegen die Schutzblenden abzuschwächen. Vereinzelt mag ein Angehöriger des deutschen Heeres vorschriftswidrig statt der vorgeschriebenen deutschen Armeepistole eine Mauser-Selbstladepistole, die er in seinem Privatbesitz hatte, ins Feld mitgenommen und möglicherweise dazu Teilmantelgeschosse angekauft haben. Ein solcher Fall wäre sehr bedauerlich und würde die schärfste Mißbilligung der deutschen Heeresverwaltung finden. Dieser selbst könnte aber selbstverständlich keine Schuld daran zugeschrieben werden."

Ich glaube, daß kein objektiv denkender Neutraler aus der eigenmächtigen Verwendung einer Privatpistole mit Jagdmunition seitens eines einzelnen Offiziers — so bedauerlich sie ist — gegen die deutsche Armee als solche einen Vorwurf erheben kann. Nachdem in Tausenden von Fällen die Verwendung von groben, in Massen hergestellten wirklichen Dum-Dum-Geschossen nachgewiesen ist, steht es den Dreiverbandsstaaten schlecht an, „Mücken zu seihen", — sie, die „Kamele verschlucken"!

2. In der „Frankf. Volksstimme" ist folgender Brief abgedruckt:

„Ich komme mehr und mehr zur Überzeugung, daß die Franzosen gegen ihr eigenes Land und ihre Leute keine Rücksicht kennen. Vor einigen Tagen wurden ein Mädchen von etwa 20 Jahren und zwei kleine Kinder schwer durch eine französische Granate verletzt. Die Franzosen schreiben von deutschen Barbaren; sie sollten nur mal sehen, wie ihre Bevölkerung einzig und allein durch uns ernährt wird und welch freundlicher Verkehr zwischen uns und der Bevölkerung herrscht, dann würden die Herrschaften bald mit ihren Vorwürfen am Ende sein.

Was sagt die zivilisierte Welt aber zu folgender Tatsache? Gestern blieb in einer Schießscharte an unseren Schützengräben ein französisches Infanteriegeschoß stecken. Als wir es herausmachten, fanden wir, daß das Geschoß vorn plattgefeilt war und hinter der Spitze auf beiden Seiten eingekerbt ist, also so zurechtgefeilt ist, daß es viel schlimmer wie ein Dum-Dum-Geschoß wirken muß. Wer einen solchen Schuß bekommt, ist verloren, denn ein solches Geschoß reißt faustgroße Löcher. Das gefundene Geschoß ist dem Bataillonsstab 2/88 übergeben und wird jedenfalls ans Hauptquartier geschickt. Ich hätte es selbst nicht geglaubt, wenn ich es nicht mit eigenen Augen gesehen hätte. Unsere ganzen Kameraden sind über eine solche Kampfesweise empört. Sorgen Sie dafür, daß es der zivilisierten Welt bekannt wird. Wir reinigen unsere Geschosse von jedem bißchen Schmutz, und die Gegner betreiben solche Gemeinheiten. Was, so frage ich als Sozialist, sagen dazu unsere Genossen in Frankreich, was sagen Guesde, was Viviani dazu? Sie sind als Staatsmänner mit für solche Missetaten verantwortlich, und ich weiß nicht, was ich noch von allen halten soll, wenn sie nicht bald dafür sorgen, daß solche barbarischen Gemeinheiten unterbleiben. Ich wünschte, diese meine Zeilen erreichten diese Genossen, denn ich nehme an, sie wissen selbst nicht, was in ihrem Heere geschieht. Wenn es Ihnen möglich ist, zu bewirken, daß die französischen Genossen diesen Brief zur Kenntnis erhalten, so tun Sie dieses im Interesse der Menschlichkeit!" Wehrmann M. Schnabrich (Hanau).

Der Verfasser dieses Protestes war bei den letzten Wahlen sozialdemokratischer Reichstagskandidat.

Zu Kapitel 14, Ziffer I S. 167 (Zur Lage der deutschen Kriegsgefangenen in England).

Über die Lage der deutschen Kriegsgefangenen in den Konzentrationslagern in Frimley und Newbury teilt die „Norddeutsche Allg. Ztg." am 12. Dezember 1914 den durch eine neutrale Macht erstatteten Bericht über die Lage der Deutschen im Lager von Olympia mit, den wir hier im Interesse gerechter Beurteilung wiedergeben. Darin heißt es:

„In der Londoner „Olympia" sind zurzeit ungefähr 1300 deutsche Zivilgefangene interniert. Man hat hier in der Unterbringung der Leute nach den verschiedenen Klassen, denen sie angehören, gewisse Unterschiede gemacht. Ungefähr 500 Mann, die sich durchweg aus den einfachen Ständen zusammensetzen, liegen in einem großen Raum, der sich an die Riesenarena unmittelbar anschließt, weitere 500 Mann derselben Klasse sind auf verschiedenen Balkons oberhalb der Arena einquartiert. Alle diese Räume sind in einfachster Weise durch Stricke derart abgeteilt, daß in jeder Abteilung ungefähr 50 Mann liegen. Jeder hat zum Schlafen eine 7 Fuß lange und 3½ Fuß breite Holzpritsche, die direkt auf dem Steinfußboden liegt. Die Pritschen sind mit einem Kopfbrett ausgerüstet und mit Strohmatten und groben Leinwandbezügen sowie mit warmen Decken versehen. An einem andern Ende der Arena, im Teeraum, sind die Unterkunftsräume für Angehörige der besseren Stände, Bankbeamte, junge Kaufleute usw. Dann gibt es auch noch eine dritte Abteilung, in der Bankdirektoren, Vertreter deutscher Handelshäuser und Schiffahrtsgesellschaften, Doktoren, Professoren u. a. m. untergebracht sind. Die Einrichtungen dieser Abteilung bieten gewisse Bequemlichkeiten, z. B. Teppichbelag, gute Beleuchtung und Heizung. In dem Ankleideraum der Olympia befindet sich das Hospital unter Leitung englischer Sanitätsoffiziere. Schwerkranke kommen in ein Krankenhaus. Die Verpflegung liegt in der Hand der Lyons-Company. Das Essen ist im allgemeinen dasselbe wie für die englischen Soldaten und Aufsichtsbeamten; es ist anständig und reichlich. Ohne Klagen geht es natürlich nicht ab. Den Bemittelten unter den Gefangenen steht es frei, sich in einer Kantine besondere Erfrischungen zu kaufen. Im allgemeinen läßt man allen möglichste Bewegungsfreiheit. Verstöße gegen die Disziplin werden mit zeitweiligen Beschränkungen der Eßrationen auf Brot und Wasser geahndet. Zeitungslektüre ist nicht gestattet.

Die Zustände in Olympia sollen anfangs recht zu wünschen übrig gelassen haben; so mußten viele Gefangene in der ersten Zeit auf dem bloßen Steinfußboden schlafen usw.; jetzt können indessen die Einrichtungen als leidlich bezeichnet werden. — Was die Lage der deutschen Gefangenen in England im allgemeinen anlangt, so verdiene anerkannt zu werden, daß die englischen Behörden neuerdings bestrebt seien, die Lage der Deutschen so erträglich wie möglich zu gestalten. Dieser Auffassung gab dem Besucher gegenüber auch ein deutscher Pastor in London Ausdruck: er sprach sich dahin aus, daß manche in Deutschland verbreiteten Nachrichten übertrieben seien und daß Gerüchten, wie z. B., daß 46 deutsche Gefangene infolge schlechter Behandlung durch die Engländer gestorben seien, als Unwahrheiten ernstlich entgegengetreten werden müsse, weil dadurch unbegründete Beunruhigung hervorgerufen werde. Die englische Regierung habe übrigens in Aussicht gestellt, einige Hunderte von den Gefangenen, von denen unbedingt anzunehmen sei, daß sie keine Gefahr für die Sicherheit Englands bedeuten, demnächst auf freien Fuß setzen zu wollen."

Zu Seite 195, Zeile 7-11.

Das Geschehnis, auf das jene Zeilen Bezug nehmen, schien wegen seines sittlichen Tiefstandes dem Verfasser so unglaublich, daß er es nur andeutete und mit dem Ausdruck starken Zweifels begleitete. Nun ist es aber dennoch wahr. Der Kriegsfreiwillige Callies hat am 28. November 1914 in Leipzig unter allen Zeichen der Wahrheit und unter Hinweis auf den zu leistenden Eid eine Darstellung seines Erlebnisses gegeben, die sich in allem Wesentlichen mit der Schilderung deckt, wie sie uns aus der Presse früher bekannt geworden ist.

Anlagen.

Anlage I.

Denkschrift der deutschen Reichsregierung über deutsche Retorsionsmaßnahmen gegen feindliche Länder vom 10. November 1914.

In der Öffentlichkeit wird mit wachsendem Nachdruck die Forderung aufgestellt, daß im Hinblick auf die Maßnahmen, mit denen unsere Feinde gegen deutsche wirtschaftliche Interessen sowie gegen die Person der in ihren Ländern lebenden Reichsangehörigen vorgehen, energische Retorsionsmaßnahmen ergriffen werden. Solche Maßnahmen hat die Reichsleitung längst getroffen und wird sie nach dem völkerrechtlichen Grundsatz „Auge um Auge, Zahn um Zahn" auch weiter treffen. Dabei steht sie allerdings auf dem Standpunkte, daß Retorsionsmaßnahmen erst nach einwandfreier Feststellung der Maßnahmen unserer Gegner angeordnet werden können, auch nicht über den Rahmen dieser Maßnahmen hinausgehen dürfen. Ein Abweichen von diesem Standpunkt ließe sich schon an sich nicht rechtfertigen, würde aber außerdem zur Folge haben, daß die Kriegführenden sich andauernd in Maßnahmen gegen die Person und das Gut feindlicher Staatsangehörigen überbieten und dadurch unerträgliche und mit den Geboten der Menschlichkeit unvereinbare Zustände auch für unsere zahlreichen Angehörigen im feindlichen Ausland schaffen.

Daß die Reichsleitung nach diesen Grundsätzen gehandelt hat, ergibt die nachstehende Übersicht der von ihr veranlaßten Retorsionsmaßnahmen.

I.

Retorsionsmaßnahmen wegen Verletzung deutscher wirtschaftlicher Interessen.

1. Zu Beginn des Krieges erließen England, Frankreich und Rußland Moratorien, die namentlich Deutschen gegenüber mit großer Härte durchgeführt wurden. Der Bundesrat hat darauf zunächst ein sogenanntes Gegenmoratorium erlassen (Bundesratsverordnungen über die Geltendmachung von Ansprüchen von Personen, die im Ausland ihren Wohnsitz haben, vom 7. August 1914 — R.-G.-Bl. S. 360 und vom 22. Oktober 1914 — R.-G.-Bl. S. 449) und sodann die Fälligkeit im Ausland ausgestellter Wechsel hinausgeschoben (Bundesratsverordnungen über die Fälligkeit im Ausland ausgestellter Wechsel vom 10. August 1914 — R.-G.-Bl. S. 368, betreffend Auslandswechsel, vom 12. August 1914 — R.-G.-Bl. S. 369 und über die Fälligkeit im Ausland ausgestellter Wechsel vom 22. Oktober 1914 — R.-G.-Bl. S. 448).

2. Die britische Regierung hat die Filialen deutscher Großbanken in London zum Zwecke ihrer Liquidation unter eine besondere Geschäftskontrolle gestellt und andere deutsche Unternehmungen zur Schließung gezwungen. In Frankreich ist die Zwangsverwaltung sämtlicher deutschen Unternehmungen angeordnet worden. Demgegenüber hat der Bundesrat die hiesigen feindlichen Unternehmungen unter

amtliche Überwachung genommen (Bundesratsverordnungen, betreffend die Überwachung ausländischer Unternehmungen, vom 4. September 1914 — R.-G.-Bl. S. 397 und vom 22. Oktober 1914 — R.-G.-Bl. S. 447). Weitere Maßnahmen sind in Vorbereitung.

3. Nachdem England durch eine Proklamation vom 9. September 1914 und Frankreich durch eine Verordnung vom 30. September 1914 jeden Handelsverkehr von diesen Ländern nach Deutschland und umgekehrt unter strenge Strafe gestellt hatten, sind durch den Bundesrat Zahlungsverbote gegenüber England und Frankreich sowie ihren Kolonien und ihren auswärtigen Besitzungen erlassen, auch die übrigen Vertragsverpflichtungen gegenüber diesen Gebieten bis auf weiteres gestundet worden (Bundesratsverordnungen, betreffend Zahlungsverbot gegen England, vom 30. September 1914 — R.-G.-Bl. S. 421 — und gegen Frankreich vom 20. Oktober 1914 — R.-G.-Bl. S. 443).

4. Die französische Regierung hat durch eine Verordnung vom 13. August 1914 deutsche Waren, die auf französischem Boden als Ein- oder Durchfuhrgüter noch nicht in den freien Verkehr übergegangen waren, eingezogen, um sie für den Staatsschatz zu verkaufen. Die gleiche Maßregel haben nach Mitteilungen deutscher Firmen englische Zollbehörden getroffen. Als Gegenmaßregel hat der Bundesrat eine Verordnung erlassen, wonach die innerhalb Deutschlands unter Zollaufsicht befindlichen französischen und britischen Waren vorläufig festgehalten und gegebenenfalls im Wege der Vergeltung zugunsten des Reichs eingezogen werden sollen (Bundesratsverordnung, betreffend die Behandlung feindlicher Zollgüter, vom 15. Oktober 1914 — R.-G.-Bl. S. 438).

5. Ähnliche Maßnahmen wie die unter Nr. 2 bis 4 erwähnten sollen nach privaten Nachrichten auch von Rußland getroffen worden sein, haben aber bisher noch nicht amtlich festgestellt werden können. Sollten sich diese Nachrichten bewahrheiten, so werden entsprechende Gegenmaßregeln auch Rußland gegenüber ergriffen werden.

II.

Retorsionsmaßnahmen wegen völkerrechtswidriger Behandlung von Deutschen im feindlichen Ausland.

1. Die Regierungen Englands, Frankreichs und Rußlands haben zunächst so gut wie sämtlichen bei Ausbruch des Krieges in ihren Ländern befindlichen Deutschen die Erlaubnis zur Abreise versagt; die in Deutschland sich aufhaltenden Angehörigen der drei Mächte sind darauf in gleicher Weise behandelt worden. Inzwischen haben sich diese Mächte bereit erklärt, die deutschen Frauen und die nicht als wehrfähig angesehenen männlichen Deutschen ungehindert abreisen zu lassen, während sie die Wehrfähigen nach wie vor zurückhalten; infolgedessen wird auch in Deutschland den in entsprechendem Alter stehenden Angehörigen der drei Mächte die Abreise nicht gestattet.

2. Die in England und Frankreich zurückgehaltenen wehrfähigen Deutschen sind anfangs in nicht unerheblicher Anzahl und in letzter Zeit fast ausnahmslos festgenommen worden und werden als Kriegsgefangene behandelt, während in Deutschland bisher nur verdächtige feindliche Staatsangehörige festgenommen

wurden. Nunmehr haben die wehrfähigen Engländer in Deutschland das gleiche Schicksal erfahren, nachdem die britische Regierung der Aufforderung, die deutschen Wehrfähigen innerhalb einer bestimmten Frist zu entlassen, nicht entsprochen hatte. Die französische Regierung ist gleichfalls zu einer Erklärung über die Behandlung der wehrfähigen Deutschen aufgefordert worden; von ihrer Antwort wird die weitere Behandlung der wehrfähigen Franzosen in Deutschland abhängen. Die wehrfähigen Deutschen in Rußland sind zum großen Teil nach den östlichen Gouvernements verschickt worden, sollen sich aber dort im wesentlichen auf freiem Fuß befinden; nach dem Ergebnis der hierüber angestellten Ermittlungen werden sich die Gegenmaßregeln richten, die etwa gegenüber den wehrfähigen Russen in Deutschland zu treffen sind.

3. Nach zuverlässigen Nachrichten werden die Deutschen im feindlichen Ausland, abgesehen von der Beschränkung ihrer persönlichen Freiheit, zum Teil einwandfrei, zum Teil aber mit unnötiger Härte, ja geradezu unwürdig behandelt. Auf Ansuchen der deutschen Regierung sind die mit dem Schutz der deutschen Interessen in den feindlichen Ländern beauftragten diplomatischen und konsularischen Vertreter der Vereinigten Staaten von Amerika mit der Untersuchung dieser Mißstände betraut worden; gegebenenfalls würden sie mit größtem Nachdruck sofortige Abhilfe verlangen. Sollte dieser Weg nicht zum Ziele führen, so würden auch die feindlichen Ausländer in Deutschland strenger behandelt werden müssen. Dabei würde allerdings nicht ein Wettstreit in der Brutalität gegen feindliche Staatsangehörige eröffnet werden können; wohl aber würde Deutschland es sich vorbehalten, seinerzeit die feindlichen Regierungen und deren Organe für das, was sie gegen unsere Angehörigen gesündigt haben, zur Verantwortung zu ziehen.

Anlage II. Zu S. 323.

Aus der Order in Council vom 20. August 1914:

The additions and modifications are as follows: —

(1) The lists of absolute and conditional contraband contained in the Proclamation dated August 4th, 1914, shall be substituted for the lists contained in Articles 22 and 24 of the said Declaration.

(2) A neutral vessel which succeeded in carrying contraband to the enemy with false papers may be detained for having carried such contraband if she is encountered before she has completed her return voyage.

(3) The destination referred to in Article 33 may be inferred from any sufficient evidence, and (in addition to the presumption laid down in Article 34) shall be presumed to exist if the goods are consigned to or for an agent of the Enemy State or to or for a merchant or other person under the control of the authorities of the Enemy State.

(4) The existence of a blockade shall be presumed to be known —

(a) to all ships which sailed from or touched at an enemy port a sufficient time after the notification of the blockade to the local authorities to have enabled the enemy Government to make known the existence of the blockade,

(b) to all ships which sailed from or touched at a British or allied port after the publication of the declaration of blockade.

(5) Notwithstanding the provisions of Article 35 of the said Declaration, conditional contraband, if shown to have the destination referred to in Article 33, is liable to capture to whatever port the vessel is bound and at whatever port the cargo is to be discharged.

Anlage III. Zu S. 325 und 332.

Aus der Order in Council vom 29. Oktober 1914:

1. During the present hostilities the provisions of the Convention known as the Declaration of London shall, subject to the exclusion of the lists of contraband and non-contraband, and to the modifications hereinafter set out, be adopted and put in force by His Majesty's Government.

The modifications are as follows: —

(I.) A neutral vessel, with papers indicating a neutral destination, which, notwithstanding the destination shown on the papers, proceeds to an enemy port, shall be liable to capture and condemnation if she is encountered before the end of her next voyage.

(II.) The destination referred to in Article 33 of the said Declaration shall (in addition to the presumption laid down in Article 34) be presumed to exist if the goods are consigned to or for an agent of the enemy State.

(III.) Notwithstanding the provisions of Article 35 of the said Declaration, conditional conrtaband shall be liable to capture on board a vessel bound for a neutral port if the goods are consigned „to order", or if the ship's papers do not show who is the consignee of the goods or if they show a consignee of the goods in territory belonging to or occupied by the enemy.

(IV.) In the cases covered by the preceding paragraph (III.) it shall lie upon the owners of the goods to prove that their destination was innocent.

2. Where it is shown to the satisfaction of one of His Majesty's Principal Secretaries of State that the enemy Government is drawing supplies for its armed forces from or through a neutral country, he may direct that in respect of ships bound for a port in that country, Article 35 of the said Declaration shall not apply. Such direction shall be notified in the „London Gazette", and shall operate until the same is withdrawn. So long as such direction is in force, a vessel which is carrying conditional contraband to a port in that country shall not be immune from capture.

3. The Order in Council of the 20 th August 1914, directing the adoption and enforcement during the present hostilities of the Convention known as the Declaration of London, subject to the additions and modifications therein specified, is hereby repealed.

(S. über die Auslegung und Anwendung dieser Normen im übrigen die treffliche Spezialuntersuchung von Prof. Dr. H. Pohl in seiner zitierten Broschüre: „England und die Londoner Deklaration" S. 20—34.)

Sachregister*).

(Die Ziffern bedeuten die Seiten.)

*) Ich danke Herrn Schriftsteller Dr. Walter Friedmann für die Unterstützung durch Anfertigung des Sachregisters.

H.

J.

K.

L.

M.

N.

O.

P.

R.

S.

T.

Berichtigung.

Auf Seite 118 Abs. 2 Zeile 6 statt „absolut" das Wort „anscheinend".

FSC
www.fsc.org
MIX
Papier | Fördert
gute Waldnutzung
FSC® C083411

Kolibri 360 GmbH
Ferdinand-Jühlke-Straße 7
99095 Erfurt, Deutschland
produktsicherheit@kolibri360.de